팀장님, 우리도 협업 도구 쏠까요?

성공적인 개발 조직을 위한 5가지 협업 도구

성공적인 개발 조직을 위한 5가지 협업 도구

팀장님, 우리도 ✕ 협업 도구 쓸까요?

오세용 지음

서문

"OOO 고객사 API 사용 내역 파일로 전달 바랍니다."
"지난번에 요청드린 암호화 기능 개선 작업은 진행됐나요?"
"오늘 오후 2시에 홈페이지 리뉴얼 관련 미팅이 있습니다."
"우리 경쟁사 사이트 업데이트됐네요. 확인 바랍니다."
"팀장님, 어제 올린 결재 확인 부탁드려요."

지식 노동자에게 위 문장은 하루에도 수십 번 받는 익숙한 질문이다. 지식 노동자는 어디서나 고객을 마주한다. ▲자료를 요청하는 사업부 ▲보안 기능 개선을 요청하는 정보보안부 ▲미팅을 요청하는 UI/UX부 ▲경쟁사 리서치를 원하는 경영지원실 ▲결재를 요청하는 팀원 등 각자가 마주하는 환경은 다를 수 있지만 다양한 고객을 마주하는 것은 다르지 않을 것이다.

다양한 고객 앞에서 지식 노동자는 어떤 정보를 찾고, 분석하고, 해결한다. 매 순간 빠듯한 압박 속에서 살아간다. 어느 하나 소홀히 할 수 없다. 그렇게 하루를 보내고 창밖을 보면 어느새 어둠이 내렸다. 그러곤 한숨을 쉬며 나도 모르게 원치 않는 문장을 뱉는다.

"나… 오늘 뭐 했지?"

산더미처럼 쌓인 일을 보며 모조리 처리하고 싶은 욕구를 느낀다. 비즈니스 핵심에 가까운 일을 하고 싶은데 어째 일을 할수록 핵심과 먼 일만 더 늘어나는 것 같다. 제발 나 좀 내버려 두면 하나씩 업무를 처리할 수 있을 것만 같다. 그러나 나를 내버려 두지 않는다.

업무 방법에 관한 정답은 존재하지 않는다고 믿는다. 모든 환경이 다르고 모든 상황이 다르기 때문에 환경과 상황에 따른 적절한 방법이 있다고 믿는다. 늘 효율적이고 싶지만 그럴 수 없음을 받아들여야 한다. 때로는 비효율이 적절한 방법일 수도 있다. 꼬리에 꼬리를 무는 불편함을 마주하며 그럼에도 지식 노동자는 더 나은 방향을 찾아야만 한다.

좀 더 효율적으로 일할 수는 없을까. 좀 더 스트레스 없이 일할 수는 없을까. 좀 더 비즈니스 핵심에 집중하고, 좀 더 명확하게 일할 수는 없을까. 고민이 이어질수록 우리는 딜레마에 빠진다. 문제 하나를 풀면 문제 두 개가 생긴다. 고민을 마치면 또 다른 고민이 생기는 이유는 간단하다. 우리가 혼자 일하지 않기 때문이다.

지식 노동자에게 '협업'은 피할 수 없는 선택이다. 함께 일하는 것에 익숙하지 않은 지식 노동자는 명확한 한계를 마주한다. 함께 일하지 못하는 지식 노동자는 반쪽, 어쩌면 반쪽도 아닐 수 있다. 팬데믹으로 오프라인에서 마주하기가 힘들어진 시점에 협업을 못 하면 반쪽도 아니라니 지식 노동자에게 주어진 과제는 끝이 보이지 않는다.

거대한 과제를 마주한 지식 노동자에게 한 줄기 빛이 보인다. 우리의 고민을 돕고 함께 해결할 도구, 바로 협업 도구다. 협업 도구는 협업을 위한 다양한 환경을 돕는다. 대화를 주고받고, 자료를 저장하고, 흐름을 만드는 등 지식 노동자가 더욱 핵심에 집중할 수 있도록 돕는다. 여기에 적절한 방법론을 더해 조직에 어울리는 업무 시스템을 만들면 협업을 위한 충분한 도우미가 탄생한 것이다.

이 책은 필자가 조직에 도구와 방법론을 적용한 가벼운 협업 이야기에서 시작됐다. 가벼운 이야기는 작은 커뮤니티에서 발표로 이어졌고, 이 발표는 협업 도구의 공식 세미나로 이어졌다. 그리고 공식 세미나가 집필로 이어져 독자 여러분을 만나게 됐다.

[들어가며] 챕터에서는 다양한 협업 상황을 소개한다. 어떤 상황에 어떤 협업 도구가 필요한지 안내하며 협업 도구의 필요성에 관해 이야기한다.

[CHAPTER 1]에서는 필자가 선호하는 무료 협업 도구에 관해 이야기한다. 무료 협업 도구를 도입하지 못하면 유료 협업 도구도 도입하지 못한다고 믿는다. 구글 드라이브, 트렐로, 노션, 워드프레스 그리고 매터모스트의 주요 기능을 알아보며 여러분의 업무 환경을 떠올려 보면 좋겠다. 시작은 작고 빠르게 무료 협업 도구로 시작하자.

[CHAPTER 2]에서는 필자가 업무에 협업 도구를 적용한 실제 사례를 이야기한다. 자료 조사와 문서 협업 그리고 개발 조직 협업은 많은 독자분의 환경과 교집합이 있을 거라 생각한다.

[CHAPTER 3]에서는 필자가 실제 개발 조직에 협업 도구와 애자일 방법론을 도입한 사례를 적었다. 협업 도구 기능을 이해하고 어떤 협업 환경에 적용할지 이야기했다. 사실 협업 도구를 실제 업무에 적용하는 건 쉽지만은 않은 일이다. 그래서 이 내용은 다른 곳에서는 쉽게 찾아볼 수 없다.

마지막으로 [CHAPTER 4]에서는 필자가 생각하는 '적절함'의 기준에 대해 이야기한다. 이 책에 담긴 협업 이야기가 독자 여러분의 업무 환경에 좋은 아이디어가 될 수 있길 희망한다.

저자 소개

오세용

개발자, 창업자, 커뮤니티 리더, 기자 등 다양한 캐릭터로 커리어를 만들고 있다. 지금은 핀테크 스타트업 코드에프에서 API팀 팀장을 맡고 있다.

컴퓨터학과를 졸업하고 SI 개발자로 은행 모바일 앱을 개발하며 커리어를 시작했다. 철저히 수직적인 SI 프로젝트 환경에 아쉬움을 느껴 애자일과 같은 프로젝트 방법론에 관심을 두게 됐다.

이후 스타트업 도밍고컴퍼니를 창업해 비즈니스에 도전했고, IT 기자로 변신해 레거시 미디어를 경험했다. 그리고 이렇게 얻은 경험치를 커뮤니티 스튜에 적용하며 무기로 만들었다.

코드에프에 합류해 API 서비스를 만들었다. 해마다 성장하는 개발 조직에 적절한 협업 문화와 업무 표준을 도입하며 조직문화에 기여하고 있다.

더 나은 조직, 더 나은 협업 문화를 위해 오늘도 고민 중이다.

- (현) 코드에프 API팀 팀장
- (현) 와레버스 편집장
- (현) 따뜻한 커뮤니티 스튜 팀장
- (전) 마이크로소프트웨어 기자
- (전) 도밍고컴퍼니 대표

감사의 말

책이 출간되기까지 참 많은 분의 도움을 받았다. 지면을 빌려 그분들께 감사를 전하고자 한다.

집필을 제안하고 책이 출판되기까지 함께해 준 비제이퍼블릭 김수민 편집자님에게 감사를 전한다. 단독 집필은 꽤 외로운 작업이었다. 함께 책을 만들어 가는 사람이 김수민 편집자님이 아니었다면 아마 집필을 포기하지 않았을까 싶다. 집필을 시작하기 전 내 콘텐츠에 가장 먼저 힘을 준 이대승 포트래이 대표님에게도 감사를 전한다. 이대승 대표님의 응원이 아니었다면 책은 물론 이 콘텐츠 자체가 세상에 없었을 것이다. 콘텐츠 만드는 법을 알려 준 조병승 전 마이크로소프트웨어 편집장님에게도 감사를 전한다. 개발자였던 내가 이렇듯 책을 집필하기까지는 조병승 편집장님의 도움이 컸다.

협업 문화를 개선하는 데 언제나 나를 믿어 준 코드에프 서성권 대표님과 곽대종 개발 1부 부서장님에게 감사를 전한다. 두 리더가 없었다면 코드에프는 여전히 아쉬운 협업 문화 속에서 일하고 있었을 것이다. 코드에프에서 함께하는 모든 구성원에게 감사를 전한다. 내가 늘 웃으며 일할 수 있는 이유는 좋은 동료들과 함께하기 때문이다. 특히 부족한 나를 팀장으로 믿고 함께해 주는 우리 API팀 팀원들에게 감사를 전한다. 즐겁게 일할 수 있는 환경을 위해 언제나 노력하는 팀장으로 보답하겠다.

커뮤니티 스튜 멤버들에게도 감사를 전한다. 내가 언제나 자신감 있는 모습을 보일 수 있는 이유는 해가 지나고 조직이 바뀌고, 본업이 바뀌어도 언제나 함께해 주는 스튜 멤버들이 있기 때문이다. 특히 10년째 스튜를 함께 운영해 주는 스튜 운영진에게 감사를 전한다. 그리고 스튜를 만들 수 있도록 우리를 모아 준 김익수 멘토님에게 10년 전과 같은 감사를 전한다.

사회에서 한 사람으로 살아갈 수 있도록 키워 주신 우리 가족. 아버지 오민환 사장님과 어머니 노수직 여사님 그리고 말 안 듣는 동생 오세일 님에게 감사를 전한다. 언제나 지금처럼 우리 가족 함께 행복할 수 있길 희망한다.

집필을 마치며 무척 기쁜 마음이다. 이 책을 선택한 모든 독자님들께 감사를 전한다.

저자 오세용 드림

추천인 추천사

원맨 밴드로 홀로 작업 가능한 환경이 아닌 조직에 속한 대부분의 우리에게 '협업'은 필수이다. 그러나 코로나19(COVID-19)로 발생한 팬데믹 상황에서의 뉴 노멀은 근무 환경의 원격화를 가속해 협업에 어려움을 주기도 한다. 이러한 흐름 속에서 협업을 돕는 도구는 이미 중요하고 점점 더 중요해질 수밖에 없다. 작게는 협업이 필수적인 조직, 더 나아가 조직의 생산성 향상이 필요한 모든 산업계에서 협업 도구 중요성에 대한 인식은 같으리라 생각한다.

그러나 모든 상황과 환경에 적용될 수 있는 완벽한 협업 도구는 아직 존재하지 않는다(과연 존재할 수 있을까 싶다). 그래서 협업 도구는 선택의 문제만이 아닌 조합의 지혜가 필요하다. 이 책의 서두에서 친절히 설명해 주는 대표적인 협업 도구들 역시 저마다의 장단점이 있음을 알 수 있다. 그래서 각자의 환경에 더 적합한 도구를 찾거나 조합하는 것은 결국 사용자의 몫임은 물론 도구를 잘 사용하기 위한 이해와 학습 역시 사용자의 숙제다.

생산성 증대, 비용의 절감, 접근의 용이성 등 협업을 위한 새로운 도구를 찾거나 사용 중인 도구의 부족함을 느낀다면 다채로운 기능을 가진 노션 그리고 기타 협업 도구가 흥미로운 답이 될 수 있다. 그리고 협업 도구가 여러분의 상황에 필요한 해결책이나 보완책이라고 판단된다면 이 책은 여러분을 도울 수 있다. 필자가 이미 실제 업무 현장의 사용자로서 여러분과 같은 고민을 했기 때문이다. 그 고민과 경험의 결과가 이 책에 모두 정리되어 있는 것이 이 책의 가장 큰 장점이라고 생각한다.

곽대종 _SW엔지니어, 코드에프 개발1부 부서장이 책은 조직과 상황에 맞는 협업 도구의 활용과 동료들과 협업의 중요성을 이야기한다. 협업 도구 자체의 사용법보다는 도입의 필요성과 실제 조직에 적용하는 과정을 고민하는 분들께 이 책을 추천한다. 협업 도구를 도입하는 과정을 조금 더 유연하게 풀어 나갈 수 있을 것이다.

필자의 사회생활을 근거리에서 지켜본 사람으로서 각각의 포지션에서 고민했던 내용이 고스란히 담겨 있음을 알 수 있다. 코드에프가 필자의 기여를 통해 안정적인 협업 문화를 가져가고 있음에 감사함을 전한다.

서성권_코드에프 대표이사

구글 하나면 모든 지식을 얻을 수 있는 요즘 같은 시대에도 여전히 책으로 정보를 만나야 하는 이유가 있다. 구체적이고 실용적이며 검증된 자료를 만나기 힘들기 때문이다. 이 책은 필자가 여러 형태의 조직을 운영하면서 적절한 협업 도구의 필요성을 절실하게 느끼며 공부한 비밀 노트나 다름없다. 그렇기 때문에 도구를 소개하는 데 그치지 않고 각 업무에 이 도구들을 어떻게 적용할 수 있는지 구체적으로 안내한다. 더불어, 조직에 어떤 변화를 꾀하고자 할 때 만나게 될 팀의 반발과 이를 설득하는 팁도 놓치지 않았다.

이제 애자일(Agile)은 더는 선택이 아니다. 코로나19로 비즈니스와 IT는 2년 만에 12년 어치의 변화를 맞았다. 우리는 더욱 민첩하게 움직이며 변화에 적응하거나 변화를 주도해야 한다. 민첩한 조직을 만드는 데 애자일만큼 지식이 축적된 방법론은 아직 없다. 이 책은 더 빨리 여러분의 팀에 적절한 도구를 찾고 조직에 안착하도록 도와줄 것이다. 그리고 이를 통해 기민하게 조직을 운영하는 방법을 알려 줄 것이다.

김선미_스타트업 개발자

필자는 늘 조직을 생각하는 개발자로, 다양한 협업 도구를 실무에서 사용하고 다양한 형태로 변주하며 조직의 능률을 높이기 위해 애쓰는 그 모습이 한결 같다. 협업 도구란 필자의 말처럼 하나의 도구일 뿐이며 은탄환이 아니다. 현업에 적용하기 위해선 사용을 위한 자세한 매뉴얼, 필요를 이해시킬 수 있는 설득력, 궁극적으로는 동료들의 공감이 중요하다. 이 책은 시중에 널리 있는 협업 도구들을 단순히 어떻게 사용하는가를 다룬 책들과 달리, 실제 조직에 어떻게 적용하는지, 어떻게 구성원들의 공감을 얻어 내는지 그리고 어떻게 그 성과를 공유하고 유지하는지를 담았다.

협업 도구를 통해 효과적으로 조직을 운영하고 싶지만 엄두가 나지 않거나 흐지부지되어 버린 경험을 해 보신 경영자 또는 중간 관리자분들께 추천하고 싶은 책이다. 애자일 조직을 만들기 위한 시작점에서 좋은 지침이 되어 줄 것이다.

이대승_AI 신약 분석 스타트업 포트래이 대표

이 책은 그간 본 협업 도구에 관한 책들과는 다르다. 협업 도구의 사용법을 소개하는 방식에서 끝나지 않고, 신사업/미디어 스타트업/개발 조직 등 상황에 맞는 협업 도구와 해당 조직에서 어떤 도구의 어떤 기능이 특히 유용한지에 초점을 맞춰 소개한다. 이로써 독자들을 섬세하게 배려했다는 것을 느낄 수 있다. 무작정 어느 도구가 최고라 고집하지 않고(특히나 필자가 노션의 팬임에도 불구하고), 현실적인 한계점을 소개한 것을 보고 이 책을 쓸 때 얼마나 객관적인 시선을 유지하려고 했는지 알 수 있었다.

이 책의 가장 큰 특징은 필자의 경험을 기반으로 조직에 어떻게 협업 도구를 도입하는지 설득 과정을 소개한 것이다. 협업 도구를 소개하고, 한 명의 첫 아군을 만들고, 팀으로 확장하는 등 필자의 경험이 듬뿍 들어간 설득 과정은 같은 스타트업 업계에 있는 입장에서 고개를 끄덕할 수밖에 없는 대목이 많았다.

테크, 비즈니스 모델, 마케팅만 고민하는 분들에게 협업 도구로 고민의 방향을 전환하게 만드는 힘을 가진 이 책을 추천한다.

이동욱_인프랩(인프런) CTO

애자일이라는 단어는 최근 만연하게 사용되고 있다. 일을 좀 한다는 조직이면 애자일, 린 등의 방법론을 실천한다고 하나 그 실제를 들여다보면 표리적인 부분만 받아들이거나 속도에 초점을 맞추는 등의 한계를 보이곤 한다. 이 책은 애자일을 어떻게 무엇으로 실천할 수 있는지에 초점을 맞췄다. 단순히 방법론과 이론에 그치지 않고 이것을 실제로 어떻게 조직에 적용하고 실행하는지에 대해 필자의 경험에 기반해 풀어낸다.

스타트업이나 대기업 내 혁신 부서, 조직에서 애자일과 협업 툴을 강연할 때 답답했던 부분은 기존의 구성원을 어떻게 옮기고 적응시킬까 하는 것이었다. 혹자는 이것을 의지의 문제라고 하고 누군가는 방법론의 문제라고 하지만 개인적으론 어떻게 무엇을 해야 하는지 모르고 익숙하지 않아서라고 생각한다. 조직에 도입하기 전에 이 책으로 사전 교육을 한다면 더욱 나은 애자일을 실천할 수 있으리라 생각한다.

이허봄 _ Notion Community Lead/Consultant

조직의 애자일 실천을 위한 이론적인 도서는 이미 많다. 이 책은 단순히 애자일을 어떻게 조직에 소개하고 확산시킬 것인가 하는 추상적인 접근보다는 조직원이 실제 활용 가능한 협업 툴을 중심으로 내용을 전달한다. 특히 스타트업 현장에서 쉽게 접할 수 있는 구글 드라이브, 트렐로, 노션 등 무료 협업 도구 사용 방법을 실제 활용 사례를 기반으로 설명하였다. 애자일은 구성원의 잠재력을 극대화할 수 있다. 효과적인 애자일 조직은 실무자들에 근간하며, 이 책은 그러한 구성원들의 실무에 큰 도움이 될 것이다.

제이크 _ 크로스앵글 CPO

마이크로소프트웨어 잡지 제작 한두 사이클이 지난 어느 날, 필자가 넌지시 이야기를 꺼냈다. "우리도 트렐로를 써 보는 게 어때요?" 그때까지 우리는 G메일, 구글 독스와 구글 드라이브를 충실히 쓰고 있었다. 우리는 실제 같은 조직에 속한 팀 구성원이 아닌, 조직 외부에 있는 무수한 개발자와 디자인 업체 등과 쉼 없이 커뮤니케이션을 주고받았다. 최대한 비동기식으로 일해야만 정해진 마감 일정을 지킬 수 있었다. 트렐로 외에도 여러 툴을 사용하면서 여러 번의 시행착오도 겪었고 최대한 업무 스타일과 프로세스에 맞춰 나가며 최적의 경로도 찾았다. 최적값이라고 선택한 툴과 프로세스였지만 개선점은 계속 나왔고 그 순간에도 새롭게 출시된 서비스가 우리를 유혹했다. 그 유혹에 넘어가서 매번 툴을 바꿔 가며 적응하기 바빴다면 아마 우리는 실패했을 것이다.

꼭 해결하고 싶은 요소를 도출하고, 그 요소를 해결할 기능이 있는 서비스를 고르고, 주어진 상황에 맞게 그걸 커스텀할 수 있다면 고민은 끝난 것이다. 선택과 집중의 순간에는 그 툴을 진심으로 대하며 최대 효율을 찾아야 한다. 만약 지금 넘쳐나는 커뮤니케이션, 쌓여 가는 일감, 조여 오는 일정, 중구난방 펼쳐진 많은 툴에 지쳐 간다면 이 책을 보고 악순환을 끊을 수 있는 힌트를 꼭 찾길 바란다. 이미 먼저 고민한 자의 흔적이 남아 있지 않은가! 헨젤과 그레텔이 과자 부스러기를 쫓듯 우린 필자가 잘 닦아 둔 포장도로를 따라 걸어가면 된다. 트렐로, 노션, 매터모스트, 구글 워크스페이스의 조합은 새로운 방향표를 열어 주리라 믿는다.

조병승_前 마이크로소프트웨어 편집장

베타 리더 추천사

협업 도구가 익숙하지 않고 어떤 도구를 써야 할지 고민될 때 이 책을 본다면 많은 도움이 될 것이다. 이 책은 팀 프로젝트가 많아 고민인 대학생부터 팀별로 정보를 공유하고 업무를 동시에 관리해야 하는 회사원까지 팀 단위로 작업해야 하는 그 누구라도 쉽게 이해할 수 있도록 작성된 협업 도구 교과서이다. 노션을 사용한 지 얼마되지 않아 어려움이 있었는데 책을 따라 해 보며 기능들을 시험해 보는 데 전혀 문제가 없을 정도로 많은 도움이 되었다.

팀 단위로 업무를 하는 데 어려움이 있는 분, 우리 팀에 어떤 도구가 적합할지 궁금한 분, 협업 도구를 사용하나 더욱 효율적으로 사용하고 싶은 분에게 이 책을 추천한다.

김우전_개발자

협업이 원활한 조직과 그렇지 않은 조직, 모두에서 일해 보니 생산성의 차이와 일에서 오는 만족감의 차이가 컸던 기억이 있다. 그리고 그 차이를 느낀 이후로 협업에 집착하기 시작했다. 집착은 의미 있는 성과를 가져다 주기도 했지만, 사람을 금방 지치게 만들기도 했다. 그러던 중 이 책을 우연히 만났다. 협업 도구를 소개해 주는 실용서라고 생각하며 가볍게 읽어 보려고 했는데, 협업에 대한 고민과 조직에 협업 도구를 도입하는 과정 등 필자의 경험담이 많이 소개되어 공감하는 마음으로 읽을 수 있어 더 좋았다.

조직의 협업 문제에 대해 고민이 있는 분들이 읽는다면 자신만 겪는 어려움이 아니라는 것에 위안으로 삼는 기회가 될 것이며, 조직의 원활한 협업을 위해 다시 한번 시도해 볼 수 있는 용기를 얻으리라 생각한다.

박형호_사업기획 7년 차 직장인이자 효율성 덕후

고등학생이지만 학교 특성상 친구들과 같이해야 하는 프로젝트가 많다. 공부라는 본업에 각자 충실하면서 일정에 맞춰 협업도 잘하는 것은 쉬운 일이 아니다. 전체 일이 어느 정도이고 각자 어떤 일을 나눠 맡았고, 진행 상황은 어떤지, 어느 시점에 같이 합해 봐야 하는지 챙겨야 할 것이 많다. 이런 일들이 잘 해결되지 않으면 결과물도 좋지 않고 다툼도 자주 발생한다. 사회생활에서는 이보다 훨씬 더 복잡한 일을 많은 사람이 함께 나눠 하는 경우가 대부분이라는 것을 안다.

어른들은 특별한 능력이 있어 이런 협업을 잘해내는 것인가 하는 궁금증이 늘 있었다. 그 답을 이 책을 통해 찾았다. 협업이란 어떤 것이고 그것을 잘하려면 어떤 툴들을 사용하는지 쉽게 이해할 수 있었다. 실제로 일하면서 알지 못했던 어려운 부분이 있고, 그것을 풀어내는 것이 전체 결과물을 뛰어나게 만들어 그 방법을 찾아내는 것이 중요함을 깨달았다. 성능이 뛰어나지만 비용 부담이 없는 툴들을 소개해 학생인 나로서도 쉽게 시도해 볼 수 있었다. 노션을 이용하여 졸업작품을 진행한다면 최종 과제 결과물뿐만 아니라 그 과정 자체로도 좋은 평가를 받을 수 있을 것 같다. 협업을 잘하기 위해 비싸고 복잡한 툴을 사용할 필요가 없다는 점을 알게 해 준 것만으로도 이 책은 나에게 큰 도움을 주었다고 생각한다.

송혁중_경기과학고등학교

애자일 팀에 적절한 협업 도구를 알아보고 활용 방안 및 적용에 대해 잘 설명한 책이다. 협업 도구의 기본 기능과 사례를 자세히 소개하고, 트렐로와 노션에 대해 실제 활용 사례를 잘 설명해 애자일 조직을 만들 때 협업 도구 도입에 많은 도움이 되리라 생각한다.

이석곤_프로그래머

필자는 협업 시 생기는 비효율을 개선하고 더 나은 모습으로 우리를 안내한다. 채팅을 통한 업무 진행 이력이 허공에 날아가는 문제, 공유되지 않는 업무 진행 정보로 겪는 구성원들의 반복되는 문제를 극복하는 방안을 협업 툴을 적용한 실제 사례로 생생하게 보여 준다. 또한, 개발 조직에 활용할 업무 대시보드를 구성하고 업무 표준화를 끌어내 협업 문화로 자리 잡기까지 전 과정을 상세히 소개한다. 그리고 협업 도구를 선택하고 최초 한 명의 아군을 만들고 팀 단위로 확대하고 이를 조직 단위로 순차적으로 확장해 가는 매우 영리한 접근법까지 제시한다.

필자는 '협업'이라는 개념의 핵심을 다양한 사례와 자신의 경험을 통해 전달해 주었다. 책에 언급된 '업무를 기억하지 말자. 그리고 협업 도구가 기억하도록 만들자.'라는 문장이 이 모든 것을 설명해 준다.

이현택_한국전력 차장

현재 근무하는 회사는 마이크로 서비스를 주축으로 한 시스템을 운영하고 있다. 물론 어느 정도 규모가 있는 회사이기에 이미 책에서 소개한 구글 슈트, Jira와 confluence, 사내 위키를 통한 업무 분담 및 정보 공유를 하고 있다. 하지만 다른 회사들은 어떤 협업 도구를 사용해 위의 작업을 진행하는지 무척 궁금했는데 이 책을 통해 꽤 재미있는 협업 도구 활용에 대한 경험을 얻어 무척 기뻤다.

특히 노션은 필자가 상당히 마음에 들어 하는 것이 느껴질 만큼 많은 페이지를 할애하여 설명하고 있고, 어떻게 활용하는지에 대한 경험을 미리 얻을 수 있다. 완성된 형태의 노션에 대한 간접 경험을 하고 싶은 분들에게 추천한다.

채민석_Mercari.Inc 백엔드 엔지니어

최근 애자일이란 용어는 소프트웨어 개발에만 국한되지 않고 조직과 경영 등 사용 범위가 넓어졌다. 많은 조직이 애자일 문화를 형성해 가며 부서 간의 경계를 허물어 여러 상황에 대한 변화에 대응하고, 지속적인 피드백을 통해 업무에 대한 완성도를 높여 가고 있다. 업무의 완성도를 높이기 위한 조직 문화의 변화와 더불어 조직에 적합한 협업 도구를 사용하는 것도 중요하다고 생각한다.

이 책의 후반부에서는 애자일 조직을 만든 필자의 경험을 소개한다. 애자일 문화를 형성하기 위해 준비 중이거나 아직 애자일 문화를 경험하지 못한 분들에게 도움이 될 내용이다. 필자의 경험을 통해 효율적인 업무 환경과 우리 조직에 진짜 적합한 도구를 찾아보길 바란다.

최인주_백엔드 개발자

목차

서문 iv
저자 소개 vii
감사의 말 viii
추천인 추천사 x
베타 리더 추천사 xv

들어가며

왜 협업 도구인가 1

1. 우리는 어떻게 일하는가 3
   1.1 퍼소나 A, SI 개발자 3
   1.2 퍼소나 B, 스타트업 창업자 4
   1.3 퍼소나 C, IT 기자 5
   1.4 퍼소나 D, 커뮤니티 리더 7
   1.5 퍼소나 E, 서비스 개발자 8
2. 우리는 어떻게 일해야 할까 9
   2.1 팬데믹이 불러온 뉴노멀 10
   2.2 긱 이코노미가 온다 12
3. 협업 도구로 애자일 조직에 날개를 달자 13

CHAPTER 1

조직을 위한 협업 도구 15

1. 구글 드라이브(Google Drive) 17
   1.1 왜 구글 드라이브인가 17

xix

1.2 구글 드라이브로 협업하기 19
    1.2.1 구글 독스 · 19
    1.2.2 구글 스프레드시트 · 32
    1.2.3 구글 프레젠테이션 · 38
    1.2.4 구글 설문지 · 41

1.3 구글 드라이브의 한계 45

2. 트렐로(Trello) 47

2.1 왜 트렐로인가 47

2.2 트렐로로 협업하기 49
    2.2.1 트렐로 보드 활용하기 · 49
    2.2.2 트렐로 카드 활용하기 · 54
    2.2.3 실제 활용 사례 · 56
    2.2.4 트렐로의 한계 · 58

3. 노션(Notion) 61

3.1 왜 노션인가 61

3.2 노션으로 협업하기 69
    3.2.1 노션 블록 · 69
    3.2.2 노션 슬래시 · 72
    3.2.3 노션 페이지 · 74
    3.2.4 노션 데이터베이스 · 80

3.3 노션의 한계 103

4. 그 밖에 107

4.1 워드프레스(WordPress) 107

4.2 매터모스트(Mattermost) 111

5. 마무리 114

CHAPTER 2

조직에 협업 도구를 활용하자   117

1. 협업 도구로 자료를 수집하자 119
   1.1 노션 웹 클리퍼 120

   1.1.1 노션 웹 클리퍼 공식 홈페이지 · 121

   1.1.2 노션 웹 클리퍼 크롬 익스텐션 설치 · 121

   1.1.3 노션 웹 클리퍼 페이지 저장 · 123

  1.2 세이브 투 노션 ······ 128

   1.2.1 세이브 투 노션 크롬 익스텐션 설치 · 128

   1.2.2 저장할 데이터베이스 속성 추가 · 129

   1.2.3 세이브 투 노션 페이지 저장 · 135

  1.3 마무리 ······ 144

2. 협업 도구로 미디어 스타트업을 운영하자   145

  2.1 비즈니스 미디어 와레버스 ······ 146

  2.2 구글 독스를 활용한 교열 ······ 148

   2.2.1 줄 간격 통일 · 152

   2.2.2 단락 공백 통일 · 154

   2.2.3 텍스트 스타일 통일 · 156

  2.3 트렐로를 활용한 종이책 출판 ······ 163

   2.3.1 필자 · 171

   2.3.2 원본 URL · 172

   2.3.3 카테고리 · 172

   2.3.4 교열 상태 · 174

   2.3.5 파일 업로드 · 177

  2.4 마무리 ······ 182

3. 협업 도구로 개발 조직을 운영하자   184

  3.1 노션 워크스페이스 생성 및 게스트 초대 ······ 187

   3.1.1 노션 워크스페이스 생성 · 188

   3.1.2 게스트 초대 · 193

  3.2 노션 업무 태그 ······ 195

   3.2.1 업무 태그란? · 196

   3.2.2 업무 태그 페이지 만들기 · 198

   3.2.3 담당자 태그 만들기 · 200

   3.2.4 프로젝트 태그 만들기 · 202

   3.2.5 스프린트 태그 만들기 · 206

3.3 노션 업무 보드 209
    3.3.1 업무 보드 만들기 · 210
    3.3.2 업무 태그 속성 추가 · 211
    3.3.3 필터 추가 · 223

3.4 노션 업무 대시보드 227
    3.4.1 롤업 추가 · 227
    3.4.2 속성 숨김 · 230
    3.4.3 대시보드 만들기 · 234

3.5 마무리 239

CHAPTER 3 협업 도구로 애자일 조직 만들기   243

1. 애자일이란? 246
  1.1 SI 회사 vs 솔루션 회사 249
    1.1.1 거리: 단거리 달리기와 장거리 달리기 · 251
    1.1.2 방향: 그래서 다음은 뭘 해야 해요? · 253
    1.1.3 깊이: 그래서 어디까지 해야 해요? · 254
  1.2 애자일 스크럼 방법론 257
  1.3 방법론은 방법론이다 262

2. 조직을 설득하는 방법 265
  2.1 협업 도구는 대단하지 않다 266
  2.2 아군을 만들자 269
  2.3 구성원 인터뷰 273
    2.3.1 협업 도구 사용 빈도 · 278
    2.3.2 팀장 vs 팀원 · 279
    2.3.3 팀별 빈도 · 281
  2.4 노션으로 협업하자 282
  2.5 마무리 287

CHAPTER 4 적절한 협업 도구란 무엇인가 289

1. 은탄환은 없다 291
2. 좋은 친구를 만드는 방법 294
3. 적절한 조직을 만드는 방법 296

부록 가입 & 설치 299

1. 구글 계정 만들기 300
2. 트렐로 계정 만들기 307
3. 노션 계정 만들기 310

참고 자료 314
찾아보기 316

바야흐로 지금은 협업 도구 시대다. 공동의 목표를 달성하기 위한 조직 구성원은 함께 일하할 수 있게 돕는 '협업 도구'를 활용한다. 구글 드라이브(Google Drive)나 슬랙(Slack), 지라(Jira), 노션(Notion) 등 기능 활용을 위해 공부가 필요한 무거운 협업 도구가 아니더라도 이메일, 카카오톡, 텔레그램 등 가벼운 대화 채널도 협업 도구가 될 수 있다. 어떤 프로젝트를 수행하는 구성원이라면 무거운 협업 도구부터 가벼운 협업 도구까지 다양한 협업 도구를 사용할 것이다.

정제된 조직에 합류해 기존 조직 구성원이 만든 업무 표준을 배우는 것은 쉬운 일이 아니다. 조직 규모에 따라 배워야 할 것도 많을 테고, 문서화되지 않고 암묵적으로 따르는 업무 표준도 있을 것이다. 조직에 맞지 않는 불편한 업무 표준임에도 바꿀 수 없는 경우도 있다. 어쨌거나 정제된 조직에 합류해 업무 표준을 배워 적응하기란 꽤 어려운 일이다.

반면, 이제 막 생긴 신규 조직은 또 다른 어려움이 있다. 신규 조직의 업무 표준이란 마치 중학교 1학년 학생이 맞춤 교복을 사는 것과 같다. 앞으로 체형이 어떻게 바뀌고 신장은 얼마나 클지 모르는 상태에서 지금 당장도 입을 수 있고, 앞으로 3년 동안도 입을 수 있는 적절한 교복을 구매해야 한다.

물론 중학교 2학년이 돼서 그때 맞는 교복을 다시 살 수 있는 재력이 있으면 편하다. 매년 새 옷을 사면 되지 않은가. 업무 표준도 마찬가지다. 조직이 커지면 업무 표준을 새로 만들 재력과 충분한 시간이 있으면 편하다. 일단 지금 잘 맞는 업무 표준을 만들면 되지 않은가. 하지만 매년 교복을 사기 어렵듯이 조직도 매년 업무 표준을 새로 만들기 어렵다.

따라서 신규 조직은 지금도 괜찮고 앞으로도 괜찮을 '적절한' 업무 표준을 만들어야 한다. 그런데 그런 게 있긴 할까? 이 책에서는 성장하는 조직에 업무 표준을 만들어야 하는 구성원 및 리더는 물론 ▲스타트업 대표 ▲신규 팀을 조직하는 팀장 ▲신사업 TFT 리더 ▲원격 근무를 도입하는 리더 등 다양한 독자에게 업무 표준을 돕는 협업 도구에 관해 이야기한다.

업무 표준이란 무엇일까? 각 구성원이 협업하는 방법을 정리하지 않으면 어떻게 될까? 구성원 개개인의 맨 파워로 일하면 안 될까? 협업 도구 이야기에 앞서 본질적인 '일'에 관해 먼저 이야기하자.

1 우리는 어떻게 일하는가

이 시대의 '일'이란 단순히 생계를 유지하는 수단을 의미하지는 않는다. 누군가에겐 꿈을 위한 도전일 수도 있고 누군가에겐 삶의 이유일 수도 있고 누군가에겐 어떤 여행일 수도 있다. 따라서 이전 세대가 조직에 뼈를 묻고 충성을 다하던 '업무 문화'와는 조금 다르다. 구성원의 다양성을 존중해야 하는 시기가 된 것이다.

이해를 돕기 위해 가상 인물 5명을 소개한다. 편의상 퍼소나 A, 퍼소나 B, 퍼소나 C, 퍼소나 D, 퍼소나 E라고 부르자.

1.1 퍼소나 A, SI 개발자

퍼소나 A는 SI 개발자다. 프로젝트를 무사히 수행하는 게 최대 목표인 캐릭터로 프로젝트 마감일을 지키기 위해 최선을 다하는 편이다. 퍼소나 A는 주로 금융사 SI 프로젝트를 수행하는데, 이 환경은 고객사(금융사)에서 지급한 PC를 이용해야 한다. 이 PC는 망 분리로 외부 인터넷이 차단돼 있다. 이마저도 고객사와 소통하기 위해서 사용하고 개발 환경은 또 다른 PC를 사용한다. 따라서 퍼소나 A는 PC를 2개 사용한다.

퍼소나 A는 자신이 맡은 포지션을 벗어나기 어렵다. PM 그룹이 고객사(금융사)와 정한 요구 조건에 따라 시스템을 설계했지만 얼마 지나지 않아 요구 조건이 변경돼 다시 시스템을 수정하느라 고생했다. 망 분리 환경에서 제공된 고객사 소통용 PC로 내부 메신저와 화면 설계서, 디자인 가이드 등을 확인한다.

고객사에서 사용하는 MS 오피스는 버전이 낮고, 모든 파일이 암호화돼 있다. 몇몇 텍스트는 복사해서 사용하고 싶지만 개발용 PC로 자료를 옮기는 것은 온갖 결재가 필요해 그냥 눈으로 보고 타이핑한다. 기술적으로 막히는 부분이 있을 땐 모바일로 구글링해서 해답을 찾으면 역시 눈으로 보고 타이핑한다.

퍼소나 A와 함께 일하는 기획자, 디자이너 등도 불편한 것은 마찬가지다. 고객사에서 제공한 PC 사양이 낮아 MS 오피스 파워포인트가 자주 다운된다. 디자인 특성상 별도 PC를 사용하는데 프로젝트 구성원이 볼 수 있는 PC로 옮기려면 고객사 담당자의 결재가 필요하다.

망 분리 환경을 위해 모든 작업은 고객사에서 제공한 프로젝트 룸에서 할 수 있다. 하지만 이로 인한 장점도 있다. 퇴근 후엔 일을 완전히 잊을 수 있다. 종종 장애가 발생하면 몇몇 담당자는 급히 출근을 하기도 하지만, 대부분 구성원은 외부에서 도울 수 있는 일이 없다. 말 그대로 망 분리 환경이다. 물론, 언제 퇴근한다고는 말하지 않았다.

퍼소나 A가 사용한 협업 도구
고객사 내부 망 분리 환경, 내부 메신저, 암호화된 MS 오피스

1.2 퍼소나 B, 스타트업 창업자

퍼소나 B는 스타트업 창업자다. 미디어 스타트업에서 플랫폼을 만드는데 비즈니스, 시스템 설계, 개발 등 손 닿는 모든 곳에서 일한다. 퍼소나 B 외 공동 창업자 1명, 직원 3명으로 조직 구성원은 총 5명이다.

빠르게 변하는 스타트업 특성상 퍼소나 B는 늘 바쁘다. 비즈니스를 담당하니 외부 미팅이 잦다. 정부 과제를 위해 교육에 참여하기도 하고 서비스 설명을 위해 매주 발표가 잡혀 있다. 따라서 내부 구성원과 주로 온라인 소통을 하는 편이다.

간단한 커뮤니케이션 도구로 슬랙을 사용한다. 슬랙은 채팅 앱으로 여러 채널을 관리할 수 있어 대화 성격에 맞게 채널을 만들었다. 외부 소통은 이메일과 전화를 사용하며 프로젝트 관리를 위해 칸반 보드 형태 협업 도구인 트렐로(Trello)를 사용한다. 자료를 만들 땐 주로 MS 오피스를 사용하지만 정부 과제를 위해 한컴오피스도 구매했다.

다양한 업무를 진행하다 보니 업무 시간이 모호하다. 눈을 뜨면 업무 시작, 눈을 감으면 업무 종료다. 출퇴근은 어느새 단순히 장소 이동을 의미하고 공동 창업자와는 밤낮없이 연락한다.

상황이 이렇다 보니 구성원과 소통을 종종 잊곤 한다. 슬랙에 채널을 나눠 사용하지만 채널이 너무 많아져 대충 읽을 때가 많다. 답장을 하다가도 고객사 이메일이나 전화가 오면 우선순위가 바뀐다. 대응을 마치고 나면 뭘 하고 있었는지 기억이 나질 않는다.

퍼소나 B는 협업 도구를 사용하면 드라마틱한 변화가 있을 거라 생각했지만 결국 관리 채널이 하나 더 늘어난 것 같은 느낌이다.

퍼소나 B가 사용한 협업 도구
슬랙, 이메일, 전화, 트렐로, MS 오피스, 한컴오피스

1.3 퍼소나 C, IT 기자

퍼소나 C는 IT 기자다. 담당 분야로 '소프트웨어'를 받았으나 의미는 없다. 소프트웨어와 관련되지 않은 비즈니스가 어디 있겠는가. 소프트웨어는 어떤 이슈도 다룰 수 있다는 장점이 있지만 어떤 이슈든 다뤄야 한다는 단점이 있다.

최근 소프트웨어 업계에선 개발자 몸값 올리기가 이슈다. 회사 A가 전 직원 연봉을 500만 원 올려 준다는 소식의 기사를 썼는데 다음날 회사 B가 연봉 1,000만 원을 올려 준다며 이메일로 보도 자료를 보내왔다. 보도 자료를 받고 추가 정보를 모아 사실 확인을 한 뒤 기사를 내는 것도 시간이 걸린다. 이런 보도 자료가 하루에도 수십 개 날아오니 그중에서 이슈가 될 아이템을 찾는 것도 일이다.

보도 자료만 일은 아니다. 스타트업을 찾아다니며 인터뷰를 하기도 하고 혹시나 건질 이야기가 있을까 싶어 스타트업 대표 모임에 찾아가 어울린다. IT 콘퍼런스에 참가해 명함도 나눠야 하고 소속 미디어에서 주관하는 콘퍼런스 세션도 진행해야 한다. 이때 친분이 있는 사람들이 찾아오면 인사를 놓쳐선 안 된다. 눈앞에 실시간으로 할 일이 많은데 이메일과 메시지는 끝없이 쌓여 간다. 오랜만에 만난 한 스타트업 대표가 내일 점심을 먹자고 한다. 알겠다고 했다.

이렇게 돌아다니다 보면 저녁이 돼서야 노트북 앞에 앉는다. 구글 독스를 열고 콘퍼런스에서 녹음해 둔 파일을 녹음기로 재생한다. 건질 만한 멘트를 땄으면 문장을 만든다. 매일 하는 일이지만 맞춤법은 늘 어렵다. 맞춤법 검사기로 혹시 모를 오타를 수정하고 부장 기자에게 페이스북 메신저로 구글 독스 링크를 넘긴다.

이제 좀 쉴까 했는데 내일 일정이 기억나지 않는다. 급히 구글 캘린더를 열고 일정을 확인한다. 소속 미디어에서는 구글 캘린더로 일정을 공유하는데 편집 회의가 있는 걸 깜빡했다. 오늘 콘퍼런스에서 만난 스타트업 대표와 미팅을 잡았는데 겹쳐 버리고 말았다.

일정을 조율하고 빼곡히 적힌 미팅 일정을 보며 퍼소나 C는 하루를 마친다.

퍼소나 C가 사용한 협업 도구
이메일, 전화, 메시지, 페이스북 메신저, 구글 독스, 구글 캘린더

1.4 퍼소나 D, 커뮤니티 리더

퍼소나 D는 커뮤니티 리더다. 대학 시절 멘토링에 참여했는데 그 멘토링 커뮤니티가 지금까지 이어졌다. 이제는 각자 사회에서 한 사람 역할을 하는 친구들과 퇴근 후 공부한다. 퍼소나 D가 운영하는 커뮤니티에는 ▲독서 ▲투자 ▲경영 ▲코딩 등 다양한 소모임이 있다.

독서 소모임은 매달 책을 읽고 토론한다. 요즘은 코로나19로 직접 만나지 못해 화상 회의 서비스 줌(Zoom)으로 진행한다. 투자 소모임도 줌으로 진행하는데 매달 기업을 분석하는 발표를 돌아가면서 한다. 이 자료는 구글 드라이브에서 공유하고 PDF, 키노트, MS 파워포인트 등을 사용한다.

매달 모임을 운영하니 운영 회비가 필요하다. 구글 스프레드시트에 멤버 연락처와 회비 내역을 관리한다. 커뮤니티 멤버가 40명을 넘어서니 한 공간에서 대화하기가 어렵다. 슬랙을 도입해 채널을 나누려 했지만 생각보다 반발이 심해 카카오톡 채팅방을 여러 개 사용한다. 카카오톡도 겨우 사용하는데 스마트폰에 앱을 자꾸 설치하기 싫다는 게 이유였다. 왜 최신 스마트폰을 쓰는지 잘 모르겠다.

커뮤니티가 계속 커지니 관리 측면이 늘어난다. 각자 본업이 있고 사이드로 공부하는 것이니 수익 사업은 아니다. 돈이 없으니 직접 만들어야 한다. 다행히 개발자로 일하는 멤버와 기획자로 일하는 멤버가 있어 코딩 소모임을 만들었다. 커뮤니티 앱을 만드는 게 목표인데 화면 설계는 액슈어(Axure)로 프로젝트 관리는 지라로 했다.

친구들이 좋아서 같이 공부하려고 시작했던 커뮤니티가 점점 커지며 관리에 문제가 자꾸 생긴다. 가끔은 돈도 안 되는데 뭘 하고 있나 싶지만 친구들을 만나면 퍼소나 D는 그저 좋다.

퍼소나 D가 사용한 협업 도구
줌, 구글 드라이브, 구글 스프레드시트, PDF, 키노트, MS 파워포인트, 카카오톡, 액슈어, 지라

1.5 퍼소나 E, 서비스 개발자

퍼소나 E는 서비스 개발자다. 앞서 퍼소나 A인 SI 개발자와 반대라면 반대라고 할 수 있는 포지션이다. 그러나 SI 개발자가 좋고 서비스 개발자가 나쁘다든가 그 반대라는 것 역시 아니다. 서로 다른 역할을 수행하는 개발자일 뿐이다.

퍼소나 E는 API 서비스를 만든다. 어떤 정보를 쉽게 가져오거나 회사가 모은 정보를 API 형태로 제공한다. 고객사는 퍼소나 E가 만든 API 서비스를 이용해 또 다른 서비스를 만든다. 즉, B2B 서비스다. 2년 동안 API 서비스도 커졌고 고객사도 많아졌다. B2B 서비스인 만큼 장애가 생기면 고객사에 치명적인 피해가 갈 수 있다. 따라서 퍼소나 E는 장애가 발생하면 서버에서 텔레그램(Telegram) 메시지를 보내게 해 뒀다.

팀에서는 매터모스트(Mattermost)를 사용한다. 매터모스트는 슬랙의 오픈 소스 버전인데, 내부 서버에 설치하면 무료라 작은 스타트업에서 비용을 낮출 수 있다.

기획자가 스케치(Sketch)로 화면 설계서를 만들어 제플린(Zeplin)으로 공유하면 퍼소나 E는 코드를 만들고 깃랩(Gitlab)에 푸시한다. 지속적 통합 서비스 젠킨스(Jenkins)는 코드가 푸시되면 자동으로 빌드해 배포한다.

퍼소나 E는 서비스를 만들며 고객사가 늘어나고 고객사가 API를 활용해 비즈니스를 성장시키는 것을 보며 보람을 느낀다. 하지만 서비스 장애가 발생하고 빠르게 수정되지 않을 땐 고객사 비즈니스에 피해를 줄 수 있어 큰 압박을 받는다. 장애는 언제나 발생할 수 있고 텔레그램은 24시간 울릴 수 있다.

장애를 해결하고 고객사에 이메일을 보냈다. 한숨을 쉬며 커피를 한 잔 가져와 자리에 앉았다. 서비스가 안정화됐다며 빠른 대응에 고맙다는 고객사 답변이 도착했다. 커피 한 모금에 카페인이 뇌에 퍼지며 퍼소나 E는 얼었던 마음이 눈 녹듯 풀린다.

> **퍼소나 E가 사용한 협업 도구**
> 텔레그램, 매터모스트, 스케치, 제플린, 깃랩, 젠킨스, 이메일

2

우리는 어떻게 일해야 할까

앞서 살펴본 퍼소나 5명은 모두 다른 분야 다른 포지션에서 일한다. 공통점을 찾자면 모두 정신없이 바쁘다는 것을 꼽을 수 있다. 이들은 컴퓨터가 없던 시절엔 어떻게 일했나 싶을 정도로 많은 협업 도구를 사용한다. 협업 도구 비중에 따라 다르겠지만 당장 협업 도구가 멈추면 일을 하지 못하는 경우도 있다.

실제로 지난 2021년 2월 12일 DNS(Domain Name System) 이슈로 노션이 중단되는 일이 있었다. 이슈는 2시간 뒤 해결됐지만 노션으로 협업하는 팀이라면 당장 협업할 수 없는 문제는 물론, 기록된 정보를 확인하지 못하는 것도 큰 문제다.

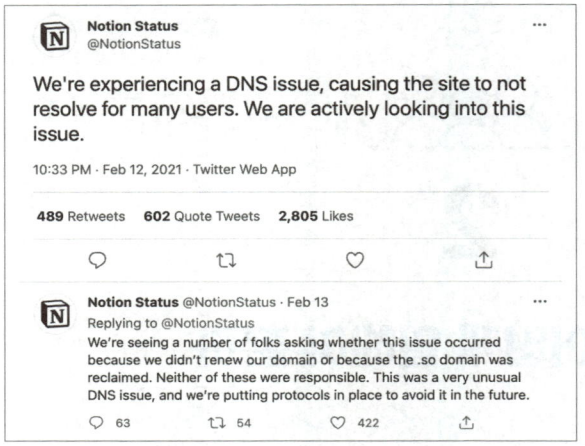

[그림 0-1] 노션 DNS 이슈 / 노션 트위터[1]

이는 노션만의 문제라기보다 사스(Saas, Software as a Service)형 협업 도구가 갖는 문제로 언제든 발생할 수 있다. 따라서 협업 도구를 사용한다면 백업은 필수다.

정보가 언제든 사라질 수 있고 정보에 접근이 막힐 수 있음에도 우리는 사스형 협업 도구를 사용한다. 장애가 발생하지 않는다면 언제, 어디서든 실시간으로 동료와 협업할 수 있는 장점은 한 번 경험하면 헤어 나올 수 없다.

2.1 팬데믹이 불러온 뉴노멀

팬데믹은 이 책 주제와 맞지 않는다고 생각할 수 있지만 밀접한 관련이 있다. 2019년 12월 중국에서 처음으로 코로나19가 발생했고 2020년은 말 그대로 혼돈 그 자체였다. 많은 사망자가 발생했고 2022년인 현재도 진행 중이다. 우리는 팬데믹이 만든 변화 중 '업무 형태'와 관련 있다.

사회적 거리 두기로 오프라인 만남이 제한되고 원격으로 일하는 비중이 높아졌다. 기존 업무 환경이 달라졌고, 마주하지 않고도 일을 해야 하는 상황 즉, '업무 형태'가 바뀐 것

---

1   https://twitter.com/NotionStatus/status/1360220589743480838

이다. 2020년 10월 8일 공개된 오라클과 인사 연구 및 자문 회사인 워크플레이스 인텔리전스의 '업무 환경과 AI(AI at Work)' 연구에 따르면 한국인 응답자 중 84%가 '코로나19가 직원 정신 건강에 부정적 영향을 줬다.'고 답했다. 따라서 직원 중 60%가 직장에서 근무하기를 원한다고 답했다.[2]

하지만 우리는 60%가 아닌 40%를 눈여겨볼 필요가 있다. 직원 중 40%가 재택근무를 원한다는 건 정신 건강에 부정적인 영향이 있음에도 재택근무가 갖는 장점이 더 크다는 것이다. 바꿔서 생각하면 여러 조건이 괜찮아지면 지금보다 더 많은 사람이 재택근무를 할 수 있다는 것이다.

재택근무는 조직 입장에서 '원격 근무'로 확장해서 볼 수 있다. 이 원격 근무와 더불어 업무 형태에 변화를 가져오는 또 다른 물결이 있다. 바로 긱 이코노미다.

> 긱 이코노미(Gig Economy)란, 기업들이 정규직보다 필요에 따라 계약직 혹은 임시직으로 사람을 고용하는 경향이 커지는 경제 상황을 일컫는 용어
> – 두산백과

미국에서는 차량 공유 플랫폼 우버(Uber) 노동자의 직고용 문제로 시끄럽다. 우리나라에서도 모바일 플랫폼에서 많은 긱 워커(임시 노동자)를 만들어 냈다. 이는 세계적인 추세이며, 여러 포럼과 컨설팅 업체들이 앞다퉈 관련 보고서를 발행한다.

세계경제포럼은 지난 2020년 11월 열린 '변화의 선구자들'이라는 포럼 발표문에서 "코로나 이전 긱 이코노미가 일자리를 찾는 이들의 '최후의 선택지'였다면, 이제는 능력 있는 개인이 앞다퉈 프리랜서 선언을 하는 시대가 열리고 있다."며 "당신 회사의 임원이 '긱 워커'가 되지 말란 법도 없다."고 전망했다.

또한, 글로벌 컨설팅 업체 맥킨지는 2025년 긱 이코노미의 부가 가치가 2조 7천억 달러(약 2948조 원)에 달할 것으로 내다봤다.[3]

---

[2] 지디넷, 오라클, '업무 환경과 AI' 보고서 발표, https://zdnet.co.kr/view/?no=20201008142703
[3] 조선비즈, 코로나19에 '프리랜서 중개' 高성장, https://biz.chosun.com/site/data/html_dir/2021/01/15/2021011502100.html

2.2 긱 이코노미가 온다

마주하지 않고 일한다는 것은 결코 간단한 일이 아니다. 하지만 평생 마주하지 않고도 협업하는 경우도 있다. 소프트웨어 업계에서는 오픈 소스 생태계가 이렇게 만들어진다. 코드로 대화할 수 있다면, 굳이 얼굴을 마주할 필요가 없을 수 있다.

긱 이코노미 등 새로운 업무 형태는 팬데믹 이전에도 언급됐지만 팬데믹이 이를 가속화했다는 평가다. 팬데믹 이전 2018년에 긱 이코노미 연구를 위해 우버 기사가 됐던 폴 오이어 스탠포드 경영대학원 교수는 "코로나로 원격 근무가 일상화하자, 정규직 대신 단기 근무 외부 인력을 고용하려는 기업이 증가하고 있다. 큰 변화다."라며 팬데믹이 긱 이코노미를 가속했다고 평가했다.[4]

세계적인 추세를 막는 것은 시대를 역행하는 것이다. 우리나라도 이 추세에 맞게 여러 프리랜서 플랫폼이 성장하고 있으며 어쩌면 더 빠른 시일 내 이 글을 읽는 독자도 프리랜서나 긱 워커로 일할지도 모른다.

필자는 이 세계적인 추세에 협업 도구가 큰 역할을 할 것으로 믿는다. 이미 많은 기업이 협업 도구를 사용하고, 더 많은 도구로 반복 작업을 줄이기 위해 노력한다. 조직에 딱 맞는 업무 표준을 만들고 이에 맞는 협업 도구를 도입하기 위한 작업 자체도 꽤 중요한 일이다. 한발 더 나아가서 내부 협업 문화를 만들고 운영하는 포지션도 더 중요해질 거라 생각한다. 마치 최근 더 몸값을 올리는 프로덕트 오너(Product Owner)처럼 말이다.

그런데, 조직에 딱 맞는 업무 표준은 무엇이고 이에 맞는 협업 도구란 무엇일까?

---

[4] 조선일보, "긱 워커들, 여러 회사와 동시에 단기 계약… 프리랜서 시장 커질 것", https://www.chosun.com/economy/mint/2020/12/21/35LBFSFU7VBCFHTJMDMI6KCSGY/

3
협업 도구로 애자일 조직에 날개를 달자

앞서 소개한 5개 퍼소나를 기억하는가. ▲SI 개발자 ▲스타트업 창업자 ▲IT 기자 ▲커뮤니티 리더 ▲서비스 개발자 등 퍼소나는 각 포지션에 맞는 협업 도구를 사용해 업무를 수행했다. 개발자를 기획자, 디자이너, 마케터로 바꾸고, 창업자와 리더를 팀장, 부장 등 각 매니저로 변경하면 꽤 많은 영역을 커버할 수 있는 퍼소나라고 생각한다.

눈치챘을지 모르겠지만 앞서 소개한 5개 퍼소나는 지난 10년간 일했던 내 커리어를 소개한 것이다. 필자는 SI 개발자로 커리어를 시작했다. 이후 미디어 스타트업을 창업해 운영했으며, IT 기자로 자리를 옮겨 소프트웨어 전문지를 만들었다. 커리어 시작 전부터 멘토링 커뮤니티를 운영했고 지금까지 커뮤니티 내 여러 소모임을 만들어 공부하고 있으며, 지금은 API 서비스를 만드는 스타트업에서 서비스 개발자로 일하고 있다.

SI 개발자 시절에는 인터넷이 되지 않는 환경에서 일했고 스타트업 창업자 시절에는 늘 정신없는 시기를 보냈다. IT 기자 시절에는 원격 근무로 일하며 밤낮없이 일했고 커리어에서 배운 것을 필자가 운영하는 커뮤니티에 적용했다. 그리고 이 모든 경험을 녹여 지금 일하는 스타트업에 업무 표준과 협업 문화를 만들었다.

이 책에서는 조직을 위한 협업 도구 특히, 최대한 무료로 활용할 수 있는 협업 도구를 알아본다. 다양한 환경에서 협업 도구를 도입했던 입장에서 단순히 기능이 많은 도구, 비싼 도구가 정답이 아님을 배웠다. 각 협업 도구가 갖는 특성과 한계를 알아보며 독자에게 선택지를 제공하고자 한다.

그다음은 소개한 협업 도구를 조직에 어떻게 도입했는지를 소개한다. 앞서 소개한 5개 퍼소나가 배운 실제 사례인 만큼 온라인에서 쉽게 찾을 수 없는 정보를 공개한다.

각 협업 도구에 관한 장단점을 이해하고 조직에 어떻게 녹일지 고민했다고 해도 실제 도입하는 건 또 다른 능력치다. 조직 구성원을 설득하는 건 협업 도구를 열심히 공부한다고 해도 알 수 없는 분야다. 필자는 지난 2년에 걸쳐 애자일스럽지 않은 조직을 애자일스럽게 만들었다. 이 과정에서 전체 멤버를 설득하기 위해 소수의 아군을 만들고, 모든 멤버를 일대일로 인터뷰하고, 실제 협업 문화로 만들어 냈다. 이는 그 어느 곳에서도 들을 수 없는 우리 회사에 딱 맞는 협업 문화라 자부한다. 이 협업 문화와 협업 문화를 만들어 도입하기까지의 이야기를 나눈다.

마지막으로 10년간 커리어를 이어 오며 다양한 협업 문화를 경험한 뒤 떠오른 생각을 공유한다.

5개 퍼소나를 소개하고 세계적인 추세인 긱 이코노미 시장을 소개했다. 성장하는 조직에 업무 표준을 만들어야 하는 구성원 및 리더는 물론 ▲**스타트업 대표** ▲**신규 팀을 조직하는 팀장** ▲**신사업 TFT 리더** ▲**원격 근무를 도입하는 리더** 등 다양한 독자가 이 책을 통해 조직에 딱 맞는 업무 표준과 협업 도구를 도입할 수 있길 바란다.

그럼 협업 도구를 만나러 가자.

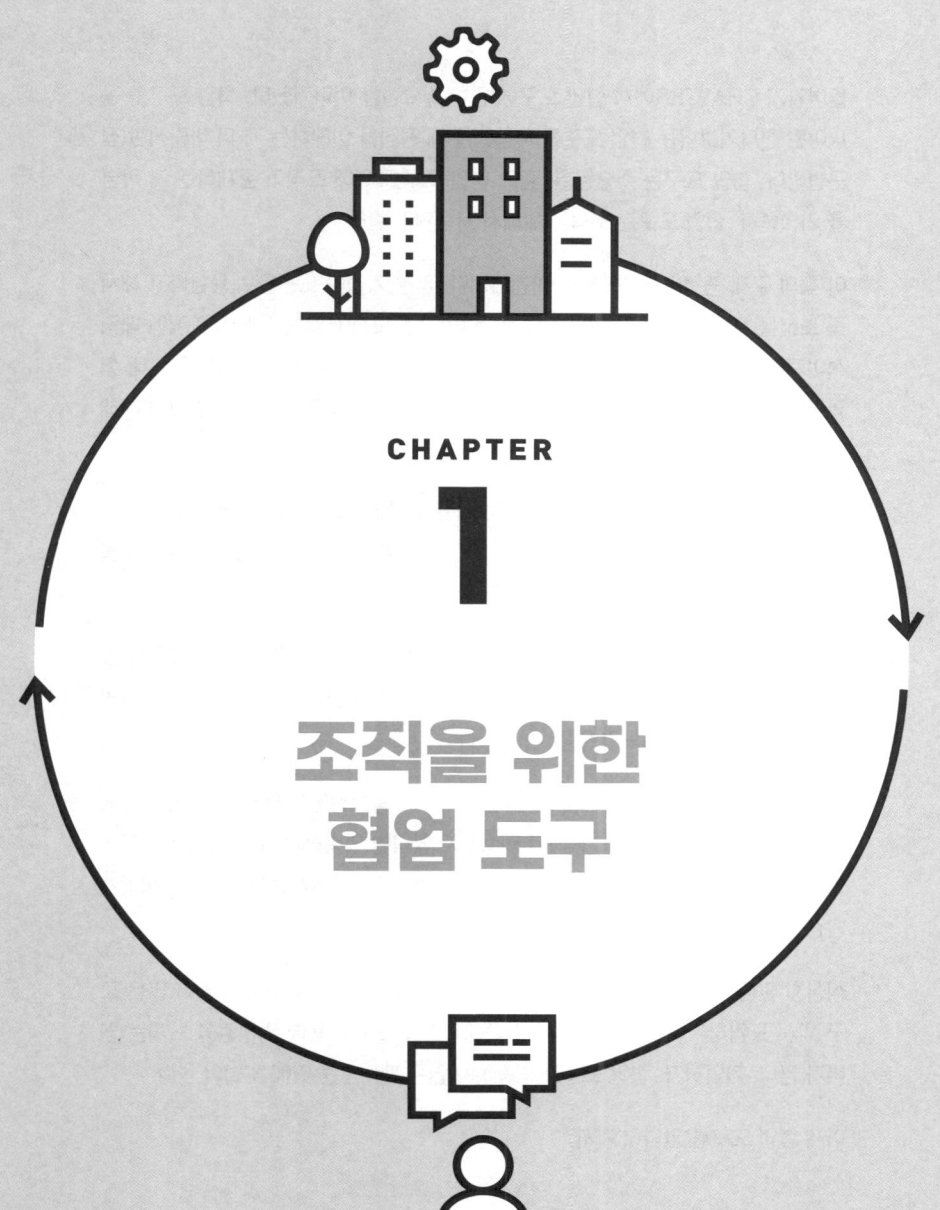

CHAPTER 1

조직을 위한 협업 도구

들어가기 CHAPTER에서 협업 도구에 관한 필요성을 이야기했다. 협업 도구를 꼭 써야만 한다기보다는 협업 도구를 사용했을 때 장점을 이해하는 게 더 바람직한 접근법이다. 협업 도구는 수단일 뿐 결코 협업 도구를 위해 조직이 존재하는 게 아님을 기억하자. 협업 도구는 조직을 위해서 사용돼야 한다.

이 책의 주제 중 하나인 '노션'도 마찬가지다. 많은 기업이 노션을 사용한다고 해서 꼭 노션을 사용해야만 일을 할 수 있는 건 아니다. 노션이 갖는 장점이 조직에 매력적이지 않다면 노션을 사용할 이유는 없다. 단순히 유행을 따르기 위해 조직 내 협업 방식을 억지로 도구에 맞출 이유는 결코 없다. 각 협업 도구의 장점을 잘 이해해야 하는 이유다.

[CHAPTER 1 조직을 위한 협업 도구]에서는 ▲구글 드라이브 ▲트렐로 ▲노션 ▲워드프레스 ▲매터모스트 등 무료 협업 도구를 이야기한다. 각 협업 도구의 장점을 알아보고 가입과 설치, 몇몇 주요 기능에 관해 알아본다.

만약 이 도구들이 식상해 보일 만큼 도구에 관심이 많은 독자라면 이 CHAPTER를 넘겨도 좋다. 하지만 도구를 잘 알고 있음에도 조직 내 협업 도구 도입이 어렵다면 이 CHAPTER를 볼 필요가 있다.

협업을 위해서는 도구 활용법을 모두가 익히고 그 중요성을 이해해야 한다. 자신에게 식상한 도구라 해도 협업 멤버가 익숙하지 않다면 익숙하지 않은 멤버 눈높이에 맞춰야 한다. 식상할 만큼 대중적인 도구는 협업 도구에 익숙하지 않은 멤버에게 안정감을 줄 수 있다.

식상할 만큼 대중적인 도구조차 조직에 도입하지 못한다면 비싸고 기능이 많은 도구 역시 도입하기 어려울 것이다. 생각보다 협업 도구 사용에 거부감을 느끼는 멤버가 많다. 기억하자. 협업 도구가 익숙하지 않은 멤버 눈높이에 맞춰야 한다.

이제 협업 도구를 만나러 가자.

1

구글 드라이브(Google Drive)

1.1 왜 구글 드라이브인가

IT 기기를 다루는 사람 중 구글을 모르는 사람이 있을까? 이 책에서 소개하는 ▲**구글 드라이브** ▲**트렐로** ▲**노션** ▲**워드프레스** ▲**매터모스트** 등 모든 협업 도구를 포함해 가장 식상한 도구가 구글 드라이브라 할 수 있다.

앞서 식상할 만큼 대중적인 도구는 협업 도구에 익숙하지 않은 멤버에게 안정감을 줄 수 있다고 했다. 그 이유를 꼽자면 먼저 회원가입이 있다. 의외로 회원가입 자체에 스트레스를 받는 멤버가 있다. 앞으로 지속해서 협업 도구에 익숙하지 않은 멤버 이야기를 할 텐데 쉽게 부모님이나 주변 어른을 떠올리자. 회원가입 단계부터 도움을 줘야 하는 멤버라면 이미 계정이 있을 확률이 높은 구글이 얼마나 높은 접근성을 갖는지 이해할 수 있다. 안드로이드 사용자라면 구글 계정이 있을 테니 말이다.

둘째는 구글이 주는 대기업으로서의 안정감이 있다. 쉽게 말해 '망하지 않을 거라는 믿음'이다. 협업 도구 도입을 반대하는 멤버 중에는 의외로 협업 도구를 능숙히 다루는 멤버도 있다. 이들은 꽤 다양한 협업 도구를 다루는데 그만큼 조직이 많은 도구를 사용해 왔다는 것을 의미한다. 리더가 협업 도구 자체에 집중하면 조직 상황을 고려하지 않고 늘 새로운 도구를 도입하는 경우가 있다. 이 상황을 몇 차례 경험하면 멤버는 새로운 협업 도구 자체를 혐오하게 된다. 어차피 조금 지나면 또 새로운 도구를 도입할 거란 불신을 이기기는 쉽지 않다. 특히, 조직에 도입된 협업 도구가 다른 조직에서는 사용되지 않는 신생 도구라면 이 불신은 더욱 커진다. 이 경우 '구글'이 갖는 이름값은 불신을 녹이는 꽤 좋은 선택이 될 수 있다.

마지막으로 가격에 관한 접근성이다. 구글 드라이브는 현재(2022년 1월 기준) 1년 100GB에 2만 4천 원이다. 치킨 한 마리 값으로 1년 동안 협업할 수 있다는 매력으로 협업 도구 중 압도적인 가격 접근성을 자랑한다. 이미지나 영상 등을 다루지 않는다면 무료로 제공되는 15GB만으로도 충분하다.

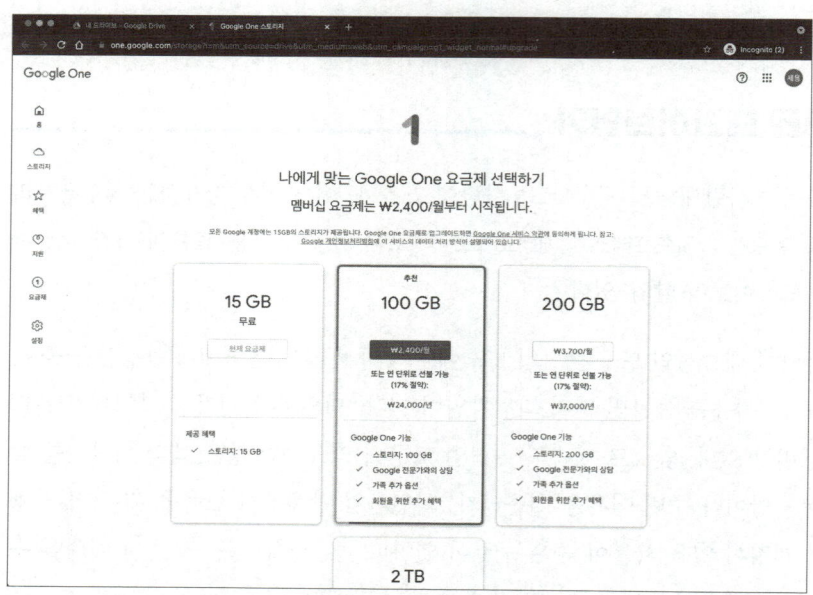

[그림 1-1-1] 구글 드라이브 요금제

이처럼 구글 드라이브는 ▲대부분 회원가입 절차가 필요하지 않은 점 ▲구글이 주는 이름값 ▲압도적인 가격 접근성 등 기능을 제외하고도 선택할 이유가 충분하다.

구글 드라이브 파트에서는 구글 드라이브 내에서 사용할 수 있는 ▲구글 독스 ▲구글 스프레드시트 ▲구글 프레젠테이션 ▲구글 설문지 등을 다룬다. 조금 과장하자면 구글 드라이브를 팀에 도입하지 못한다면 다른 협업 도구 모두 도입하기 힘들 것이다.

구글 계정이 없는 독자는 [부록. 가입 & 설치]에서 소개한 구글 계정 만들기를 참고하자. 이제 구글 드라이브를 만나러 가자.

1.2 구글 드라이브로 협업하기

구글 드라이브는 ▲구글 독스 ▲구글 스프레드시트 ▲구글 프레젠테이션 ▲구글 설문지 등 다양한 서비스를 무료로 제공한다. 이는 마이크로소프트의 ▲워드 ▲엑셀 ▲파워포인트 등을 대체할 수 있는 서비스다. 물론 각 서비스의 기능을 무겁게 사용하는 사용자라면 완전한 대체는 어렵다.

하지만 구글은 이 모든 서비스를 무료로 제공한다는 점에서 충분히 가치가 있다. 협업을 위해 꼭 필요한 주요 기능을 알아본다.

1.2.1 구글 독스

구글 드라이브 기능 중 필자가 가장 좋아하는 서비스, 구글 독스(Google Docs)다. 구글 독스는 마이크로소프트 오피스 중 MS 워드에 해당하는 서비스다. 텍스트 기반 자료를 작성하기에 적합하며, 구글 드라이브를 사용하는 가장 큰 이유다.

[그림 1-1-2]의 구글 드라이브 화면 왼쪽 위 '새로 만들기' 버튼을 누르거나 구글 드라이브 화면 내 마우스 오른쪽을 클릭하면 파일을 생성할 수 있다. 구글 독스는 한글명으로 'Google 문서'다.

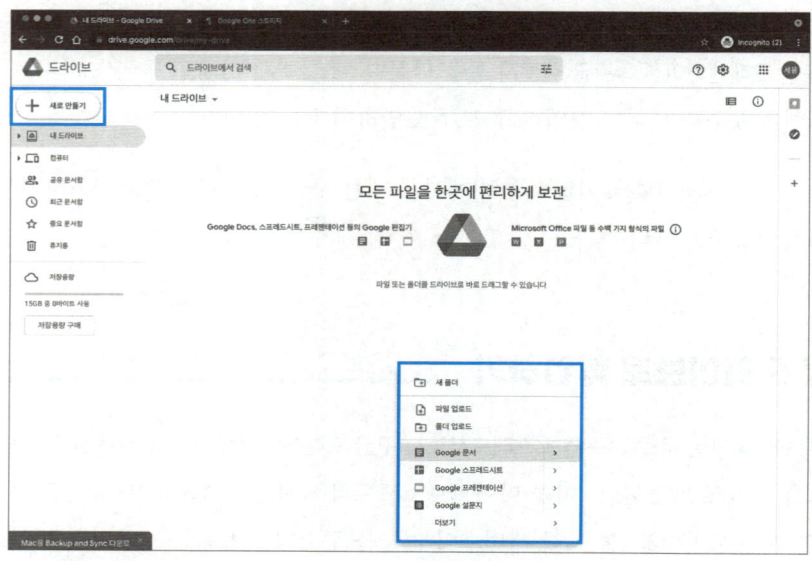

[그림 1-1-2] 구글 독스 생성

개인적으로 이런 명칭을 왜 이렇게 만들었나 싶다. 'Google'은 영문으로 쓰고 '스프레드시트'나 '프레젠테이션'은 한글로 썼다. 독스(Docs)는 문서로 변경했으면서 왜 스프레드시트는 더 적절한 한글명으로 바꾸지 않았을까? 바꿀 수 없다면 문서 역시 그냥 독스로 두는 게 어땠을지 싶다.

이 책에서는 익숙한 단어인 '구글 독스'로 부르겠다.

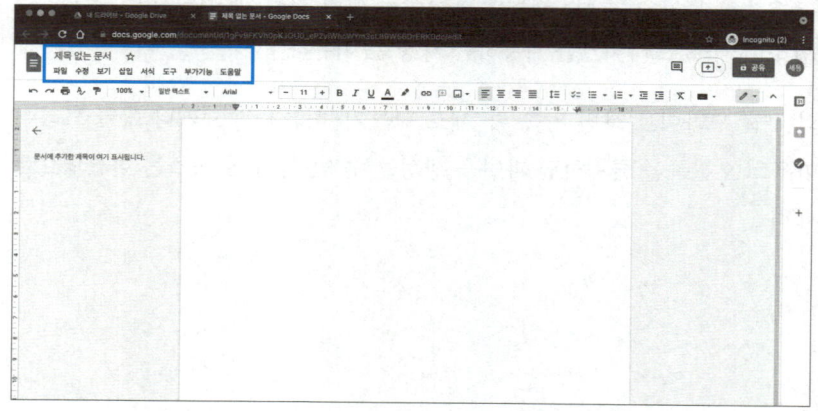

[그림 1-1-3] 구글 독스 화면

구글 독스를 새로 만들면 [그림 1-1-3]처럼 나온다. 제목은 '제목 없는 문서'로 보이고 빈 화면이다. 화면 위 메뉴 창을 보면 익숙한 아이콘들이 보인다. 글자 크기와 서체를 변경할 수 있고, 문장 정렬 방향을 설정하는 등 MS 워드에서 흔히 보이던 아이콘이다.

필자가 가장 좋아하는 서비스인 만큼 이 책도 구글 독스로 집필했다. 구글 독스 설명을 위해 이 책 본문을 복사해 기능 설명에 활용하고자 한다.

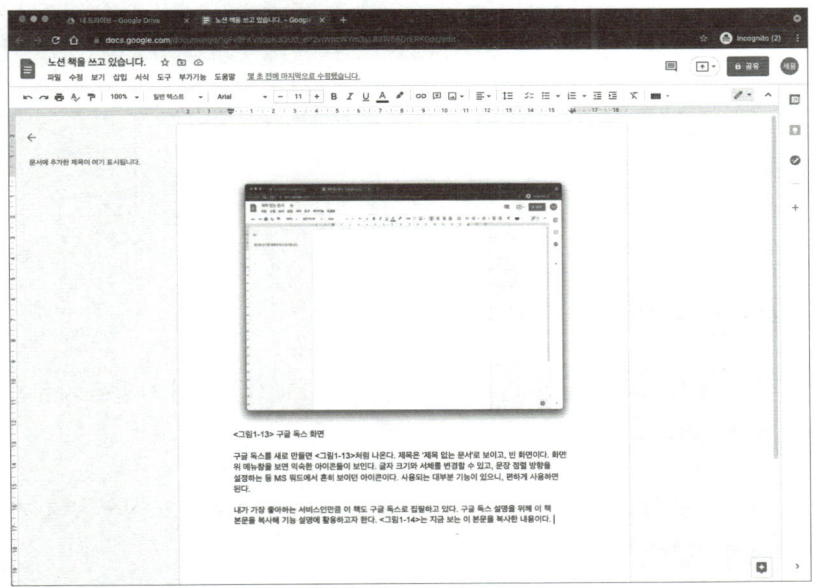

[그림 1-1-4] 구글 독스 내용을 채웠다

[그림 1-1-4]는 지금 보는 이 본문을 복사한 내용이다. 이렇게 제목을 넣고 내용을 채운 뒤 구글 드라이브 화면으로 다시 나가 보겠다. 파일이 생성되면 어떻게 보이는지 설명하기 위함이다.

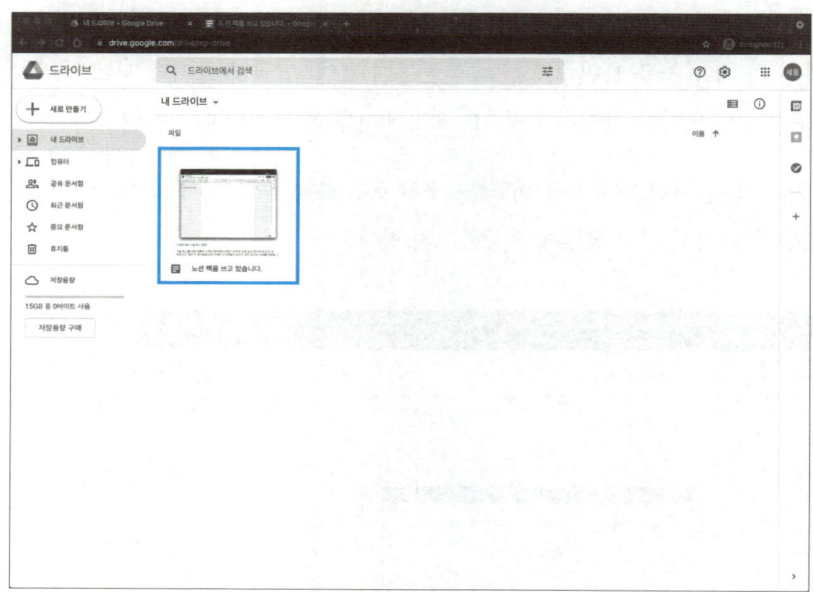

[그림 1-1-5] 파일을 생성한 구글 드라이브 화면

섬네일과 함께 구글 독스 제목이 보인다. 무료로 제공되는 15GB 안에서 파일을 자유롭게 생성해 자료를 관리하면 된다.

기본적인 구글 독스 파일 생성을 설명했으니 구글 독스 기능 중 자랑하고 싶은 주요 기능 세 가지만 더 소개하겠다.

☐ 댓글 추가

구글 독스로 협업하다 보면 협업자 문서에 의견을 전달해야 할 때가 있다. 이는 ▲이미지 출처 문의 ▲정보 확인 ▲정보 보완 요구 등 다양한 협업 상황이 있다. 이때 구글 독스에서 제공하는 댓글 추가 기능을 활용하면 문서 내에서 의견을 주고받을 수 있다.

앞서 만든 구글 독스 파일에 [그림 1-1-4]에 채운 내용 중 이미지에 댓글을 추가해 보자.

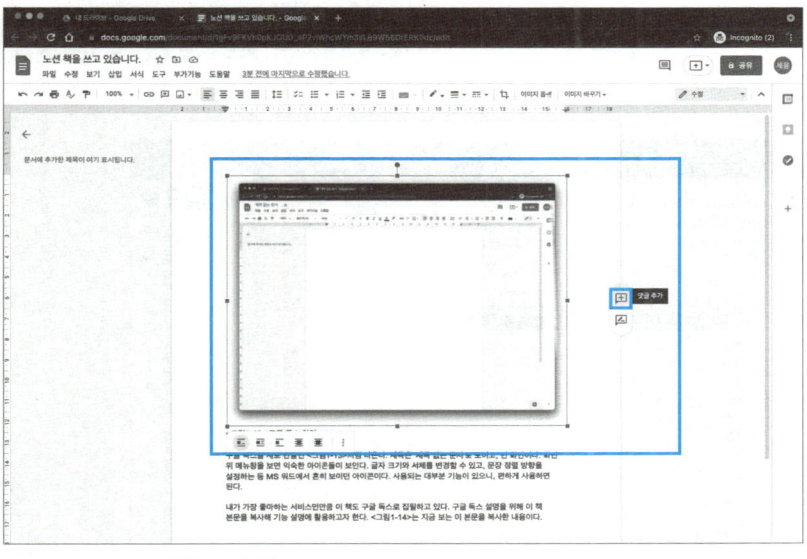

[그림 1-1-6] 이미지 댓글 추가

이미지를 마우스로 클릭하면 오른쪽에 댓글 추가 버튼이 나온다. 이 버튼을 누르자.

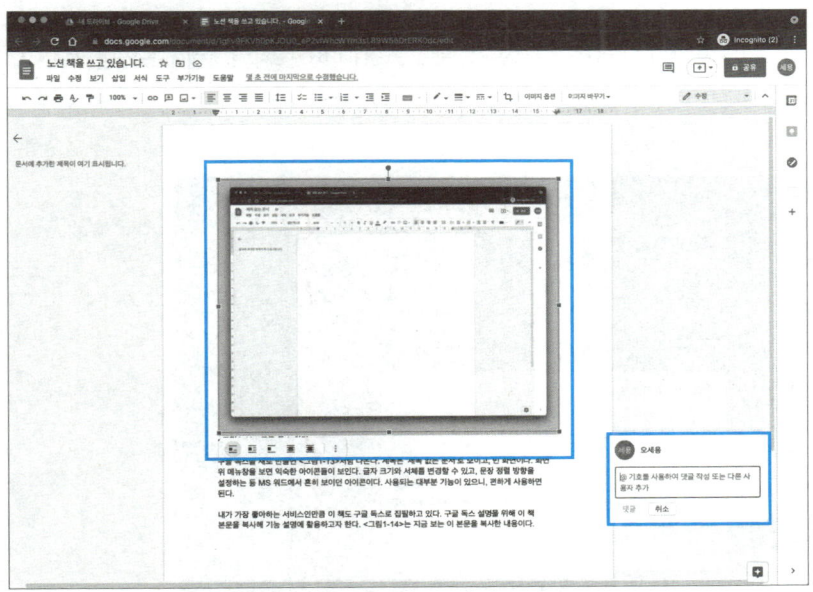

[그림 1-1-7] 댓글 창이 생성됐다

1. 구글 드라이브(Google Drive)　23

선택한 이미지 영역 뒤 배경에 색상이 입혀지면서 오른쪽에 댓글 창이 생성됐다. 이미지 출처를 묻는 댓글을 남겨 보자.

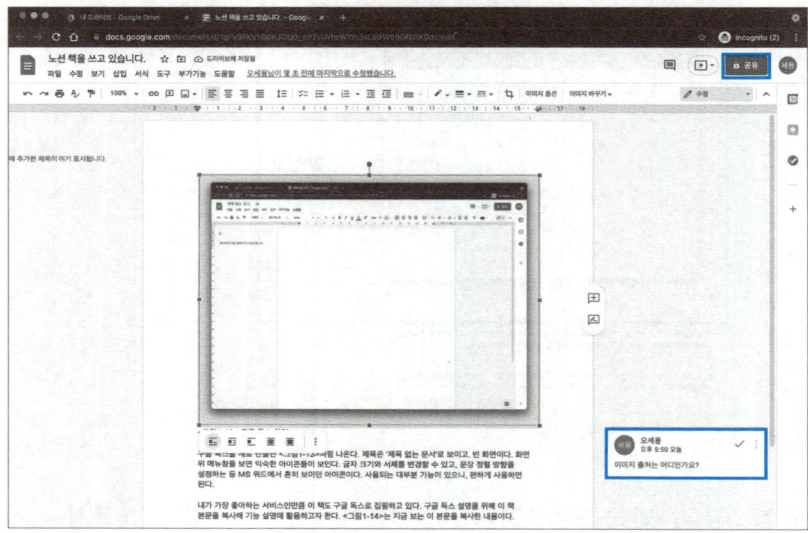

[그림 1-1-8] 댓글이 달렸다

협업을 위한 기능 설명이니 댓글을 주고받을 계정을 초대해 보자. [그림 1-1-8]을 보면 오른쪽 위에 '공유' 버튼이 있다. 버튼을 눌러 계정을 초대하자.

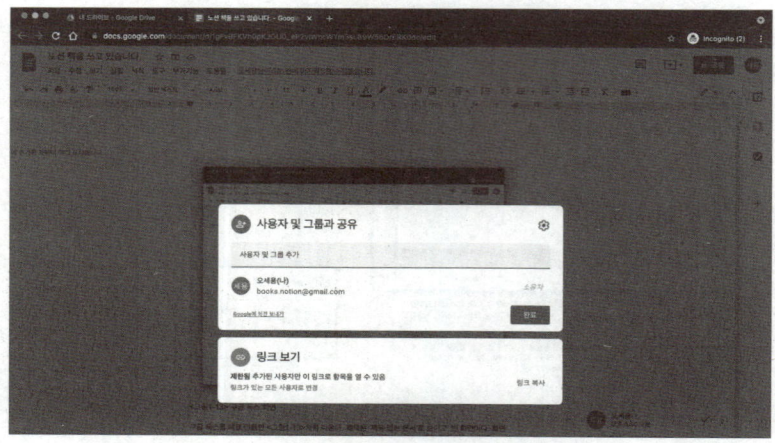

[그림 1-1-9] 사용자 및 그룹과 공유

현재는 앞서 만들었던 계정 즉, 구글 독스 소유자만 이 파일에 관한 권한이 있다. 편의를 위해 내 원래 계정을 넣어 초대하겠다.

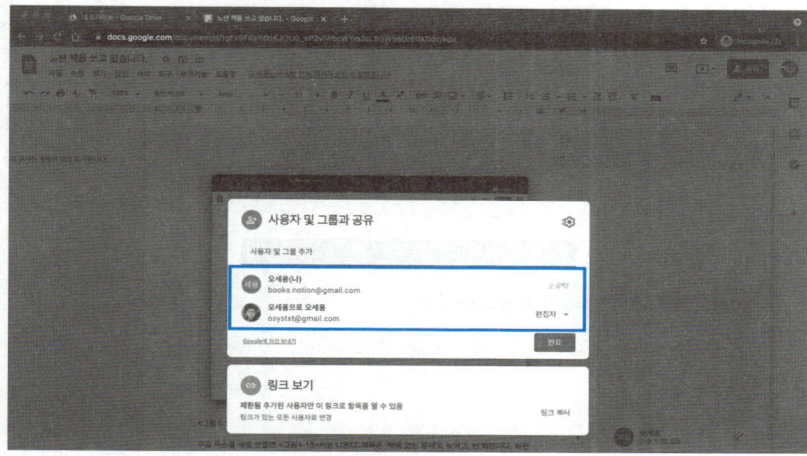

[그림 1-1-10] 사용자가 추가되었다

내 계정을 '편집자'로 초대했다. 계정명은 '오세용으로 오세용'이다. 왜 그런지는 묻지 말자. 구글 계정 생성 시 꼭 실명으로 할 필요가 없다는 정도로 이해하면 된다.

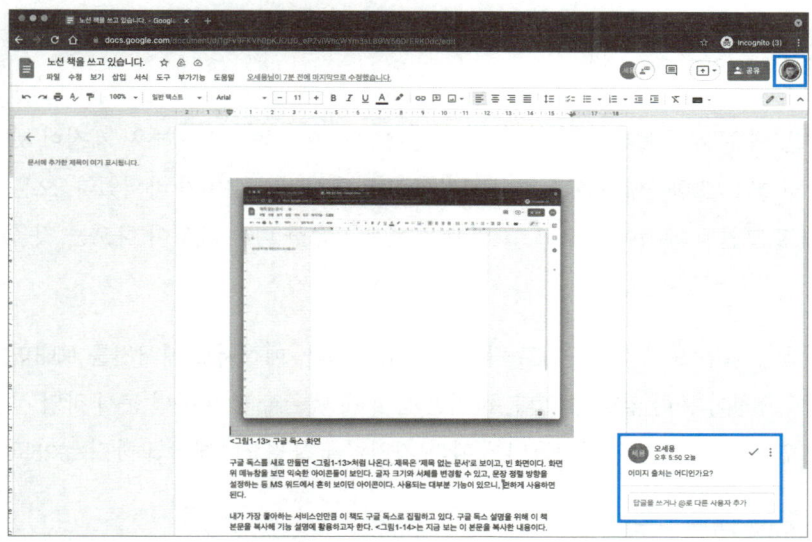

[그림 1-1-11] 댓글 창을 누르면 댓글을 달 수 있다

1. 구글 드라이브(Google Drive)   25

필자의 원래 계정으로 접속했다. 오른쪽 위 프로필이 변경된 것으로 확인할 수 있다. 화면 위를 보면 '세용'이 적힌 아이콘이 보인다. 이는 '세용' 계정이 현재 접속해 있음을 의미한다.

댓글 창을 누르면 댓글을 달 수 있다. '내가 출처입니다.'라고 적어 보자.

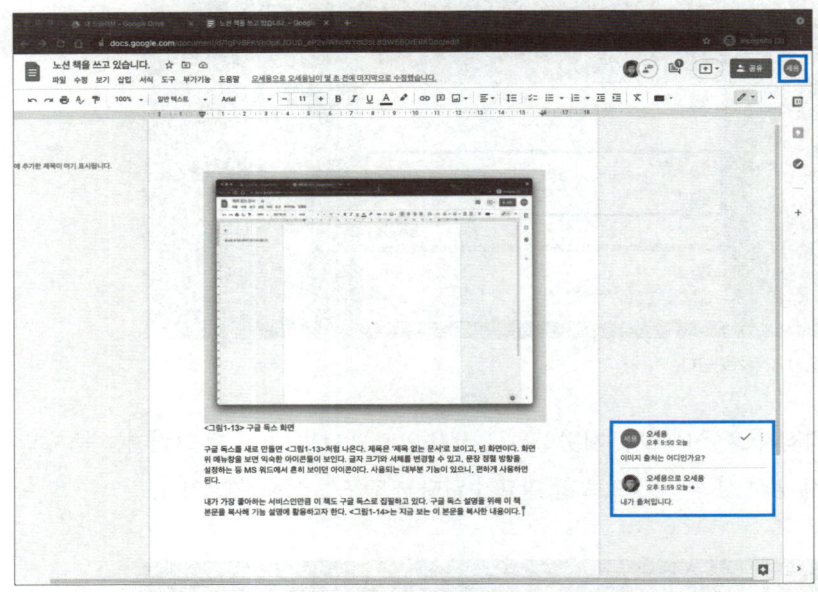

[그림 1-1-12] 댓글에 댓글이 달렸다

새로 만들었던 '세용' 계정으로 돌아와 구글 독스를 보자. '오세용으로 오세용' 계정이 댓글에 댓글을 남겼다. 또한, '세용' 아이콘이 필자의 프로필 사진과 위치가 바뀌었다. 오른쪽 끝은 현재 로그인된 계정이 나오고 그 옆에는 현재 접속한 다른 계정이 나오는 것을 기억해 두자.

구글 독스 댓글은 업무 요청을 비동기로 처리할 때 유용하다. 메신저로 메시지를 보내면 다른 메시지에 요청이 묻혀 잊힐 수 있다. 하지만 문서 내 댓글로 남겨 두면 문서 작업 시 놓치지 않을 수 있다. 어디에 기록하느냐에 따라 기억력을 불필요하게 소모하지 않아도 된다.

☐ 수정 제안

수정 제안은 첨삭 지도를 하거나 문서 권한 관리 등에 쓰인다. 구글 독스에는 ▲**뷰어** ▲ **댓글 작성자** ▲**편집자** ▲**소유자** 등의 권한이 있는데 각 권한에 따라 사용할 수 있는 기능이 제한된다.

수정 제안 기능을 이해하기 위해 '오세용으로 오세용' 계정을 '편집자'에서 '댓글 작성자'로 변경하자.

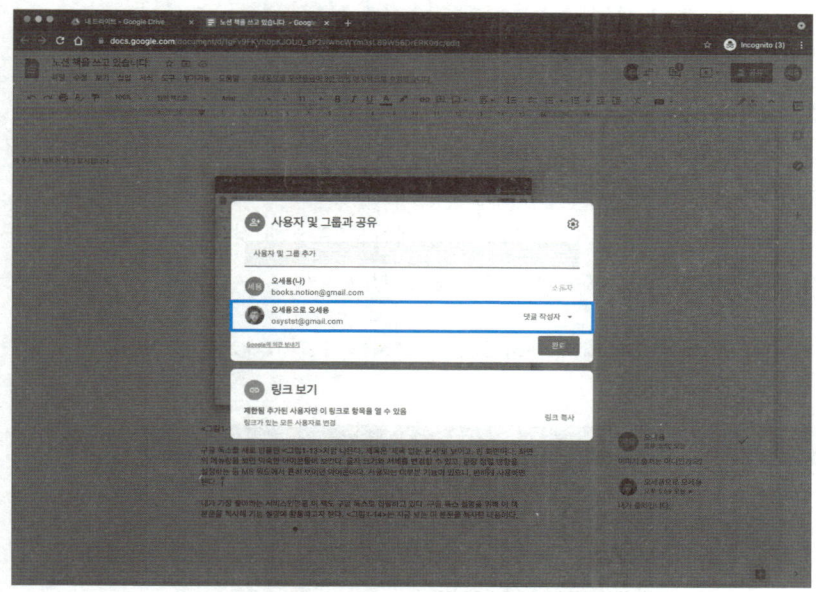

[그림 1-1-13] 댓글 작성자로 변경했다

이제 '오세용으로 오세용' 계정은 문서를 함부로 수정할 수 없게 됐다. 앞서 설명한 댓글을 달 수 있고 수정 제안을 할 수 있다. 수정을 제안하는 것이지 마음대로 수정은 할 수 없다.

'오세용으로 오세용' 계정으로 문단 사이에 문장을 추가해 보자.

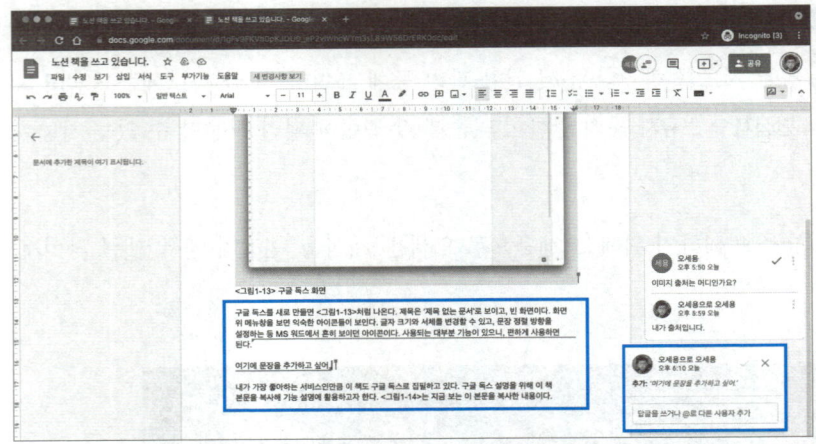

[그림 1-1-14] 문장을 추가했다

문장 추가와 동시에 오른쪽에 창이 하나 더 생겼다. 이는 수정 제안 창으로 '오세용으로 오세용' 계정이 소유자 즉, '세용' 계정에게 수정 제안을 요청한 것이다. 문서 소유자인 '세용' 계정은 이 수정 제안을 수용하거나 거부할 수 있다.

먼저, '세용' 계정에서 수정 제안된 문장이 어떻게 보이는지 확인하자.

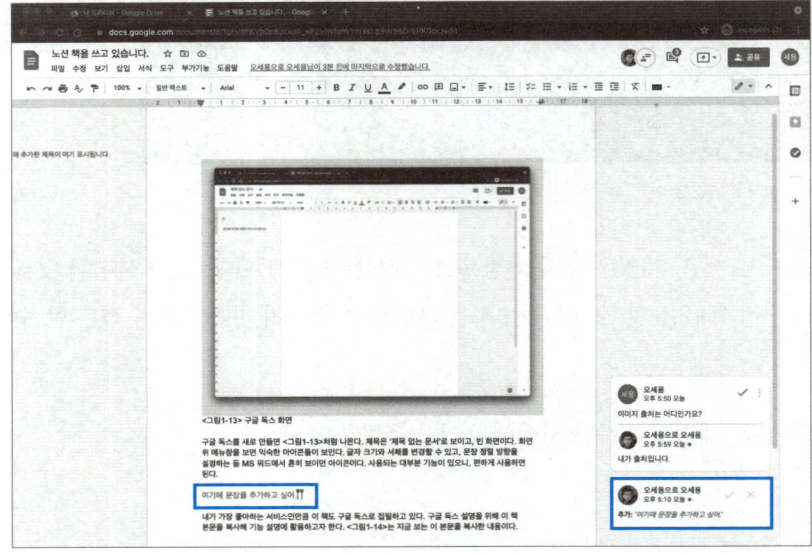

[그림 1-1-15] 수정 제안된 문장

'세용' 계정으로 접속하면 추가된 문장이 보이는데, 접속 환경과 시점에 따라 색상이 달라진다. (책의 이미지는 흑백이지만 실제 화면에는 특정 컬러가 보일 것이다. 계정에 따라 색상이 변경된다.) 어떤 계정이 추가됐는지를 표현하는 것뿐이다.

이제 소유자인 '세용' 계정으로 수정 제안을 수락하고 거부해 보자. 오른쪽에 보이는 수정 제안 창에 체크 표시와 엑스 표시를 누르면 된다.

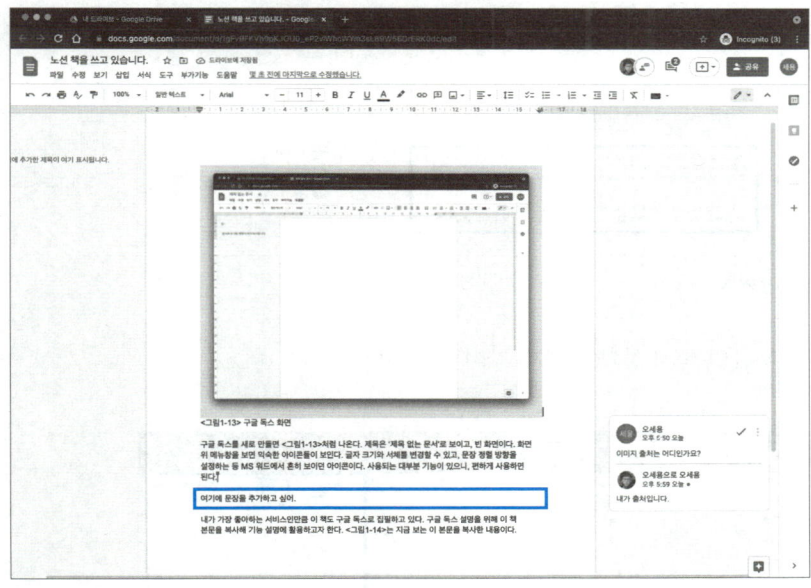

[그림 1-1-16] 수정 제안 수락

수정 제안 수락 시 수정 제안 창과 함께 문장 색상이 사라지고 본문에 문장이 반영됐다. 이 책에서는 간단히 문장을 추가했지만 오타나 문장 끼워 넣기, 행갈이, 이미지 추가 등 다양한 수정 사항을 제안할 수 있다.

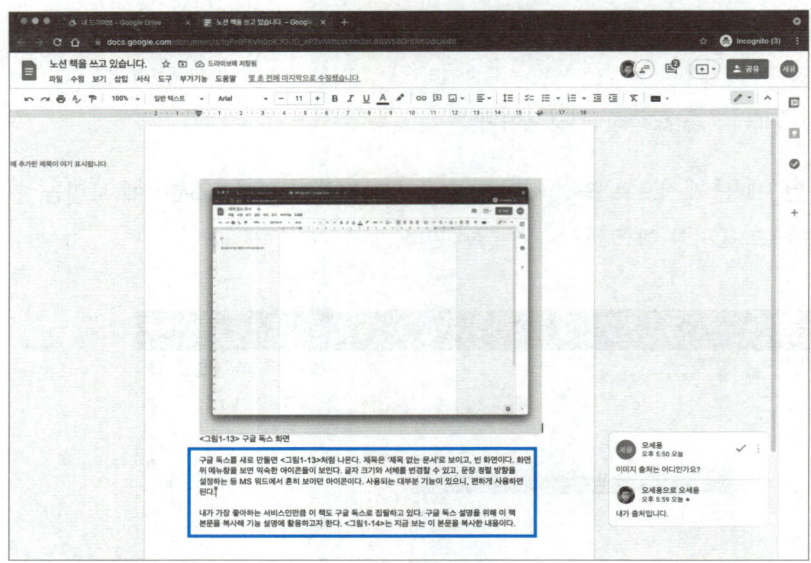

[그림 1-1-17] 수정 제안 거부

수정 제안을 거부하면 즉시 창과 해당 문장이 사라진다.

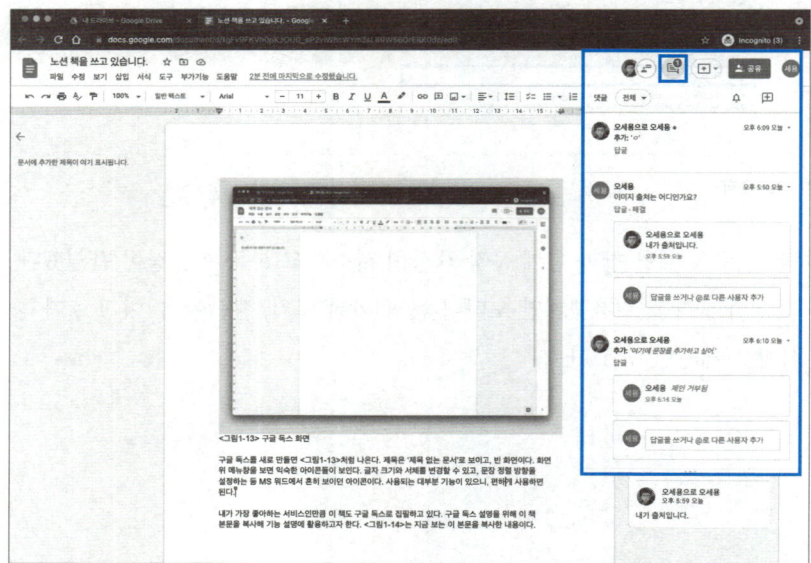

[그림 1-1-18] 댓글 기록

30　CHAPTER 1 조직을 위한 협업 도구

이렇게 수정 제안을 수락 또는 거부하면 창이 사라져 확인이 어려울 수 있다. 이를 확인하려면 오른쪽 위 댓글 아이콘을 누르면 댓글 기록에서 확인할 수 있다.

수정 제안은 텍스트 콘텐츠를 주 업무로 다루는 협업자가 매우 유용하게 사용할 수 있다. 협업자의 권한을 적절히 분배해 효율적으로 활용할 수 있는 방안을 고민해 보자.

□ 동시 편집

마지막으로 동시 편집이다. 이 기능은 구글 독스의 꽃이라 볼 수 있는데 댓글이나 수정 제안이 아닌 말 그대로 문서를 동시에 편집할 수 있다.

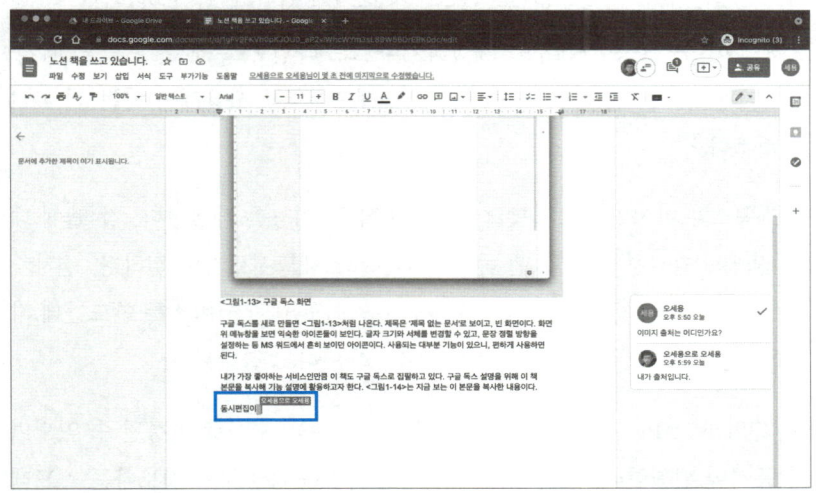

[그림 1-1-19] 동시 편집

동시 편집이 이뤄지면 각 계정에 할당된 색상으로 커서에 계정 이름이 표시된다. [그림 1-1-19]는 '세용' 계정 화면에서 '오세용으로 오세용' 계정이 동시 편집을 할 때 보이는 화면이다.

여러 명이 동시에 문서를 작업할 때 동시 편집 기능은 매우 유용하며 시간을 단축하고 문서 파편화를 막는다. 아직도 각자 문서를 작업해 누군가가 파일을 합친다면 굉장히 아까운 시간을 낭비하고 있는 것이다.

부디 여러 명이 작업하는 문서를 각자 파일에 만들어 공유한 뒤 합치는 일을 하지 않길 바란다.

1.2.2 구글 스프레드시트

스프레드시트는 MS 엑셀과 같은 선에 있는 서비스다. 엑셀을 무겁게 사용하는 사람은 스프레드시트 기능이 한없이 부족하다고 말하지만 가볍게 사용하기엔 전혀 불편한 점이 없다. 각자가 사용하는 패턴에 따라 다르며 특히, 함수를 많이 사용하는 독자는 스프레드시트에서 원하는 함수를 제공하는지 찾아보자.

필자는 구글 드라이브 서비스 중 구글 독스를 가장 무겁게 사용해 왔고 앞으로도 그럴 것 같다. 스프레드시트는 종종 가계부를 계산하거나 오프라인 마트에서 장을 볼 때 등 간단한 계산을 할 때 사용한다. 이런 기능은 꼭 스프레드시트를 사용해야 하는 건 아니니 넘어가도록 하겠다.

스프레드시트도 독스와 마찬가지로 ▲댓글 ▲동시 편집 등 기능을 제공한다. 각 셀에 데이터를 정리해 정제된 자료를 제공할 땐 독스보다는 스프레드시트가 적절하다. 필자가 속한 스타트업 코드에프에서는 API(Application Programming Interface) 서비스를 만드는데 각 파라미터를 정리하는 건 독스보다는 스프레드시트가 더 낫다고 판단했다.

[그림 1-1-20]은 CODEF API 은행 API 파라미터다. 이 시트는 수시로 변경될 수 있으며 여러 편집자가 동시에 편집한다. 고객에게 매번 엑셀 파일을 제공하는 것보다는 스프레드시트에 정리해 URL을 제공하는 게 문서 파편화를 막을 수 있다.

동시에 편집할 수 있는 것은 때론 단점이 될 수도 있다. 여러 명에게 편집 권한을 부여하고 동시에 작업할 경우 내가 입력한 데이터를 누군가 임의로 수정할 수 있다. 그게 의도된 것이든 실수든 말이다. 물론 스프레드시트에서는 이를 확인할 수 있는 기능이 있다. 버전 기록을 확인하는 것이다.

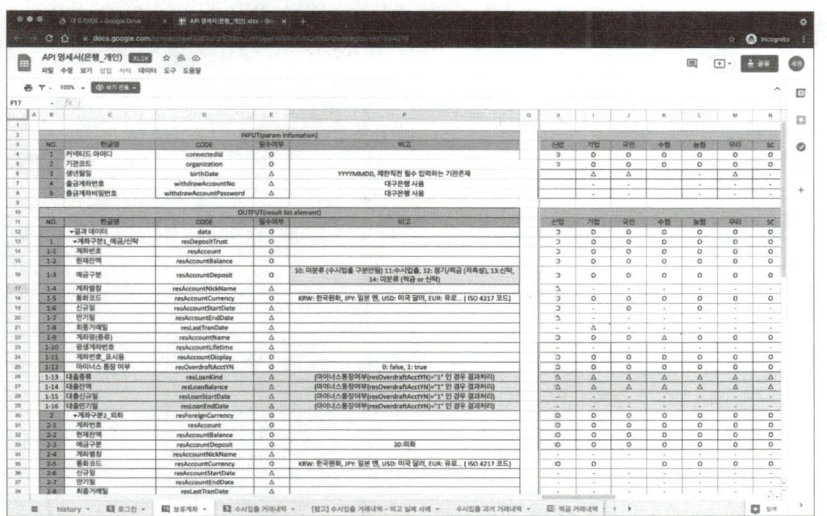

[그림 1-1-20] CODEF API 개발 가이드

□ **버전 기록**

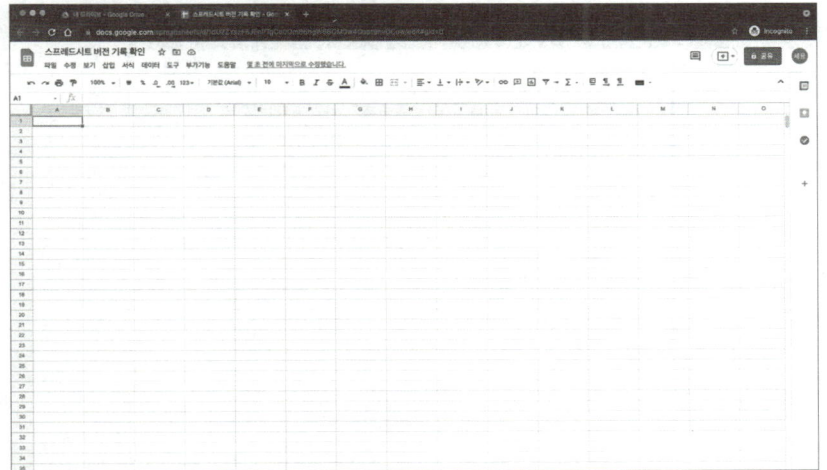

[그림 1-1-21] 스프레드시트 생성

버전 기록 확인을 위해 새 스프레드시트를 생성한다. 생성 과정은 독스와 같으니 생략한다. 이제 스프레드시트에 시간 간격을 두고 몇몇 데이터를 입력해 보겠다.

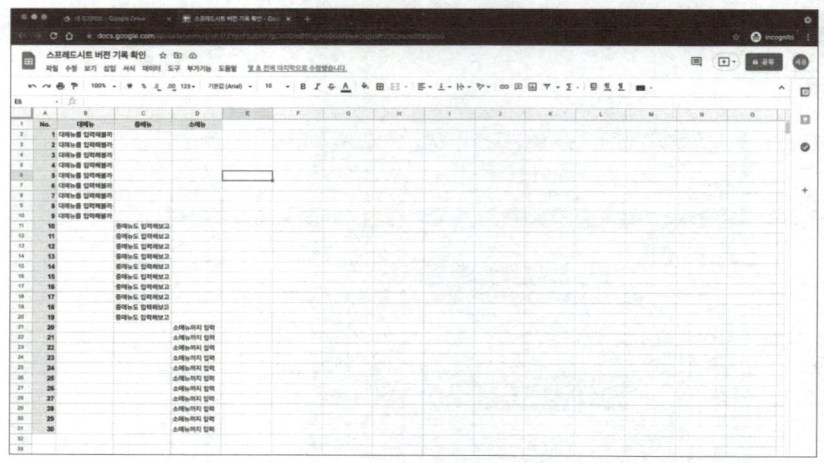

[그림 1-1-22] 스프레드시트 데이터 입력

데이터 확인을 위해 간단한 표를 만들었다. 약간의 시간을 두고 입력했는데 [그림 1-1-22]만 봐서는 언제 어떤 데이터를 입력했는지 알 수 없다. 만약 [그림 1-1-20]처럼 데이터를 빼곡히 입력했을 경우 최종 데이터만 본다면 무엇이 변경됐는지 알기 어렵다.

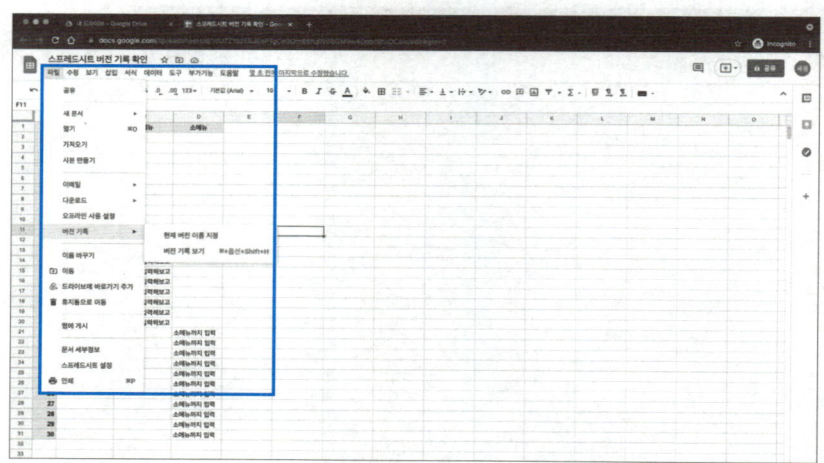

[그림 1-1-23] 버전 기록 메뉴

버전 기록을 확인해 보자. 버전 기록은 상단 메뉴에서 '파일 > 버전 기록 > 버전 기록 보기'를 클릭해도 되고, 도움말 옆 '몇 초 전에 마지막으로 수정했습니다.'를 클릭해도 된다. 여기서 '몇 초'는 상황에 따라 '3분 전'이 되기도 하고 일자가 적히기도 한다.

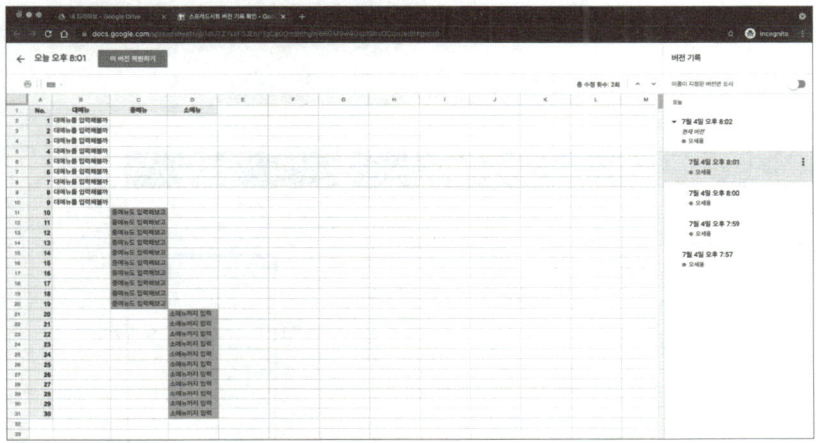

[그림 1-1-24] 버전 기록 확인

버전 기록을 열면 분 단위로 변경 이력을 확인할 수 있다. 누가 수정했는지 확인할 수 있고 특정 버전으로 복원하는 기능도 있다. 그런데 여러 명이 편집하면 버전 기록은 어떻게 나올까? 앞선 독스와 마찬가지로 '오세용으로 오세용' 계정을 초대해 몇몇 데이터를 수정해 보겠다.

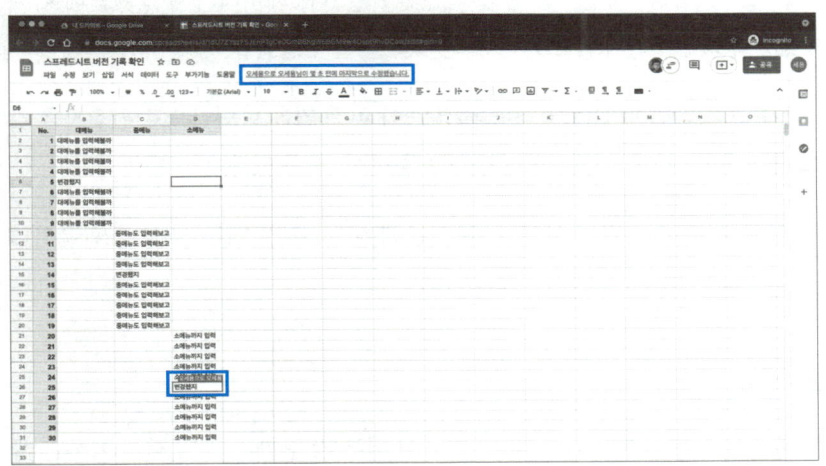

[그림 1-1-25] 다른 계정으로 데이터를 수정했다

1. 구글 드라이브(Google Drive) **35**

'오세용으로 오세용' 계정에 편집 권한을 주고 몇몇 데이터를 수정했다. [그림 1-1-25]의 'D26'을 보면 '오세용으로 오세용' 커서를 확인할 수 있다. 독스처럼 오른쪽 위에 프로필 사진도 보인다. 도움말 옆에 '오세용으로 오세용 님이 몇 초 전에 마지막으로 수정했습니다.' 문구도 확인할 수 있다. 이제 버전 기록을 확인해 보자.

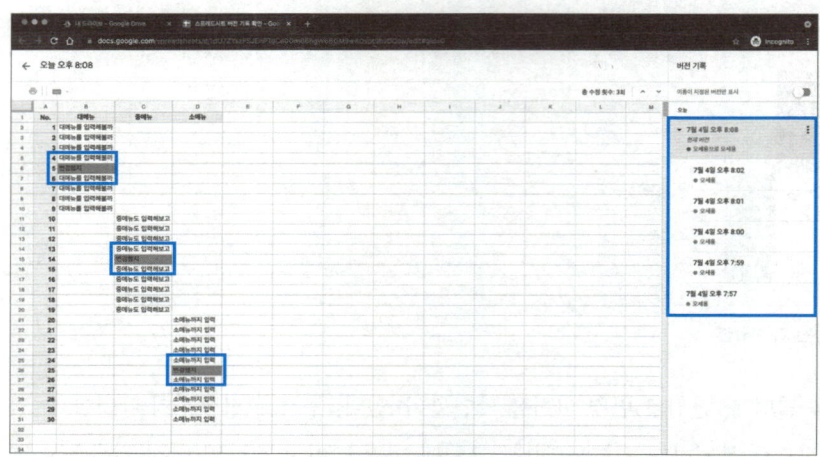

[그림 1-1-26] 버전 기록을 다시 확인하자

마찬가지로 변경된 셀에 색상이 표시된다. 각 변경 기록에 편집자 계정이 보이고 해당 변경은 '오세용으로 오세용' 계정이 했음을 확인할 수 있다. 데이터가 수정됐는데 아무도 수정하지 않았다고 발뺌한다면 조용히 버전 기록을 열어 범인을 찾자.

하지만 데이터가 수백 라인에 걸쳐 입력됐을 경우 이 버전 기록 화면만으로 편집자를 찾기는 어렵다. 특히 동시에 여러 명이 편집할 경우 혼란이 올 수 있다.

이럴 때 특정 셀을 편집한 이력만 확인할 수 있는데 이는 '수정 기록' 기능을 활용하면 된다.

☐ 수정 기록

수정 기록은 특정 셀에 관한 기록이다. 버전 기록이 너무 많을 때는 특정 셀의 기록을 확인하기 어려울 수 있다.

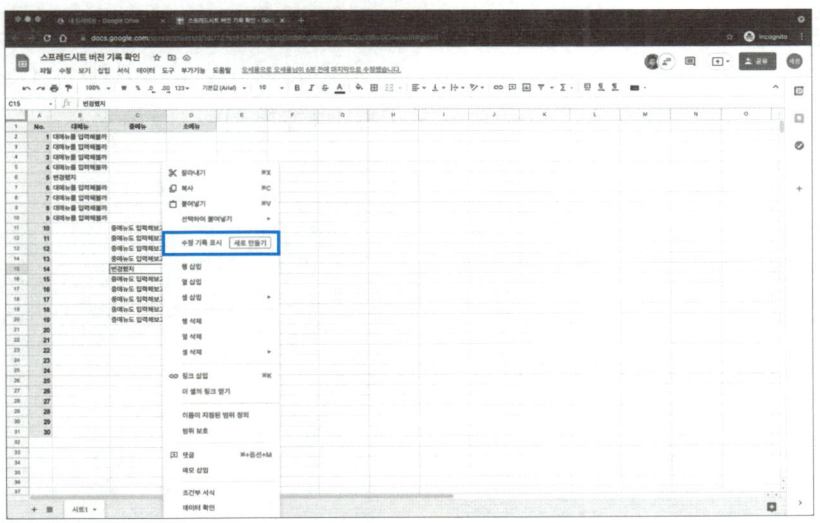

[그림 1-1-27] 수정 기록 표시

수정 기록 확인을 원하는 셀을 마우스 오른쪽 클릭하면 [그림 1-1-27]처럼 '수정 기록 표시' 메뉴를 확인할 수 있다. 이 메뉴를 클릭하자.

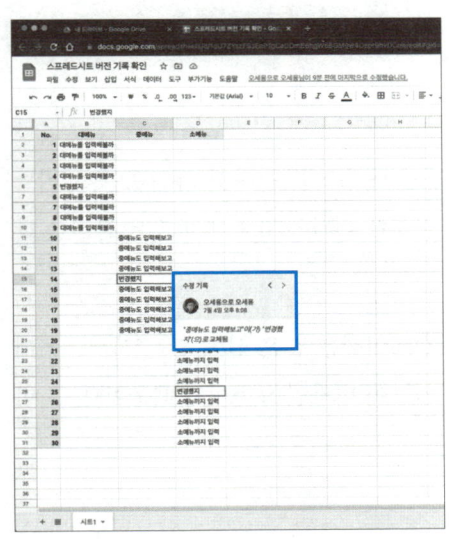

[그림 1-1-28] 수정 기록 1

'오세용으로 오세용' 계정이 7월 4일 오후 8:08에 마지막으로 해당 셀을 수정했다. 문서 전체 버전 기록으로 확인할 수도 있지만 해당 셀의 정보만 보고 싶다면 이 기능이 더 유용하다. 왼쪽 화살표를 누르면 바로 전 수정 기록을 확인할 수 있다.

1. 구글 드라이브(Google Drive) **37**

바로 전 수정은 '오세용' 계정이 7월 4일 오후 8:01에 했다. 이처럼 셀에 관한 이력은 버전 기록보다 수정 기록 기능이 유용하다.

[그림 1-1-29] 수정 기록 2

이 밖에도 구글 파이낸스(Google Finance) 함수를 활용해 주식 포트폴리오를 만드는 등 다양한 분야에서 스프레드시트를 활용할 수 있다. 꼭 엑셀을 활용해야만 일 잘하는 직원이 되는 건 아님을 기억하자. 엑셀도 역시 도구일 뿐이다.

1.2.3 구글 프레젠테이션

프레젠테이션은 MS 파워포인트와 같은 선에 있는 서비스다. 따라서 파워포인트, 키노트 등과 비교는 피해 갈 수 없다. 이때 프레젠테이션은 디자인 요소에서 많은 감점을 받는다.

앞선 독스와 스프레드시트 등과 비교하면 프레젠테이션은 같은 선에 있는 서비스들에 비해 꽤 부족함이 느껴진다. 서비스에서 중요한 기능이 디자인 요소이기 때문이다.

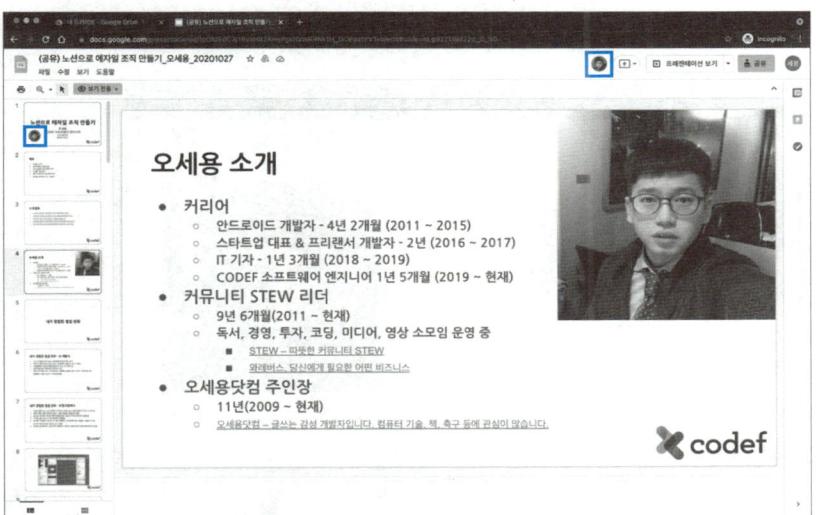

[그림 1-1-30] 구글 프레젠테이션

[그림 1-1-30]은 필자가 만든 프레젠테이션으로 이 자료를 가지고 2020년 10월 27일 노션 공식 웨비나에서 발표를 진행했다. 디자인적으로 예쁘진 않지만 필자가 파워포인트나 키노트로 만든다고 해도 크게 다르지 않을 것이다. 필자처럼 문서를 잘 꾸미지 못하는 독자는 프레젠테이션을 써도 된다.

프레젠테이션도 마찬가지로 동시 편집 등 구글 드라이브 서비스가 갖는 기본적인 기능을 모두 제공한다. 왼쪽 1번 시트를 보면 '오세용으로 오세용' 프로필이 보이는데 해당 계정이 이 문서에 접속해 있는 것을 알 수 있다. 역시 오른쪽의 프로필 사진도 확인할 수 있다.

필자는 독스를 가장 많이 사용하고 다음은 스프레드시트, 프레젠테이션 순이다. 사실 다수에게 데이터를 정제해서 발표하는 것은 모든 직장인이 해야 하는 일은 아니다. 특히 혼자서 작업하는 일이 많다면 잘 사용하지 않는다.

그럼에도 필자는 본업 외 다양한 활동을 할 때 종종 발표하는 편이다. 이때마다 프레젠테이션을 활용하고 이 때문에 불이익을 받은 적은 한 번도 없다. 심지어 창업 시절 정부 과제를 위한 발표에서도 필자는 구글 프레젠테이션을 활용했다.

1. 구글 드라이브(Google Drive) **39**

□ **프레젠테이션 다운로드**

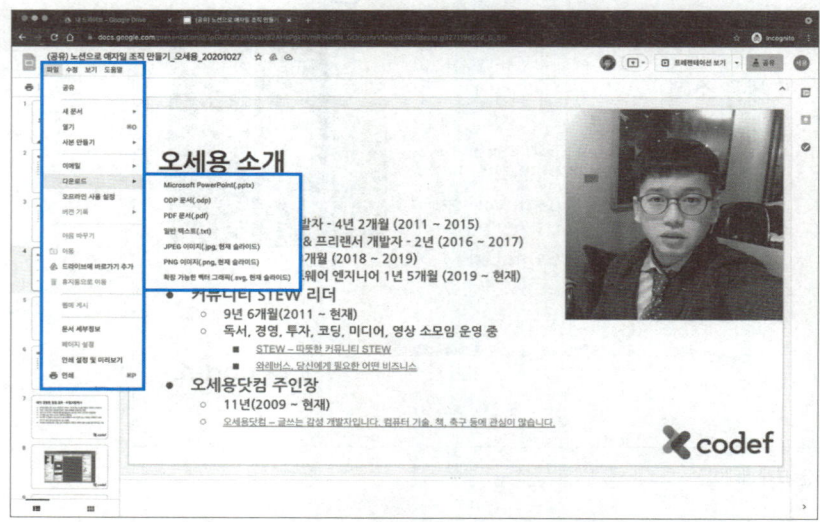

[그림 1-1-31] 프레젠테이션 다운로드

정부 과제 등 링크가 아닌 파일을 꼭 제출해야 할 때는 프레젠테이션 다운로드 기능을 활용하자. 메뉴에서 '파일 > 다운로드'를 보면 ▲MS 파워포인트 ▲PDF 등 범용적인 파일로 다운로드받을 수 있다. 물론 완벽한 호환을 보장하진 않으니 꼭 다운로드 후 깨지는 부분이 있는지 확인이 필요하다.

▲독스 ▲스프레드시트 ▲프레젠테이션 등 문서 작업을 위한 범용적인 서비스를 알아봤다. 이 세 가지 서비스만 잘 활용해도 구글 드라이브 서비스를 충분히 잘 활용하는 거라 생각한다.

다음에 소개할 서비스는 협업보다는 조직 운영에 필요한 서비스다. 필자는 2011년부터 커뮤니티를 운영하고 있는데, 대체 서비스가 있지만 꼭 이 서비스만을 주기적으로 사용한다. 구글 설문지다.

1.2.4 구글 설문지

설문지는 조직 운영에 필수적인 서비스다. 앞서 세 가지 서비스는 어떤 정보를 정리하고 전달하는 데 집중했다면 설문지는 정보를 입력받는 데 최적화된 서비스다.

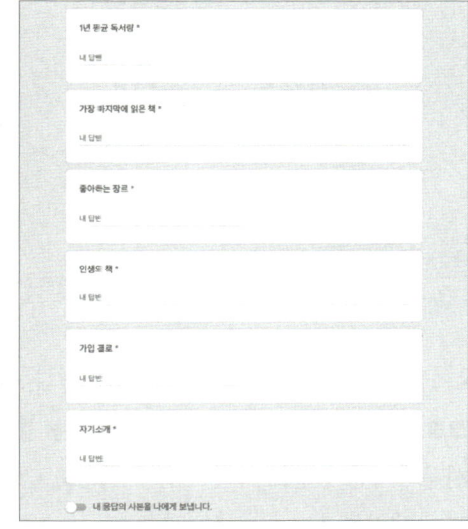

[그림 1-1-32] 스튜 독서 소모임 신청서   [그림 1-1-33] 독서 소모임다운 설문지

[그림1-1-32]와 [그림 1-1-33]은 실제 사용한 설문지다. 상단에 독서 소모임 소개를 적고 하단에는 질문지로 구성했다.

사실 독서 소모임 초기에는 이 모든 걸 메신저로 받았다. 하지만 독서 소모임 지원자가 두 자릿수를 넘어서면서 메신저 등으로 실시간 대응이 어려워졌다. 구글 설문지는 비동기로 정보를 받기에 꽤 훌륭한 서비스다.

그럼 설문지 항목을 추가해 보자. 이번에는 빈 파일이 아닌 기존 설문지에 항목을 추가해 보겠다. 설문지에 권한을 부여하고 파일을 열면 [그림 1-1-34]처럼 각 항목을 편집할 수 있다.

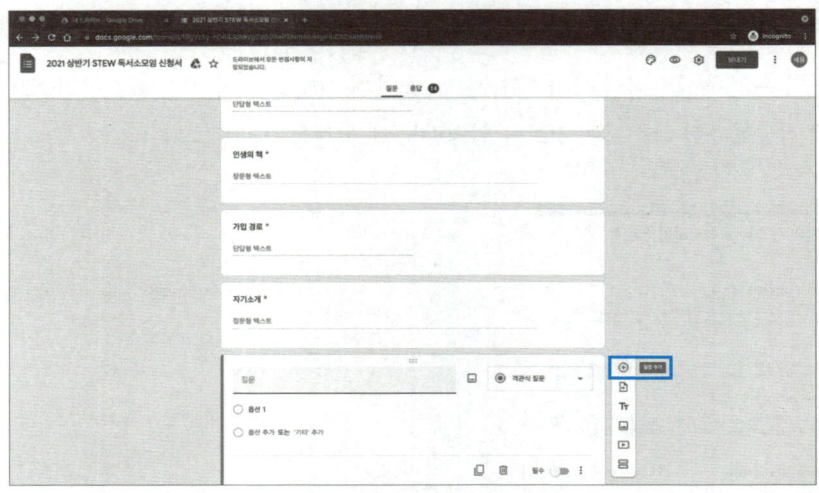

[그림 1-1-34] 설문지 편집

플러스 버튼을 눌러 항목을 추가하자. 새로운 질문이 생겼다. 질문은 ▲**객관식 질문** ▲**체크박스** ▲**드롭다운** ▲**날짜** 등 다양한 질문 형식을 제공한다. 주로 단답형이나 장문형 등을 사용하지만 상황에 따라 객관식 질문도 많이 사용한다. 설문지 작성법은 어려움이 없으므로 생략한다.

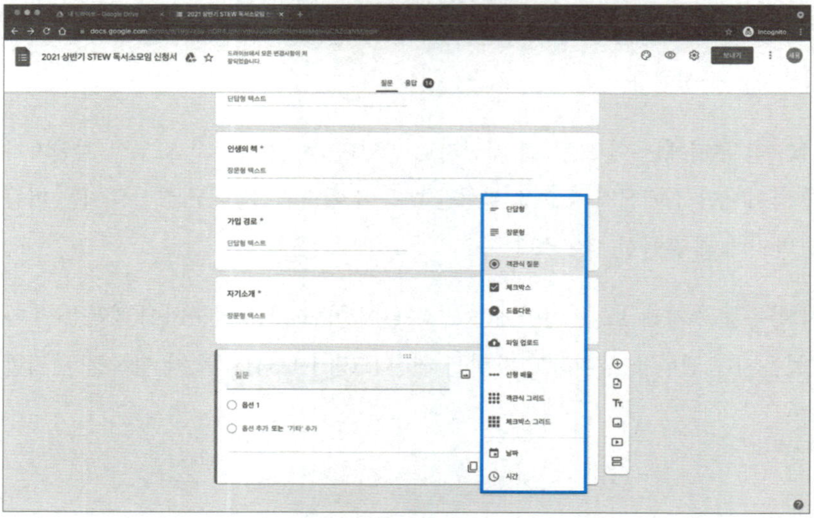

[그림 1-1-35] 질문 종류

설문지를 작성했으면 설문지를 공유해서 입력받아야 한다. 오른쪽 위 '보내기' 버튼을 눌러 '설문지 보내기' 창을 띄운다. 가운데 링크 버튼을 누르면 설문지 질문을 입력받을 수 있는 링크가 생성된다. 'URL 단축' 버튼을 체크하면 짧은 URL이 생성된다.

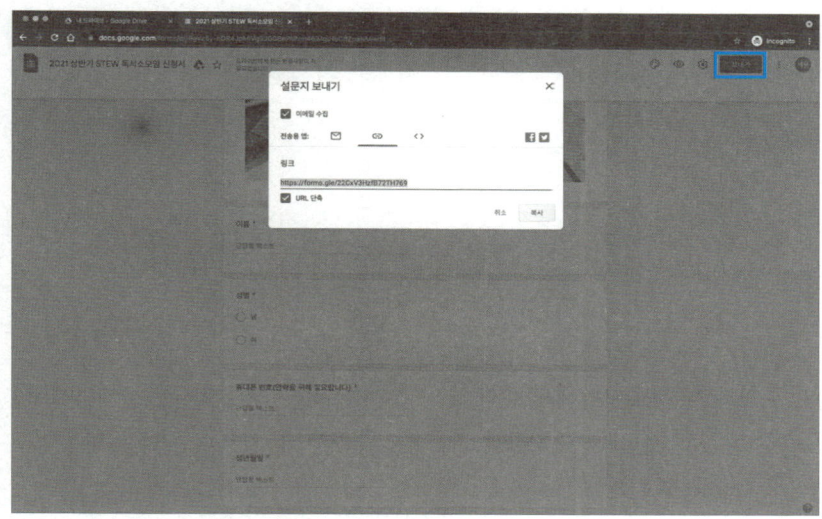

[그림 1-1-36] 설문지 보내기

이렇게 생성된 URL을 접속하면 [그림 1-1-33]에서 봤던 화면을 확인할 수 있다. 이 화면은 편집이 되지 않고 질문에 답만 할 수 있는 화면이다.

스프레드시트에서 응답 보기

여기까지는 설문지에 관한 기본 기능이다. 여기까지만 기능을 제공했다면 구글 설문지에 큰 아쉬움이 남았을 것이다. 필자가 구글 설문지를 벗어나지 못하는 이유는 '스프레드시트에서 응답 보기' 기능 때문이다.

설문지 응답을 받으면 응답 탭에서 답변을 모아 볼 수 있다. 그런데 이 화면에서 보는 게 꽤 불편하다. 구글이 무서운 회사인 이유 중 하나는 각 서비스를 하나로 묶을 수 있다는 것이다. 구글은 설문지와 스프레드시트를 묶어 설문지 답변을 스프레드시트로 연결해 준다.

1. 구글 드라이브(Google Drive) **43**

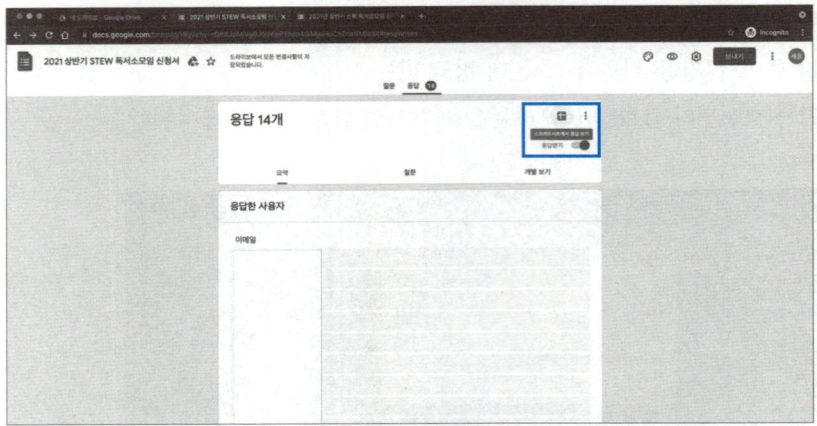

[그림 1-1-37] 스프레드시트에서 응답 보기

이 설문지는 필자가 이미 스프레드시트를 만들어 연결한 화면이다. 스프레드시트가 만들어지지 않았으면 '스프레드시트에서 응답 보기'가 아닌 '스프레드시트 만들기'라고 버튼 설명이 나타난다. 스프레드시트 생성 시 파일명을 수정할 수 있으니 원하는 파일명으로 만들자.

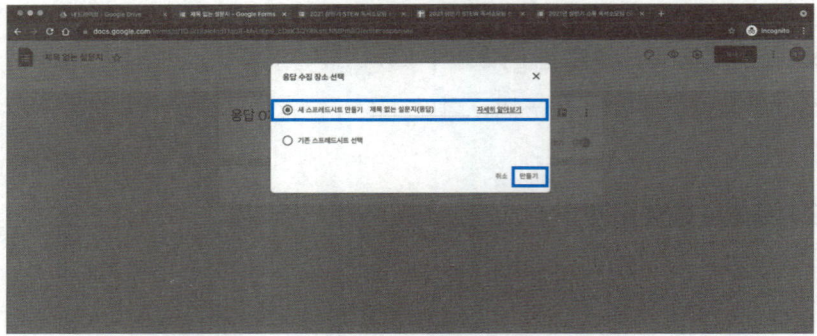

[그림 1-1-38] 스프레드시트 만들기

이렇게 스프레드시트를 만들면 입력되는 설문지 답변이 스프레드시트에 잘 정리된다. 입력 시점에 지메일로 알림도 받아 볼 수 있으니 정말이지 구글은 무섭도록 편리함을 제공한다. 설문지 덕에 ▲독서 ▲투자 ▲미디어 등 다양한 소모임 회원을 편하게 관리하고 있다.

44   CHAPTER 1 조직을 위한 협업 도구

설문지는 꼭 회원가입 신청이 아니더라도 ▲사내 도서 신청 ▲휴가 신청 ▲건의 사항 등 다양한 요구를 정해진 형식에 맞게 입력받을 수 있다. 이 답변이 스프레드시트에 자동으로 정리되고, 실시간으로 알림을 주는 것이 얼마나 훌륭한 기능인지 관리 측면에서 불편함을 느껴 본 독자는 이해할 거라 믿는다.

1.3 구글 드라이브의 한계

구글 드라이브는 ▲독스 ▲스프레드시트 ▲프레젠테이션 ▲설문지 등 주요 서비스 외에도 ▲드로잉 ▲지도 ▲사이트 도구 등 다양한 기능을 제공한다. 이 책에서 반복해서 이야기하지만 어떤 도구가 좋다고 해서 무조건 그 도구를 사용해야 하는 건 아니다. 앞서 소개한 서비스도 각자 환경에 맞지 않는다면 사용하지 않아도 된다. 아니, 사용하지 않아야 한다.

[CHAPTER 1 조직을 위한 협업 도구]에서는 몇몇 도구를 소개하고 각 도구의 주요 기능을 소개한다. 그리고 각 도구의 한계점을 살펴본다.

구글 드라이브는 현시대 협업 도구에서 굉장히 중요한 도구다. 문서상으로 관리되는 대부분 정보는 구글 드라이브 서비스만으로 처리할 수 있다고 믿는다. 그럼에도 구글 드라이브가 갖는 한계점을 꼽자면 사용자 경험을 꼽고 싶다.

□ 사용자 경험

소프트웨어에서 디자인이 갖는 요소는 매우 중요하다. 우리는 시각적 요소에 꽤 많은 호감을 느끼며, 심지어 디자인이 마음에 들면 부족한 기능으로 인한 불편함을 감수할 정도로 중요하게 여기는 사람도 있다. 대표적으로 애플 아이폰이 그렇다. 필자도 아이폰을 쓰지만 통화 녹음이 막혀 있는 등 안드로이드에 비해 폐쇄적인 부분은 불편하다고 인정할 수밖에 없다.

구글은 머티리얼 디자인(Material Design)으로 대표되는 플랫(Flat) 디자인을 주력으로 사용한다. 2014년 안드로이드 스마트폰에 이를 적용하며 사용되고 있다. 구글 드라이브 역시 머티리얼 디자인을 사용한다.

머티리얼 디자인은 구글 서비스 내 사용자 경험을 하나로 묶었다. 이 플랫한 디자인을 보면 구글이 떠오를 정도다. 구글이 가진 엄청난 회원 수는 꽤 많은 걸 고려하게 한다. 이 거대한 사용자 경험을 하나로 묶는 것은 구글에 꽤 괜찮은 선택이었을지 모른다.

하지만 이로 인해 각 서비스는 색깔을 잃었다. 구글 드라이브 서비스는 각기 다른 기능을 제공하지만 이는 구글이라는 거대한 서비스 내 서비스에 불과할 뿐이다. 좀 더 날카롭게 말하면 각 서비스에 개성이 느껴지지 않는다. 이 서비스들은 그저 구글을 구성하는 서비스 중 하나일 뿐이다.

이는 머티리얼 디자인 등 UI(User Interface) 요소를 비롯해 UX(User Experience) 요소까지 영향을 미친다. 생각해 보자. 독스와 스프레드시트, 프레젠테이션 등 성격이 다른 서비스가 하나의 사용자 경험으로 묶였을 때 장점만 있을까? 이 책에서 반복해서 이야기하지만 소프트웨어 분야에 '은탄환'은 없다. 득이 있으면 실이 있는 법. 구글은 하나의 사용자 경험으로 묶은 대신 장단점이 생겼고 각 서비스는 개성을 잃은 단점을 받아들여야 한다.

구글은 현시대 가장 강력한 IT 기업 중 하나다. 이들의 경험을 받아들이는 것은 곧 사라질 어떤 서비스의 경험을 받아들이는 것보다 나을 수 있다. 하지만 성격이 다른 서비스를 하나의 경험으로 묶는다는 게 구글 드라이브가 갖는 한계점 중 하나라는 건 피할 수 없는 사실이다.

> 은탄환은 은으로 만든 탄환이다. 서구 전설에 따르면 늑대 인간, 악마 등을 격퇴할 때 쓰이는 무기로 알려져 있다. 현대에서는 어떤 일에 관한 해결책 등으로 사용되는데 '만병통치약' 등의 뜻으로도 쓰인다. 여기서 말하는 은탄환은 '만병통치약'으로 이해하면 된다.

2
트렐로(Trello)

2.1 왜 트렐로인가

일본 자동차 회사 도요타는 업계에서 여러 혁신을 일으킨 것으로 유명하다. 영국 브랜드 가치 조사 기관인 브랜드 파이낸스(Brand Finance)에 따르면 2021년 자동차 업계 세계 1위 브랜드는 도요타, 2위가 메르세데르 벤츠, 3위가 폭스바겐, 4위가 BMW, 5위가 포르셰 등 독일 자동차 회사가 다음을 잇는다.

도요타는 제조 과정을 개선하기 위해 여러 시스템을 도입했는데 그중 하나가 칸반(Kanban)이다. 칸반은 우리나라에서 식당 건물 위에 붙어 있는 '간판'이라 불리는 것과 같은 단어다. 칸반은 린 제조(Lean Manufacturing)를 위한 스케줄링 시스템인데 재고를 관리해 과잉 생산을 방지하는 특징이 있다.

최근 스타트업에 많이 도입된 애자일(Agile) 방법론이나 린(Lean) 방법론은 도요타 제조 공정에서 아이디어를 얻었고, 칸반 시스템 역시 스타트업에서 많이 사용하고 있다. 그리고 이 칸반 시스템을 소프트웨어로 구현해 간편하게 프로젝트를 관리할 수 있도록 돕는 서비스 중 하나가 바로 트렐로(Trello)다.

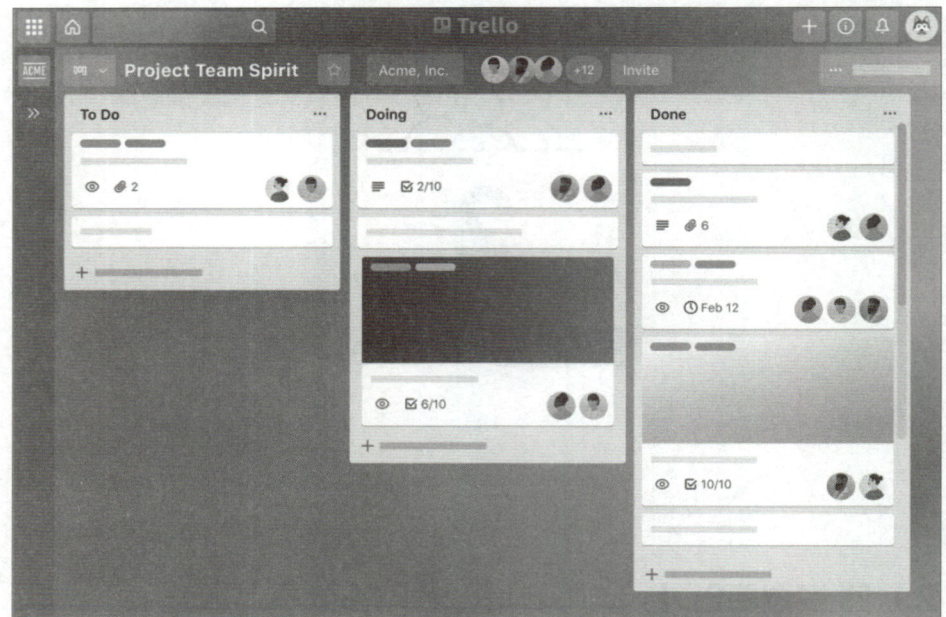

[그림 1-2-1] 트렐로 화면

트렐로는 소프트웨어 기업 포그 크릭(FogCreek)에서 만들어진 서비스로 2010년 출시했다. 이후 꾸준히 관심을 받더니 2014년 7월에는 포그 크릭에서 분사했고 2017년에는 지라(Jira)로 유명한 호주 기업 아틀라시안(Atlassian)에 인수됐다. 2019년에는 블로그를 통해 무려 사용자 5천만 명 달성을 자랑했는데, 칸반 보드를 중심으로 한 작은 협업 서비스로 사용자 5천만 명을 확보한 것은 꽤 고무적인 성과다.

칸반 보드 형태 협업 소프트웨어는 트렐로 외에도 ▲노션 ▲지라 등 다양한 서비스에서 제공한다. 하지만 트렐로는 칸반 보드 형태를 중심으로 발전했으며, 칸반 보드 기능만 두고 본다면 트렐로는 다른 어느 협업 도구보다도 훌륭하다. 또한, 무료로도 대부분 기능을 사용할 수 있으니 트렐로를 사용해야 할 이유는 충분하다.

이제 트렐로를 만나러 가자.

2.2 트렐로로 협업하기

협업 소프트웨어 분야에서 칸반 보드는 기본적인 기능이다. 꼭 협업이 아니더라도 개인 일정 관리를 위해 사용하기도 한다. 트렐로는 기본 기능을 보완하는 여러 기능을 제공한다. 이 중 파워 업스(Power-Ups)는 ▲스누즈 ▲캘린더 ▲커스텀 필드 등 다양한 기능을 제공한다. 아쉽지만 이는 대부분 유료 기능이다.

이 책에서는 트렐로 무료 기능을 소개한다. 무료 기능만으로도 충분히 협업할 수 있다.

2.2.1 트렐로 보드 활용하기

먼저 보드(Board) 개념을 이해하자. 보드는 협업이 이뤄지는 공간이라고 이해하면 된다.

□ **워크스페이스**

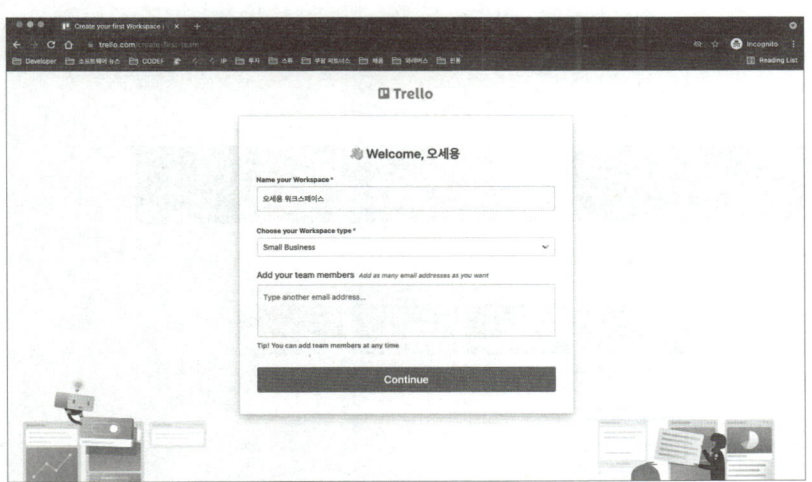

[그림 1-2-2] 트렐로 워크스페이스 만들기

보드에 앞서 워크스페이스(Workspace)를 만들어야 한다. 계정이 없는 독자는 **[부록. 가입 & 설치]**에서 트렐로 계정 만들기를 참고하자. 계정을 만들면 워크스페이스를 만들어야 하는데, 워크스페이스 이름은 이후에도 수정할 수 있으니 편하게 만들자.

2. 트렐로(Trello) **49**

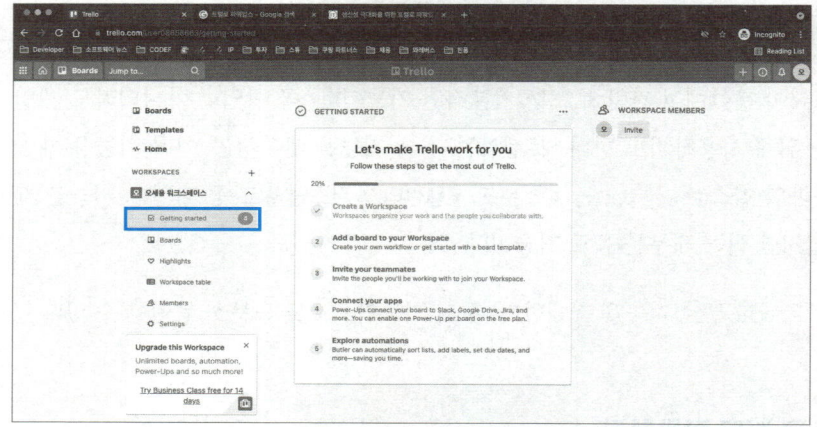

[그림 1-2-3] 트렐로 워크스페이스

워크스페이스를 만들면 'Getting started'에서 튜토리얼을 진행할 수 있다. 이 책에서는 각 서비스가 제공하는 모든 기능을 다루지는 않는다. 우리가 살펴볼 것은 보드(Boards)다.

보드

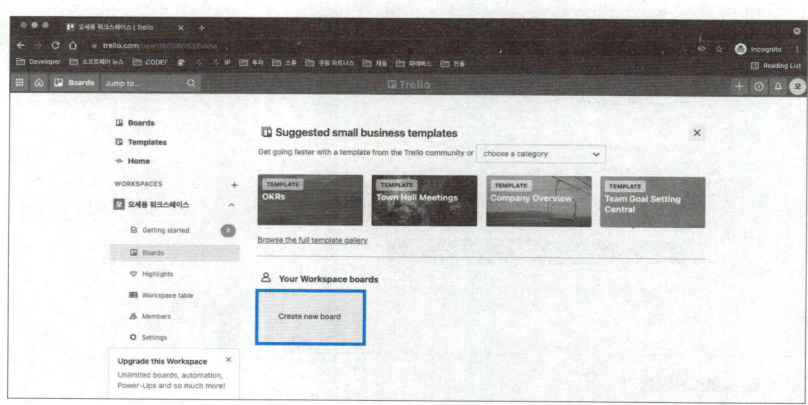

[그림 1-2-4] 트렐로 보드

무료 계정은 각 워크스페이스마다 10개의 보드를 만들 수 있다. 일단 보드를 1개 만들어 보자. 'Create new board'를 클릭하자.

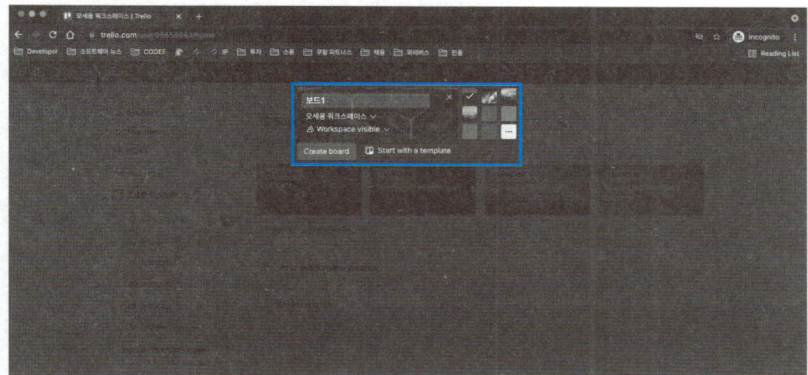

[그림 1-2-5] 트렐로 보드 만들기

보드 이름은 '보드 1'이라고 입력했다. 'Create board'를 클릭하면 보드가 만들어진다. 오른쪽 색상을 클릭하면 배경을 바꿀 수 있다. 이 역시 보드를 만든 뒤 변경할 수 있으니 지금은 크게 고민하지 말자.

□ **리스트**

[그림 1-2-6] 트렐로 보드 생성

2. 트렐로(Trello) **51**

이렇게 첫 보드를 만들었다. 보드 내에는 리스트가 3개 생성되어 있는데, 각각 ▲To Do(할 일) ▲Doing(작업 중) ▲Done(완료)이다. 칸반 보드는 대부분 이 3개를 기본값으로 한다. 상황에 따라 'To Do' 앞에 백로그(Backlog)를 넣어 4개로 관리하기도 한다. 백로그는 고객 요구 조건을 놓는 곳으로 할 일로 잡히기 전 단계를 의미한다.

'Add another list'를 클릭해 백로그 리스트를 만들어 보자.

[그림 1-2-7] 트렐로 리스트 만들기

'Add another list'를 누르면 리스트 제목을 입력할 수 있다. 다른 리스트와 같이 영문으로 써 보자. 'Backlog'를 입력하면 된다. 입력 후 'Add list'를 누르자.

[그림 1-2-8] 트렐로 리스트 생성

이제 리스트가 4개로 늘어났다. 앞서 백로그는 'To Do' 앞에 있는 전 단계라고 했다. 'Backlog'를 눌러 드래그 앤 드롭으로 'To Do' 왼쪽으로 옮겨 보자.

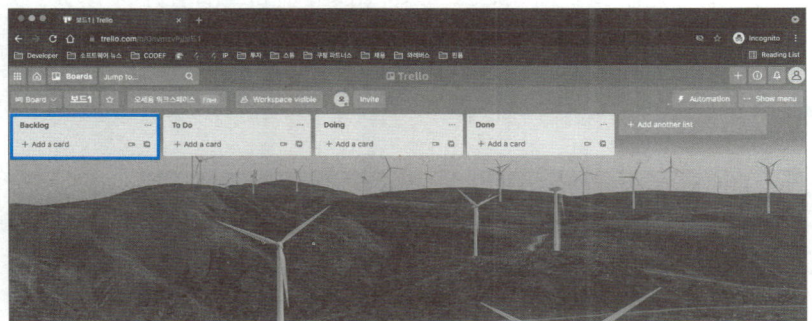

[그림 1-2-9] 트렐로 리스트 이동

굉장히 가볍게 움직여지는 걸 느낄 수 있다. 이제 리스트 목록을 보기 좋게 한글로 바꿔 보자. 변경은 각 리스트 제목을 클릭하면 된다. 각 ▲백로그 ▲할 일 ▲작업 중 ▲완료 등으로 변경해 보자.

[그림 1-2-10] 트렐로 리스트 제목 변경

이렇게 보드를 만들고, 리스트를 만들고, 이동 및 리스트 제목 변경도 해 봤다. 트렐로로 협업을 진행하면 이 화면을 굉장히 많이 보게 될 것이다. 그런데 아직 카드가 하나도 없어 실감이 나지 않는다. 각 카드를 관리할 수 있는 판을 만들었으니, 이제 카드를 만들어 보자.

2. 트렐로(Trello)

2.2.2 트렐로 카드 활용하기

트렐로 카드는 업무 카드로 생각하면 된다. 예를 들면 'A 고객사에 연락하기' 업무 등 단발성 업무를 간결하게 적기에 좋다. 이 카드를 '할 일' 리스트에 만들어 보자.

□ **카드 제목**

[그림 1-2-11] 트렐로 업무 카드 생성

할 일 리스트 하단 'Add a card'를 클릭한 뒤 제목을 입력하면 된다. 카드를 만들었지만 이것만으로는 부족하다. 만약 다음날 필자가 휴가를 떠날 경우 동료가 이 카드만 보고 업무를 명확히 처리하기 어려울 수 있다.

카드 내 ▲A 고객사 담당자가 누구인지 ▲담당자 연락처는 무엇인지 ▲연락해서 어떤 내용을 전달해야 하는지 ▲연락 후 누구에게 보고해야 하는지 등이 적혀 있다면, 필자가 없어도 동료가 진행할 수 있지 않을까?

□ **카드 내용**

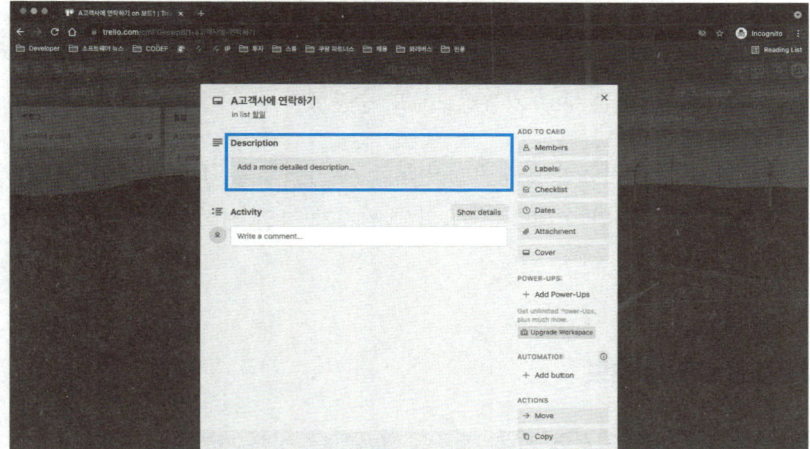

[그림 1-2-12] 트렐로 업무 카드 상세

'A 고객사에 연락하기' 카드를 클릭해서 상세 페이지를 열어 보자. 상세(Description) 영역에 정보를 입력하면 되겠다. 앞서 언급한 4개 정보를 적어 보자.

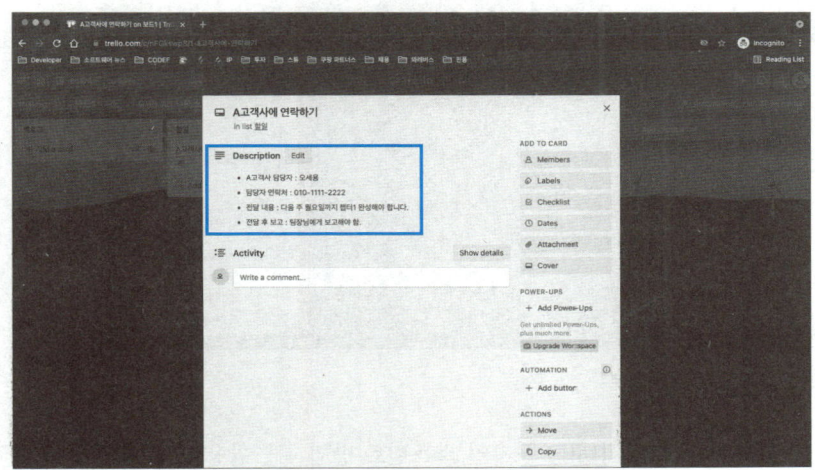

[그림 1-2-13] 트렐로 업무 카드 상세 정보 채우기

이 카드를 할 일에 남겨 둔다면 필자 없이 다른 동료가 업무를 처리할 수 있을 것이다.

2.2.3 실제 활용 사례

가볍게 트렐로 보드와 리스트, 카드 등 기능을 알아봤다. 구글 드라이브만큼은 아니지만, 필자는 트렐로를 무척 좋아한다. 창업 시절에는 트렐로를 공식 협업 도구로 사용할 만큼 트렐로를 잘 활용했다. 물론 무료 기능만으로도 충분했다.

이 책 주제가 모든 협업 도구 기능을 상세히 훑어보는 게 아니므로 더 자세한 설명은 아쉽지만 생략하도록 한다. 하지만 이해를 돕기 위해 필자가 창업 시절 사용했던 보드를 공유한다.

▢ 필자가 사용했던 트렐로 보드

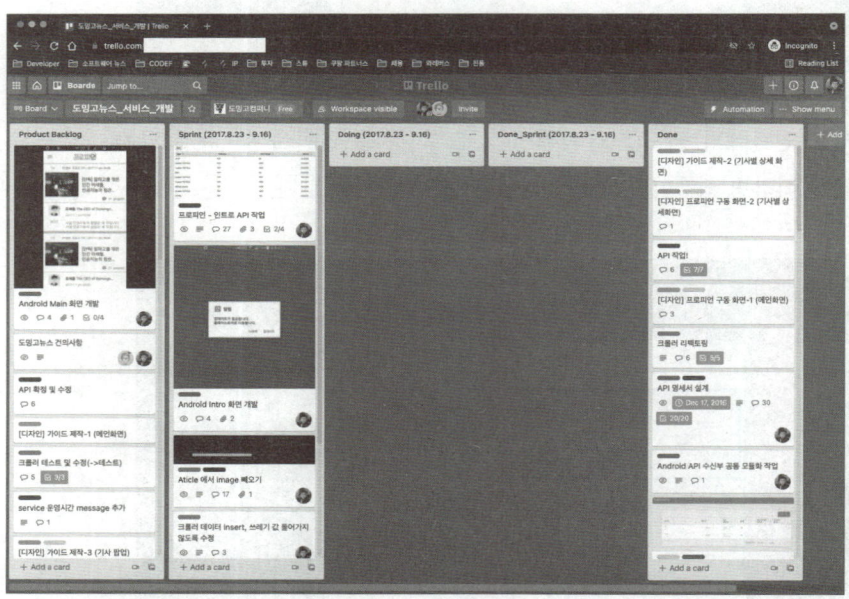

[그림 1-2-14] 창업 시절 사용했던 트렐로 보드

당시 창업했던 회사 [도밍고컴퍼니]는 애자일 스프린트 방법론을 활용했다. 애자일에 관한 자세한 설명은 [CHAPTER 3 협업 도구로 애자일 조직 만들기]를 참고하자.

[그림 1-2-14] 트렐로 보드에는 위에서 소개한 리스트 외 '스프린트(Sprint)' 리스트가 있다. 이 리스트에는 2주 동안 할 업무만 옮겨 둔다. 스프린트를 진행하는 2주 동안에는 프로덕트 백로그(Product Backlog)를 보지 않고 스프린트 리스트에 있는 업무 카드에만 집중하는 것이다.

각 업무 카드가 앞서 소개한 카드보다 화려하게 보일 것이다. 이해를 돕기 위해 한 업무 카드를 열어 보자.

□ 필자가 사용했던 트렐로 카드

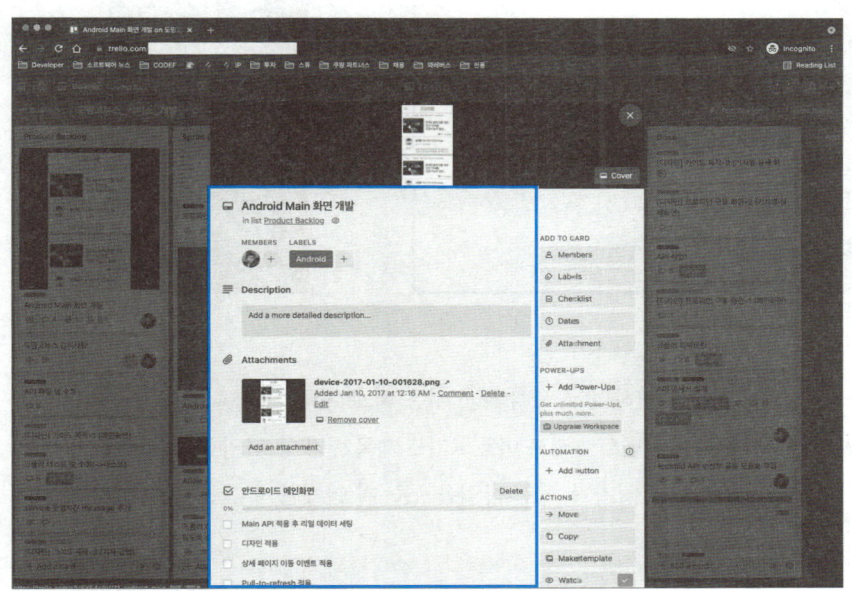

[그림 1-2-15] 창업 시절 사용했던 트렐로 업무 카드

업무 카드 제목은 'Android Main 화면 개발'이다. 라벨(Labels)로 'Android'를 설정했고, 안드로이드 메인 이미지를 첨부 파일로 넣었다. 이 첨부 파일이 보드에서 표시되어 카드가 화려하게 보였다. 아래는 체크 박스가 있는데 ▲Ma n API 적용 후 리얼 데이터 세팅 ▲디자인 적용 ▲상세 페이지 이동 이벤트 적용 ▲Pull-to-refresh 적용 등 메인 화면에 들어가는 기능을 나열했다. 이 기능이 모두 개발돼야 업무 카드를 완료할 수 있다.

이 밖에도 업무 담당자를 멤버에 지정하고, 업무 기한을 설정하는 등 다양한 기능을 제공한다. 이는 꼭 트렐로가 아니어도 칸반 보드 형태 서비스라면 대부분 제공하는 기능이다.

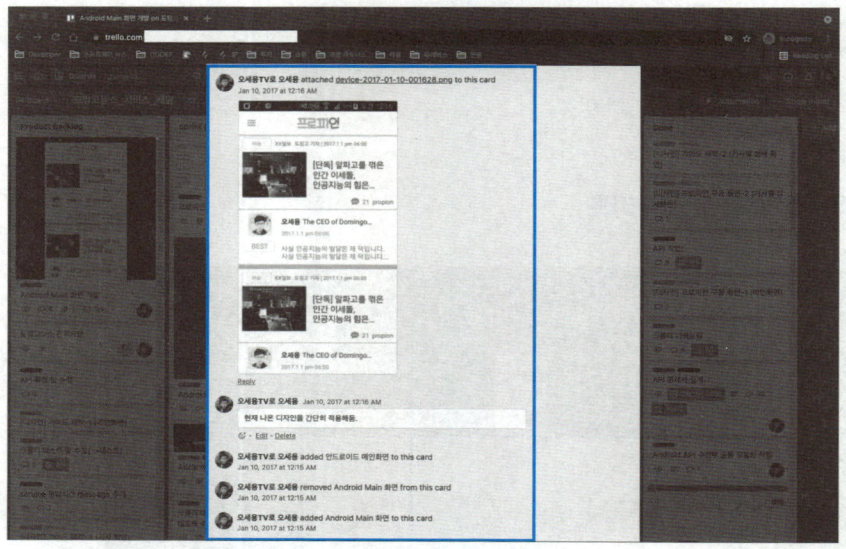

[그림 1-2-16] 업무 카드 활동 내역

업무 카드 기능 중 가장 강력하다고 생각되는 것은 바로 활동 내역(Activity) 기능이다. 내역을 보면 ▲이미지 첨부 ▲코멘트 ▲카드 이동 ▲카드 제목 변경 등 다양한 히스토리가 남겨져 있다. 이 내역만으로도 작업자가 어떤 작업을 했는지 언제든지 확인할 수 있다.

2.2.4 트렐로의 한계

트렐로는 구글 드라이브에 비하면 굉장히 가벼운 서비스다. 업무를 관리할 워크스페이스를 만들고, 워크스페이스 내 서비스에 따라 보드를 나눈다. 그리고 각 보드에 리스트를 만들어 업무 카드를 놓을 공간을 확보한 뒤 업무 카드를 만들어 기록하고, 자유롭게 이동하며 협업한다.

너무도 단순한 기능이지만 그럼에도 한계점이 있다. 바로 그 단순한 기능이 한계점이다.

☐ 선택과 집중이 가져온 한계

앞서 소프트웨어 분야에 '은탄환은 없다.'고 했다. 칸반 보드 형태로 업무를 가볍게 관리하기 위해 트렐로는 꽤 충분한 도구라고 했다. 그런데 그게 한계라니 말장난같이 느껴질 수 있다.

하지만 칸반 보드 형태로 업무를 관리하는 데 충분하다고 했지, 사내 모든 업무를 관리하기에 충분하다고 하지는 않았다. 이는 사내에서 협업을 위해 트렐로 외 또 다른 도구를 사용해야 함을 의미한다. 즉, 트렐로만으로 모든 업무를 커버하기엔 무리가 있다.

때문에 트렐로는 파워 업스(Power-Ups)를 통해 지속해서 새로운 기능을 추가하고 있다. 이런 선택 자체가 트렐로 스스로가 업무를 위해 충분한 기능을 제공하지 않는 것을 인정하는 것이다.

칸반 보드 형태 업무 관리는 매우 훌륭한 도구다. 하지만 ▲각 업무 카드에 정보가 분산된다는 점 ▲팀 구성원이 소수가 아닌 다수일 때 관리가 어렵다는 점 ▲각 작업자별 업무 진척도를 확인할 수 없다는 점 등 단순히 업무 카드 관리를 넘어서는 다양한 기능이 필요할 경우 트렐로는 적절하지 않을 수 있다.

필자가 추천하는 트렐로 협업 사용자는 최대 5인이다. 5인 정도가 사용하기에 트렐로는 굉장히 훌륭한 도구다. 물론 5인을 넘어서도 트렐로를 활용해 훌륭히 협업을 진행할 수 있다. 그게 편하고 자신 있다면 그렇게 사용하면 된다. 하지만 다른 선택지도 많은 상황에서 굳이 트렐로를 고집할 이유는 없다고 생각한다.

기본기가 탄탄하고 파워 업스 등으로 기능이 보완된다면 유료 버전을 사용하면 되는 게 아니냐고 물을 수 있다. 트렐로는 비즈니스 클래스(Eusiness Class)라는 유료 구독 서비스를 제공하는데 결제 시 ▲무제한 워크스페이스 보드 ▲무제한 파워 업스 ▲자동 업무 ▲사용자 권한 등을 사용할 수 있다. 그런데 이 기능은 사용자당 월 12.5달러에 달한다.

이미 5천만 명 사용자가 가입했을 만큼 훌륭한 도구이지만 비즈니스 관점에서 사용자를 늘리려면 또 다른 비즈니스 모델이 필요했을 거라 생각한다. 그러나 이 정도 금액을 내기엔 트렐로 외에도 선택지는 많다. 다음에 소개할 노션(Notion) 역시 그중 하나다.

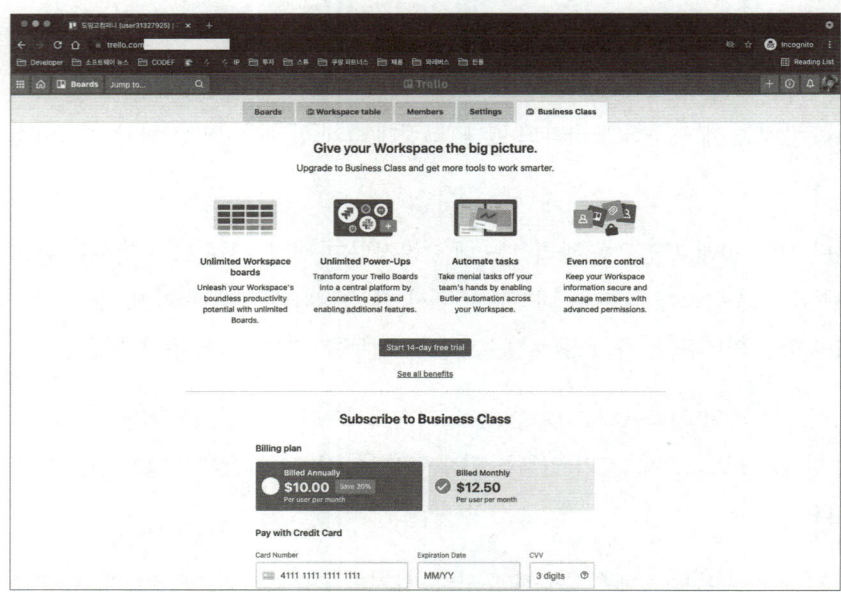

[그림 1-2-17] 트렐로 비즈니스 클래스

노션(Notion)

3.1 왜 노션인가

노션(Notion)은 필자에게 특별한 협업 도구다. 2018년 9월, 노션을 처음 3시간 사용하고 장단점을 정리한 글을 썼는데 당시 장점으로 ▲'/' 슬래시 단축키 ▲칼럼 나누기 등 꾸미기 기능 ▲투두리스트, 칸반 보드 등 협업 기능 ▲개발자 친화 기능 등을 꼽았다. 그리고 단점으로는 ▲유료 가격 ▲한글 불안정 ▲신규 협업 도구 등 3개를 꼽았다(요즘 뜨는 노트 앱 노션(Notion) 3시간 사용기[1]).

약 3년이 흐른 지금, 노션의 장점은 더 강화됐고 단점은 대부분 보완됐다. 당시 무료 회원이 노션 블록 1천 개까지 만들 수 있었지만, 현재는 블록을 무제한으로 생성할 수 있다. 한글도 안정적으로 이용할 수 있고, 이미 많은 조직에서 활용하기에 신규 협업 도구라는 단점은 상쇄된다. 칸반 보드를 보완하는 타임라인 기능이 추가됐으며 오랜 기간 준비한 노션 API(Application Programming Interface)를 출시하는 등 3년 동안 꽤 많이 발전했다.

---

1 https://www.imaso.co.kr/archives/3810

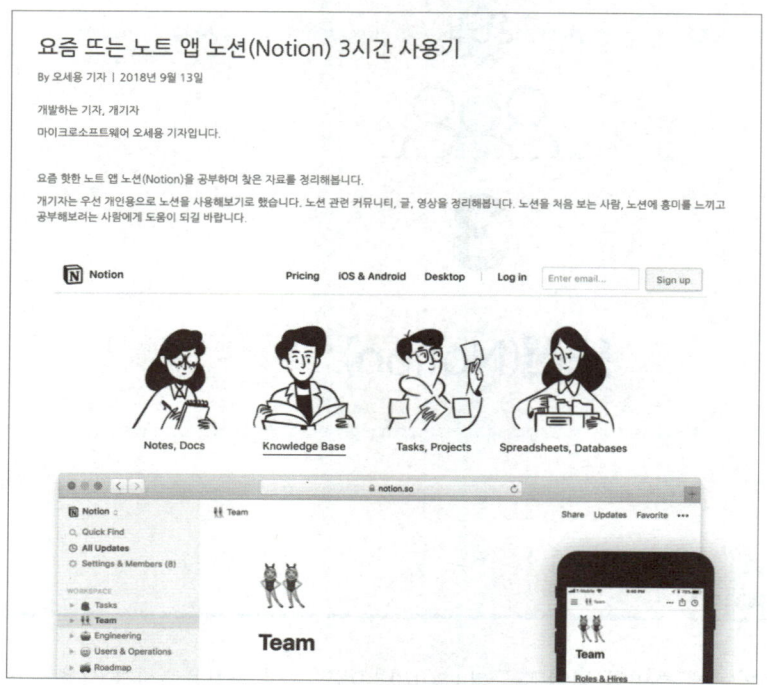

[그림 1-3-1] 요즘 뜨는 노트 앱 노션(Notion) 3시간 사용기 기사

노션이 발전하는 3년 동안, 필자가 개인적으로 운영하는 커뮤니티는 물론 사내 협업 도구로도 노션을 활용하며 노션 사용자로서 많은 경험치를 쌓았다. 지인의 요청으로 노션을 사내에 협업 도구로 정착시킨 이야기를 정리해 한 커뮤니티에서 발표했다. 이 내용을 블로그에 올렸는데, 이 글이 이어져 노션 온라인 세미나에서 발표를 하고 이 책을 쓰기까지 이르렀다.

반복해서 이야기하지만 모든 조직에 어울리는 완벽한 협업 도구는 없다. 하지만 많은 조직과 개인에게도 괜찮은 검증된 도구는 있다. 앞서 소개한 ▲구글 드라이브 ▲트렐로 등은 검증된 도구라 할 수 있다. 구글이 주는 이름값과 무려 5천만 회원 수를 돌파한 트렐로는 그 숫자에서 검증됐다.

노션은 2020년 하반기, 사용자 수 4백만 명을 돌파했다. 5천만 사용자 트렐로에 비하면 초라한 숫자로 보일 수 있다. 하지만 트렐로가 칸반 보드에 집중했다면, 노션이 집중한 방향성은 올인원 워크스페이스(All-in-one workspace)다. 노션 하나만으로 모든 협업을 가능케 하겠다는 것이다. 즉, 트렐로가 집중한 시장에 비해 노션의 시장이 더 크다.

올인원 워크스페이스는 많은 스타트업 담당자의 선택을 받았다. 노션을 활용하는 방법엔 꽤 여러 가지가 있는데, 몇 가지 인상적이었던 사례를 소개한다.

▫ 자주 묻는 질문

비상장 주식 투자를 제공하는 서비스 '엔젤리그'는 모바일에 최적화된 웹 사이트를 제공한다. 몇몇 기능을 눌러 봤더니, 노션 페이지로 이동했다.

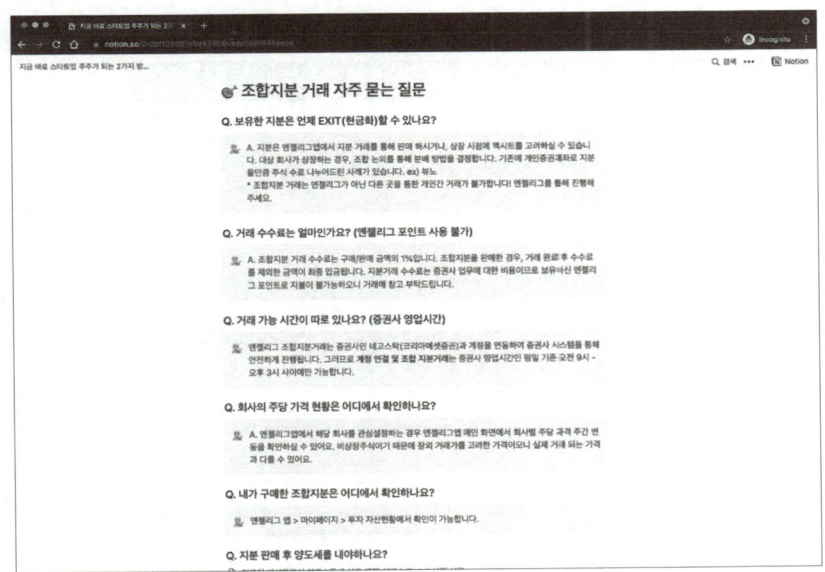

[그림 1-3-2] 엔젤리그 자주 묻는 질문 노션 페이지 [2]

'자주 묻는 질문' 페이지는 대부분 서비스에서 제공하는 필수 기능 중 하나다. 화려함보다는 정보를 정확히 전달하는 정적 페이지라 화려한 코딩이 필요하진 않다. 하지만 텍스트가 많을 경우 오타를 수정하는 등 기능이 화려한 페이지보다 오히려 수정 작업이 많

---

[2] https://www.notion.so/2-0bf102d97e5d43958cadd5d8f646eece

이 필요할 수 있다.

엔젤리그 외에도 꽤 많은 서비스가 '자주 묻는 질문' 페이지를 노션으로 제공하고 있다. 요즘은 홈페이지 URL에 'notion.so'가 보이지 않는 노션 페이지도 있는데, [그림 1-3-2] 와 유사한 디자인을 하고 있다면 노션 페이지를 활용한 것이다.

메뉴 표

최근 사무실에서 배달 음식을 주문할 일이 많았다. 매번 메뉴를 고르는 것도 번거로워 도시락 정기 배달을 알아봤는데, '위잇딜라이트'라는 서비스에서 메뉴 표를 노션으로 제공해 꽤 반가웠다.

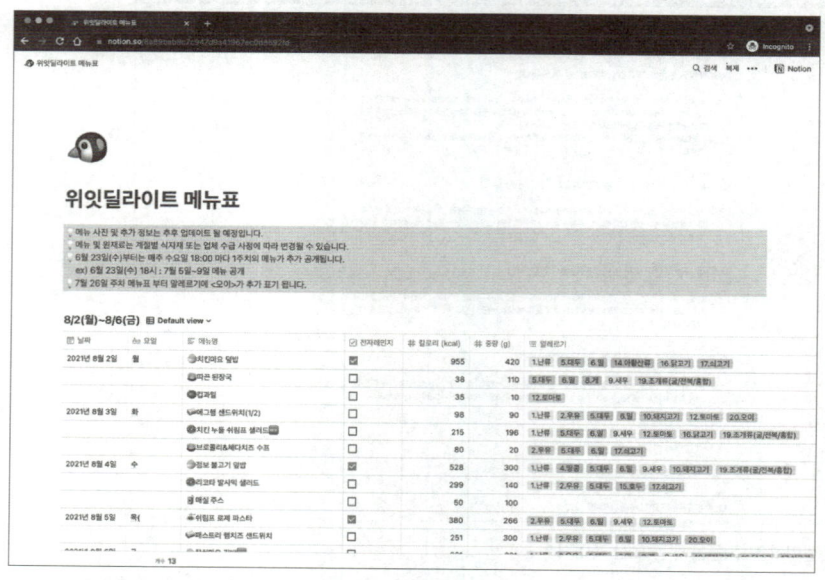

[그림 1-3-3] 위잇딜라이트 메뉴 표 노션 페이지[3]

위잇딜라이트 메뉴 표에는 ▲**날짜** ▲**요일** ▲**메뉴 명** ▲**전자레인지** 등 기본적인 항목 외에도 ▲**알레르기** 항목을 넣어 둔 것이 인상 깊었다. 한편, 개발자로서 이를 웹 사이트로 개발

---

3 https://www.notion.so/8a89bab9c7c947d9a41967ec0d8592fd

한다면 어떤 작업이 필요할지 상상해 봤다. 어려운 기능은 아니지만 홈페이지 작업에 쓰일 대부분 기능이 필요했다.

신기하게도 메뉴 표를 캡처하는 순간 텍스트가 막 추가됐다. [그림 1-3-3]에서 목요일을 보면 괄호가 열려 있는데, 이후 'EVENT'라는 문구가 채워졌다. 실시간으로 작업하는 모습을 보고 있자니, 직접 작업하는 느낌이 들기도 했다.

▢ 인적 자원을 아끼자

이렇게 ▲자주 묻는 질문 ▲메뉴 표 등 가벼운 기능은 노션 페이지로 대체할 수 있다. 이 과정에서 얻을 수 있는 이득은 조직 내 개발자 및 기획자, 디자이너 등 인적 자원을 아낄 수 있다는 것이다. 스타트업 등 작은 조직은 인적 자원이 전부이며 이들의 시간을 귀하게 여겨야 한다. '자주 묻는 질문'과 '메뉴 표'는 각각 주식 거래 서비스와 도시락 서비스에서 핵심 기능이 아니다. 관련 있는 기능인 건 맞지만, 이 기능이 화려하다고 해서 서비스 본질인 '주식'과 '도시락'에 큰 영향을 주지는 않는다.

협업 도구는 조직 구성원의 시간을 아끼기 위한 도구다. 이 과정에서 전체를 위한 특정 포지션의 불편함이 생길 순 있다. 하지만 결코 협업 도구를 활용하기 위한 정책이 세워져서는 안 된다. 앞선 두 서비스가 좋은 사례다. 이를 위해 각 협업 도구를 공부하며 조직의 적절한 부분에 배치하는 게 필요하다.

이런 측면에서 노션은 꽤 적절한 도구다. ▲**정보를 저장할 수 있는 데이터베이스를 제공하고** ▲**이 정보를 괜찮은 디자인으로 보여 준다.** ▲**여러 구성원이 동시에 수정할 수 있으며** ▲**다양한 형태로 보인다.** 따라서 노션이 많은 사용자에게 관심을 받은 것이다.

트렐로가 칸반 보드에 집중했다면, 노션은 올인원 워크스페이스에 집중했다고 했다. 그리고 칸반 보드에 비해 올인원 워크스페이스가 더 큰 시장이라고 했다. 실제로 노션 내 칸반 보드 기능이 있고 ▲**페이지** ▲**표** ▲**갤러리** ▲**타임라인** 등 정보를 다양한 형태로 보일 수 있다. 이를 잘 활용하면 더 많은 부분에서 인적 자원을 아낄 수 있다.

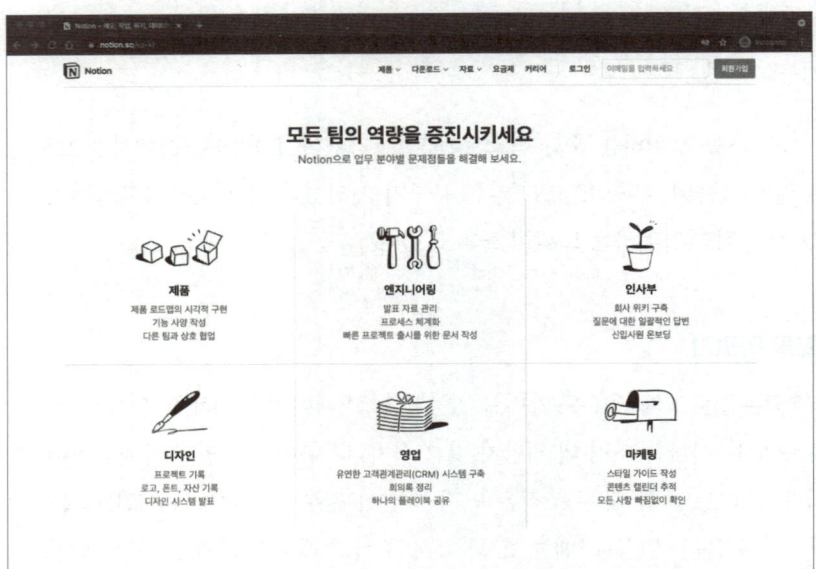

[그림 1-3-4] 노션 홈페이지

노션 개발진은 이런 사례를 의도한 듯싶다. 노션 홈페이지를 확인하면 ▲제품 ▲엔지니어링 ▲인사부 ▲디자인 ▲영업 ▲마케팅 등 다양한 분야에서 노션을 활용할 수 있음을 자랑한다.

특히 노션 개발진은 굉장한 포부를 보이는데 팀 위키로 활용되는 ▲컨플루언스(Confluence) ▲깃허브 위키(GitHub Wiki)를 프로젝트와 작업 관리로 ▲트렐로 ▲아사나(Asana) ▲지라(Jira)를 사용한다. 그리고 메모와 문서 작업으로 ▲구글 독스(Google Docs) ▲에버노트(Evernote) 등 굵직한 협업 도구를 대치한다고 홈페이지에 적었다. 이런 포부가 꼭 현실로 이어진다는 보장은 없겠지만 사용자 입장에서 개발진의 자신감은 반가운 부분이다.

▫ 노션 요금제

노션 기능 설명에 앞서 노션 요금제 정책을 소개하겠다. 앞서 구글 드라이브와 트렐로처럼 노션도 무료 요금제로 충분히 잘 활용할 수 있다. 하지만 구글 드라이브 15GB 용량 제한처럼 노션도 정책상 어쩔 수 없는 결제가 필요하다.

[그림 1-3-5] 노션 요금제

노션 요금제는 크게 ▲개인용 ▲팀과 회사용 등 2개로 나뉜다. 그리고 이 2개는 다시 ▲개인 요금제 ▲개인 프로 요금제 그리고 ▲팀 요금제 ▲기업 요금제 등 4개로 나뉜다. 과금 방법은 ▲연간 결제와 ▲매달 결제 등 2개로 나뉘는데 당연히 연간 결제에 할인이 적용된다. 이 책에서는 연간 결제를 기준으로 설명한다.

개인 요금제는 무료 요금제로 무제한 페이지와 블록을 제공한다. 이는 2018년에는 제공하지 않던 기능이다. 단지 1천 블록만 무료로 제공했을 당시엔 많은 사용자가 노션 사용을 망설였다. 특히 이미 에버노트 등 다른 협업 도구를 유료로 사용하던 사용자에게는 망설여질 수 있었다. 하지만 무제한 페이지와 블록은 다른 협업 도구를 사용하는 사용자에게 허들을 굉장히 낮췄다. 이 선택이 꽤 과감했지만 현재 노션을 만든 선택 중 하나라고 생각한다. 하지만 개인 요금제는 게스트를 5명까지 초대할 수 있다. 즉, 조직 구성원이 5명을 넘어서는 순간부터 결제가 필요하다.

개인 프로 요금제는 월 4달러 요금제로 개인 요금제의 모든 기능을 제공하면서 무제한 게스트 초대를 허용한다. 그리고 30일 제한 버전 기록을 추가했다. 사용자 입장에서 개인 프로 요금제가 가장 합리적이라고 생각한다. 필자의 개인 계정을 개인 프로 요금제로 사용하고, 사내 관리자 계정 역시 같은 요금제로 사용해 팀원을 게스트로 초대해서 활용한다. 이 책에서는 개인 프로 요금제를 기준으로 소개하며, 특별한 경우가 아니라면 이 요금제를 추천한다.

노션 입장에서는 개인용 계정보다는 팀과 회사용 계정이 많아져야 매출이 늘 것이다. 개인용은 1개 계정에 과금하지만 팀과 회사용은 해당 팀에 소속된 계정 수만큼 과금한다. 즉, 팀원이 5명이라면 요금제에 5배를 과금하는 것이다.

팀 요금제는 월 8달러 요금제다. 설명했듯 팀원 수만큼 월 8달러가 결제된다. 팀원이 5명이라면 월 40달러가 결제되는 것이다. 팀 요금제는 개인 프로 요금제의 모든 기능을 제공하면서 ▲관리 기능이 추가된다. 관리 기능은 각 팀원에게 노션 내 권한을 부여하는 것인데, 팀 내 보안이 필요한 정보가 있다면 관리 기능이 필요하겠다. 하지만 관리 기능이 필요 없다면 팀 요금제를 사용할 이유가 없다. 관리 도구 외에는 개인 프로 요금제와 크게 다를 게 없기 때문이다.

기업 요금제는 가격이 정해져 있지 않다. 팀 요금제의 모든 기능을 제공하면서 전담 관리자가 생긴다. 홈페이지 문구만으로는 기업 요금제가 정확히 어떤 기능을 더 제공하는지 알 수 없다. 그리고 추가될 기능에 얼마를 요구하는지도 알 수 없다. 만약 자금이 충분해서 노션 개발진을 활용하고 싶다면 기업 요금제도 선택이 될 수 있다. 하지만 자금이 부족하다면 들여다볼 필요는 없겠다.

정리하면 개인 프로 요금제로도 대부분 기능을 활용할 수 있다. 다만 팀원이 수십 명이고 모든 자료를 노션에 기록한다면 팀원에 따른 정보 권한이 필요할 수 있다. 이때는 팀 요금제를 선택해 팀원에 따른 권한을 부여하면 된다. **따라서 필자는 개인 프로 요금제를 선택했고, 이 책에서도 개인 프로 요금제를 중심으로 소개하겠다.**

이렇게 노션이 꽤 특별한 이유와 가격 정책을 소개했다. 이제 노션이 제공하는 기능을 하나씩 살펴보자.

3.2 노션으로 협업하기

노션 계정이 없는 독자는 [부록. 가입 & 설치]에서 노션 계정 만들기를 참고하자.

노션은 올인원 워크스페이스로 방향을 정한 만큼 다양한 기능을 제공한다. 이 책은 협업 도구를 조직에 적절히 적용하는 방법을 핵심으로 다루고 각 기능에 관한 상세한 설명은 생략한다. 하지만 각 기능에 관한 맥락은 이해해야 한다. ▲**블록** ▲**슬래시** ▲**페이지** ▲**데이터베이스** 등 협업을 위해 필요한 노션 기본 기능을 소개한다.

기본 기능 소개에서는 [부록. 가입 & 설치]에서 만든 개인 요금제 계정을 활용한다. 앞서 설명했듯 무료 요금제인 개인 요금제 계정도 기본 기능 제공에서는 큰 차이가 없다.

3.2.1 노션 블록

먼저 노션이 정보를 저장하는 기본 단위인 블록(Block)에 관해 이해해야 한다. 필자는 2009년부터 에버노트를 사용했고, 2018년에 노션으로 바꿨다. 이 과정에서 처음 접했던 블록은 상당히 불편했다. 따라서 노션을 처음 접하는 사용자가 블록 사용에 어려움을 겪는 것을 이해할 수 있다.

하지만 최근 꽤 많은 도구가 블록을 선택했다. 글쓰기 도구인 ▲**워크플로위**(Workflowy) ▲**다이널리스트**(Dynalist)는 물론 노션 뒤에 설명할 ▲**워드프레스**(Wordpress) 역시 블록 단위를 도입했다. 노션 외에도 많은 도구가 선택한 개념이니 익숙하지 않은 독자라면 이번에 이해하고 넘어가자. 사실 이해하고 나면 그리 어렵지 않다.

▢ 블록 선택

노션 계정을 만들면 [그림 1-3-6]처럼 첫 페이지가 보인다. 이 페이지에서 오른쪽 영역 즉, ▲**Notion에 오신 것을 환영합니다.** ▲**기본 사항은 다음과 같습니다.** ▲**아무 곳이나 클릭하고 입력을 시작합니다.** 등 모든 데이터는 각 블록에 속해 있다. 이해를 돕기 위해 1개 블록을 선택해 보겠다.

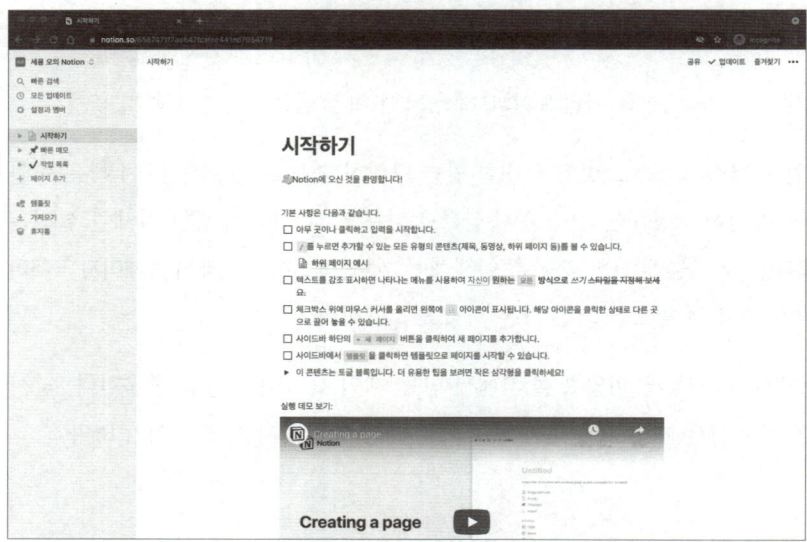

[그림 1-3-6] 노션 첫 페이지

□ **블록 설정**

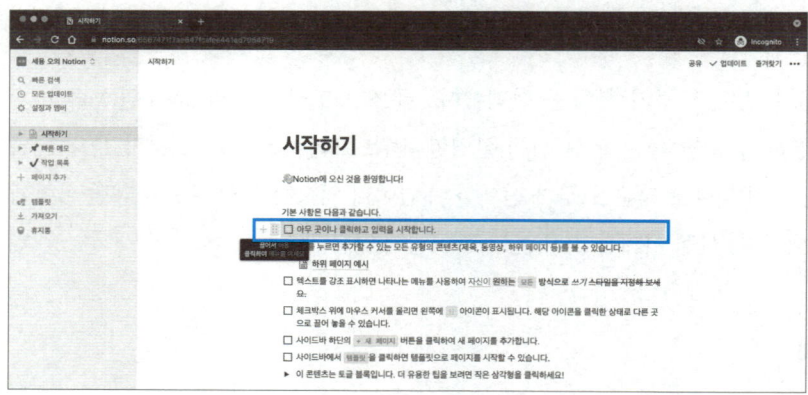

[그림 1-3-7] 블록 선택

[그림 1-3-7]을 보면 '아무 곳이나 클릭하고 입력을 시작합니다.' 영역에 음영이 칠해진 것을 확인할 수 있다. 이 영역이 1개 블록이다. 텍스트 왼쪽에 점이 6개 찍힌 아이콘이 보이는데, 블록에 관한 설정을 변경할 수 있는 버튼이다. 이 버튼을 눌러 보자.

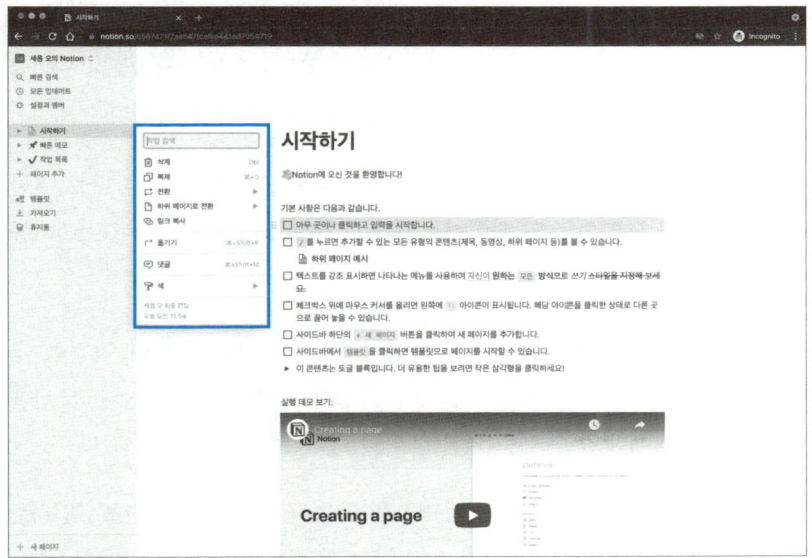

[그림 1-3-8] 블록 설정 버튼 클릭

점 6개 아이콘을 누르면 [그림 1-3-8]처럼 팝업 창이 생성된다. 팝업 창에는 ▲삭제 ▲복제 ▲전환 ▲하위 페이지로 전환 ▲링크 복사 ▲옮기기 ▲댓글 ▲색 등 많은 기능을 확인할 수 있다. 여기서 ▲전환 메뉴를 누르면 노션이 제공하는 블록의 묘미를 확인할 수 있다. 전환 메뉴를 눌러 보자.

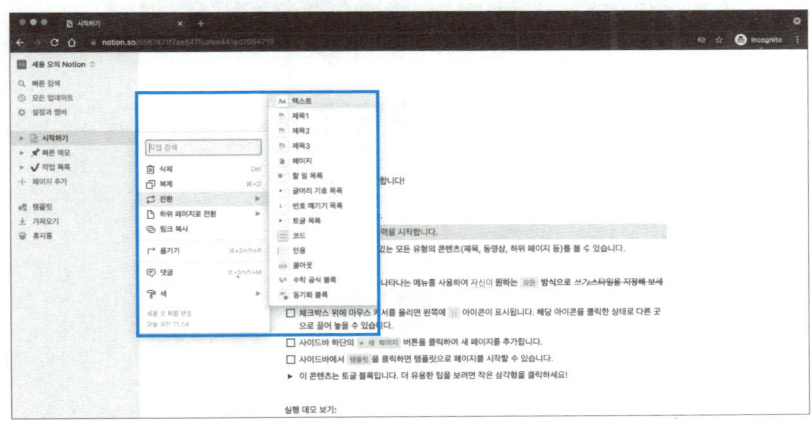

[그림 1-3-9] 블록 설정 전환 메뉴 클릭

3. 노션(Notion) **71**

전환 메뉴를 클릭하면 [그림 1-3-9]처럼 ▲텍스트 ▲제목 1 ▲제목 2 ▲제목 3 ▲페이지 ▲할 일 목록 ▲글머리 기호 목록 ▲번호 매기기 목록 ▲토글 목록 ▲코드 ▲인용 ▲콜아웃 ▲수학 공식 블록 ▲동기화 블록 등 다양한 선택지가 나온다. 놀랍게도 이게 모두 블록이다.

블록 생성을 텍스트로 했을 경우 전환 메뉴를 통해 여기 적힌 모든 블록 중 하나로 전환할 수 있다. 이렇게 생성된 블록은 하위 페이지로 변경할 수도 있고, 다른 페이지로 이동할 수도 있다.

에버노트 등 블록 형태가 아닌 서비스를 사용한 독자라면 여전히 블록이 어려울 수 있다. 하지만 블록은 말 그대로 기본 단위일 뿐 공부 대상 따위가 아니니 괜찮다. 노션을 사용하다 보면 자연스럽게 이해될 수 있는 기본 단위일 뿐이다.

이 책에서는 기본 단위에 관한 모든 기능을 설명하진 않는다. 블록은 ▲**노션을 구성하는 기본 단위**이며 ▲**여러 형태를 제공하고** ▲**변경**할 수 있다는 것 정도만 알아 두고 넘어가자.

3.2.2 노션 슬래시

노션 블록을 설명하면서 슬래시(/) 기능을 설명하지 않을 수 없다. 슬래시 기능은 2018년 노션을 처음 접했을 때도 강력한 장점이라고 생각했던 기능이다.

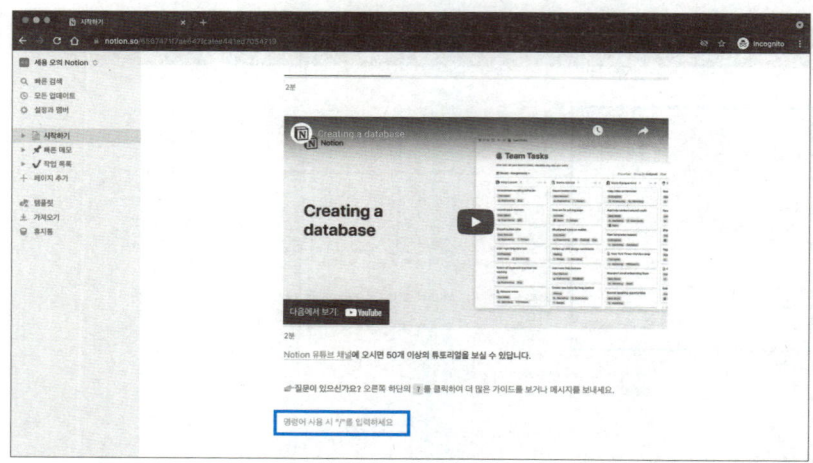

[그림 1-3-10] 노션 첫 페이지 하단

열어 뒀던 노션 화면을 맨 아래로 스크롤하자. [그림 1-3-10] 화면 맨 아래를 보면 '명령어 사용 시 "/"를 입력하세요.'라는 문구가 보인다. 슬러시(/)를 입력해 보자.

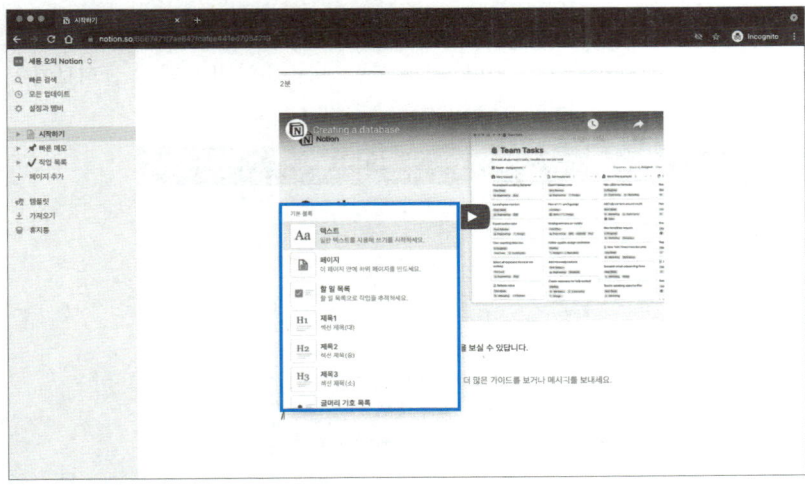

[그림 1-3-11] 슬래시(/)를 눌렀다

슬래시를 누르면 [그림 1-3-11]처럼 팝업이 생성된다. 익숙하지 않은가. 앞서 블록을 설명하며 점 6개 아이콘을 눌렀을 때와 비슷한 팝업이다. [그림 1-3-8]에서 봤던 팝업을 슬래시 버튼만 누르면 확인할 수 있다.

팝업 내 콘텐츠 스크롤을 내리면 기본 블록 외에도 ▲인라인 ▲데이터베이스 ▲미디어 ▲임베드 ▲고급 블록 ▲전환 ▲작업 등 노션이 제공하는 기능 대부분이 이 팝업 창 안에 들어 있다. 즉, 슬래시 단축키 하나만으로 노션에 관한 대부분의 기능을 소환할 수 있다.

노션은 기본적인 마크다운(MarkDown) 문법을 제공하며 이에 익숙한 사용자는 노션을 꽤 능숙하게 사용할 수 있다. 간단히 '#'을 입력하고 스페이스를 입력하면 제목 효과가 적용되는 등의 문법이다. 하지만 슬래시 단축키는 노션을 구성하는 기본 단축키로 초보 사용자도 적절히 사용할 필요가 있다. 그러니 슬래시 단축키는 꼭 기억하자.

3.2.3 노션 페이지

노션 블록과 슬래시를 알아봤다. 그런데 블록은 어디에서 볼 수 있을까?

블록을 확인할 수 있는 일반적인 공간을 페이지(Page)라고 한다. 페이지는 노션 계정을 생성하면 보이는 첫 화면에서도 확인할 수 있다. 앞서 확인했던 첫 화면을 다시 살펴보자.

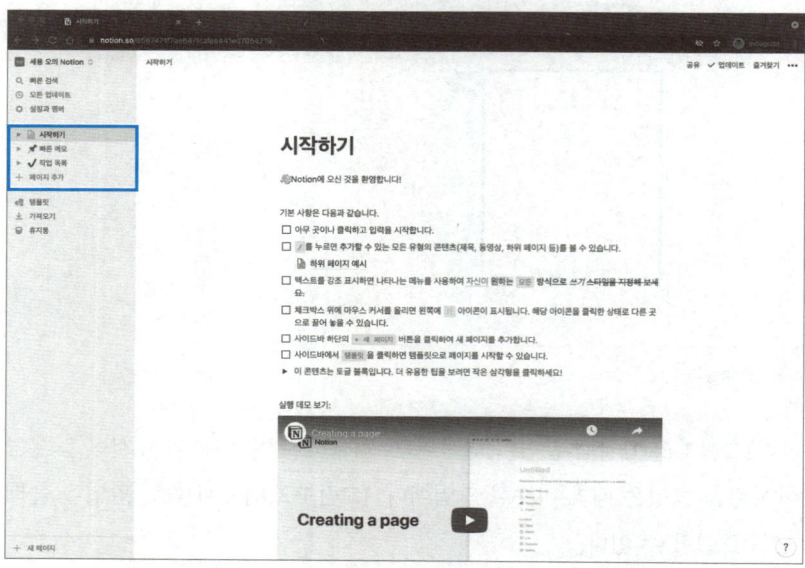

[그림 1-3-12] 노션 첫 화면

[그림 1-3-12] 왼쪽에 보이는 ▲시작하기 ▲빠른 메모 ▲작업 목록 등이 노션 페이지다. 우리가 앞서 블록과 슬래시를 살펴본 화면이 바로 페이지다. 왼쪽을 보면 시작하기에 음영이 들어간 것을 볼 수 있다. 즉, 우리가 보는 페이지는 '시작하기' 페이지다.

▢ 페이지 만들기

페이지를 만들어 보자. [그림 1-3-12] 왼쪽 작업 목록 '+ 페이지 추가' 버튼을 누르자.

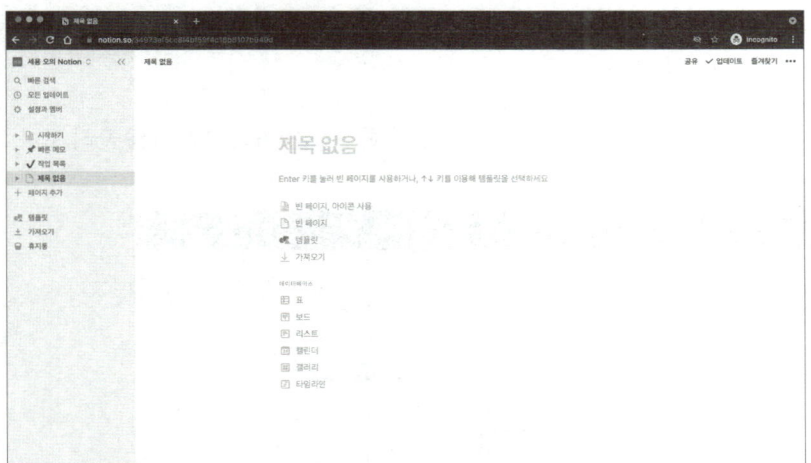

[그림 1-3-13] 노션 페이지를 만들었다

'제목 없음' 페이지가 생성됐다. 페이지를 만드는 건 언제든지 왼쪽 메뉴 '페이지 추가' 버튼을 누르면 된다. 그리고 이 페이지에 블록을 생성하며 마음껏 정보를 작성하면 된다. 가볍게 페이지를 채워 보자.

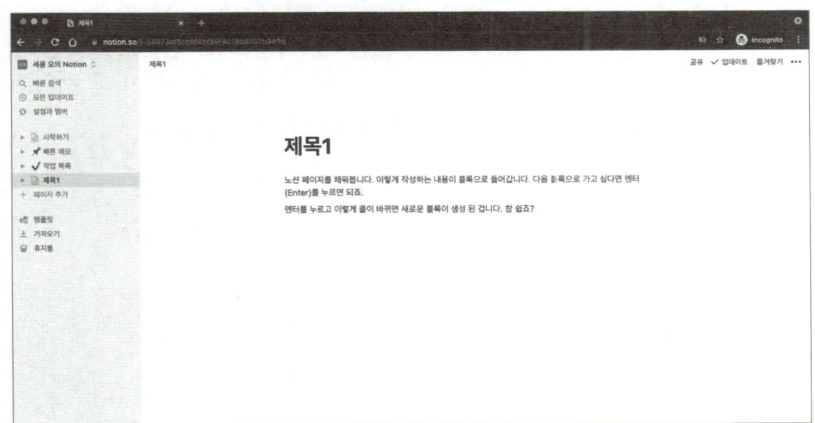

[그림 1-3-14] 노션 페이지를 채웠다

어려울 것 없다. 페이지를 만들고 제목을 입력하고 엔터를 누르며 블록을 채우면 된다. 텍스트 블록을 만드는 과정은 에버노트나 MS 워드, 한글 등 에디터에서 글을 작성하는

3. 노션(Notion) **75**

것과 크게 다를 게 없다. 그런데 왼쪽 메뉴에 '페이지 추가' 버튼을 누르는 것 말고 페이지를 만드는 방법이 또 없을까?

당연히 있다. 앞서 배운 슬래시가 있지 않은가. 앞서 확인한 것처럼 슬래시를 눌러 보자.

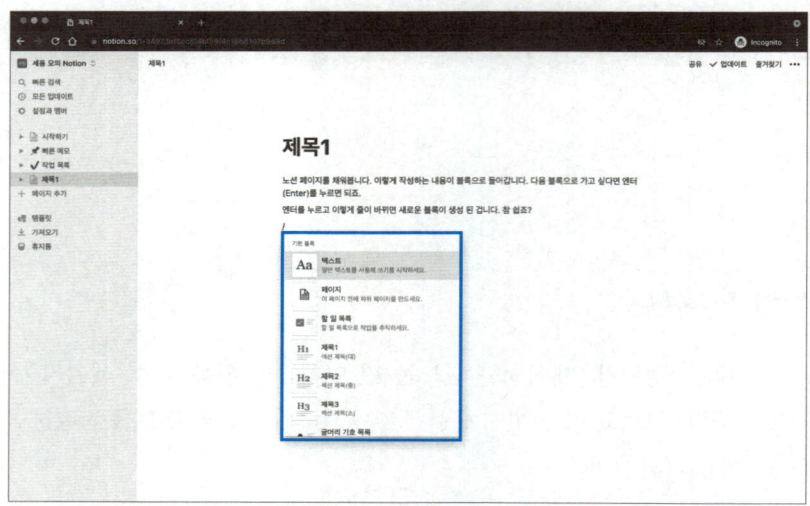

[그림 1-3-15] 다시 슬래시를 눌러 보자

이제 아까는 눈에 들어오지 않던 '페이지'라는 메뉴가 보일 것이다. 여기서 바로 페이지를 만들 수 있다. 페이지를 만들면 어떻게 될까? 고민하지 말고 바로 만들자.

하위 페이지 만들기

[그림 1-3-16] 하위 페이지를 만들었다

앞서 왼쪽 메뉴 '페이지 추가' 버튼을 누른 것과 같은 화면이 나왔다. 제목이 비어 있고 내용도 비어 있다. 간단히 내용을 다시 채워 보자.

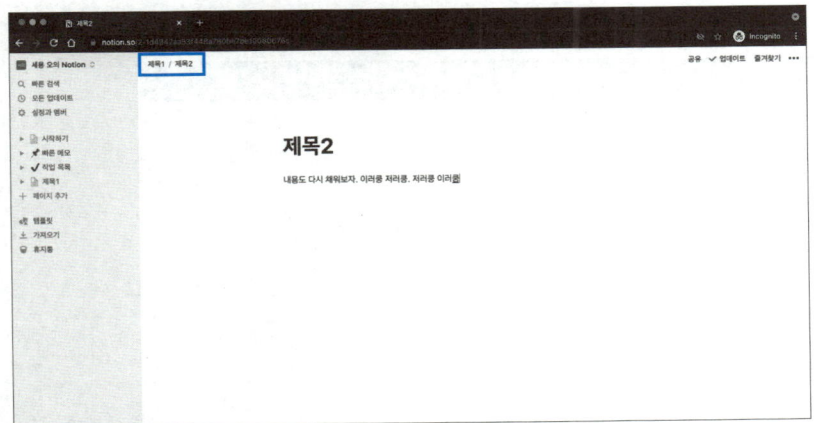

[그림 1-3-17] 하위 페이지를 채웠다

제목과 내용을 채웠다. 이때 제목 위를 보면 '제목 1 / 제목 2' 텍스트가 보인다. 앞서 처음 만든 페이지 제목이 '제목 1'이었고 나중에 만든 페이지 제목이 '제목 2'다. 즉, 제목 1

페이지 아래 제목 2 페이지가 만들어진 것이다.

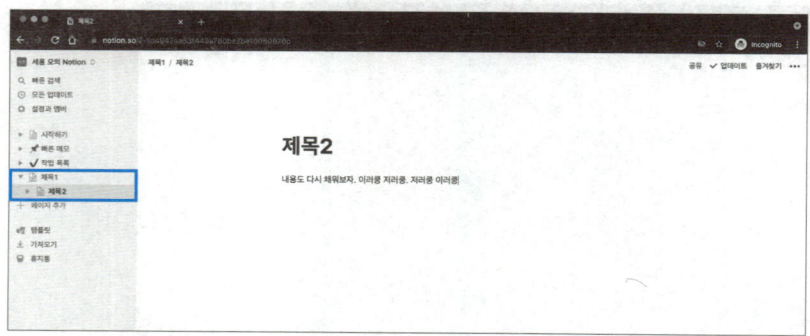

[그림 1-3-18] 상위 페이지와 하위 페이지

이는 왼쪽 메뉴를 봐도 알 수 있다. '제목 1' 왼쪽 삼각형을 누르면 하위 페이지가 보인다. 제목 1 아래 제목 2가 위치한 것을 확인할 수 있다.

이처럼 노션은 각 페이지 아래 페이지가 위치하는 트리(Tree) 구조를 제공한다. 페이지를 여러 개 만들어 트리 구조로 배치하면 한 페이지에 여러 정보를 담을 수 있다. 페이지를 여러 개 만들어 배치해 보자.

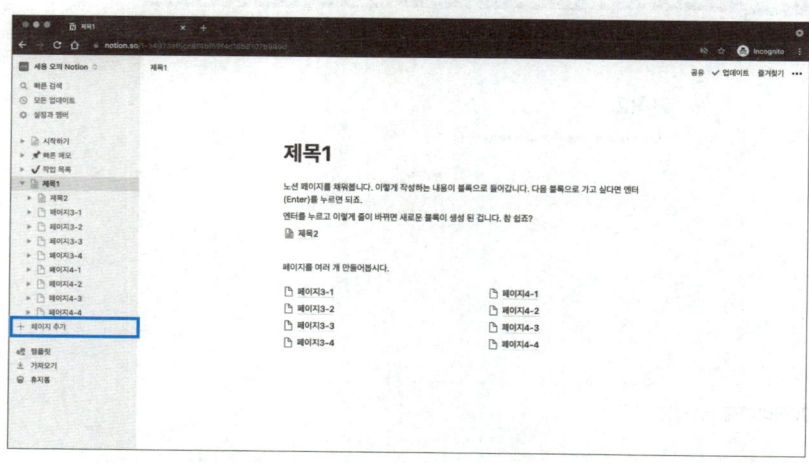

[그림 1-3-19] 페이지를 여러 개 만들었다

[그림 1-3-19]처럼 페이지 3-1부터 3-4 그리고 페이지 4-1부터 4-4까지 페이지를 8개 만들어 배치했다. 두 줄로 배치하는 것은 간단하다. 페이지 역시 다른 블록처럼 점 6개 버튼이 있다. 이 버튼을 누르고 드래그 앤드 드롭(drag and drop)하면 원하는 위치로 옮길 수 있다.

한 가지 기억할 것은 왼쪽 '페이지 추가' 버튼을 누르면 최상위 위치에 페이지를 만든다. 페이지 내에서 슬래시 등으로 페이지를 만들면 해당 페이지 아래 하위 페이지를 만든다. 이는 지금 잘 이해가 되지 않더라도 사용하다 보면 자연스럽게 이해될 것이다.

이 페이지를 잘 꾸미면 다양한 용도로 활용할 수 있다. 앞서 사례로 소개한 ▲자주 묻는 질문 ▲메뉴 표 등도 페이지로 구성되어 있다. 텍스트 외 이미지 등을 잘 활용하면 생각보다 괜찮은 화면을 만들 수 있다. 이해를 돕기 위해 필자가 운영하는 커뮤니티 스튜(STEW) 소개 페이지를 소개한다.

□ **페이지 사례**

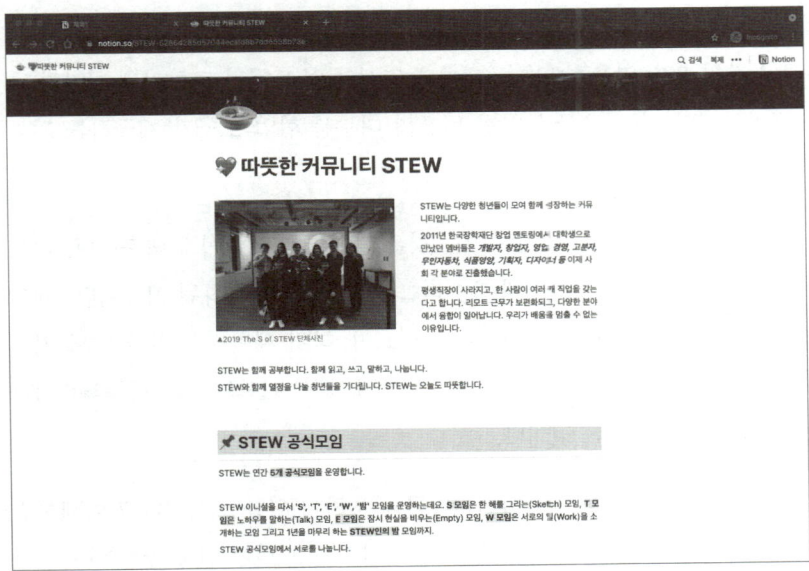

[그림 1-3-20] 스튜(STEW) 소개 페이지

스튜는 필자가 운영하는 멘토링 커뮤니티다. 멘토링 참여자를 모집할 때 매번 구글 독스나 설문지 등에 설명을 넣는 게 귀찮아 노션으로 페이지를 만들었다. 이제 누군가 스튜가 무엇이냐고 물으면 이 링크를 던지면 끝이다. 아주 편하다.

스튜 소개 페이지에는 앞서 소개한 블록을 활용해 페이지를 꾸몄다. 이미지 블록으로 단체 사진을 넣었고, 텍스트 블록으로 소개 문구를 넣었다. 글자 크기를 키우고 몇몇 텍스트 스타일을 넣은 것 등 모두 노션에서 기본으로 제공하는 무료 기능을 활용했다.

최근에는 이렇게 페이지를 활용해 채용 공고를 만드는 회사도 많아졌다. 필자가 속한 조직도 노션 페이지로 채용 공고를 만들었고 인터뷰한 지원자 중 꽤 많은 사람이 이 페이지를 보고 왔다. 정보만 전달할 수 있다면 직접 웹 사이트를 만드는 것보다 노션 페이지를 활용하는 게 훨씬 효율적이다.

3.2.4 노션 데이터베이스

지금까지 노션이 제공하는 기본 기능인 ▲블록 ▲슬래시 ▲페이지 등을 알아봤다. 블록과 슬래시는 노션을 구성하는 기본 구조와 단축키를 의미하는 것으로 이 기능이 협업과 어떻게 이어지는지 감이 오지 않을 수 있다. 페이지 역시 협업 도구라고 하기엔 빈약하다. 동시 편집을 제공하지만 이는 구글 독스를 비롯해 대부분 협업 도구가 제공하는 기능이다.

노션이 협업 도구로 이 정도 인기를 끌 수 있는 것은 단연 데이터베이스 덕분이다. 데이터베이스는 블록 형태 중 하나로 노션 내 데이터를 다루는 데 최적화된 기능이다. 데이터베이스 내에서도 블록과 슬래시를 사용할 수 있으며, 하위 페이지를 만들 수도 있고 페이지 내 데이터베이스를 만들 수도 있다. 즉, 앞서 소개한 ▲블록 ▲슬래시 ▲페이지가 이 데이터베이스와 함께 사용되는 것이다.

따라서 앞의 소개가 필요했다. 즉, 데이터베이스를 활용하기 위한 소개였다고 이해하면 된다. 그만큼 데이터베이스는 노션 핵심 기능이며 현재 노션을 만든 일등 공신이다.

중요한 기능인 만큼 내용이 다소 어렵게 느껴질 수 있다. 기능 하나하나를 설명하기보다는 노션 개발진이 데이터베이스로 전달하고 싶었던 메시지를 중심으로 소개하겠다. 각 기능을 활용하는 내용은 [CHAPTER 2 조직에 협업 도구를 활용하자]에 나오니 당장 이 내용을 읽고 활용할 수 있어야 한다고 생각하지는 말자.

▢ 데이터베이스 종류

먼저 데이터베이스 종류에 관해 알아보자. 데이터베이스는 ▲표 ▲보드 ▲갤러리 ▲리스트 ▲캘린더 ▲타임라인 등 6가지로 이뤄져 있다. 화면을 통해 확인하자.

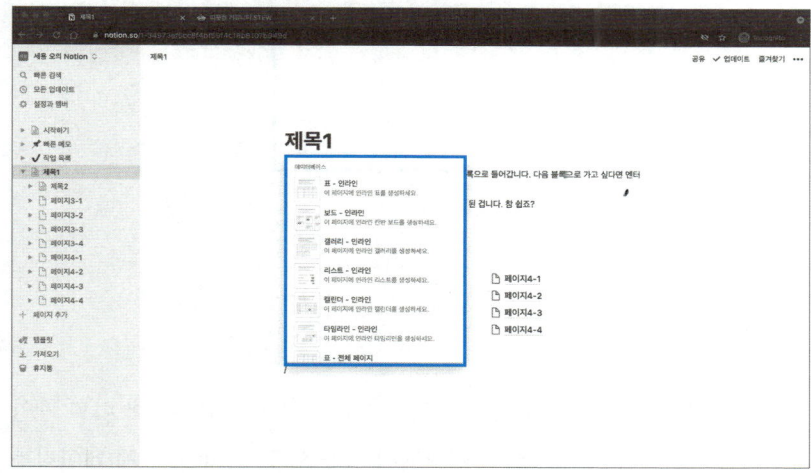

[그림 1-3-21] 노션 데이터베이스

앞서 만들었던 제목 1 페이지에서 슬래시를 눌렀다. [그림 1-3-21]을 보면 6가지 데이터베이스가 제공되는 것을 확인할 수 있다. 6가지 데이터베이스는 각 ▲인라인 ▲전체 페이지 등 두 가지로 나뉘는데 인라인은 페이지에서 보이는 기능이고 ▲전체 페이지는 하위 페이지를 만들어 하위 페이지 내에 보이는 기능이다. 6가지 데이터베이스가 각 2개씩 제공되니 노션 데이터베이스 유형은 총 12가지인 셈이다.

이렇게 설명하면 이해가 되지 않을 수 있다. 간단히 표 데이터베이스를 활용해 ▲인라인 ▲전체 페이지를 확인하자.

▫ 인라인, 전체 페이지

먼저 인라인 표 데이터베이스를 확인하자. 앞서 누른 슬래시에서 '표 - 인라인'을 선택하면 된다.

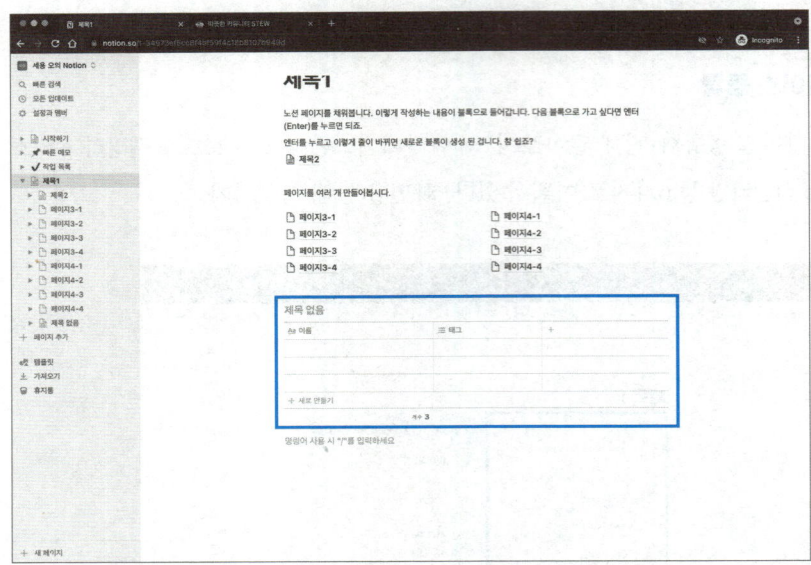

[그림 1-3-22] 표 - 인라인 데이터베이스

'표 - 인라인' 데이터베이스가 만들어졌다. 인라인은 제목 1 페이지 화면에서 바로 확인할 수 있다. 화면에서 바로 확인한다는 말이 이해되지 않을 수 있다. 바로 전체 페이지를 만들어 하위에서 확인할 수 있다는 의미를 알아보자. 이해를 돕기 위해 '표 - 인라인' 데이터베이스와 '표 - 전체 페이지' 데이터베이스에 각 '표 - 인라인'과 '표 - 전체 페이지'라는 제목을 붙이겠다.

다시 슬래시를 눌러 이번엔 '표 - 전체 페이지'를 선택하자.

[그림 1-3-23] 표 - 전체 페이지 데이터베이스

'표 - 전체 페이지' 데이터베이스가 만들어졌다. 이렇게 만들어진 전체 페이지에는 표 데이터베이스 외 다른 블록을 만들 수 없다. 이 페이지에는 표 데이터베이스만 존재할 수 있다. 이해를 돕기 위해 표 제목만 추가했다.

또 하나, [그림 1-3-23] 표 - 전체 페이지 위를 보면 '제목 1 / 표 - 전체 페이지'를 확인할 수 있다. 즉, 제목 1 페이지 내 하위 페이지로 '표 - 전체 페이지'가 만들어진 것이다. 이를 확인하기 위해 상위 페이지인 '제목 1' 페이지로 이동해 보자.

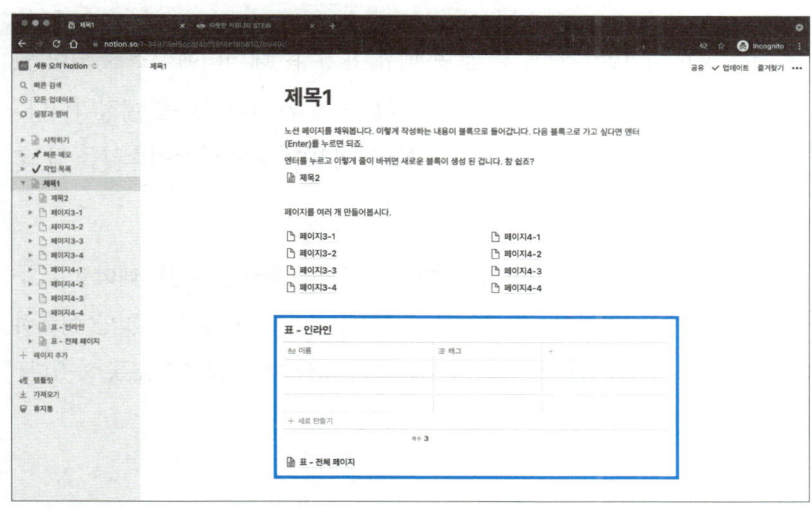

[그림 1-3-24] 제목 1 페이지 내 '표 - 전체 페이지' 데이터베이스

3. 노션(Notion)　83

이제 조금 이해가 될 것이다. 정리하면 인라인 데이터베이스는 다른 블록과 같은 레벨에서 보이고, 전체 페이지 데이터베이스는 다른 블록과 같은 레벨에서 보이지 않는다. 조금 더 이해를 돕기 위해 앞서 소개했던 메뉴 표를 다시 보자.

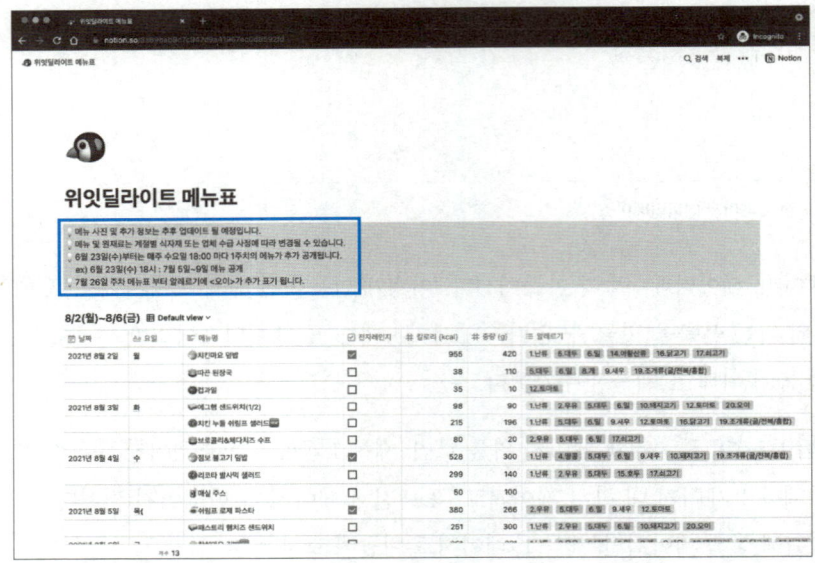

[그림 1-3-25] 위잇딜라이트 메뉴 표

앞서 확인했던 메뉴 표다. [그림 1-3-25]를 보면 메뉴 표가 표 데이터베이스로 되어 있음을 확인할 수 있다. 표 위에 '메뉴 사진 및 추가 정보는 추후 업데이트될 예정입니다.' 등 텍스트가 적힌 걸 봐서 이 표 데이터베이스는 '표 - 인라인' 데이터베이스임을 알 수 있다.

표 데이터베이스로 소개했지만 6가지 데이터베이스는 모두 ▲인라인 ▲전체 페이지 등 두 가지 데이터베이스 유형을 제공한다. 우선 이렇게 두 가지 종류가 있다는 것만 이해하자. 상황에 따라 다르게 사용되는데, 이는 실제 사례를 소개할 때 더 보충하도록 하겠다.

□ **표 데이터베이스**

이제 표 데이터베이스를 알아보자. 앞서 메뉴 표가 표 데이터베이스로 만들어졌다고 했다. 이처럼 표 데이터베이스는 어떤 정보를 목록으로 정리하는 데 좋다. 표 데이터베이스로 활용될 수 있는 정보는 ▲기사 정리 ▲독서 노트 ▲영화 노트 등이 있다.

이 책에서는 간단히 독서 노트 표를 만들어 보겠다. 앞서 만든 '표 - 전체 페이지' 데이터베이스를 활용하자. 표 속성은 ▲책 제목 ▲분류 ▲가격 ▲한줄평 ▲링크 등 5개를 만들어 보자.

먼저 '표 - 전체 페이지' 제목을 '독서 노트'로 바꾸자.

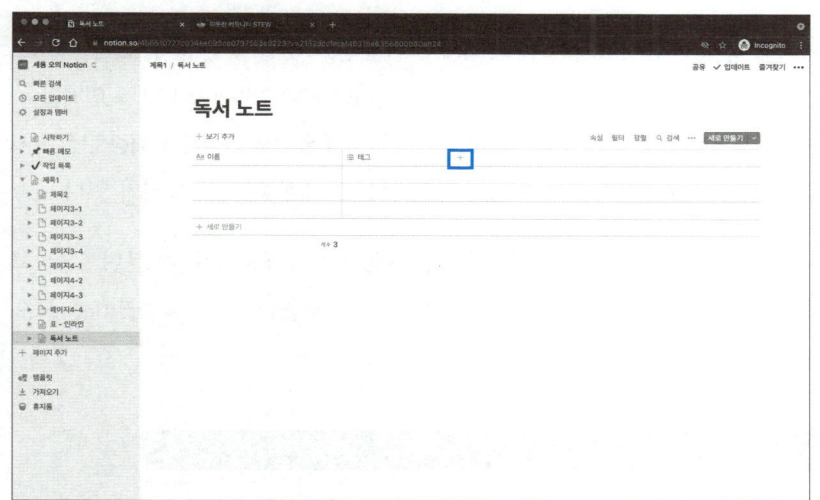

[그림 1-3-26] 독서 노트

현재 표 데이터베이스에는 ▲이름 ▲태그 등 2개 속성이 있다. 먼저 속성을 어떻게 만드는지 알아보자. 간단하다. [그림 1-3-26] 속성 중 태그 오른쪽 '+' 버튼을 누르자.

3. 노션(Notion) **85**

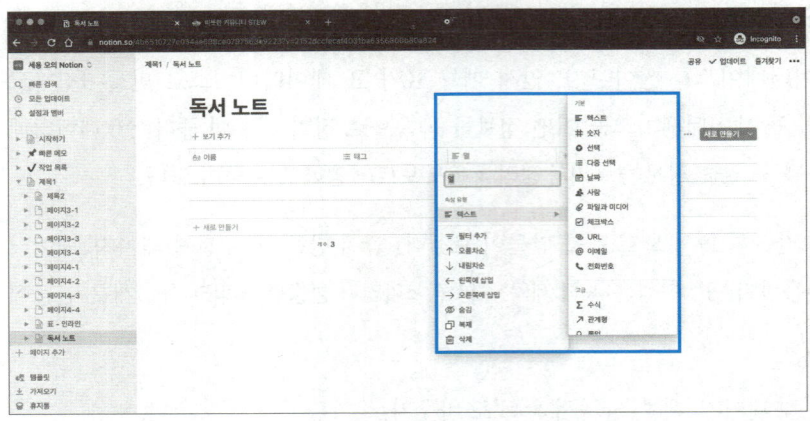

[그림 1-3-27] 표 속성 만들기

'+' 버튼을 누르고 속성 유형에 마우스를 가져가면 다양한 속성을 확인할 수 있다. ▲텍스트 ▲숫자 ▲선택 ▲다중 선택 ▲날짜 ▲사람 ▲파일과 미디어 ▲체크 박스 ▲URL ▲이메일 ▲전화번호 등 기본 속성은 물론 ▲수식 ▲관계형 ▲롤업 ▲생성 일시 ▲생성자 ▲최종 편집 일시 ▲최종 편집자 등 고급 속성도 있다. 이 속성에 관한 모든 소개를 하기엔 무리가 있다.

독서 노트에서는 ▲책 제목 ▲분류 ▲가격 ▲한줄평 ▲링크 등 5개를 만들어 본다. 그리고 각 속성으로 ▲책 제목(텍스트) ▲분류(다중 선택) ▲가격(숫자) ▲한줄평(텍스트) ▲링크(URL) 등으로 설정해 만들어 보겠다.

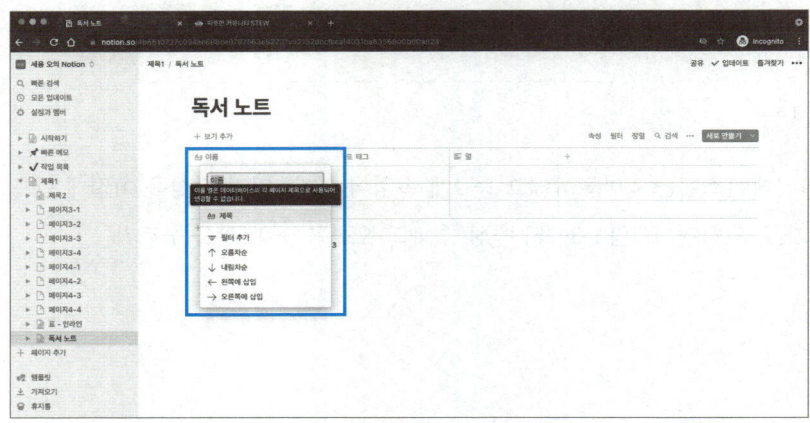

[그림 1-3-28] 이름 열은 제목으로 사용된다

한 가지 기억할 것은 이름 열(속성)은 다른 속성 유형으로 변경할 수 없다. 이름 열 속성 유형에 마우스를 올리면 '이름 열은 데이터베이스의 각 페이지 제목으로 사용돼 변경할 수 없습니다.'라는 문구가 나온다. 괜찮다. 우리는 이름 열을 책 제목으로 사용하면 된다.

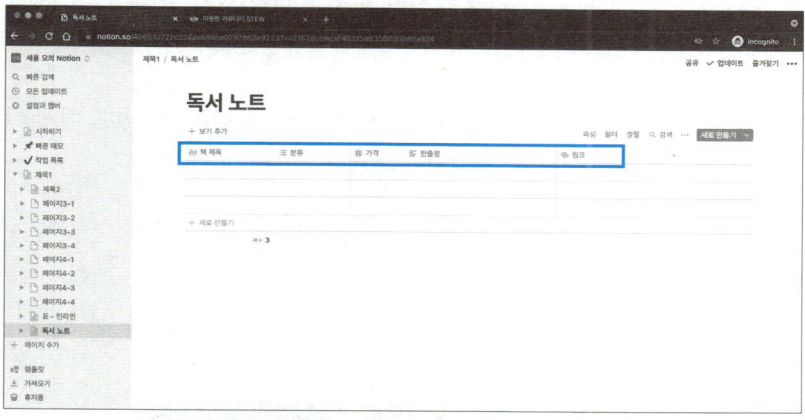

[그림 1-3-29] 속성 유형을 설정했다

5개 속성을 각 속성 유형으로 설정했다. 각 열 너비는 마우스로 조절할 수 있다. 적절히 조절하고 이제 독서 노트를 채워 보자. 필자가 작성했던 서평을 가지고 채워 보겠다.

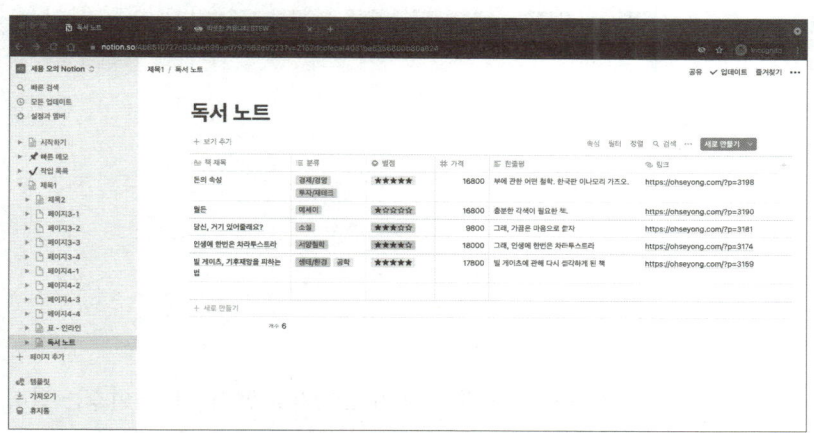

[그림 1-3-30] 독서 노트를 채웠다

3. 노션(Notion) **87**

[그림 1-3-30]처럼 5개 독서 노트를 채웠다. 이렇게 노트를 채워 두면 엑셀로 관리하는 것과 큰 차이를 느끼지 못할 수 있다. 만약 엑셀과 큰 차이를 느끼지 못했다면 굉장히 고무적인 것이다. 노션이 엑셀을 대체할 수 있다는 것 아닌가? 엑셀의 꽃은 수식이다. 즉, 수식을 화려하게 사용하지 않는 엑셀 사용자는 굳이 엑셀을 고집할 이유가 없다.

적절한 협업 도구란 이런 것이다. 만약 지금 작성한 독서 노트 정도로 엑셀을 활용하고 있다면 굳이 엑셀을 고집할 필요는 없겠다.

한편, 고작 이 정도로 데이터베이스가 좋다고 말한 거냐는 반응이 나올 수 있다. 이제 이 독서 노트를 다른 화면으로 만들어 보자. 갤러리가 좋겠다.

갤러리 데이터베이스

독서 노트라 쓴 제목 아래를 보면 '+ 보기 추가' 버튼이 보인다. 이 버튼을 누르자.

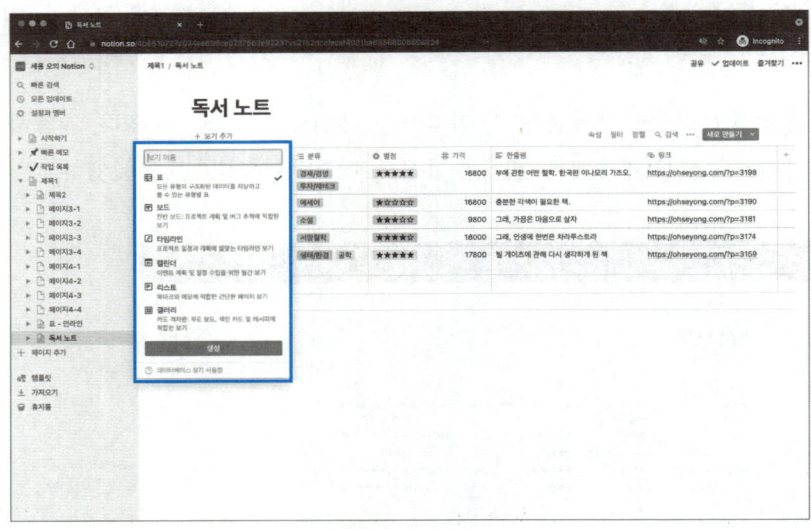

[그림 1-3-31] 데이터베이스 보기 추가

앞서 살펴본 6개 데이터베이스가 모두 보인다. 우리가 만들기로 한 데이터베이스는 갤러리다. 여기서 갤러리를 선택하고 '보기 이름'을 '갤러리'라고 쓴 뒤 '생성' 버튼을 누르자.

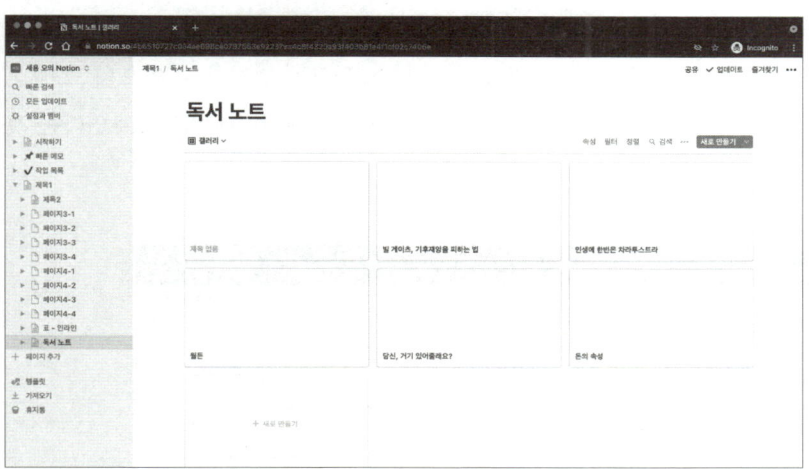

[그림 1-3-32] 갤러리 데이터베이스

자, 이제 갤러리 데이터베이스를 만들었다. 눈치챘는가? 데이터베이스는 6가지 종류가 있다. 그리고 이 6가지 종류 데이터베이스는 같은 정보를 보여 준다. 즉, 데이터베이스 종류는 데이터를 저장하는 유형이 아니고, 데이터를 보여 주는 유형이다.

앞서 표 데이터베이스에서 입력한 데이터를 갤러리 데이터베이스로 보면 [그림 1-3-32] 처럼 보인다. 그리고 독서 노트 제목 아래 '갤러리'라고 쓰인 버튼이 보인다. 갤러리 버튼을 눌러 보자.

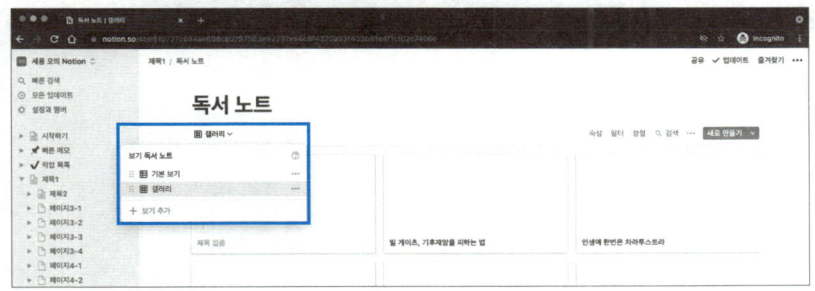

[그림 1-3-33] 데이터베이스 보기

'보기 독서 노트' 문구 아래 ▲기본 보기 ▲갤러리 등 2개 유형이 보인다. 여기서 기본 보기를 눌러 보자.

3. 노션(Notion) **89**

반가운 표 데이터베이스가 다시 나왔다. 앞서 표 데이터베이스를 처음으로 만들었기에 자동으로 표 데이터베이스에 '기본 보기'가 쓰였다. 이 문구는 변경할 수 있으니 크게 신경 쓰지 말자. 지금 중요한 것은 표 데이터베이스가 갤러리 데이터베이스로 보였다는 것이다.

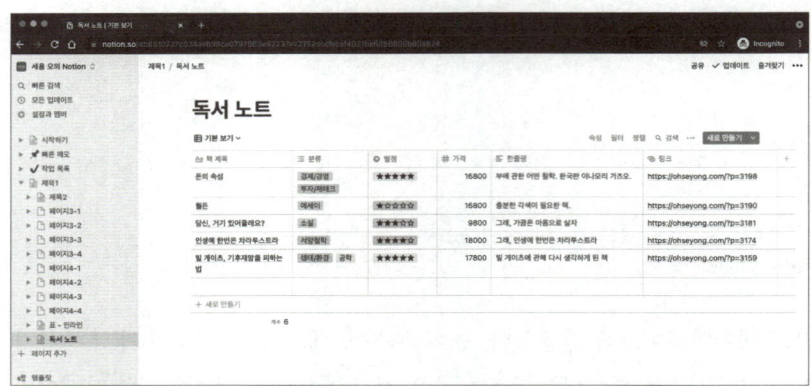

[그림 1-3-34] 다시 만난 표 데이터베이스

그런데 앞서 갤러리 데이터베이스에서는 제목 속성만 보였다. 갤러리 데이터베이스에서는 제목 속성만 볼 수 있는 걸까? 다시 '기본 보기' 버튼을 눌러 '갤러리' 데이터베이스로 돌아가 보자.

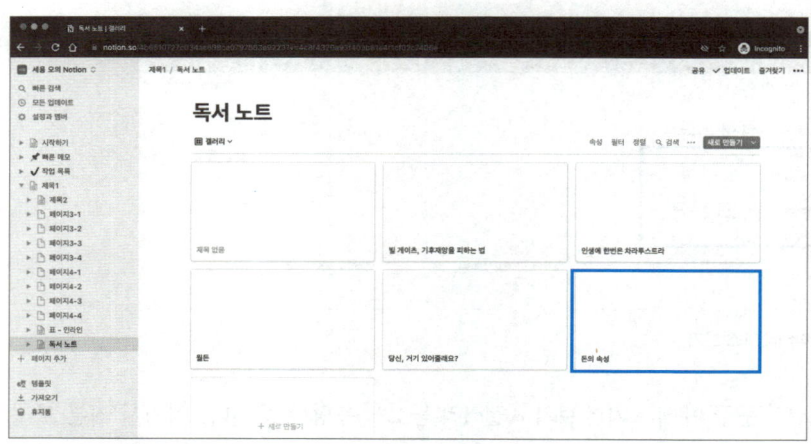

[그림 1-3-35] 갤러리 데이터베이스

다시 봐도 갤러리 데이터베이스에서는 제목만 보인다. 심지어 독서 노트를 5개 입력했는데 갤러리는 6개가 있다. 차분히 갤러리를 하나씩 눌러 보자. 먼저 '돈의 속성'을 눌러 보자.

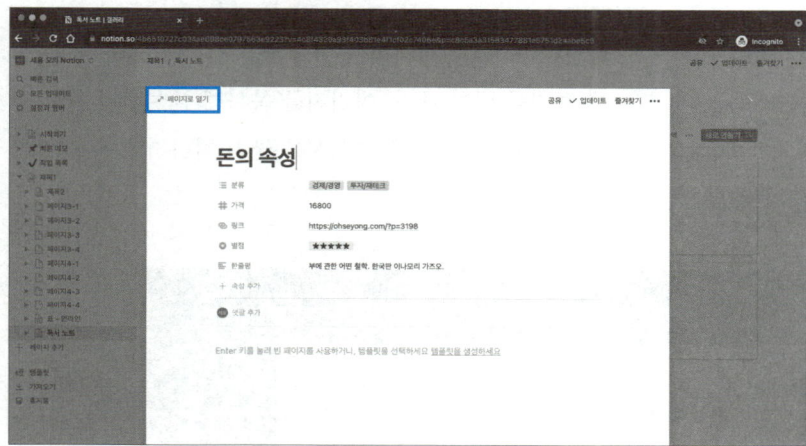

[그림 1-3-36] 돈의 속성 갤러리

앞서 표 데이터베이스에서 입력한 모든 속성이 보이는 것을 확인할 수 있다. 이렇게 열린 화면은 왼쪽 위를 보면 '페이지로 열기' 버튼이 보인다. 이 버튼을 눌러 보자.

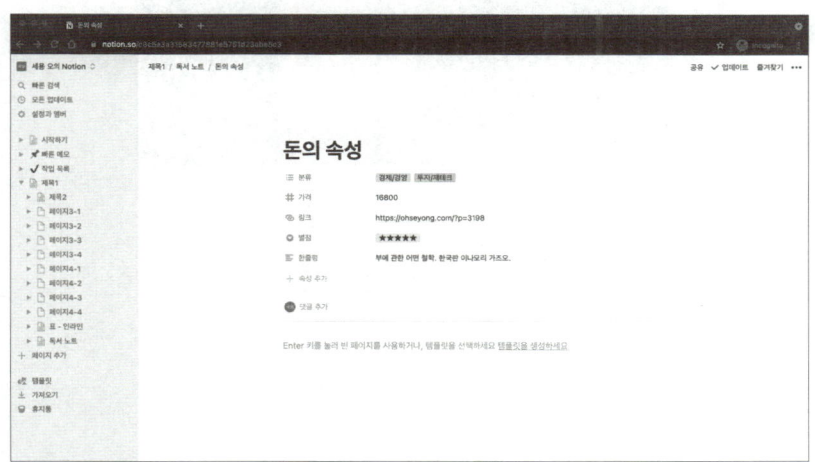

[그림 1-3-37] 돈의 속성 페이지

자, 이제 이해가 되는가? 노션은 각 데이터를 유형에 따라 다르게 볼 수 있다. 표 데이터베이스는 갤러리 데이터베이스로 변경해 볼 수 있으며, 각 항목은 페이지 형태로 볼 수 있다. 페이지는 앞서 확인한 페이지와 같은 개념으로 이해하면 된다. 이는 앞으로 반복해서 소개할 테니 지금은 데이터를 여러 형태로 볼 수 있다는 것만 이해하자.

그런데 갤러리치고는 너무 빈 화면만 나온다. 갤러리는 미술품을 전시하는 곳 아닌가? 돈의 속성 페이지에 돈의 속성 책 표지를 넣어 보자. 이미지를 복사해 붙여넣기 해도 되고, 이미지 파일을 드래그 앤 드롭해도 된다. 물론 슬래시를 눌러 이미지 블록을 만들고 업로드해도 된다.

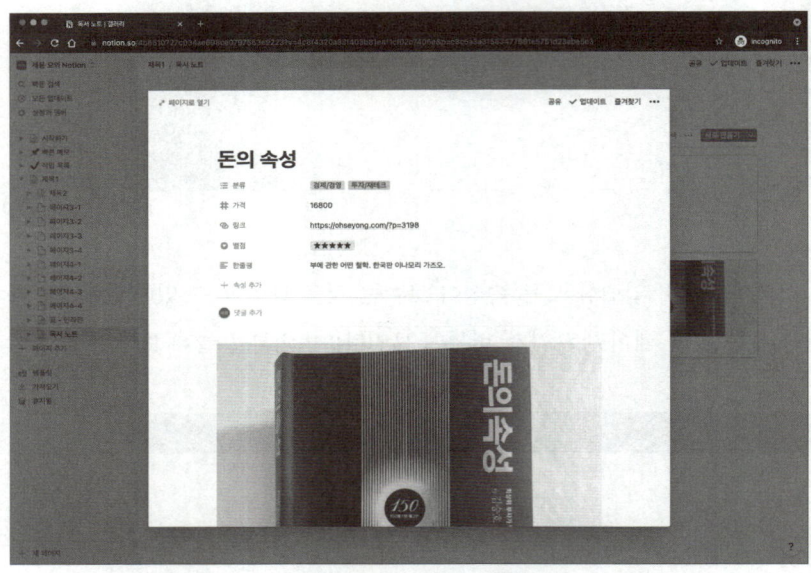

[그림 1-3-38] 돈의 속성 표지 넣기

[그림 1-3-38]처럼 표지를 넣고 페이지 팝업을 닫아 보자.

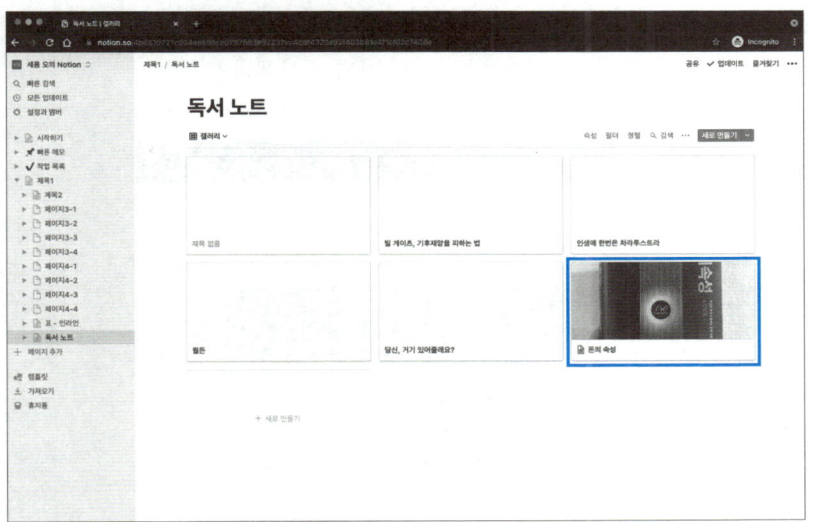

[그림 1-3-39] 돈의 속성 표지가 들어간 갤러리

[그림 1-3-39]를 보면 돈의 속성에 표지가 보인다. 이렇게 갤러리 데이터베이스는 이미지와 제목 등 속성을 한눈에 볼 수 있는 데이터베이스 형태다. 이제 다른 책도 책 표지를 넣어 보자.

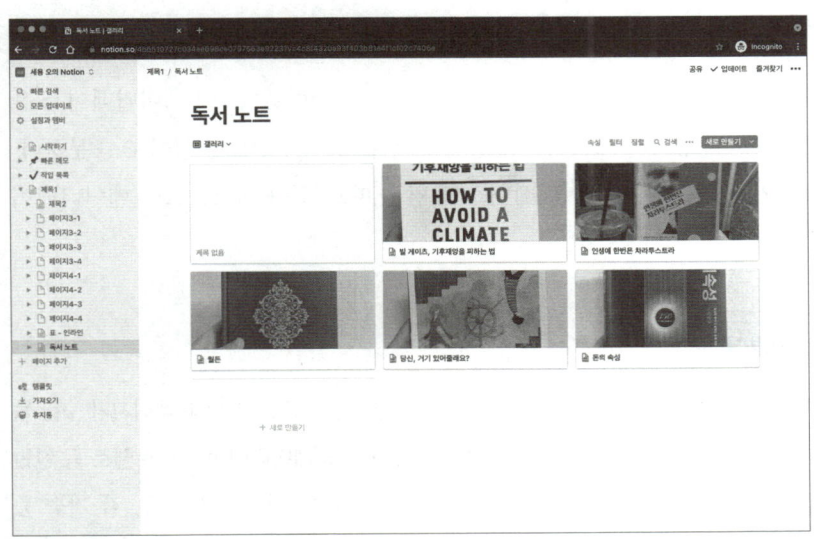

[그림 1-3-40] 표지가 들어간 갤러리

자, 이제 좀 갤러리같이 보인다. 그렇다면 '제목 없음' 카드는 뭘까? 별것 아니다. 단지 표 데이터베이스에서 작업 시 빈 항목이 추가된 것이니 가볍게 삭제하자.

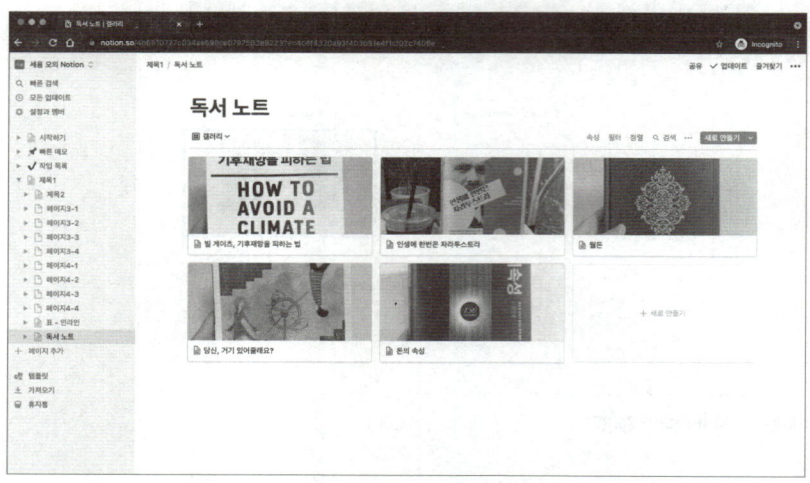

[그림 1-3-41] 독서 노트 갤러리 완성

빈 카드를 지우면 [그림 1-3-41]처럼 완성된 독서 노트 갤러리를 확인할 수 있다. 갤러리 데이터베이스는 이 밖에도 ▲팀원 소개 ▲기사 수집 등 주요 이미지로 소개될 수 있는 정보에 적절하다.

지금까지 ▲표 ▲갤러리 등 두 가지 데이터베이스 유형을 알아봤다. 이 데이터베이스 유형은 많이 사용되는 유형이며 페이지를 활용하는 용도로는 이 정도만 알아도 충분하다. 하지만 필자가 가장 좋아하는 데이터베이스 유형은 따로 있다. 바로 보드 데이터베이스다.

보드 데이터베이스

보드 데이터베이스는 노션 데이터베이스 유형 중 가장 핵심이다. 앞서 ▲페이지가 구글 독스를 대체했고 ▲표 데이터베이스가 엑셀을 대체했다면 ▲보드 데이터베이스는 트렐로 등 칸반 보드 형태 협업 도구를 대체한다. 오해가 있을 수 있으니 명확히 말하자면, 이는 각 기능 중 일부를 대체하는 것을 의미한다. 각 서비스의 모든 기능을 대체하는 것이 아닌 몇몇 핵심 기능을 제공한다는 것을 명확히 밝힌다.

보드 데이터베이스 활용은 [CHAPTER 2], [CHAPTER 3]에서 주된 내용으로 소개한다. [CHAPTER 1]에서는 독서 노트를 보드 데이터베이스에서 어떻게 활용할 수 있는지 소개하겠다.

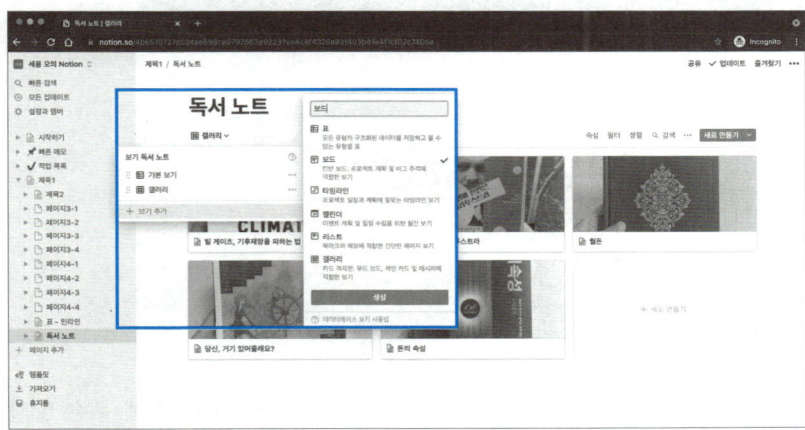

[그림 1-3-42] 보드 보기를 추가하자

다시 데이터베이스 보기를 열어 '보드 데이터베이스'를 추가하자. 보드를 선택하고 보기 제목을 '보드'로 설정한 다음 '생성' 버튼을 누르자.

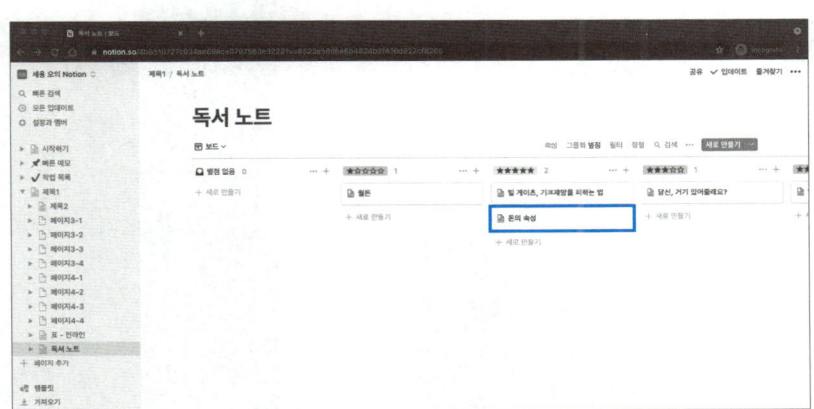

[그림 1-3-43] 보드 데이터베이스

3. 노션(Notion) **95**

이제 보드 데이터베이스를 만들었다. 앞서 트렐로 화면과 비슷하지 않은가. 표 데이터베이스에서 만든 데이터는 트렐로 카드 형태로 변했다. 이 카드를 편하게 드래그 앤 드롭 하면 위치를 바꿀 수 있다. [그림 1-3-43]처럼 보이는 화면에서 돈의 속성 카드를 월든 카드 밑으로 옮겨 보자.

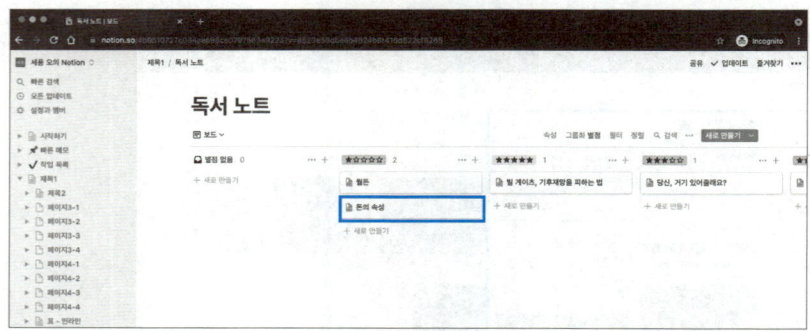

[그림 1-3-44] 돈의 속성 카드를 옮겼다

자, 지금 우리는 책 돈의 속성을 별점 5개에서 별점 1개로 강등시켰다. 이게 무슨 말일까? 돈의 속성 카드를 클릭해 화면을 열어 보자.

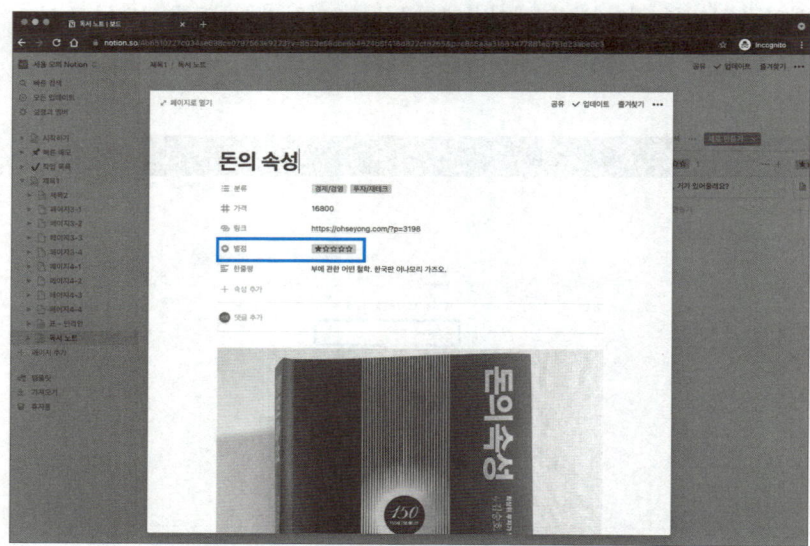

[그림 1-3-45] 돈의 속성 카드 상세

96　CHAPTER 1 조직을 위한 협업 도구

카드를 클릭하면 앞서 갤러리에서 열었던 화면과 같은 페이지 화면이 나온다. 이제는 앞서 갤러리를 소개할 때보다 조금은 더 이해했을 것이다.

그런데 뭔가 이상하다. 분명히 돈의 속성에 별점 5점을 넣었는데, 무슨 일인지 별점 1점으로 변했다. 돈의 속성 카드를 월든 밑으로 드래그 앤드 드롭만 했을 뿐인데 말이다. 돈의 속성 카드를 닫고 다시 보드 데이터베이스 화면을 보자.

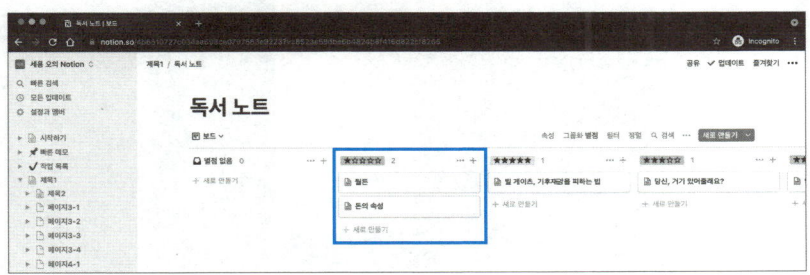

[그림 1-3-46] 보드 데이터베이스

자세히 보면 월든 위에는 별점 1개가 있고, 돈의 속성이 있던 자리인 빌 게이츠 위에는 별점 5개가 있다. 즉, 드래그 앤드 드롭만으로 별점이 변경된 것이다. 즉, 이동만으로 속성값을 바꾼 것이다.

필자는 돈의 속성을 재밌게 읽었으니 다시 별점 5점으로 변경해야겠다. 다시 드래그 앤드 드롭으로 카드를 옮겨 보자.

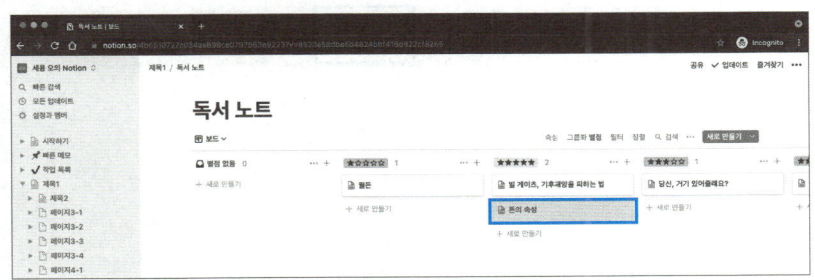

[그림 1-3-47] 다시 옮긴 돈의 속성 카드

돈의 속성 카드를 옮겼다. 이제 다시 돈의 속성 카드를 열어 보자.

3. 노션(Notion) **97**

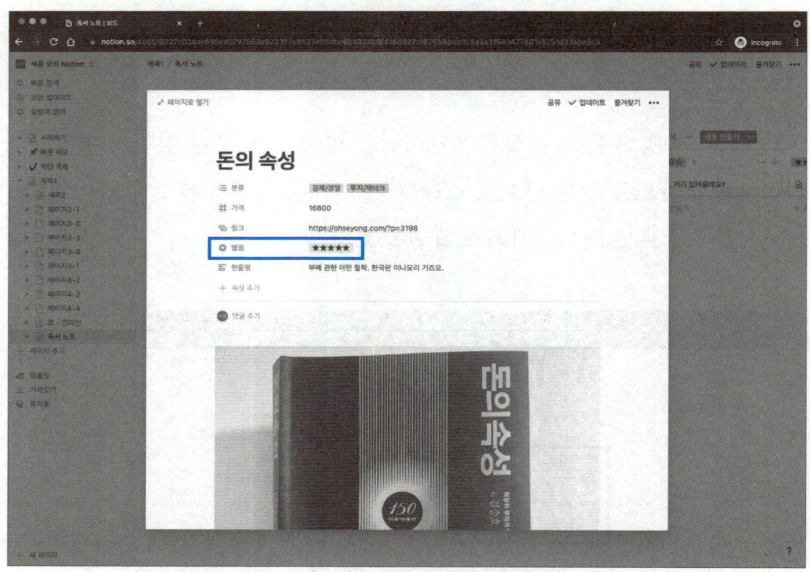

[그림 1-3-48] 돌아온 별점 5점 돈의 속성

다시 돈의 속성이 별점 5점으로 돌아왔다. 그런데 왜 카드를 이동하면 별점이 변경되는 것일까? 이는 카드를 묶은 '그룹화' 기능 때문이다. 다시 보드 데이터베이스 화면으로 돌아가 오른쪽 위 메뉴 중 '그룹화 별점' 버튼을 눌러 보자.

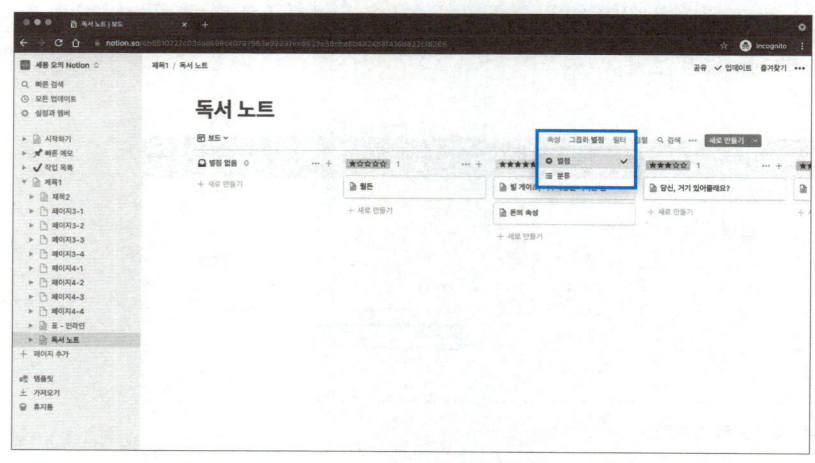

[그림 1-3-49] 그룹화 별점 버튼

버튼을 누르면 ▲**별점** ▲**분류** 등 2개 선택지가 나온다. 이미 별점으로 선택되어 있으니 분류로 바꿔 보자.

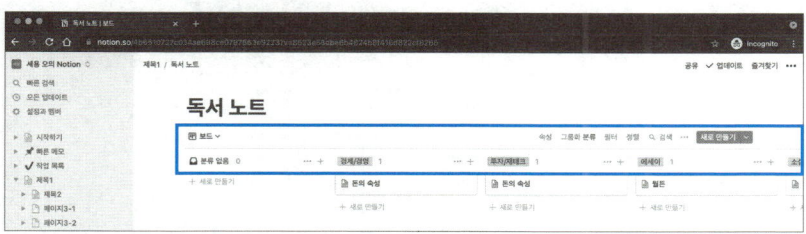

[그림 1-3-50] 그룹화 분류로 변경

분류로 그룹화를 변경하면 [그림 1-3-50]처럼 카드 위치가 변경된 것을 확인할 수 있다. 또한 각 카드 위 텍스트가 변경됐고, '그룹화 별점'으로 보였던 버튼도 '그룹화 분류'로 변경됐다.

즉, 어떤 속성값으로 분류를 설정하느냐에 따라 보드 데이터베이스 화면을 변경할 수 있다. 만약 속성값을 독서 상태로 바꾼 뒤 ▲**독서 예정** ▲**독서 중** ▲**독서 완료** 등 3개로 바꾸면 어떨까? 편하게 추가하기 위해 다시 표 데이터베이스로 돌아가자. 독서 노트 제목 아래 '보드' 버튼을 눌러 '기본 보기'로 변경하면 된다.

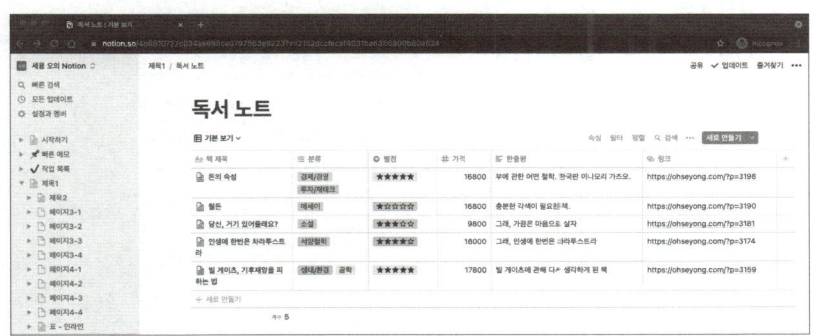

[그림 1-3-51] 다시 돌아온 표 데이터베이스

필자가 지금 읽고 있는 책 ▲**일의 격** ▲**대한민국 부동산 미래 지도** 2권과 앞으로 읽을 책 ▲**왜 일하는가** ▲**생각의 비밀** ▲**폴리매스** 3권까지, 총 5권을 표 데이터베이스에 추가해 보겠다.

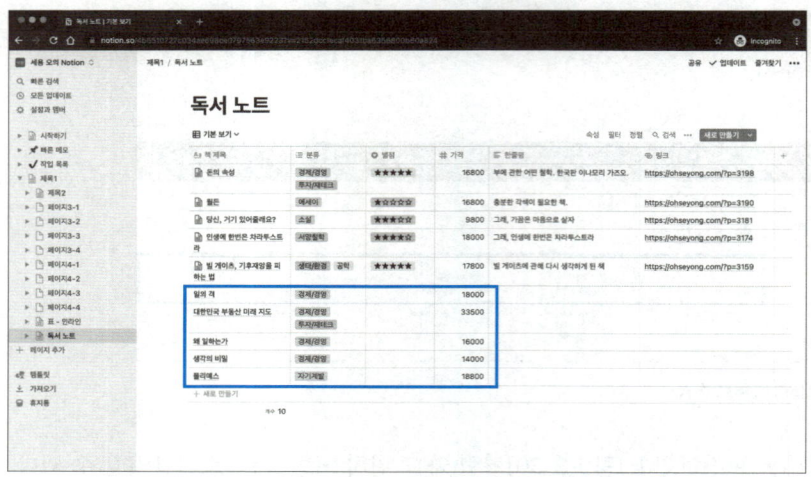

[그림 1-3-52] 추가된 표 데이터베이스

앞서 말한 5권을 추가했다. 이제 속성을 하나 더 만들자. 앞서 말한 대로 '독서 상태' 속성을 추가한 뒤 ▲독서 예정 ▲독서 중 ▲독서 완료 등 3개 값을 추가하자. 처음 추가한 5권은 ▲독서 완료 나머지 5권은 각 ▲독서 예정 ▲독서 중이 되겠다.

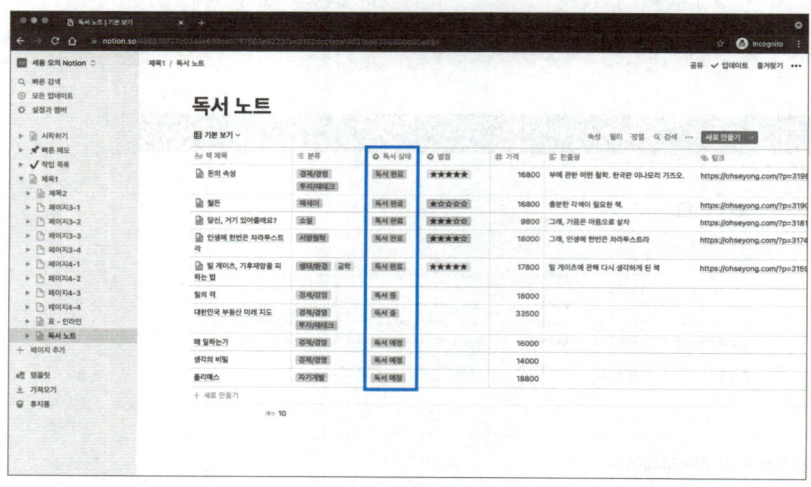

[그림 1-3-53] 추가된 독서 상태

독서 상태를 추가했다. 이제 다시 보드 데이터베이스로 돌아가자.

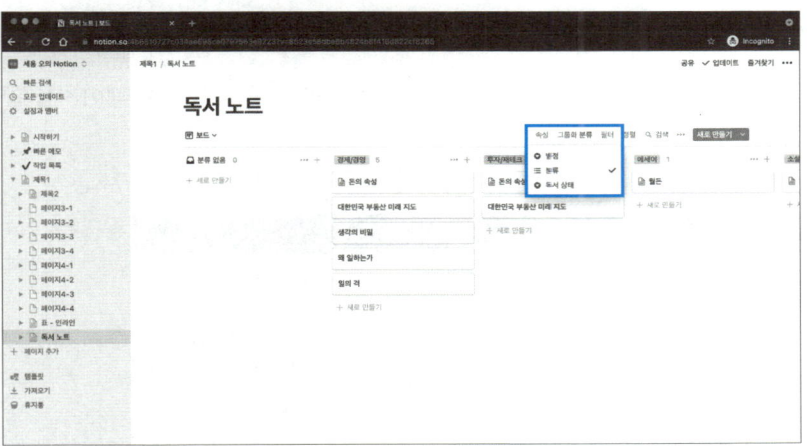

[그림 1-3-54] 돌아온 보드 데이터베이스

보드 데이터베이스로 돌아왔지만 아직 그룹화는 '분류'로 되어 있다. 그룹화를 '독서 상태'로 바꿔 보자.

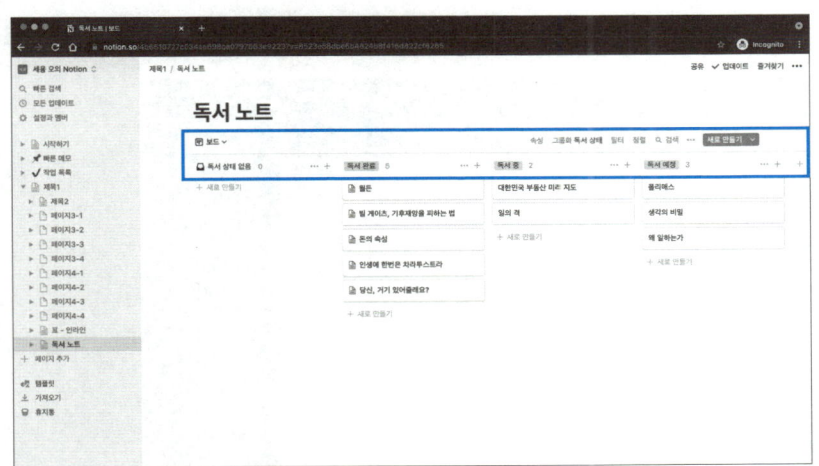

[그림 1-3-55] 독서 상태 보드 데이터베이스

이제 독서 상태를 추가했다. [그림 1-3-55]를 보면 독서 상태로 그룹화된 것을 확인할 수 있다. 앞서 독서를 완료한 책과 ▲독서 중 ▲독서 예정 책이 알맞게 들어간 것을 확인할 수 있다. 만약 독서 중인 책 중 '일의 격'을 다 읽었다면 일의 격 카드를 독서 완료로 옮기면

3. 노션(Notion) **101**

된다. 그럼 자동으로 일의 격 카드의 독서 상태 속성값이 '독서 완료'로 변할 것이다.

아직 '일의 격'을 다 읽지 않았지만 이해를 위해 일의 격 카드를 옮기고 상세 페이지를 확인하자.

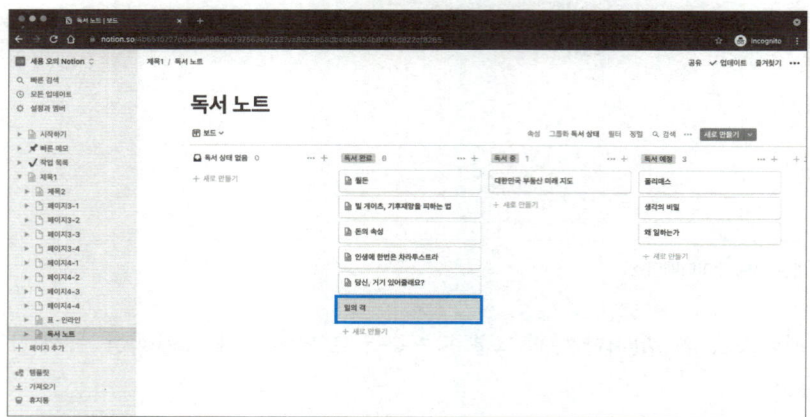

[그림 1-3-56] '일의 격' 카드를 옮겼다

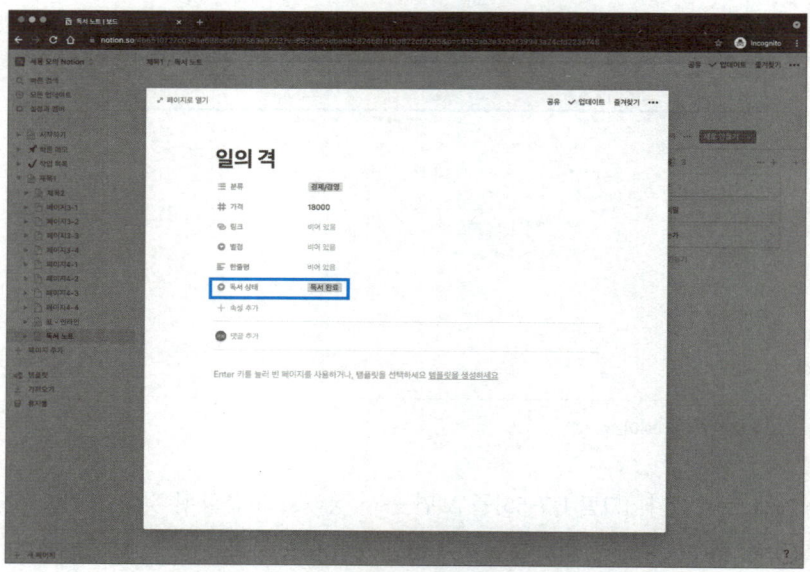

[그림 1-3-57] '일의 격' 카드 상세 페이지

역시 드래그 앤드 드롭으로 독서 상태가 변경되는 것을 확인할 수 있다.

이 밖에도 노션 데이터베이스에는 ▲리스트 ▲캘린더 ▲타임라인 등 데이터베이스 유형이 있다. ▲리스트는 표보다 데이터를 더 간결하게 보여 주고 ▲캘린더는 캘린더 위에 각 카드를 보여 준다 ▲타임라인은 시간 흐름에 따라 카드를 보여 준다.

각 기능은 [CHAPTER 2]와 [CHAPTER 3]에서 소개하니 [CHAPTER 1]에서는 이 정도로 노션 데이터베이스 소개를 마치겠다.

[CHAPTER 1]에서는 독서 노트를 만들며 ▲데이터를 추가하고 ▲각 속성 유형을 확인하고 ▲데이터베이스 유형을 변경하고 ▲드래그 앤드 드롭으로 속성값을 변경하는 등 기능을 살펴봤다. 이는 협업을 위해 기본이 되는 기능이다.

협업 도구에 익숙하지 않은 독자는 지금까지의 기능이 이해되지 않을 수 있다. 하지만 괜찮다. 필자도 2018년에 처음 데이터베이스를 접하고는 도대체 이걸 어디에 쓰라는 건지 이해하지 못했다. 하지만 노션을 잘 활용하는 사례를 찾아보고, 실제 현업에서 적용해 보니 꽤 많은 분야에서 사용할 수 있었다.

이 책에서는 그 사례도 소개하고 조직에 이 협업 도구를 어떻게 도입했는지도 소개한다. 아직 [CHAPTER 1]을 지나고 있을 뿐이니 내용이 너무 어렵다며 포기하지 말자.

3.3 노션의 한계

지금까지 노션의 각 기능에 관해 살펴봤다. 앞서 구글 드라이브와 트렐로에 비해 꽤 상세히 설명한 것 같다. 이는 [CHAPTER 2 조직에 협업 도구를 활용하자]에서 소개할 활용 사례 등을 위함이니 모두 이해하지 못해도 괜찮다. 이해가 되지 않으면 다시 펴 보면 되는 것 아닌가.

노션은 구글 드라이브, 트렐로와 더불어 좋은 도구다. 그러나 구글 드라이브와 트렐로도 한계가 있었던 만큼 노션 역시 한계점이 있다. 노션이 외치는 올인원 워크스페이스가 그것이다.

모두를 만족시키려고 한다면

노션은 올인원 워크스페이스를 추구한다. 모든 업무를 이곳 노션에서 하라는 거다. 이를 위해 여러 기능을 제공하고 앞서 소개한 것처럼 훌륭한 도구임은 사실이다. 그런데 정말 이 기능만으로 모든 업무를 진행할 수 있을까?

노션은 한국의 많은 사용자를 보유하고 있다. 북미 외 첫 해외 진출을 한국으로 할 만큼 노션은 한국에 많은 관심을 두고 있다. 심지어 2021년 초에는 노션 기능에 궁금증이 생겨 영어로 문의했더니 한국어로 문의해도 된다는 답변이 돌아왔다. 한국어로 문의하자 역시 한국어로 답변이 돌아왔는데 한국어로 답변을 공식적으로 했다는 것은 꽤 큰 의미가 있다. 이 정도로 한국 시장을 중요시한다는 거다. 문제는 그때 문의한 내용이 여전히 반영되지 않았다는 것이다.

노션 사용자 입장에서는 한국어 답변을 위한 노력보다 영어 답변을 하더라도 원하는 기능을 만들어 주는 것이 더 필요하다. 뒤에서 설명하겠지만 노션 데이터베이스 릴레이션(Relation) 기능을 사용할 때 필터링을 할 수 없는 아쉬움이 있다. 한국어 답변을 해 주지 않는다면 한 번만 영어로 읽는 불편함을 감수하면 되지만, 필터링 기능이 제공되지 않아 아쉬운 것은 노션을 사용할 때마다 불편해야 한다. 이 사례를 보고 필자가 너무 예민하다고 느낄 수 있겠다. 맞다, 이야기하고 싶은 것이 바로 그것이다.

올인원 워크스페이스는 모두를 만족시킨다는 의미와 같다. 이는 모든 사용자에 관한 대부분의 욕구를 해결해 주겠다는 것이다. 다시 말해 나와 같은 예민한 사용자도 만족시켜야만 한다. 그게 노션이 추구하는 올인원 워크스페이스가 갖는 한계점이다.

노션은 홈페이지에서 자신의 기능을 대치하는 서비스로 굵직한 서비스를 언급했다. 여기에는 앞서 소개한 ▲**구글 독스** ▲**트렐로** 등은 물론 ▲**컨플루언스** ▲**지라** 등도 포함된다. 구글을 대체하는 것은 한동안 불가능한 것임을 인정하자. 그렇다면 다른 서비스는 어떨까? 여기서 ▲**트렐로** ▲**컨플루언스** ▲**지라** 등은 놀랍게도 한 회사에서 만든 서비스다. 바로 아틀라시안이다.

아틀라시안(Atlassian)은 미국 나스닥에 상장한 기업으로 협업 소프트웨어 분야 최강자 중 하나다. 아틀라시안이 2021년 7월 29일 발표한 주주 서한[4]에 따르면, 아틀라시안은 2021년 7월 현재 6천 명이 넘는 직원이 일한다.

노션은 이들이 만든 서비스 중 ▲트렐로 ▲컨플루언스 ▲지라 등을 홈페이지에 대치한다고 적었다. 노션은 2020년 기준 약 60명이 근무하고 있으며, 20억 달러 가치 평가를 받은 유니콘 스타트업이다. 즉, 노션과 아틀라시안은 직원 수만 약 100배 차이가 나는 공룡과의 싸움이 되는 것이다.

결국 노션이 아틀라시안의 ▲트렐로 ▲컨플루언스 ▲지라 등을 완벽히 대체한다는 것은 단기간에 일어날 수 없다. 규모 자체도 다르며 협업 도구 특성상 기존 고객을 단기간에 빼앗기 어렵다. 기존 지라 등에 업무 데이터가 있는 고객사는 현재 기준에서 결코 노션으로 옮길 수 없다. 지라의 모든 기능을 노션이 제공하지 않아 모든 데이터를 문제없이 옮길 수 없기 때문이다. 조직 관점에서 업무 데이터가 사라진다면 아무리 협업 도구 가격이 할인된다 한들 옮길 이유가 있을까?

정말 올인원 워크스페이스라면 ▲트렐로 ▲컨플루언스 ▲지라 등 서비스를 사용하지 않고 노션만으로 협업할 수 있어야 한다. 하지만 그것은 현재 불가능하다. 거대한 조직을 이기기 위해 작은 조직은 거대한 조직이 할 수 없는 작은 부분을 해결해야 한다. 이런 측면에서 과연 올인원 워크스페이스라는 콘셉트가 다윗과 골리앗 싸움에 적절한 콘셉트인지는 잘 모르겠다.

2018년 노션을 처음 접하고 3년 동안 많은 변화가 있었다. 노션은 많은 인기를 끌며 투자를 받았고, 관련 책도 많이 출판됐으며 필자 역시 이를 통해 책을 쓰고 있다. 하지만 노션 기능에는 어떤 변화가 있었을까?

노션은 그동안 개인 사용자에게 거의 무료로 사용할 수 있게 허들을 낮췄고, 한국어 공식 홈페이지를 운영하는 등 신규 고객 유치에 힘썼다. 반면 기능적으로는 API 베타 서비스를 오픈했고 자피어(Zapier), 타입폼(Typeform), 오토메이트(Automate.io) 등 자동화 서비스와 손잡았다. 즉, 사용자에게 직접 협업 도구를 만들 가능성을 연 것이다.

---

[4] https://www.atlassian.com/blog/announcements/shareholder-letter-c4fy21

오픈 소스 시대에 노션 정책이 잘못됐다고 말할 순 없다. 다만 협업 도구 관점에서 오픈 소스 정책이 어떤 의미를 갖는지는 생각해 볼 필요가 있다. 협업 도구는 말 그대로 협업을 위해 사용하는 도구다. 각 조직은 핵심 제품을 만들기 위해 일하고 이에 원활한 협업을 위해 협업 도구를 사용한다. 즉, 협업을 원활히 하는 이유는 핵심 제품을 만드는 데 집중하기 위함이다. 하지만 노션은 협업 도구를 자유롭게 개발할 수 있는 API를 만들었고, 여러 자동화 서비스와 손잡았다. 이는 사용자에게 원하는 것을 직접 만들라는 것이다.

핵심 제품을 만들며 시간을 단축하기 위해 협업 도구를 선택했는데, 협업 도구를 직접 만들라니. 과연 제품에 집중해야 하는 작은 조직 관점에서 노션의 이 선택이 어떤 결과로 이어질지는 지켜봐야 하겠다. 다만, 이는 노션의 한계점이 될 가능성이 있다.

노션은 훌륭한 서비스다. 필자는 노션을 활용해 여러 조직을 운영했고 꽤 성공적으로 사용하고 있다. 하지만 지난 3년간 사용자 입장에서 노션이 기능적으로 크게 성장했다고 느껴지지는 않는다. 모두를 만족시키기보다 지금 사용하는 고객층에서 조금씩 더 확장하는 방향이 필요하지 않을까?

4

그 밖에

지금까지 ▲구글 드라이브 ▲트렐로 ▲노션 등 현시대 협업 도구 중 훌륭하다고 평가받는 협업 도구를 알아봤다. 이 밖에도 ▲아사나(asana) ▲젠키트(zenkit) ▲먼데이닷컴(monday.com) 등 다양한 협업 도구가 있다. 이 중 누가 최고냐는 질문은 크게 의미는 없다. 최고로 꼽힌다고 한들 그 도구가 우리 조직에 어울린다는 보장이 없다. 우리 조직에 어울리지 않는다면 쓸모없는 도구일 뿐이다. 반복해서 말하지만 어느 조직에서나 완벽한 도구는 없다. 적절한 협업 도구를 선택하고 싶다면 그만큼 조직을 이해해야 하고 적절한 도구를 찾아 사용해야 한다.

앞서 소개한 도구 외에도 필자가 잘 활용하는 도구가 있다. 앞선 도구가 해결하지 못하는 부분을 해결할 수 있다. 이 도구는 지금까지처럼 상세히 다루진 않고, 이 도구를 사용한 사례 정도만 소개하겠다.

4.1 워드프레스(WordPress)

첫 번째는 워드프레스다. 워드프레스는 웹 사이트를 만드는 훌륭한 도구다. 워드프레스 공식 홈페이지에 따르면 전 세계 웹 사이트 42%가 워드프레스로 만들어진다고 한다. 꼭 이 수치가 정확하지 않더라도 여러분은 알게 모르게 워드프레스로 만든 사이트를 이용했을 것이다.

[그림 1-4-1] 워드프레스 홈페이지

필자는 2009년부터 블로그를 시작했고 2015년부터 워드프레스를 사용했다. 필자 이름을 딴 오세용닷컴(ohseyong.com)이라는 웹 사이트인데, 꾸준히 글을 쓰다 보니 방문자가 지속해서 늘었다. 필자는 책을 읽으면 꼭 서평을 쓰는데, 2009년부터 작성한 서평만 200개가 넘는다.

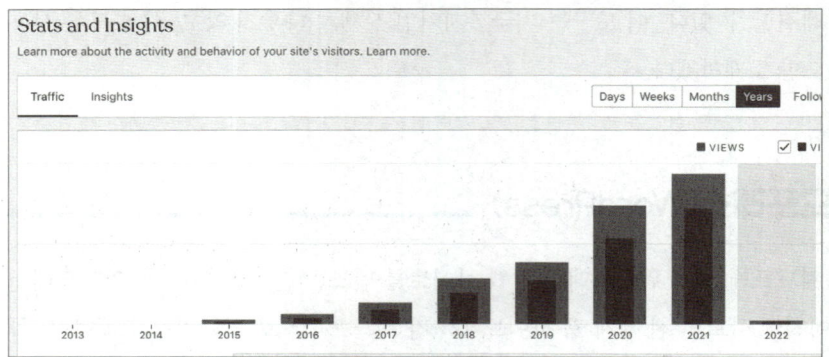

[그림 1-4-2] 오세용닷컴 워드프레스 방문자 추이

블로그는 꼭 워드프레스로 만들 필요는 없다. 필자가 2009년으로 다시 돌아간다면 네이버 블로그도 괜찮은 선택일 것 같다. 당시엔 네이버가 이 정도로 거대해질 줄은 몰랐다. 또한 그때는 네이버 등 포털 사이트 블로그를 수정하기 어려웠는데 컴퓨터학과 학생으로서 코드를 변경하기 어려운 환경이 매력적이지 않아 보였다. 그래서 그나마 자유도가 높았던 티스토리 블로그를 활용했다.

이후 2015년에 워드프레스를 알게 됐고, 티스토리 글을 모두 옮겼다. 이 과정에서 데이터를 잃어버리기도 하고 많은 삽질을 했다. 서버는 몇몇 클라우드 서버를 사용했는데 이 과정에서 대부분 클라우드 서버가 100% 가동률을 보장하지 않는다는 사실을 확인하기도 했다. 도대체 왜 그런 고생을 사서 했나 싶지만, 결국 그 덕에 워드프레스를 잘 다루게 됐다.

현재는 오세용닷컴 외에도 필자가 운영하는 커뮤니티 스튜 홈페이지도 워드프레스로 운영한다. 그리고 뒤에 다시 소개할 비즈니스 미디어 와레버스(whatevers.io)도 워드프레스로 만들었다.

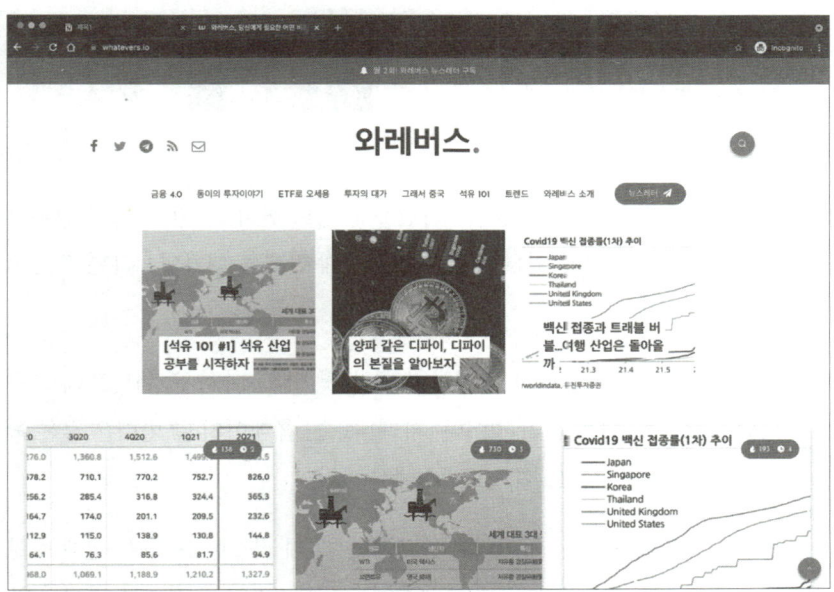

[그림 1-4-3] 와레버스 메인

4. 그 밖에   **109**

와레버스는 필진이 모여 지속해서 비즈니스 아티클을 작성한다. 많을 땐 매일같이 글을 쓰기도 했고, 적어도 매주 글을 발행하려고 노력한다. 필자는 와레버스가 네이버 블로그가 아닌 워드프레스였기에 지금까지 운영될 수 있다고 생각한다. 필자가 원하는 URL은 물론 독립적인 측면에서 포털 사이트가 줄 수 없는 매력이 있다.

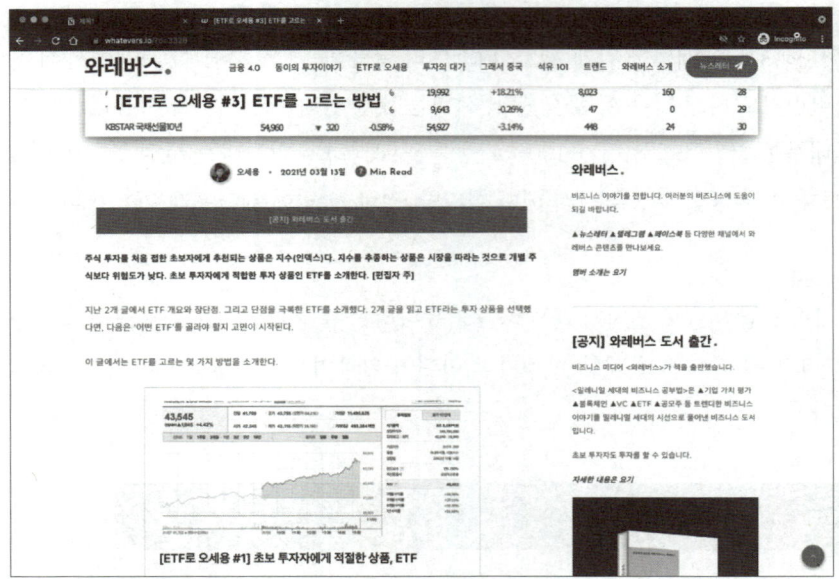

[그림 1-4-4] 와레버스 상세

가끔 와레버스가 실제 언론사인 줄 알았다는 의견을 듣기도 한다. 그만큼 실제 언론사 홈페이지처럼 잘 꾸며 놨다. 독자가 언론사인 줄 착각하게 만드는 디자인이라면 충분히 훌륭히 만들었다고 자부한다.

물론 이 홈페이지 디자인은 테마를 구매한 것이며 지난 몇 년 간 다져 온 워드프레스 수정 능력으로 이것저것 플러그인을 붙인 것이다. 와레버스는 홈페이지 글 발행은 물론 ▲텔레그램 채널 ▲트위터 등 SNS 관리도 워드프레스에서 한다.

워드프레스는 정제된 정보를 괜찮은 퀄리티로 발행하는 데 꽤 적절한 도구다. 실제 소형 언론사에서는 워드프레스를 활용해 뉴스를 발행하기도 한다. 만약 조직에서 정제된 블로그를 운영해야 하거나 필자처럼 필진을 모아 어떤 주제로 글을 작성하고 싶다면 워드프레스는 좋은 선택이다.

사실 워드프레스에 관해서라면 앞선 구글 드라이브나 노션보다 더 할 말이 많다. 하지만 이 책의 주제에서 벗어나는 내용이니 워드프레스 소개는 여기서 마치겠다. 기능에 관해서도 깊이 다루지 않았으니 앞선 협업 도구처럼 한계점도 생략하도록 한다.

4.2 매터모스트(Mattermost)

매터모스트는 앞선 도구들과 전혀 겹치지 않는 도구다. 채팅 앱 슬랙(Slack)을 아는가. 최근 고객 관리 서비스 최강자 세일즈포스(salesforce)가 인수를 완료한 슬랙은 IT 기업에서 꽤 혁신적인 서비스로 평가된다. 이에 많은 후발 주자가 생겼고 우리는 많은 선택지 사이에서 즐거운 고민을 할 수 있게 됐다.

슬랙은 단순히 채팅 기능을 떠나 여러 도구를 통합했다. 예를 들면 회사 뉴스가 발행되거나 원하는 키워드가 들어간 뉴스가 발행되면 이를 슬랙 채널에 푸시로 알릴 수 있다. 개발자가 기능 개발을 완료해 코드를 푸시하면 그 시점에 슬랙 채널에 알릴 수 있다. 회의 시간이 다가와도 알릴 수 있고, 고객이 결제를 완료해도 알 수 있다. 즉, 모든 알림을 받는 단일 채널이 된 것이다. 이에 담당자는 여러 채널을 관리하지 않고도 슬랙만 확인하면 대부분 알림을 확인할 수 있다.

매터모스트는 이런 슬랙의 오픈 소스 버전이다.

매터모스트는 오픈 소스 협업 플랫폼을 지향한다. 오픈 소스라 함은 자유롭게 코드를 수정할 수 있음과 동시에 데이터 주체를 자신의 조직이 가져갈 수 있다. 즉, 내부 서버에 자료를 저장할 수 있다.

이는 보안 관점에서 꼭 필요한 조직이 환영할 소식이다. 물론 설치형 서비스를 제공하는 곳도 있지만, 꾸준히 관리를 받아야 한다. 이는 곧 비용이다. 하지만 매터모스트는 무료로 제공되며 서버에 설치해서 운영할 능력이 있다면 꽤 괜찮은 선택이다.

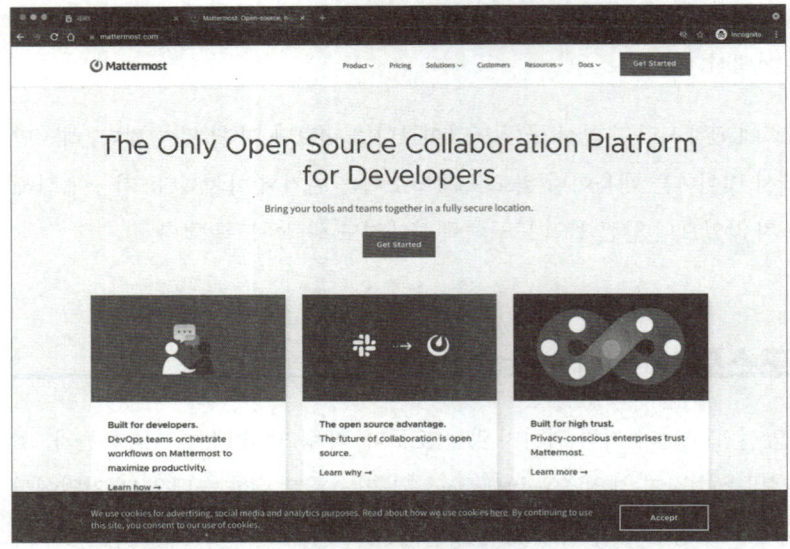

[그림 1-4-5] 매터모스트 공식 홈페이지

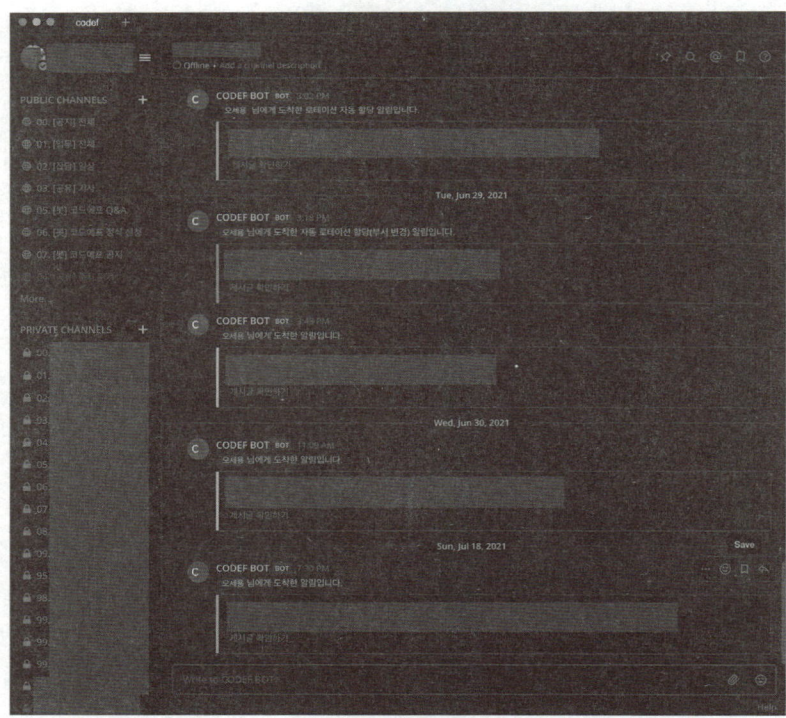

[그림 1-4-6] 매터모스트

112　CHAPTER 1　조직을 위한 협업 도구

[그림 1-4-6]은 필자가 속한 조직에서 활용하는 매터모스트 화면이다. 슬랙을 알고 있다면 굉장히 비슷하게 생긴 것을 알 수 있다. 왼쪽 메뉴는 각 대화 채널이고 채널을 선택하면 오른쪽에 채팅이 보인다. 매터모스트를 통해 우리는 ▲**고객 문의를 실시간으로 확인하고** ▲**고객 결제를 확인**하고 ▲**공지 사항을 확인**하는 등 다양한 알림을 확인한다.

이게 앞서 소개한 협업 도구와 무슨 상관이냐고 물을 수 있다. 만약 트렐로 업무 카드가 완료됐음을 매터모스트로 알 수 있다면 어떨까? 어떤 직원이 어떤 업무를 마쳤을 때 매터모스트로 알림을 받을 수 있으면 어떨까? 매터모스트는 이런 도구다. 어떤 사건이든 한 공간에서 알 수 있게 해 주는 꽤 훌륭한 비서가 될 수 있다.

매터모스트 역시 소개할 내용이 더 많을 수 있다. 하지만 이 책 주제에서 벗어나기 때문에 여기까지만 소개하겠다. 역시 한계점에 관해서도 생략하도록 한다.

5
마무리

드디어 [CHAPTER 1 조직을 위한 협업 도구]를 마쳤다. 사실 집필 초기에는 [CHAPTER 1]의 비중이 크지 않았다. 꼭 책이 아니더라도 찾아볼 수 있는 내용이기도 하고 찾아보지 않아도 도구를 사용하다 보면 자연스럽게 알게 되는 내용이라고 생각했다.

하지만 조직에 협업 도구를 도입하면서 구성원이 도구 사용법이 서툴러 어려움을 겪는 모습이 떠올랐다. 생각보다 많은 장면이 떠올랐고 이는 도구 사용법을 다시 정리하는 게 어쩌면 의미가 있을지도 모른다는 생각으로 이어졌다.

그렇게 시작한 [CHAPTER 1] 작업은 생각보다 꽤 많은 시간이 걸렸다. 도구를 설명하는 과정에서 필자 역시 정확히 몰랐던 기능도 발견했고 어떤 기능을 주로 사용했는지 확인할 수 있었다. 최대한 핵심 기능을 설명하려고 노력했다.

파레토 법칙(Pareto's Law)이라는 통계 법칙이 있다. 이탈리아 경제학자 파레토가 유럽 제국 조사에서 얻은 경험적 법칙으로 상위 20% 부자가 전체 부의 80%를 가지고 있다는 등의 개념이다. 흔히 80:20 법칙이라고도 불린다. 파레토 법칙은 IT 세계에서 다양한 측면으로 해석되는데 80% 사용자가 20% 기능만 사용한다는 등의 뜻으로 해석되기도 한다.

과연 필자가 많이 사용한다고 생각했던 협업 도구에서도 상당히 한정된 기능만 사용하는 것을 알 수 있었다. 이는 도구를 처음 접하는 독자에게 힘이 될 수 있는 내용일 것 같아 하는 말이다. 많은 협업 도구가 있고 이들이 다양한 기능을 제공한다고 한들, 대부분 사용자가 한정된 기능만을 사용한다. 따라서 이 책에서 소개하는 도구나 기능 역시 다 알 필요가 없다. 역시 상황에 맞게 적절한 도구를 적절하게 사용하기만 하면 된다.

[CHAPTER 1]에서는 각 협업 도구를 알아보고 몇몇 주요 기능을 소개하는 시간을 가졌다. [CHAPTER 2]에서는 필자가 조직에 협업 도구를 적용한 사례를 알아본다. 사례를 통해 협업 도구 사용 아이디어를 얻고 몇몇 아이디어는 실제 도구로 적용하는 과정에서 도구 사용법을 익힐 수 있을 것이다.

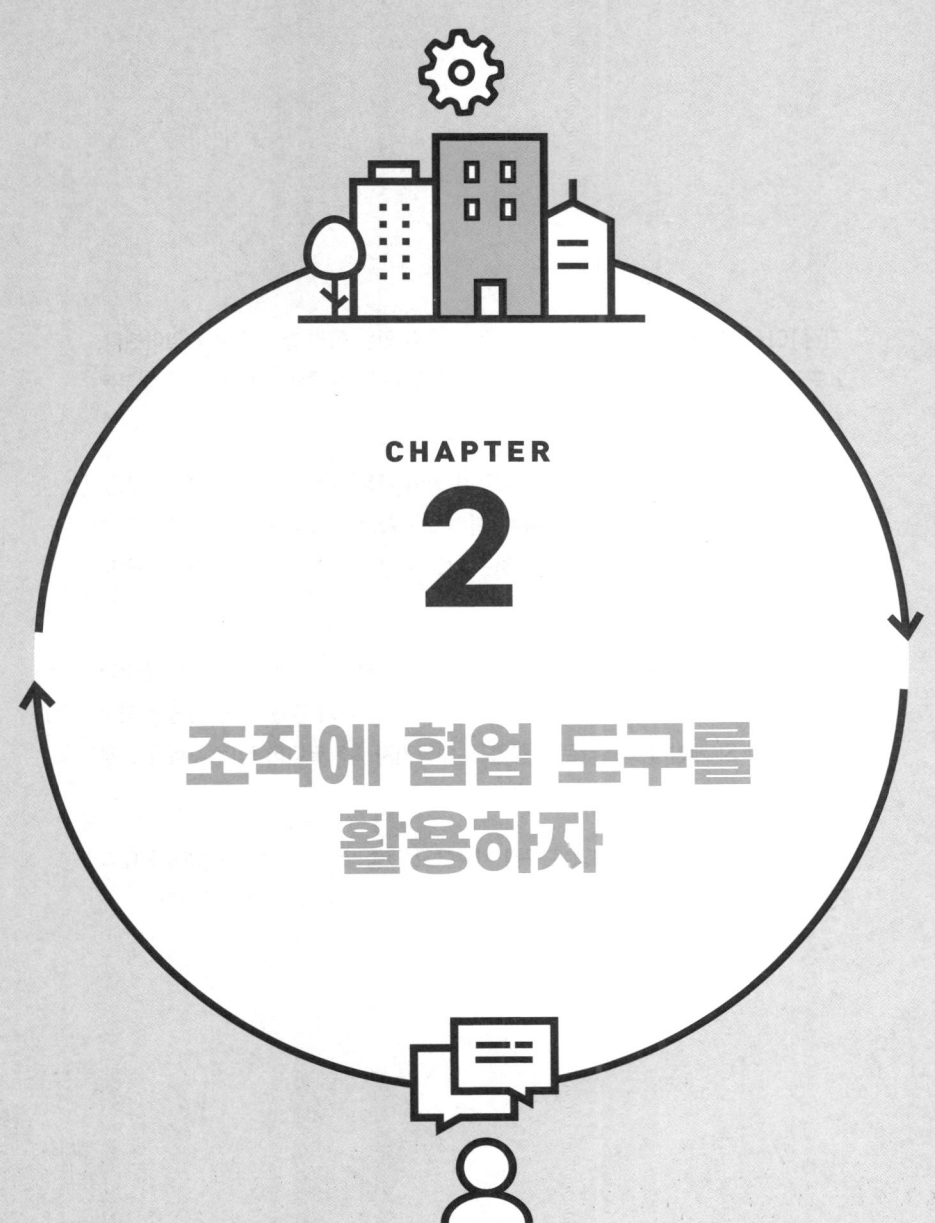

CHAPTER 2

조직에 협업 도구를
활용하자

지난 [CHAPTER 1]에서는 조직에서 활용할 수 있는 여러 협업 도구를 알아봤다. ▲구글 드라이브 ▲트렐로 ▲노션 등은 협업 도구를 활용하는 사람이라면 대부분 알 만한 굵직한 도구다.

협업 도구는 마치 외국어와 같아서 남들이 많이 사용하는 도구를 사용할 줄 아는 건 접근성 측면에서 좋다. 또한 대부분 협업 도구가 비슷하니 한 가지 도구를 제대로 사용할 수 있다면 다른 도구를 익히는 것도 수월할 것이다. 그런데 이 도구들을 어떻게 활용할 수 있을까?

이번 [CHAPTER 2]에서는 앞서 설명한 협업 도구 활용 사례를 소개한다. [들어가기]에서 이야기한 다섯 가지 퍼소나를 기억하는가? 필자가 지난 10년 동안 경험한 퍼소나는 ▲SI 개발자 ▲스타트업 창업자 ▲IT 기자 ▲커뮤니티 리더 ▲서비스 개발자 등 다섯 가지다.

각 퍼소나로 살며 다양한 협업 도구를 사용했고 그중 몇 가지 사례를 [CHAPTER 2]에서 소개한다. 사례를 통해 각 협업 도구 활용법을 좀 더 이해하기 바란다.

1
협업 도구로 자료를 수집하자

세상을 바꾼 아이디어에 가슴이 뛴 경험이 있는가? 필자는 전기를 만든 에디슨, 비행기를 만든 라이트 형제만큼 스마트폰 생태계를 만든 스티브 잡스에 환호했다. 세상엔 많은 유형의 사람이 있지만 어떤 아이디어를 현실에 구현하고 이를 세상에 도움이 되는 비즈니스로 풀어내는 능력은 어쩌면 현시대에서 가장 섹시한 능력 중 하나가 아닐까 싶다.

특히 안드로이드 개발자로 커리어를 시작한 필자로서는 스마트폰 생태계를 만든 스티브 잡스에게 특별함을 느낀다. 언젠가 필자도 어떤 아이디어로 비즈니스를 만드는 꿈을 꾸며 한 걸음씩 나아가고 있다.

어떤 아이디어를 현실화하려면 많은 노력이 요구되지만 그중 빠질 수 없는 단계는 자료 조사다. 여러 자료를 모으고 이를 조합해 어떤 문제점을 해결하는 과정에서 비즈니스가 탄생한다. 그리고 이 과정에서 협업 도구는 좋은 도우미가 될 수 있다.

조직에 활용하는 첫 번째 협업 도구 사례로 '신사업에 필요한 자료 조사'를 소개한다. 협업 도구는 노션을 활용하며, 노션 활용을 돕는 크롬 익스텐션 2개를 소개한다. 자, 그럼 자료 조사를 하러 떠나자.

1.1 노션 웹 클리퍼

크롬 익스텐션은 웹 브라우저 크롬을 다양하게 활용할 수 있도록 돕는 도구다. 구글 번역(Google Translate)이나 블랙 메뉴(Black Menu for Google) 등 꽤 유용한 익스텐션이 많으니 크롬 브라우저를 사용한다면 크롬 웹 스토어를 둘러보도록 하자.

[그림 2-1-1] 크롬 웹 스토어

노션 웹 클리퍼(Notion Web Clipper)는 노션에서 제공하는 공식 크롬 익스텐션이다. 크롬 웹 스토어에 'notion'을 검색하면 가장 먼저 나오는 이 익스텐션은 80만 명이 넘는 사용자가 설치했다. 가장 기본적인 기능을 공식적으로 제공하니 단순히 웹 페이지를 노션에 저장하고 싶은 독자라면 '노션 웹 클리퍼'로 충분할 것이다.

1.1.1 노션 웹 클리퍼 공식 홈페이지

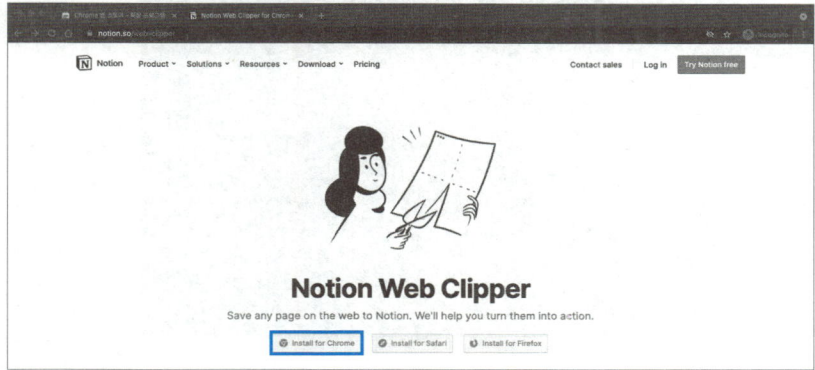

[그림 2-1-2] 노션 웹 클리퍼

'노션 웹 클리퍼'는 구글 크롬과 사파리, 파이어폭스 등 3개 브라우저에서 제공된다. 노션 공식 홈페이지에서 각 브라우저 링크를 확인할 수 있다. 이 책에서는 구글 크롬 익스텐션을 활용하겠다.

'Install for Chrome' 버튼을 눌러 구글 크롬 익스텐션 페이지로 이동하자.

1.1.2 노션 웹 클리퍼 크롬 익스텐션 설치

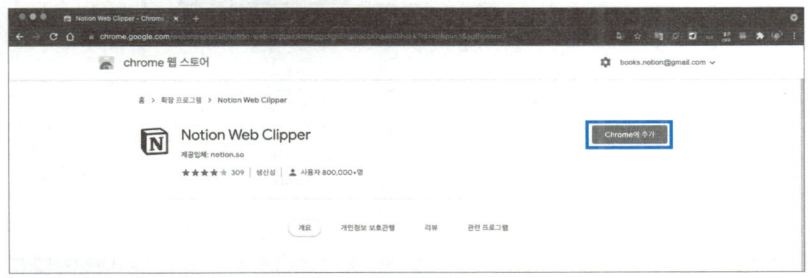

[그림 2-1-3] 노션 웹 클리퍼 크롬 익스텐션

'노션 웹 클리퍼'를 크롬에 추가하자. [그림 2-1-3] 오른쪽을 보면 'Chrome에 추가' 버튼이 있다. 당연히 구글 크롬 브라우저에서 추가해야 한다.

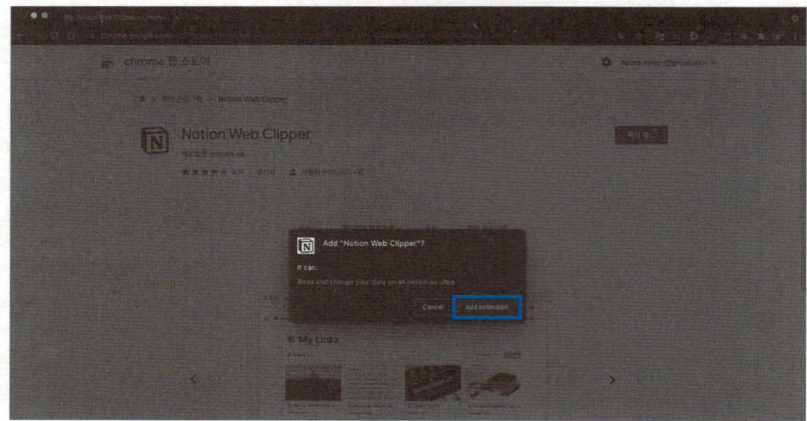

[그림 2-1-4] 노션 웹 클리퍼 설치

'Add extension' 버튼을 눌러 '노션 웹 클리퍼'를 설치하자.

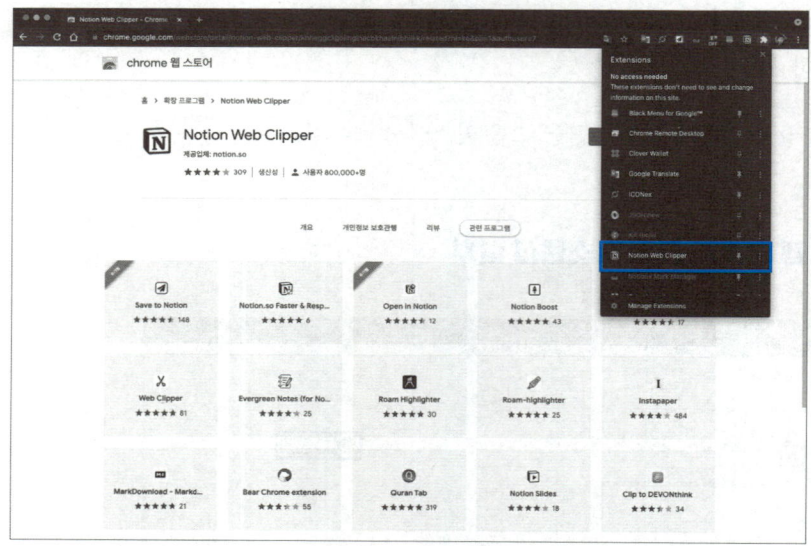

[그림 2-1-5] 익스텐션 고정

'노션 웹 클리퍼'를 설치했지만 크롬에서 보이지 않을 수 있다. 오른쪽 위 퍼즐 모양 익스텐션 버튼을 눌러 '노션 웹 클리퍼' 익스텐션의 핀(pin) 버튼을 누르자. 이제 크롬 브라우저 오른쪽 위에 '노션 웹 클리퍼' 버튼이 보일 것이다.

1.1.3 노션 웹 클리퍼 페이지 저장

'노션 웹 클리퍼'는 웹 페이지를 노션에 저장하는 기능을 제공한다. 신사업을 위한 자료를 찾았다면 어딘가 기록해 둬야 할 것이다. 단순히 링크를 복사하고 직접 글을 요약하는 방법도 있지만, 클릭 한 번에 협업 도구로 페이지 본문을 저장할 수 있다.

먼저 간단한 기사를 하나 저장해 보자. 원하는 뉴스 기사를 열고 오른쪽 위 '노션 웹 클리퍼' 버튼을 누르자.

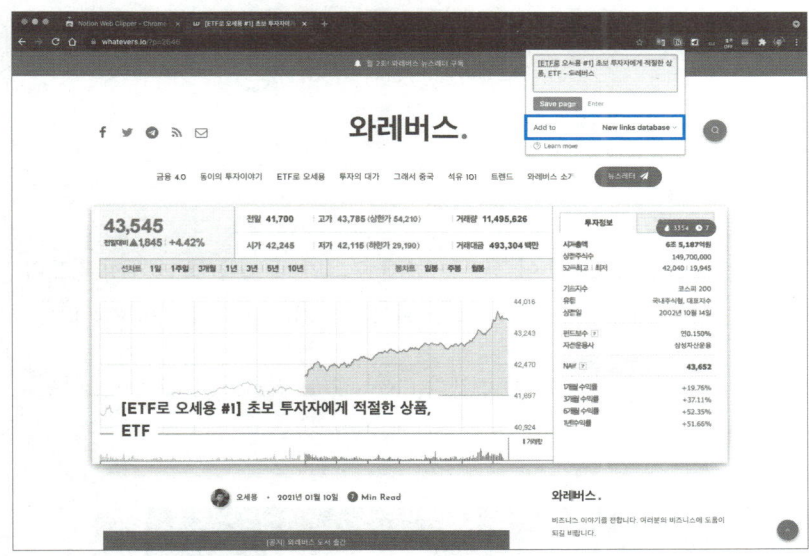

[그림 2-1-6] 노션 웹 클리퍼 클릭

웹 클리퍼 버튼 아래 작은 팝업 창이 뜬다. 팝업 창에는 뉴스 기사 제목과 함께 ▲Save Page ▲Add to New links database 등의 버튼이 보인다. 아직 저장할 노션 데이터베이스를 만들지 않아서 그렇다.

'New links database'를 눌러 보자.

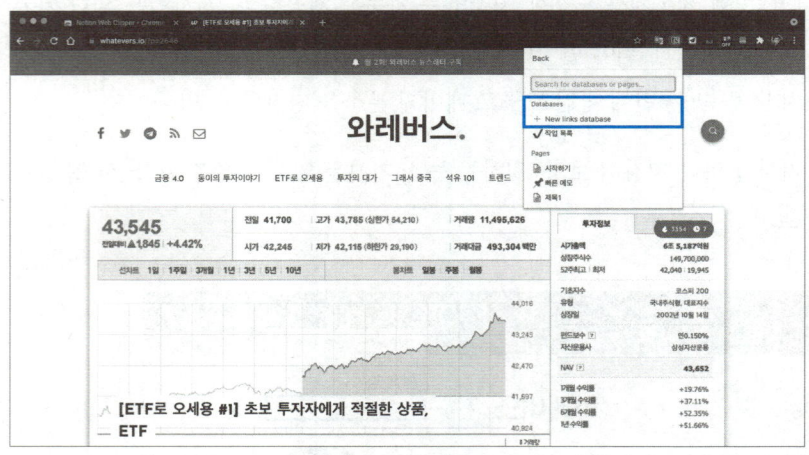

[그림 2-1-7] New links database 클릭

데이터베이스와 페이지 등이 나온다. 이 정보는 현재 로그인 돼 있는 노션 계정 정보다. 이미 노션을 활용하고 있다면 이보다 많은 데이터베이스와 페이지 등이 보일 것이다.

우리는 새로운 데이터베이스를 만드는 게 좋겠다. 'New links database'를 누르고 'Save Page' 버튼을 누르자.

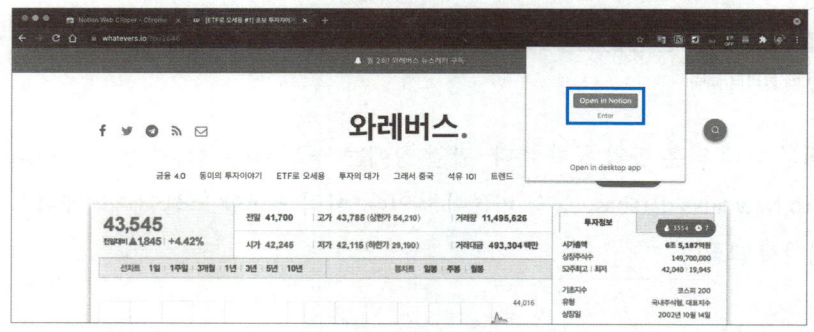

[그림 2-1-8] Save Page 클릭

'Save Page' 버튼을 누르면 그대로 페이지가 저장된다. 'Open in Notion' 버튼을 누르면 저장된 노션 페이지가 새 탭에서 보인다.

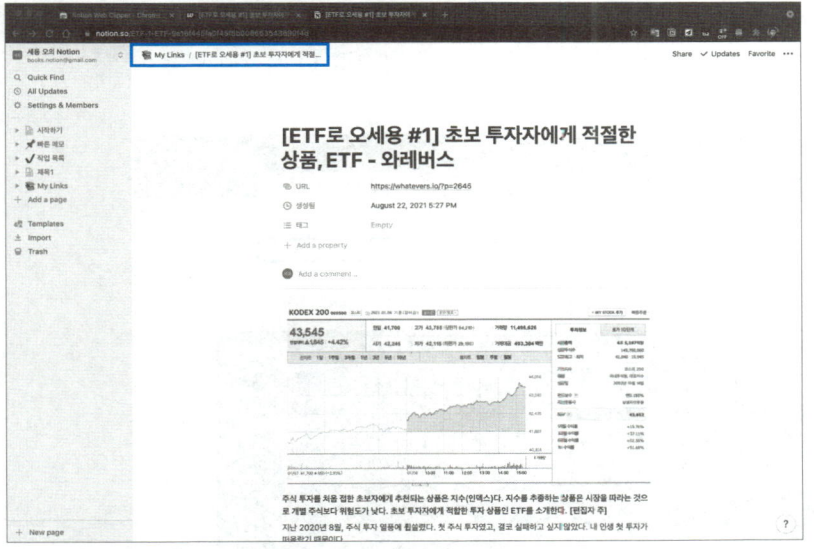

[그림 2-1-9] 노션에 저장됐다

뉴스 기사가 노션 페이지에 복사됐다. 데이터를 확인해 보면 화면은 좀 다를지라도 본문은 그대로 복사된 것을 확인할 수 있다. 단, 웹 사이트 형식에 따라 지원되지 않는 페이지도 있으니 참고하자.

그런데 이 페이지는 어디에 저장된 걸까? [그림 2-1-9] 위를 보면 이 페이지가 'My Links'에 저장된 것을 확인할 수 있다. 특별히 저장 위치를 지정하지 않고 'New links database'를 선택했으니 노션이 임의로 최상단에 'My Links'를 만들어 저장한 것이다.

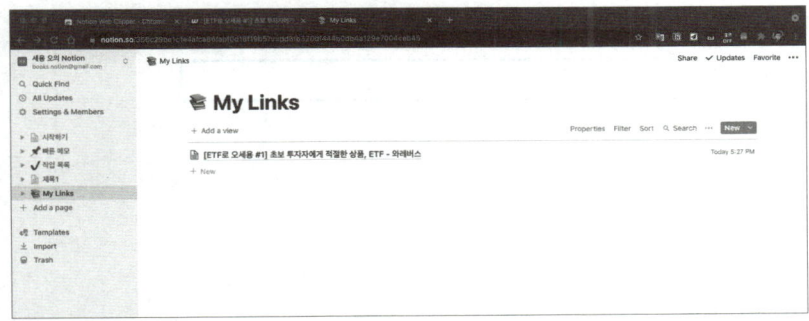

[그림 2-1-10] My Links 데이터베이스

'My Links'로 이동해 보자. 리스트 형식으로 기사가 저장되어 있다. 1개만 있으니 어떻게 저장되는지 감이 오지 않을 수 있다. 뉴스 기사 몇 개를 더 저장해 보자.

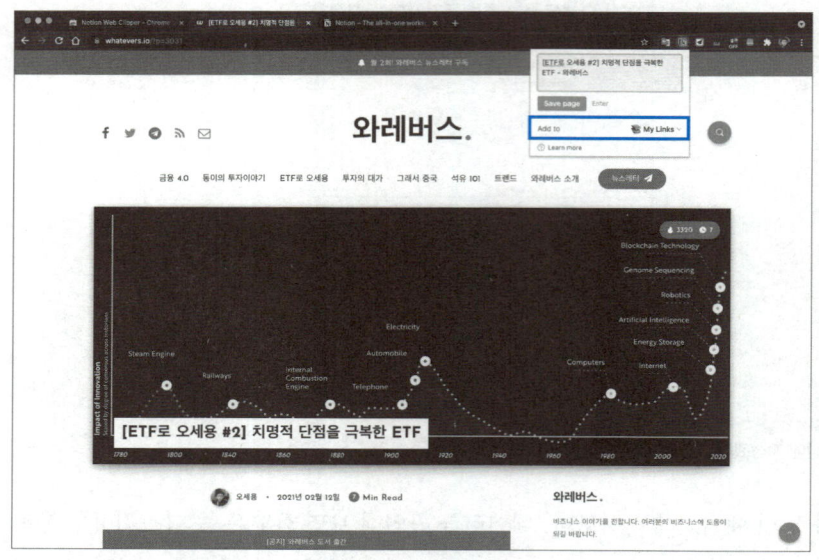

[그림 2-1-11] My Links 선택

하지만 앞서 진행한 방식과 한 가지 다른 점이 있다. 저장 시점에 'New links databases'가 아닌 'My Links'를 선택하는 것이다. 'My Links'를 선택하고 저장해 보자.

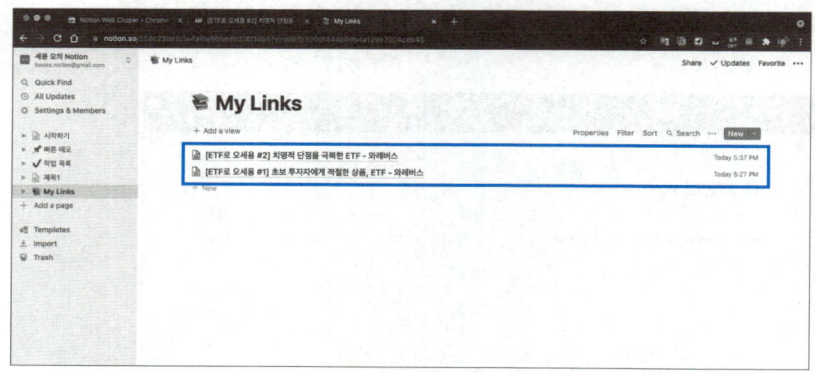

[그림 2-1-12] 기사가 2개 저장됐다

'My Links' 데이터베이스에 기사가 2개 저장됐다. 이제 이 방식으로 몇 개 기사를 더 저장해 보자.

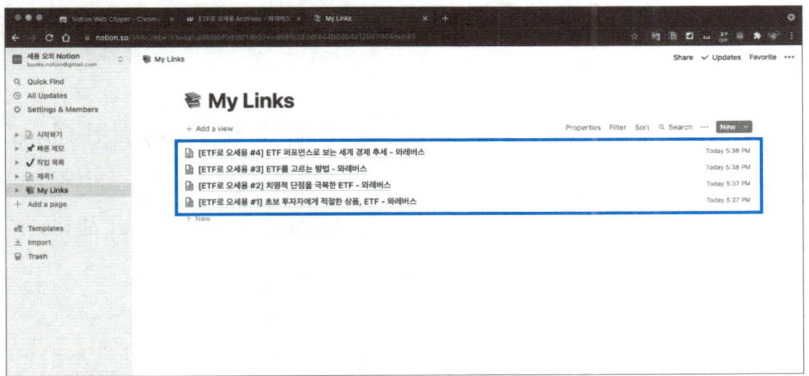

[그림 2-1-13] 여러 기사를 저장할 수 있다

이런 방법으로 기사를 저장하면 꽤 편리하게 자료를 모을 수 있다. 신사업에 도움이 되는 기사인 것은 맞지만 전부 다 읽어 볼 시간이 부족해 훑어보기만 했다면 이렇게 기사를 저장해 두고 틈틈이 확인할 수 있다.

잊지 말아야 할 것은 노션이 협업 도구라는 것이다. 데이터베이스를 다른 팀원과 공유해서 같은 데이터베이스에 여러 팀원이 기사를 모으면 시간을 단축할 수 있다.

그런데 '노션 웹 클리퍼'가 제공하는 기능은 이게 전부다. 웹 페이지 본문을 쉽게 저장할 수 있는 기능은 편리함 측면에서 훌륭하다. 하지만 [그림 2-1-13]처럼 단순히 제목만 나열되면 며칠 뒤 데이터베이스를 확인했을 때 왜 저장했는지 기억이 나지 않을 수 있다.

페이지 저장 시점에 제목과 본문 외에도 몇몇 속성값을 추가할 수 있다면 어떨까? ▲**어떤 신사업 아이디어이며** ▲**누가 읽어 봤으면 좋겠고** ▲**저장한 이유는 무엇이며** ▲**인상 깊었던 문단** 등 몇몇 속성값을 추가해 저장할 수 있다면 좀 더 유용하겠다.

다음에 소개할 크롬 익스텐션은 이런 '노션 웹 클리퍼'의 아쉬운 점을 보완했다. 'Save to Notion'을 만나러 가자.

1.2 세이브 투 노션

세이브 투 노션(Save to Notion)은 앞서 설명한 '노션 웹 클리퍼'를 보완할 수 있는 크롬 익스텐션이다. 단순히 링크와 본문을 저장하는 것만으로는 자료 조사라고 할 수 없다. 이 자료를 ▲누구를 위해 ▲왜 저장했는지 등을 기록할 수 있어야 한다.

소프트웨어 세계는 참 신기하다. '이런 게 있으면 좋을 텐데.' 하고 검색해 보면 대부분 있다. 물론 그럼에도 누구도 하지 않은 것을 찾거나 누군가 한 것을 발전시키거나 아니면 이들의 아이디어를 한데 모으는 등의 행위가 이 세계를 발전시켜 왔다. 이 책에서는 우리보다 빠르게 움직인 이들의 아이디어를 고맙게 사용하자.

1.2.1 세이브 투 노션 크롬 익스텐션 설치

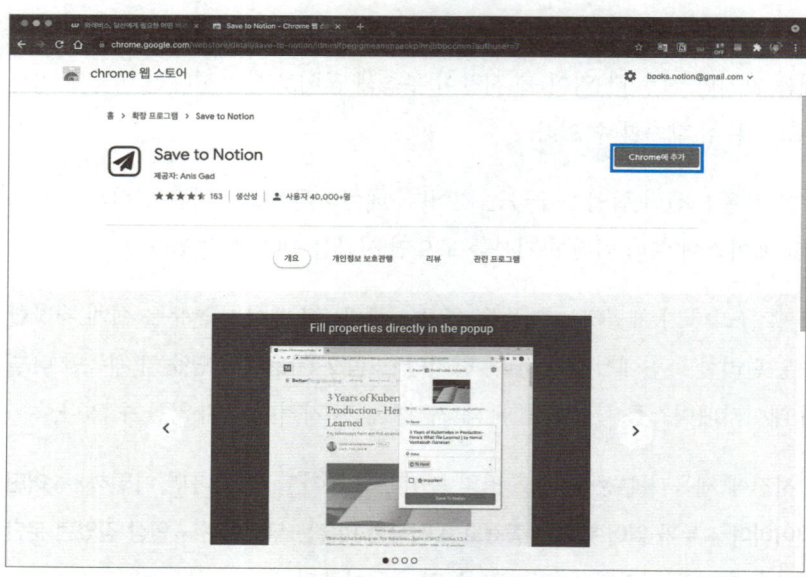

[그림 2-1-14] 세이브 투 노션 크롬 익스텐션

크롬 웹 스토어에 'save to notion'을 검색하자. [그림 2-1-14] 오른쪽을 보면 'Chrome에 추가' 버튼이 있다. 당연히 구글 크롬 브라우저에서 추가해야 한다.

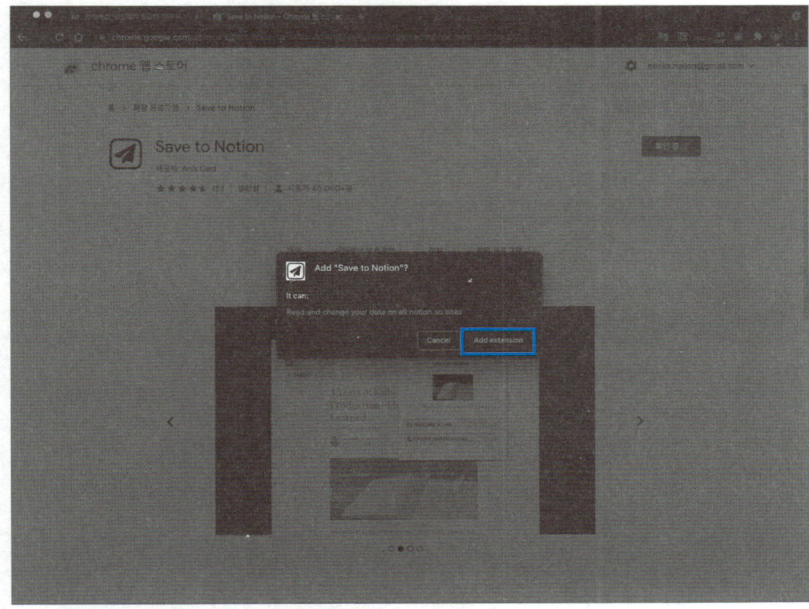

[그림 2-1-15] 세이브 투 노션 설치

'Add extension' 버튼을 눌러 '세이브 투 노션'을 설치하자. 앞서 [그림 2-1-15]처럼 크롬에서 보이지 않을 수 있다. 오른쪽 위 퍼즐 모양 익스텐션 버튼을 눌러 '세이브 투 노션' 익스텐션의 핀(pin) 버튼을 누르자.

1.2.2 저장할 데이터베이스 속성 추가

여기까지는 앞서 '노션 웹 클리퍼'를 설치한 것과 같은 절차다. 크롬 익스텐션은 모두 이런 방식으로 설치하니 유용하게 사용하기 바란다.

앞서 자료 조사를 하며 ▲누구를 위해 ▲왜 저장했으며 ▲어떤 부분이 인상 깊었는지 등을 추가로 기록하자고 했다. 만들어 둔 'My Links' 데이터베이스를 다시 보자.

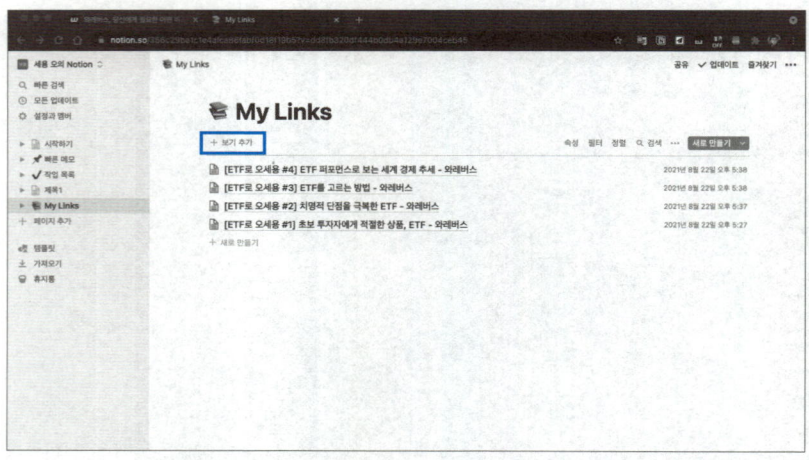

[그림 2-1-16] My Links 데이터베이스

지금 보이는 데이터베이스 형식은 '리스트' 형식이다. 데이터를 명확히 보기 위해 '표' 형식 보기를 추가하자. [그림 2-1-16]에서 'My Links' 제목 밑 '보기 추가' 버튼을 눌러서 추가하면 된다.

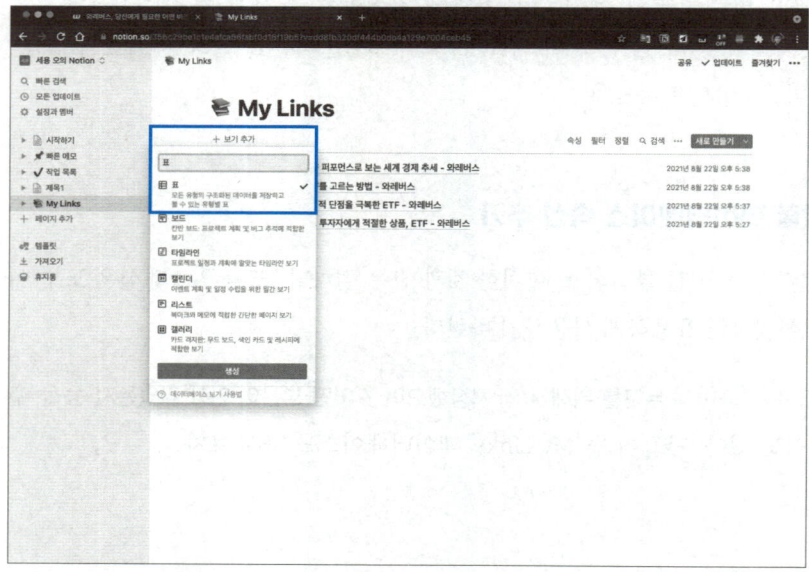

[그림 2-1-17] 표 형식 보기를 추가하자

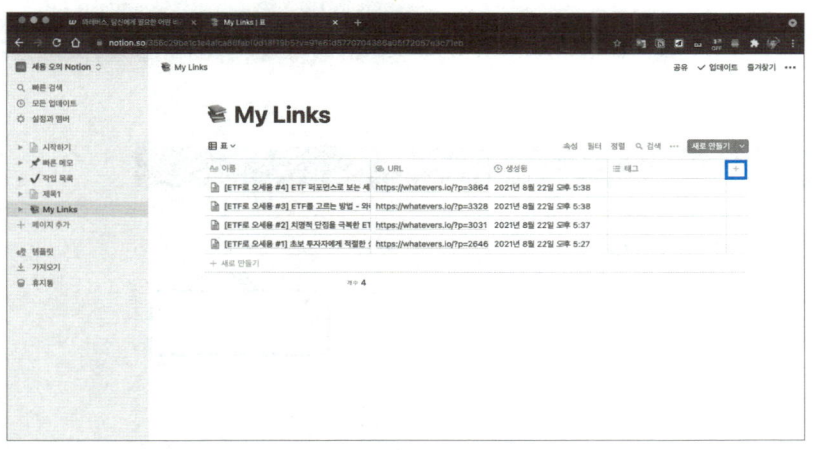

[그림 2-1-18] 추가된 표 형식 보기

[그림 2-1-18]처럼 표 형식으로 보면 ▲이름 ▲URL ▲생성됨 ▲태그 등 4개 속성을 확인할 수 있다. 우리가 추가할 속성은 ▲누구를 위해 ▲왜 저장했는지 등 2개다. 각 ▲직군 ▲목적 등으로 속성을 만들자. 여기서는 모두 '다중 선택' 속성으로 만들자.

[그림 2-1-18] 오른쪽 '새로 만들기' 버튼 아래 '+'를 누르면 속성이 추가된다.

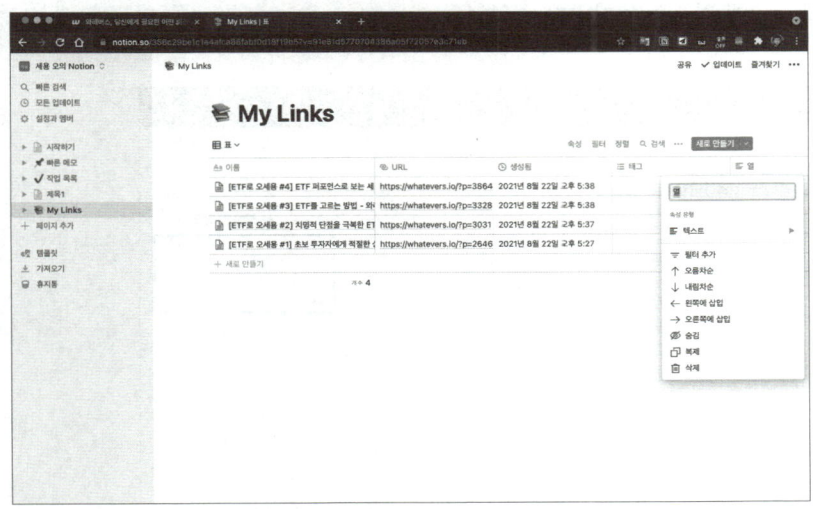

[그림 2-1-19] 속성이 추가됐다

1. 협업 도구로 자료를 수집하자 **131**

속성 기본값은 '텍스트' 속성으로 만들어진다. 속성 유형을 '다중 선택'으로 바꾸고 속성명을 '직군'으로 바꾸자.

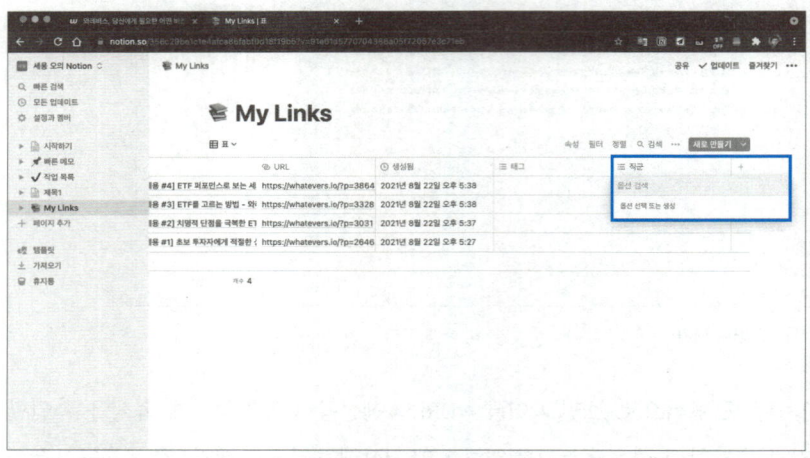

[그림 2-1-20] 직군 다중 선택 속성을 추가했다

'다중 선택' 속성은 앞으로 자주 사용할 속성 중 하나다. 만들어 둔 속성값을 여러 개 선택할 수 있으며, 상황에 따라 속성값을 추가할 수 있다. '직군' 속성에는 ▲개발자 ▲디자이너 ▲기획자 등 3개 직군을 추가한다.

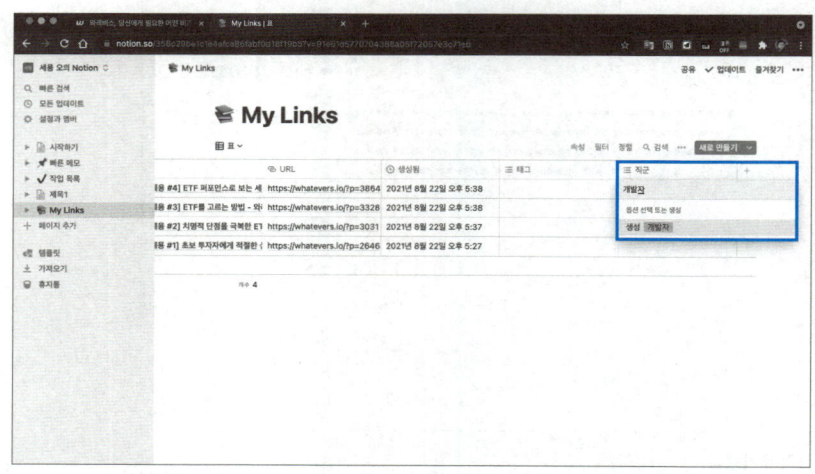

[그림 2-1-21] 개발자 직군을 추가하자

추가 방법은 간단하다. '개발자'라고 입력한 뒤 아래 '생성' 버튼을 누르면 속성값이 추가된다. 이렇게 추가된 속성을 여러 개 선택할 수 있는 게 '다중 선택' 속성이다. 개발자에 이어 디자이너, 기획자 등도 추가하자.

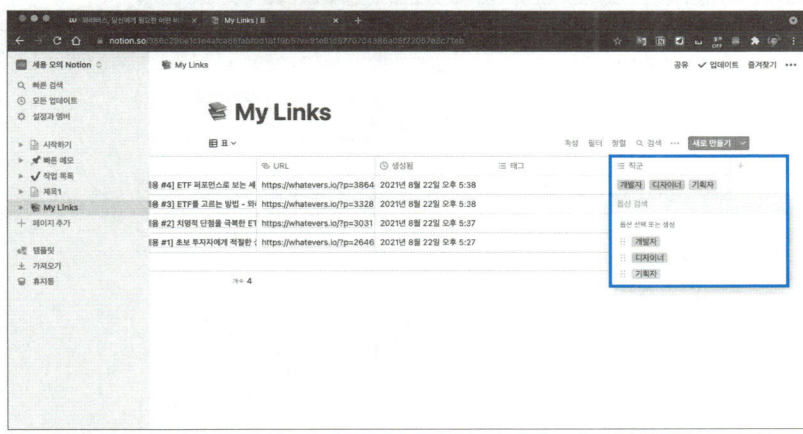

[그림 2-1-22] 직군이 3개 추가됐다

이제 직군 속성에는 최대 3개 직군을 선택할 수 있게 됐다. 마찬가지로 목적을 '다중 선택' 속성으로 만들자. 목적에는 ▲조직 관리 ▲신사업 등 2개를 속성값으로 추가하자.

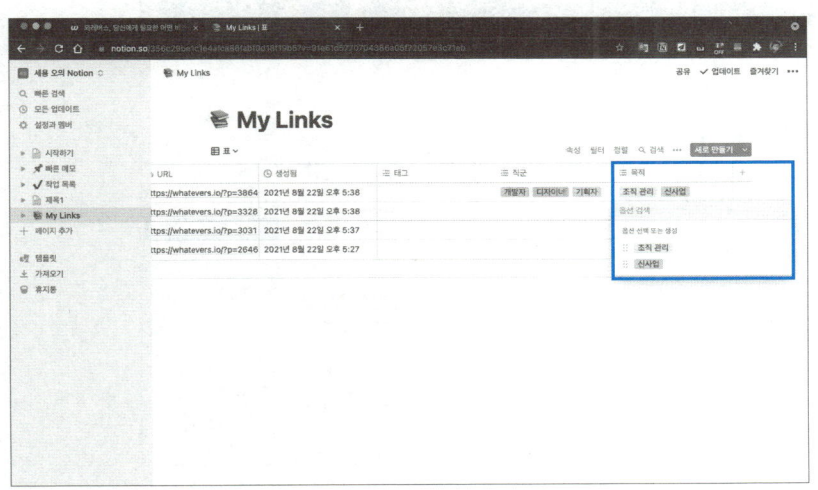

[그림 2-1-23] 목적 속성을 추가했다

1. 협업 도구로 자료를 수집하자   133

이렇게 ▲직군 ▲목적 등 속성을 추가했다. 속성값이 늘어나 표가 한눈에 들어오지 않는다. 사용하지 않는 '태그' 속성을 제거하고 속성 가로 길이를 조절해 보자.

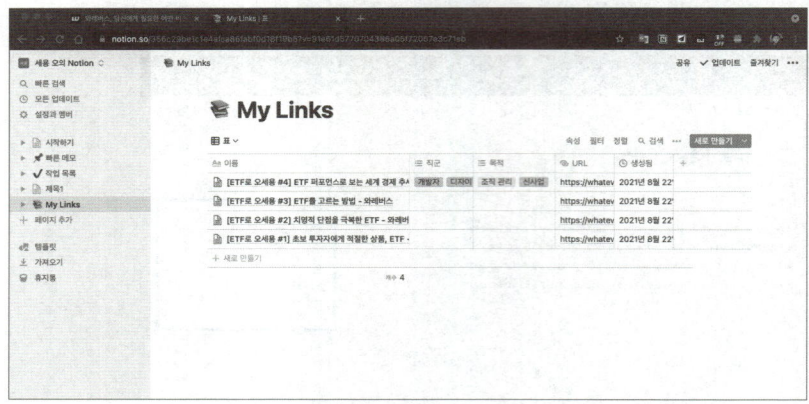

[그림 2-1-24] 가로 길이를 조절한 표

표를 한눈에 들어오게 정리했지만, 보이지 않는 영역이 많다. 필자는 가로 길이가 줄어도 모든 데이터가 보이는 걸 선호한다. '새로 만들기' 왼쪽 '…' 버튼을 눌러 '셀 래핑' 기능을 켜자. '이름'으로 되어 있는 속성은 '제목'으로 변경하자.

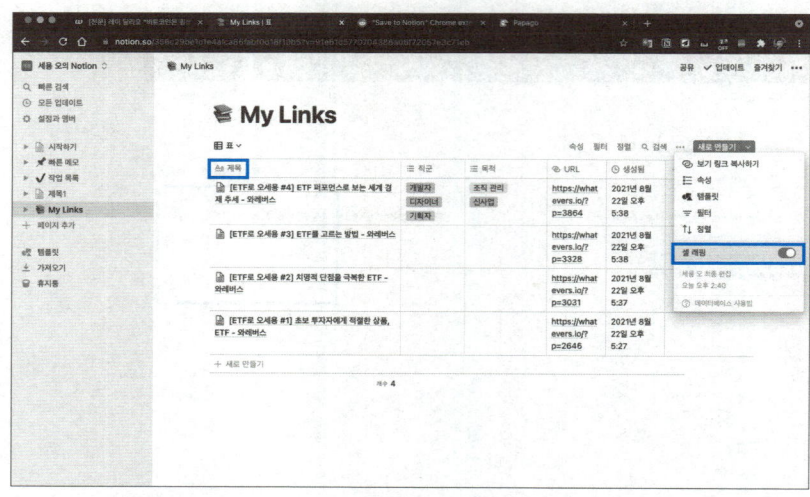

[그림 2-1-25] 셀 래핑 기능을 켰다

가로 길이는 고정되고, 세로 길이가 데이터만큼 늘어난다. '셀 래핑'과 속성 등은 독자 취향에 맞게 설정하자. 이제 자료를 각 직군과 목적에 맞게 저장해 보자.

1.2.3 세이브 투 노션 페이지 저장

자료 조사 중 오디오 SNS 클럽하우스 관련 글을 발견했다. 이 글은 기획자가 신사업 관점에서 읽어 보면 좋을 것 같다. 클럽하우스 글을 '세이브 투 노션' 익스텐션을 활용해 직군과 목적 등을 추가해 한 번에 노션에 추가해 보자.

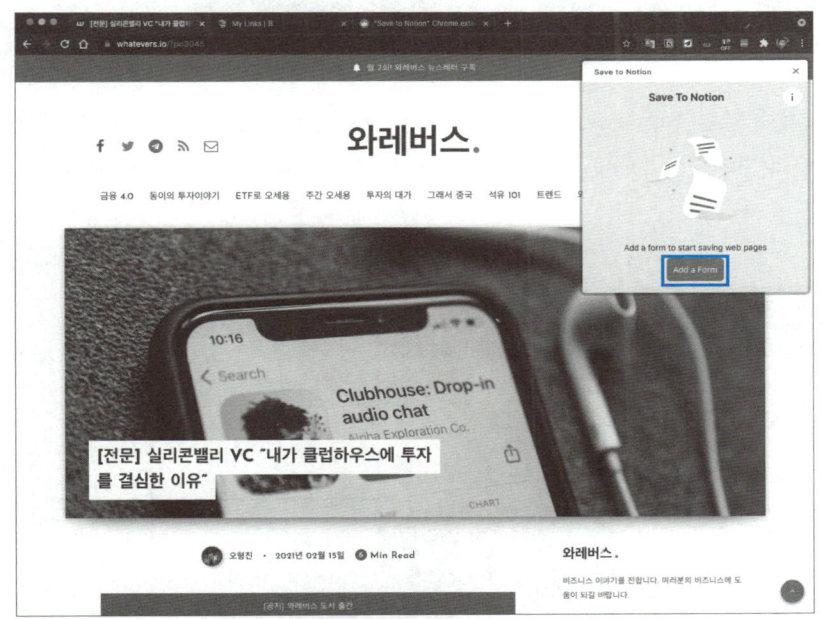

[그림 2-1-26] 세이브 투 노션 익스텐션을 누르자

□ **세이프 투 노션 폼 설정**

오디오 SNS 클럽하우스 관련 글을 열고 '세이브 투 노션' 익스텐션을 누르자. 아직 노션 내 어느 데이터베이스에 연결할지 정하지 않은 상태다. 'Add a Form' 버튼을 누르자.

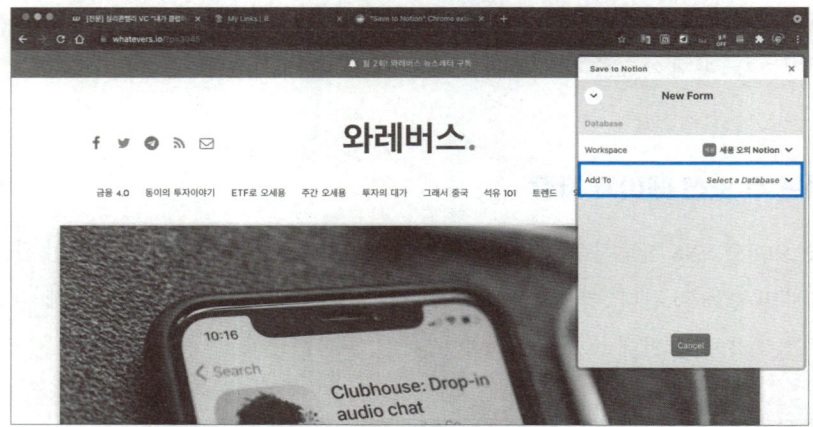

[그림 2-1-27] 'Add a Form'을 눌렀다

'Add a Form'을 누르면 'New Form' 화면이 나온다. 'Workspace'를 선택하고 데이터베이스를 선택하자. 'Select a Database'를 누르면 노션 워크스페이스 내 데이터베이스가 보인다.

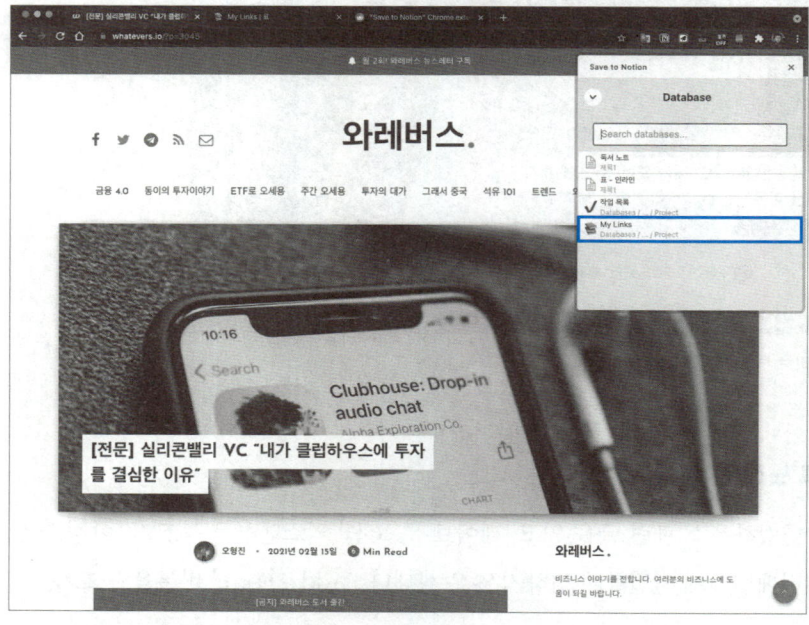

[그림 2-1-28] 노션 데이터베이스가 보인다

앞서 만들어 둔 'My Links' 데이터베이스를 선택하자.

한 가지 알아 둬야 할 것이 있다. '세이브 투 노션' 익스텐션 사용 시 노션 계정을 하나만 연결해야 한다. 여러 노션 계정을 연결하면 노션 데이터베이스를 읽을 수 없는 버그가 있다. 여기서 연결은 브라우저에 로그인된 노션 계정을 의미한다.

책을 쓰면서 '세이브 투 노션' 개발자에게 메일을 두 차례 보내며 버그 확인을 부탁했지만 답변이 없었다. 버그를 해결하기 위해 다방면으로 노력했고, 결국 미국 소셜 뉴스 웹 사이트 '레딧(reddit)'에서 필자와 같은 현상을 겪은 사용자를 발견했다.

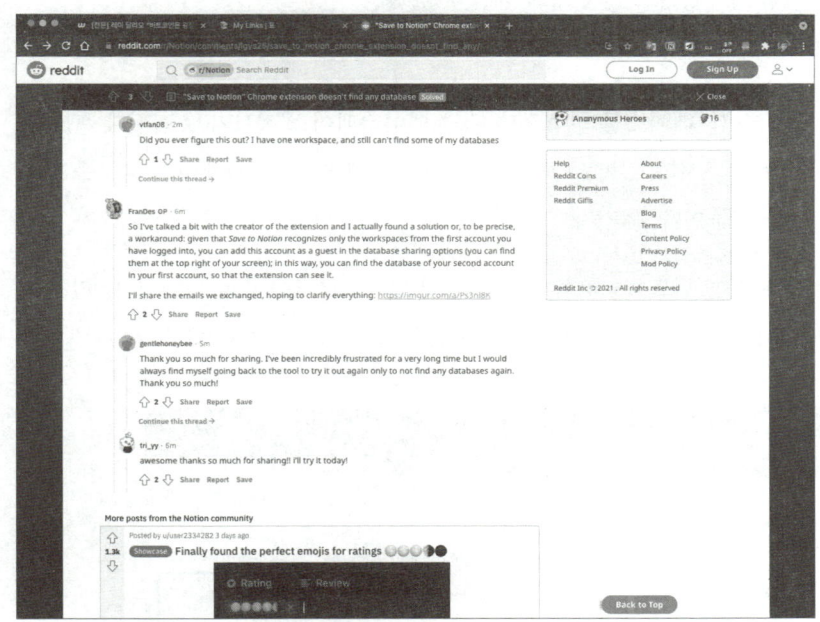

[그림 2-1-29] 레딧에 올라온 '세이브 투 노션' 버그

정리하면, 크롬에서 여러 노션 계정을 로그인했을 경우 첫 번째 계정 데이터베이스만 읽을 수 있다. 이는 노션 또는 '세이브 투 노션' 익스텐션 버그다. 이 책이 출간되는 시점에는 버그가 수정됐을 수 있다. 만약 데이터베이스가 보이지 않는 독자가 있다면 브라우저에 로그인된 노션 계정이 여러 개일 경우 계정을 로그아웃한 뒤 1개 계정만 연결해 보자.

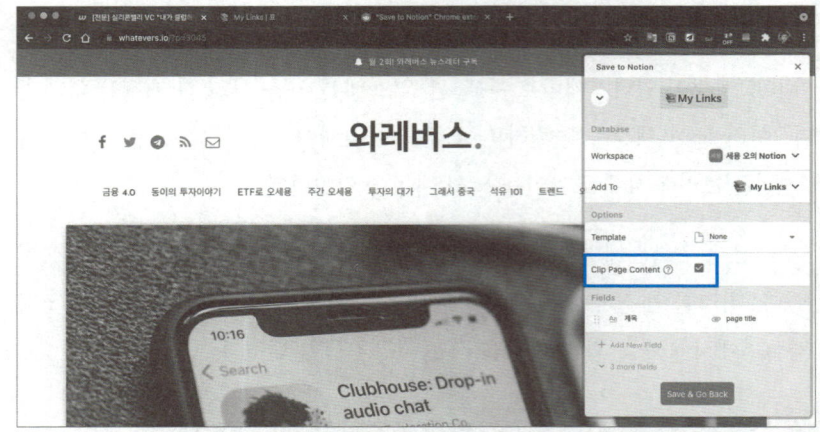

[그림 2-1-30] 데이터베이스를 선택했다

워크스페이스와 데이터베이스를 선택하면 해당 데이터베이스 정보가 출력된다. 템플릿은 만들지 않았으니 무시하고, 'Clip Page Content'는 체크하자. 웹 페이지 본문을 노션에 옮길 것이냐는 질문이다. 옮기자.

핵심은 가장 아래 있는 필드(Fields)다. 필드는 앞서 만든 노션 '속성'을 의미한다. 먼저 기본으로 생성된 '제목' 속성을 보자. 제목 속성에는 'page title' 값이 추가된다.

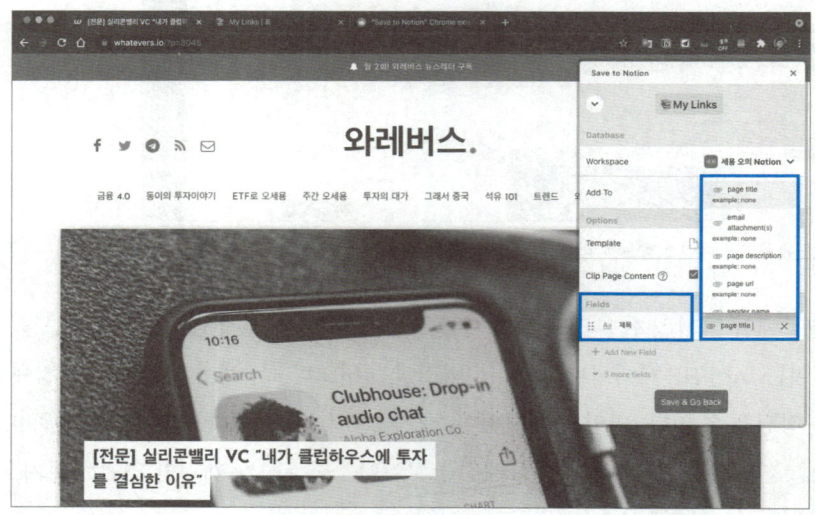

[그림 2-1-31] 제목 속성

138 CHAPTER 2 조직에 협업 도구를 활용하자

'page title' 외에도 ▲email ▲page description ▲page url ▲sender name ▲sender email 등이 있다. 여기서는 그대로 'page title'을 선택하자.

이제 제목 아래 'Add New Field' 버튼을 눌러 보자.

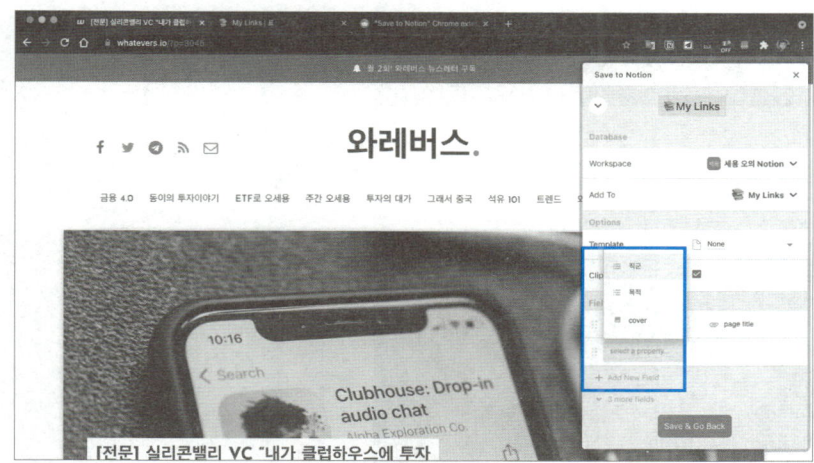

[그림 2-1-32] 'Add New Field' 버튼을 눌렀다

반가운 속성들이 보인다. ▲직군 ▲목적 등 2개 속성은 앞서 우리가 만든 속성이다. 먼저 직군을 선택하자.

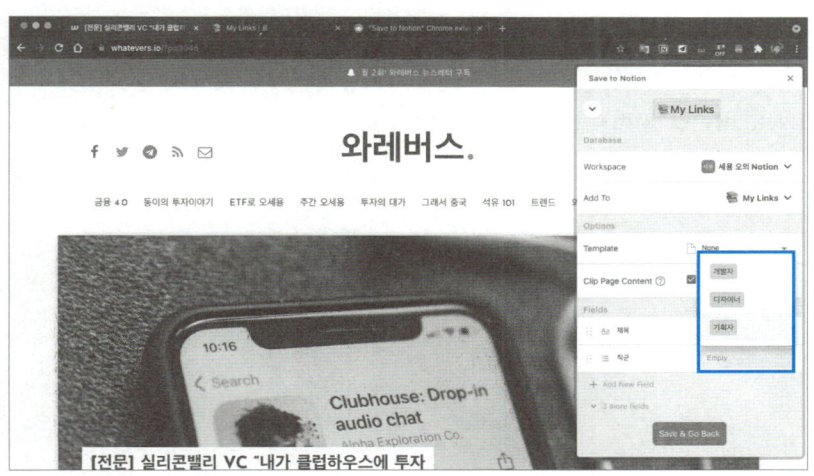

[그림 2-1-33] 직군을 선택했다

자, 이제 이해했으리라 생각한다. 직군은 앞서 우리가 만든 속성이고, '세이브 투 노션'은 우리가 직군에 추가한 속성값 ▲개발자 ▲디자이너 ▲기획자 등 3개를 보여 준다. 즉, 노션 데이터베이스 정보를 그대로 가져왔다. 직군처럼 목적도 추가하자. 그리고 아래 '3 more fields' 버튼을 눌러 숨겨진 속성값도 확인해 보자.

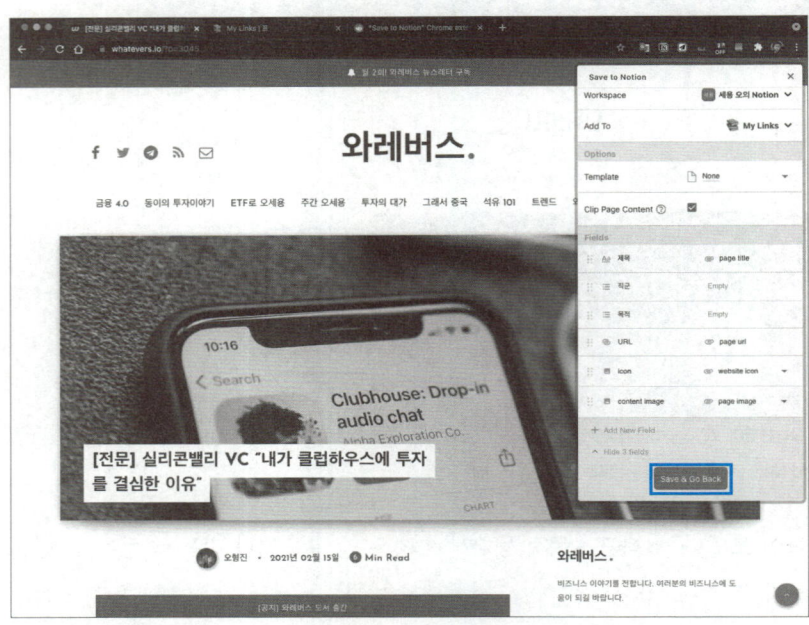

[그림 2-1-34] 추가된 속성값

목적을 추가했고, 숨겨진 ▲URL ▲icon ▲content image 등 3개 속성값도 확인했다. 이제 'Save & Go Back' 버튼을 눌러 폼(Form) 생성을 마치자.

□ 세이브 투 노션으로 저장

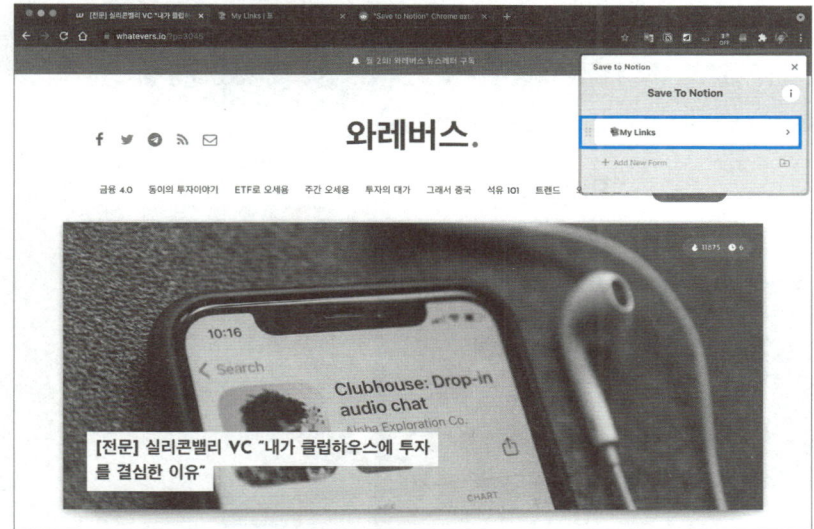

[그림 2-1-35] 폼(Form) 생성 완료

폼 생성을 마치면 '세이브 투 노션'에 'My Links'가 추가됐다. 이제 '세이브 투 노션'을 활용해 웹 페이지를 노션에 저장할 준비를 마쳤다. 'My Links' 버튼을 눌러 보자.

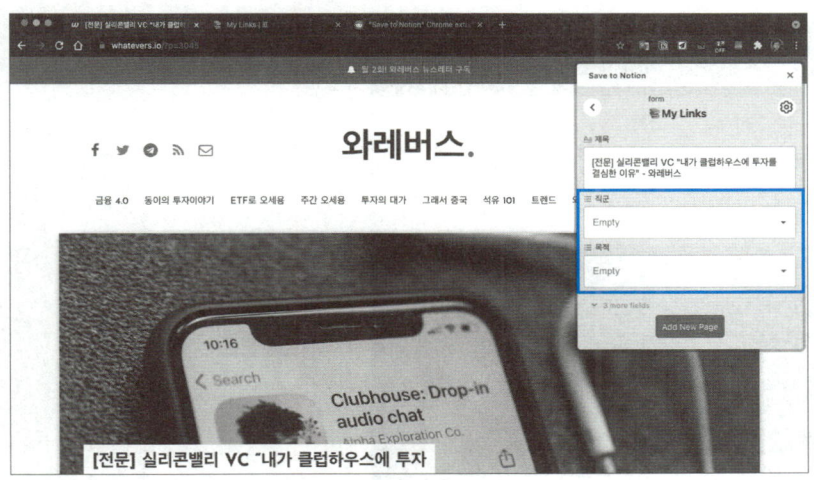

[그림 2-1-36] 'My Links' 저장하기

제목과 함께 ▲직군 ▲목적 등이 보이는 것을 확인할 수 있다. 앞서 이 글은 기획자가 신사업 관점에서 보면 좋겠다고 했다. 속성값을 각 ▲기획자 ▲신사업 등으로 채우자.

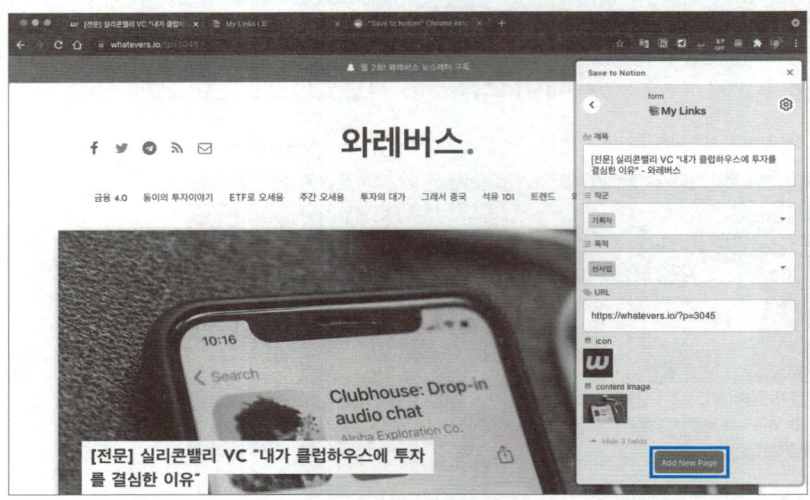

[그림 2-1-37] 속성값을 채웠다

값을 채우고 '3 more fields' 버튼을 누르면 숨겨진 속성값이 모두 보인다. 이제 'Add New Page' 버튼을 누르자.

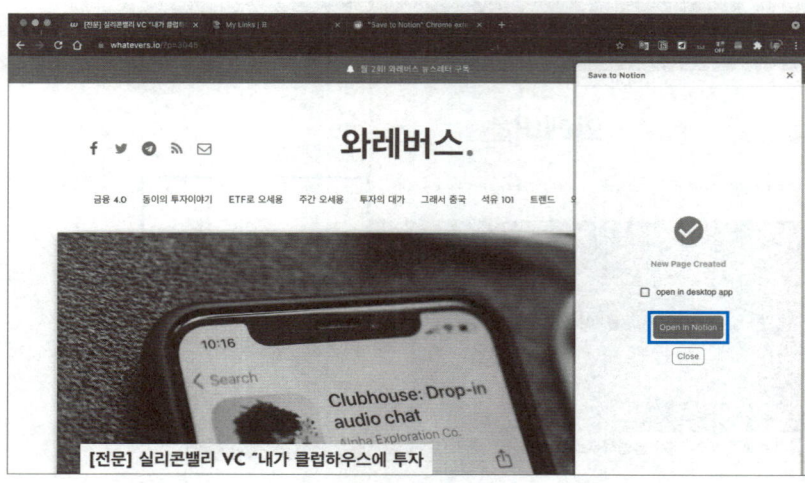

[그림 2-1-38] 페이지 생성 완료

'New Page Created' 문구와 함께 'Open in Notion' 버튼 등이 보인다. 클럽하우스 글이 노션에 잘 저장됐는지 'Open in Notion' 버튼을 눌러 확인하자.

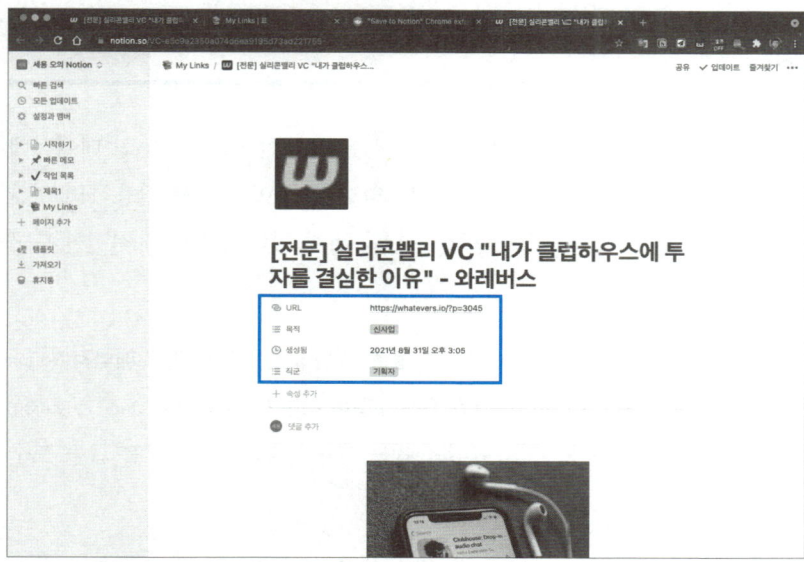

[그림 2-1-39] 노션에 저장됐다

우리가 추가한 목적과 직군 등 속성값이 제대로 들어왔다. 한 단계 위로 올라가 표로도 확인해 보자.

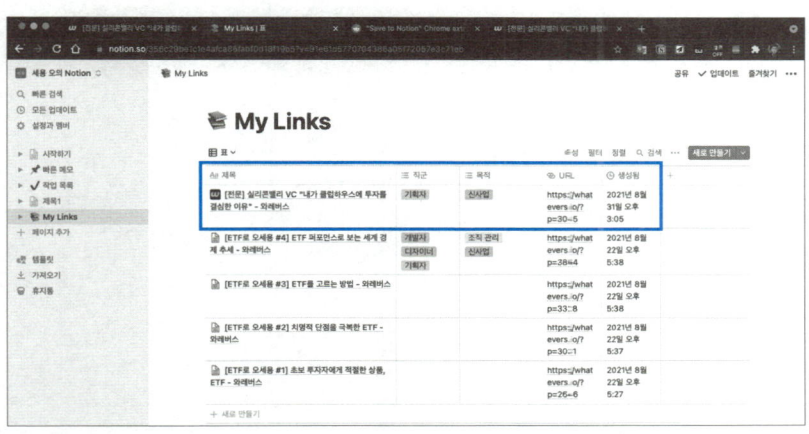

[그림 2-1-40] 'My Links'에 잘 저장됐다

표에서도 직군과 목적 등이 잘 들어간 것을 확인할 수 있다. 이렇게 '세이브 투 노션'을 활용하면 앞서 소개한 '노션 웹 클리퍼'보다 더 다양한 속성값을 한 번에 저장할 수 있다.

1.3 마무리

'노션 웹 클리퍼'와 '세이브 투 노션' 등 크롬 익스텐션은 훌륭한 도구다. 노션 데이터베이스에 직접 링크를 붙여 넣고 속성을 추가할 수도 있겠지만, 이 도구를 활용하면 시간을 훨씬 단축할 수 있다. 반복 작업을 줄여 시간을 단축할 수 있다는 점에서 적절한 도구라 할 수 있다.

이 밖에도 ▲노션 콘텐츠 내 몇몇 문구를 표시해 모아 볼 수 있는 노션 플러스 마크 매니저(Notion + Mark Manager) ▲노션 웹 링크를 곧바로 데스크톱 앱에서 열어 주는 오픈 인 노션(Open in Notion) 등 노션 생태계는 지속해서 발전 중이다. 협업을 돕는 도구 그리고 그 도구를 돕는 도구라니 정말이지 인간의 상상력은 대단하다.

도움이 될 만한 크롬 익스텐션을 소개했다. 하지만 역시 이 도구를 무조건 사용할 필요는 없겠다. 언제나 적절한 곳에 적절하게 사용하는 것을 잊지 말자.

2

협업 도구로
미디어 스타트업을 운영하자

'노션 웹 클리퍼'와 '세이브 투 노션' 익스텐션은 자료를 수집하기에 적절한 도구다. 협업 도구를 떠나서 어떤 아이디어를 현실로 구현할 때 자료를 수집하는 건 중요한 습관이다. 필자는 노션이 나오기 전 에버노트를 사용했고 이때 '노션 웹 클리퍼'와 비슷한 도구로 에버노트에 자료를 모았던 기억이 있다. 그리고 그 자료가 어떤 아이디어로 발전하여 필자를 [들어가며]에서 퍼소나 B인 '스타트업 창업자'로 만들었다.

'사람은 추억을 먹고 산다.'는 말이 있다. 나이가 들어도 10대에 듣던 음악이 잊히지 않는 건 그 때문이라고 한다. 퍼소나 B '스타트업 창업자'는 필자의 커리어에서 10대에 듣던 음악과도 같다. 풋풋하고 거칠었던 주니어 시기에 비즈니스를 만들겠다고 동분서주했던 기억은 꽤 강력한 추억이다.

필자가 창업했던 스타트업은 미디어 스타트업으로 콘텐츠 큐레이션 서비스를 만들었다. 가장 먼저 뉴스 콘텐츠를 모아 큐레이션했고 각 기사를 인기도에 따라 점수를 매기고 랭킹화했다. 여기에 인플루언서들이 기사에 관한 코멘트를 남겨 다양한 시야를 한 곳에서 볼 수 있게 하려는 시도였다. 지금은 유사한 서비스가 한국에도 여럿 출시됐고 사용자도 많아지고 있다. 필자의 아이디어가 현실화되는 것은 흥미로우나 그 현장에 내가 없으니 아쉬움이 있다. 큐레이션 서비스는 아마도 커리어 평생을 따라다니지 않을까 싶다.

페르소나 B '스타트업 창업자'가 10대에 듣던 음악과 같다면 페르소나 C 'IT 기자'는 필자의 20대와 같다. 뭐든 할 수 있을 것 같던 그때 에너지가 떠오른다. 미디어 스타트업을 창업했던 경험이 우연히 언론사와 이어졌고 필자는 IT 기자가 되어 소프트웨어 전문지를 만들었다. 이 시절에는 늘 온라인 상태로 대기하며 이슈를 놓치지 않으려고 노력했다. 다시 돌아간다면 더 잘할 수 있을 것만 같다.

그래서일까. 필자는 다시 개발자로 돌아왔지만 여전히 10대와 20대를 잊지 못한다. 여전히 때로는 페르소나 B '미디어 스타트업 창업자'로서 때로는 페르소나 C 'IT 기자'로서 살아간다.

이번 CHAPTER에서는 여전히 놓지 못한 페르소나 B와 페르소나 C. 그리고 이들로 살아가며 활용하는 협업 도구에 관해 소개한다.

2.1 비즈니스 미디어 와레버스

와레버스(whatevers.io)는 2019년부터 운영되는 비즈니스 미디어다. 2022년 현재까지 13명이 참여해 비즈니스 관련 글을 쓴다. 멤버 구성이 다양한데 ▲개발자 ▲엔지니어 등 기술 포지션은 물론 ▲변호사 ▲애널리스트 등 본업에서 글을 다루는 멤버도 함께했다.

덕분에 ▲기업 분석 ▲비즈니스 트렌드 등은 물론 ▲미술품 투자 ▲석유 산업 ▲중국 등 조금은 익숙하지 않은 주제도 다룰 수 있었다. 와레버스는 현재까지 300여 개 글을 썼고 콘텐츠 기반 비즈니스를 만들기 위해 도전하고 있다.

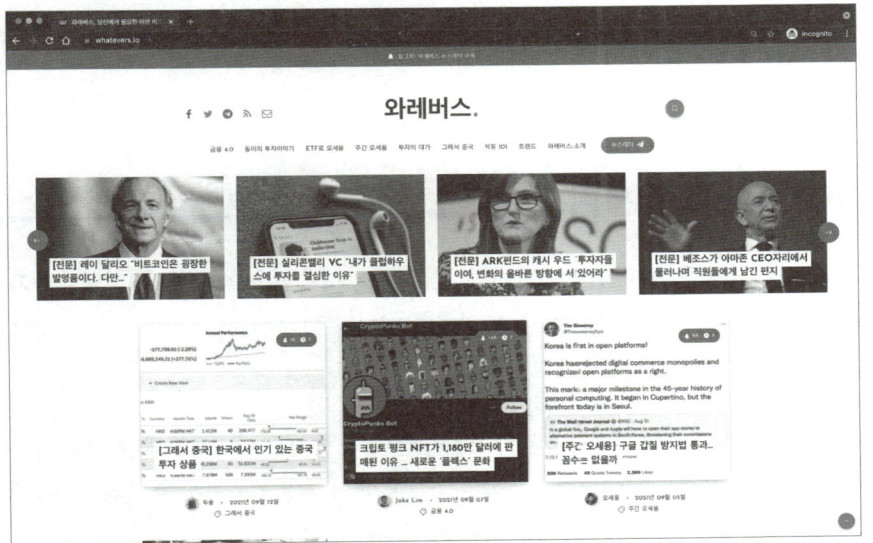

[그림 2-2-1] 와레버스

느닷없이 필자가 편집장으로 있는 와레버스를 자랑한 것은 이 책의 주제 협업 도구를 소개하기 위함이다. 필진 13명이 함께했으니 당연히 협업이 필요했고, 앞서 설명한 다양한 협업 도구를 사용했다.

와레버스는 워드프레스 웹 사이트를 운영한다. 아마존 라이트세일(Amazon Lightsail)에 리눅스 서버를 설치해 독립적으로 운영한다. 구글 애널리틱스를 활용해 트래픽을 분석하고 ▲뉴스레터 ▲페이스북 ▲트위터 ▲텔레그램 ▲카카오톡 ▲카카오뷰 ▲네이버카페 등 다양한 SNS에 글을 공유한다. 감사하게도 모든 글을 수백, 수천 독자가 읽었다.

지난 2021년 6월에는 와레버스 글을 모아 종이책을 출판했다. 이 책으로 인해 와레버스는 작지만 콘텐츠 수익을 올릴 수 있었고 종이책 출판에는 역시 협업 도구의 힘이 있었다. 필자는 와레버스를 마치 스타트업이라 생각하고 운영한다. 와레버스 필진은 소중한 파트너이며 이들의 시간을 소중히 사용하기 위해 협업 도구의 힘을 빌리고 있다.

와레버스는 아직 큰 수익을 내지는 못한 작은 팀이다. 하지만 우리가 지난 2년여 간 쌓은 노하우는 작은 콘텐츠 팀에 도움이 될 거라 생각한다. 와레버스가 쌓은 노하우가 콘텐츠

2. 협업 도구로 미디어 스타트업을 운영하자 **147**

팀에 도움이 되길 바라며 ▲구글 독스를 활용한 교열 노하우 ▲트렐로를 활용한 종이책 출판 노하우 등을 공유한다.

2.2 구글 독스를 활용한 교열

앞서 [CHAPTER 1 조직을 위한 협업 도구]에서 구글 독스 사용법을 소개했다. ▲댓글 추가 ▲수정 제안 ▲동시 편집 등 이 기능만 잘 활용해도 워드나 한글 파일을 주고받는 것보다 훨씬 효율적으로 작업할 수 있다.

교열 노하우에 앞서 이해해야 할 사항이 있다. 종이책 출판은 무척 섬세한 작업이라는 것이다. 필자는 퍼스나 C 'IT 기자'로 살며 소프트웨어 전문지 6권을 출판했다. 필자가 만든 잡지는 200페이지를 훌쩍 넘겼는데 잡지 판형은 일반 서적보다 커서 텍스트가 더 많이 필요했다. 이미지를 포함해 잡지 2페이지에 구글 독스 기준 3~4페이지가 필요했다. 간단히 계산해도 구글 독스 기준 400페이지를 훌쩍 넘어서는 분량이었다.

문제는 이 책이 잡지라는 것이었다. 잡지는 다양한 필진이 한 가지 주제로 작성한 글을 모아 출판한다. 보통 20여 명이 작성한 원고를 모아야 했는데 각 원고의 문체는 물론 원고 파일도 제각각이었다. 우리와 같이 ▲구글 독스로 제출하는 사람이 있는가 하면 ▲워드 ▲한글 ▲페이지 등 심지어 버전도 제각각이었다.

분기에 한 번 출판하는 잡지 특성상 우리는 늘 시간이 부족했다. 당연히 원고 내용이 가장 중요하겠지만 20여 명이 작성한 원고 문체와 형식이 제각각이라면 과연 독자가 좋아할까? 또한 통일되지 않은 원고를 디자인팀에 넘겼을 경우 시간이 지연될 수밖에 없다. 아무리 내용이 좋아도 제시간에 출판되지 않은 잡지는 환영받지 못한다.

따라서 교열 작업에서 가장 먼저 이뤄져야 하는 것은 출판을 위한 원고 형식 통일이었다. 정확히는 서식 통일이라고 하자.

☐ 서식 통일

콘텐츠 작업 시 선호하는 도구는 제각각이다. 필자는 원고 작성 시 구글 독스를 선호하고 이 책 역시 구글 독스에서 작성하고 있다. 하지만 상황에 따라 구글 독스가 아닌 ▲노션 ▲다이널리스트 ▲서브라임 텍스트 등을 사용하기도 한다. 꼭 어떤 도구만이 정답이 아니라는 말이다.

특히 워드나 한글 프로그램을 무척 싫어하는 사람이 있다. 필자도 한글 프로그램은 그다지 좋아하진 않지만, 이미 해당 프로그램이 익숙해 가장 높은 생산력을 보일 수 있다면 해당 프로그램을 사용하는 게 마냥 나쁘다고 볼 수만은 없다. 다만 협업을 위해 누군가 작업물을 통일하는 일은 필요하다. 그리고 통일 작업에 들이는 자원이 해당 프로그램을 사용함으로써 얻는 이득보다 더 크다면 애초에 통일된 프로그램을 사용하는 게 낫다.

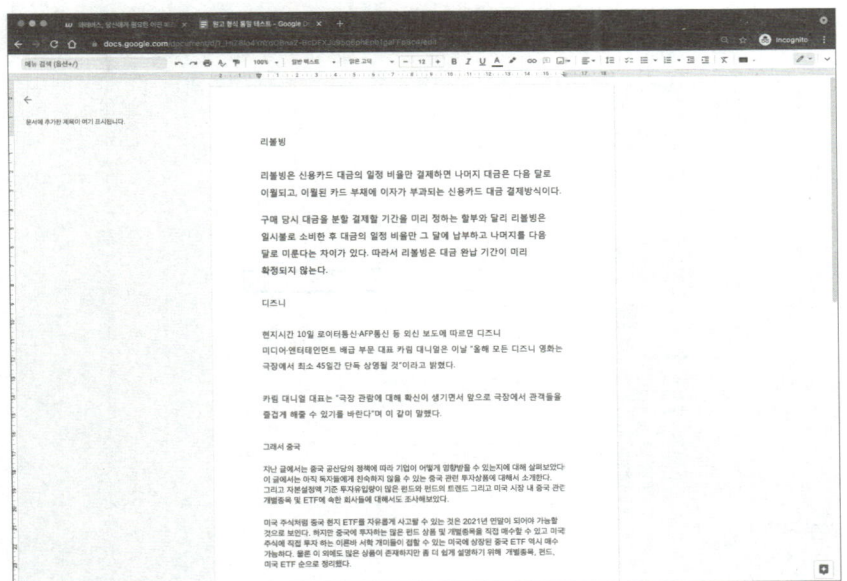

[그림 2-2-2] 통일되지 않은 원고

[그림 2-2-2]는 각 ▲헤럴드 경제 ▲디지털 데일리 ▲와레버스 등 웹 사이트에서 긁어 온 텍스트다. 출판된 지면에서 각 문장 서식이 정확히 보일지 모르겠다. 각 ▲리볼빙 ▲디즈니

▲그래서 중국 등 문단은 ▲맑은 고딕 13 ▲맑은 고딕 12 ▲Arial 12 등 폰트 스타일과 사이즈가 다르다. 또한 ▲줄 간격과 ▲단락 앞에 공백 등 서식이 모두 다르다. 미세하지만 ▲그래서 중국 문단은 폰트 컬러도 다르다.

이렇게 각 문단 서식을 다르게 해서 출판할 경우 종이책에서 미묘한 차이가 발생할 수 있다. 미묘한 차이쯤이야 괜찮다고 생각할지 모르겠다. 하지만 미묘한 차이를 발견한 독자에게 콘텐츠 전체에 관한 신뢰도가 떨어진다면 정말 괜찮다고 할 수 있을까?

이 원고에서 서식을 통일하는 방법은 간단하다. 전부 제거해 버리는 것이다. 문서 전체를 선택해 마우스 오른쪽을 클릭하고 제일 아래 '서식 지우기'를 클릭해 보자.

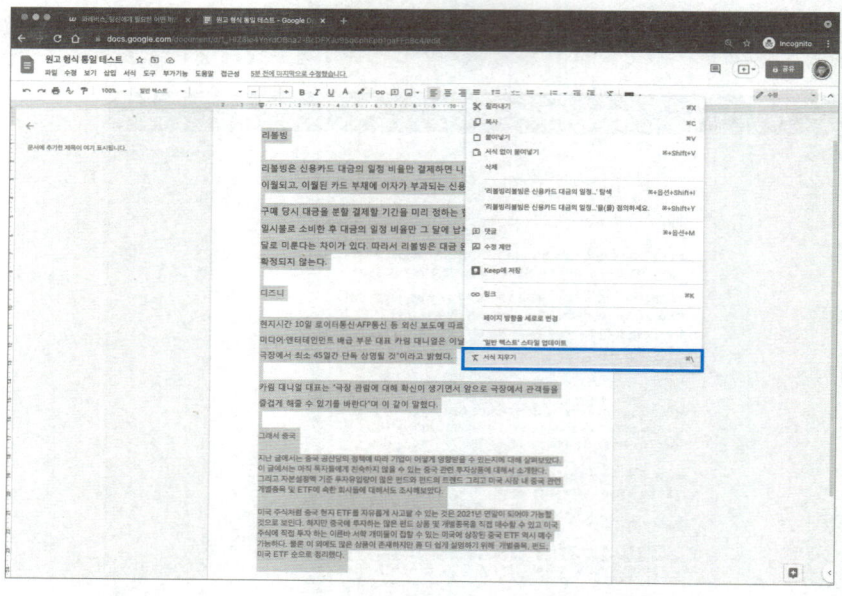

[그림 2-2-3] 서식 지우기

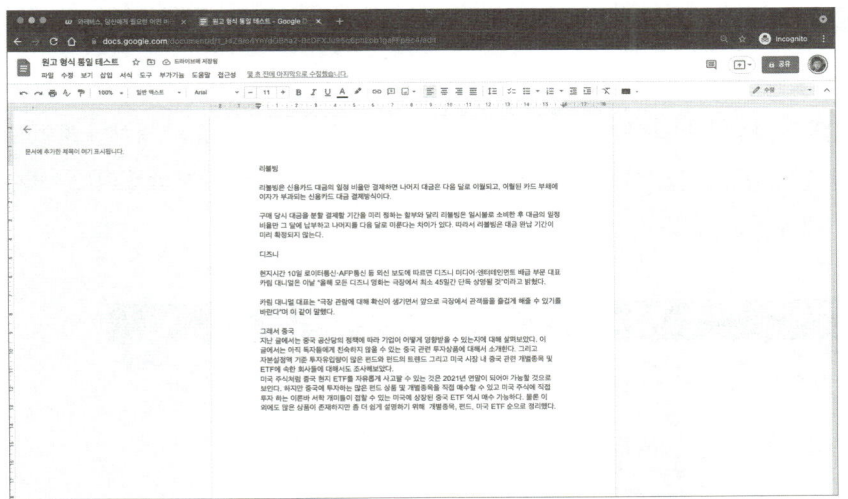

[그림 2-2-4] 서식이 모두 지워졌다

[그림 2-2-3]처럼 '서식 지우기'를 클릭하면 [그림 2-2-4]처럼 서식이 지워진 것을 확인할 수 있다. 출판된 책에서 그림 내 미묘한 서식이 모두 보이지 않을 수는 있겠지만 내용이 줄어든 것은 확실히 보일 것이다.

필자가 원고를 정해진 페이지만큼 작성해 보내왔지만 이렇게 서식을 지우면 3분의 2로 줄어드는 원고를 발견하는 건 꽤 자주 있는 일이었다. 잡지 분량이 부족하면 분량을 보완해야 하기 때문에 이런 식으로 원고 분량을 빠르게 객관적으로 체크하기도 했다.

하지만 [그림 2-2-3]처럼 전체 서식을 지우면 문제가 있다. 필자의 의도 역시 지워질 가능성이 있다. 서식 전체를 지우면 ▲제목 ▲진하게 ▲이탤릭체 ▲밑줄 등 모든 서식이 제거된다. 다시 말하지만 출판은 무척 섬세한 작업이다. 강조 표시가 조금 달라져서 필자의 의도가 바뀐다면 이는 큰 실수다. 따라서 전체 글 서식을 확인하지 않고 한 번에 지워 버리는 것은 꽤 위험이 크다.

서식 통일 시 필자가 활용하는 방법은 세 가지다. ▲줄 간격 통일 ▲단락 공백 통일 ▲텍스트 스타일 통일 등이다. [그림 2-2-2] 통일되지 않은 원고를 세 가지 방법으로 통일시켜 보자.

2.2.1 줄 간격 통일

먼저 줄 간격 통일이다. 줄 간격은 같은 문단 내 문장 사이 간격을 말한다. 출판 작업 시 원고는 최대한 서식을 적용하지 않는 게 좋다. 줄 간격, 폰트 사이즈 등은 디자인 작업에서 변경될 수 있다. 서식을 원고 내에서 꾸미기보다는 원고는 최대한 꾸미지 않고, 디자인 작업 시에 꾸미는 게 좋다.

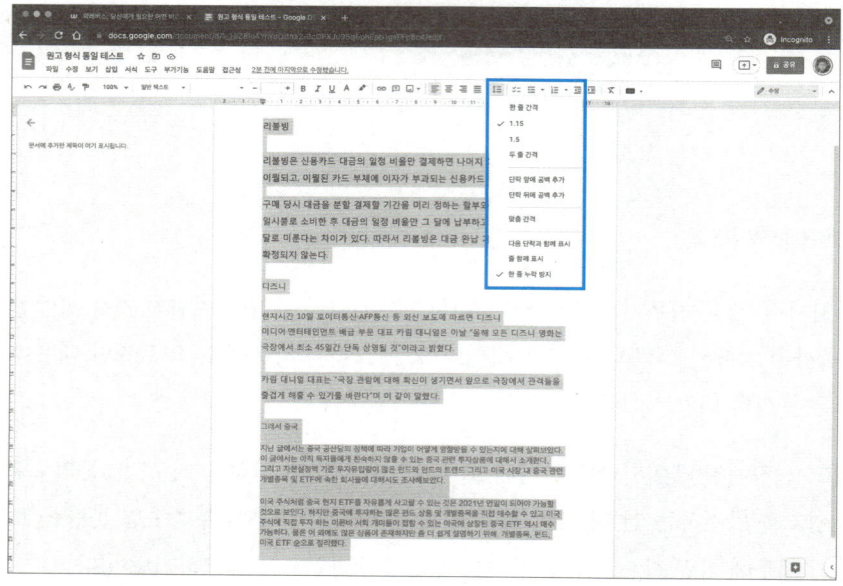

[그림 2-2-5] 줄 및 단락 간격

문단을 전체 선택한 뒤 위 아이콘을 확인하자. '줄 및 단락 간격' 아이콘은 문장을 정렬하는 아이콘 오른쪽에 있다. '줄 및 단락 간격' 아이콘을 누르면 몇몇 기능이 나오는데 기본값이 '1.15'다. 이미 '1.15'로 보이면 '1.15'로 적용된 상태다. 줄 간격이 문장마다 다르게 적용돼 있다면 ▲한 줄 간격 ▲1.15 ▲1.5 ▲두 줄 간격 등 4개 줄 간격 중 어디에도 체크 표시되지 않는다.

리볼빙 문단을 '두 줄 간격'으로 바꾼 뒤 '줄 및 단락 간격' 아이콘을 눌러 보자.

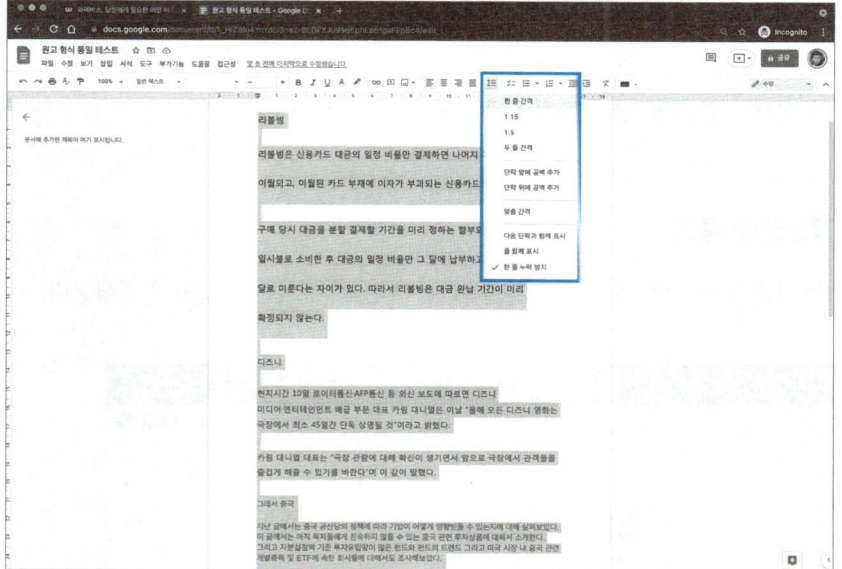

[그림 2-2-6] 줄 간격 중 어디에도 표시되지 않는다

줄 간격이 다른 문장이 있다면 [그림 2-2-6]처럼 줄 간격에 표시되지 않는다. 하지만 종종 이 표시가 정확하지 않을 때가 있었다. 출판은 정확도가 생명이기 때문에 글 전체를 '한 줄 간격'으로 바꾼 뒤 다시 '1.15'로 변경하는 작업을 한다.

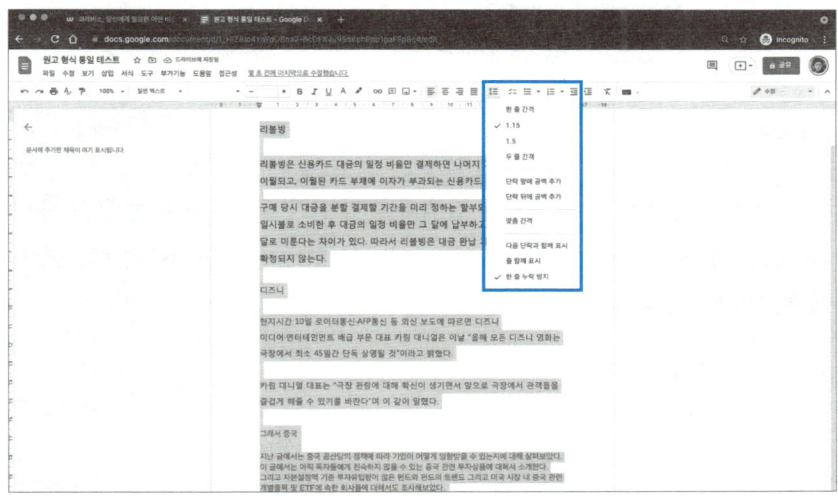

[그림 2-2-7] 줄 간격을 통일했다

줄 간격은 다른 프로그램으로 옮기는 과정에서 생략되거나 제거될 수도 있다. 따라서 이렇게 공들이지 않아도 프로그램 내에서 보완되기도 한다. 하지만 원고 분량을 정확히 체크하려면 각 원고에 같은 줄 간격을 적용해야 한다.

2.2.2 단락 공백 통일

다음은 단락 공백 통일이다. 마찬가지로 '줄 및 단락 간격' 아이콘을 눌러서 진행한다.

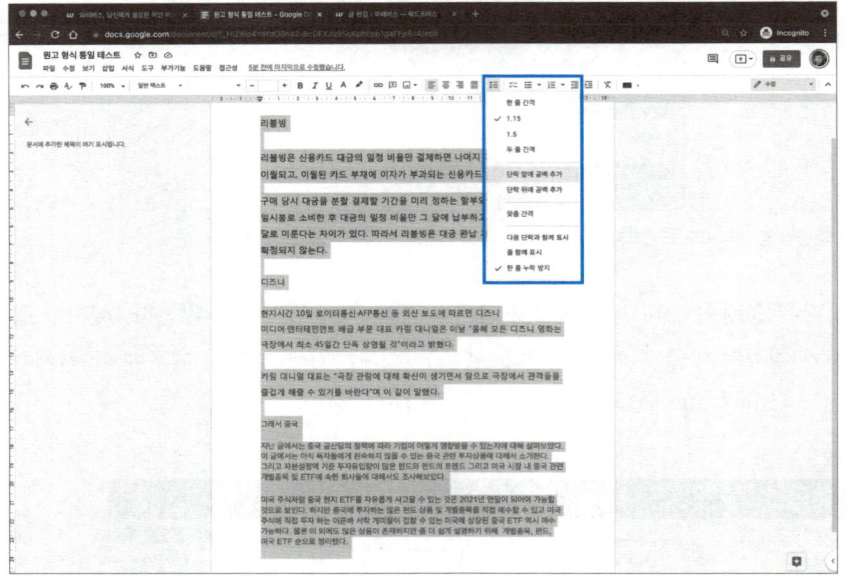

[그림 2-2-8] 단락 공백

단락 공백은 문단 사이 공백을 의미한다. 줄 간격과 달리 단락 공백은 아이콘 클릭 시 나오는 메뉴만으로 어떻게 적용됐는지 알 수 없다. 따라서 모든 단락 앞뒤에 공백을 추가했다가 삭제하는 방식으로 통일한다.

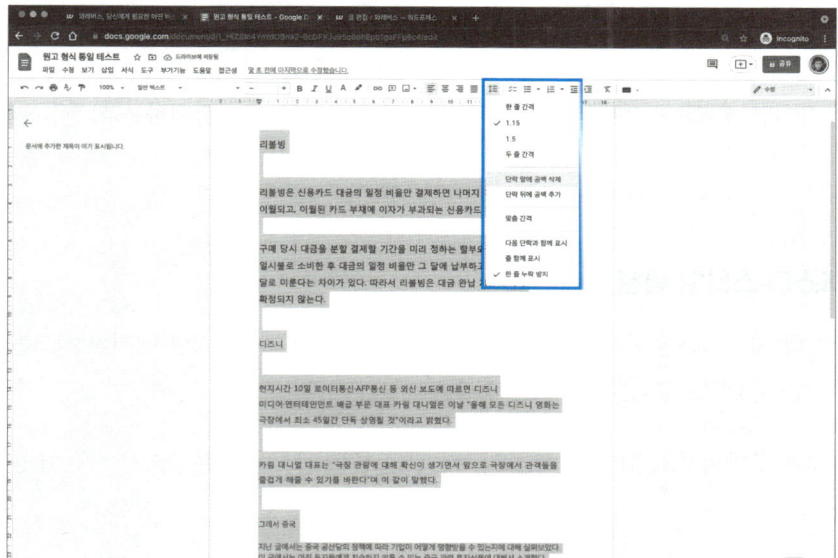

[그림 2-2-9] 단락 공백을 추가했다

[그림 2-2-9]를 보면 '단락 앞에 공백 삭제'라고 나와 있다. 추가되면 '삭제'라고 나오고, 삭제되면 '추가'라고 나온다. 단락 앞뒤 모두 추가 후 삭제하는 과정을 거친다.

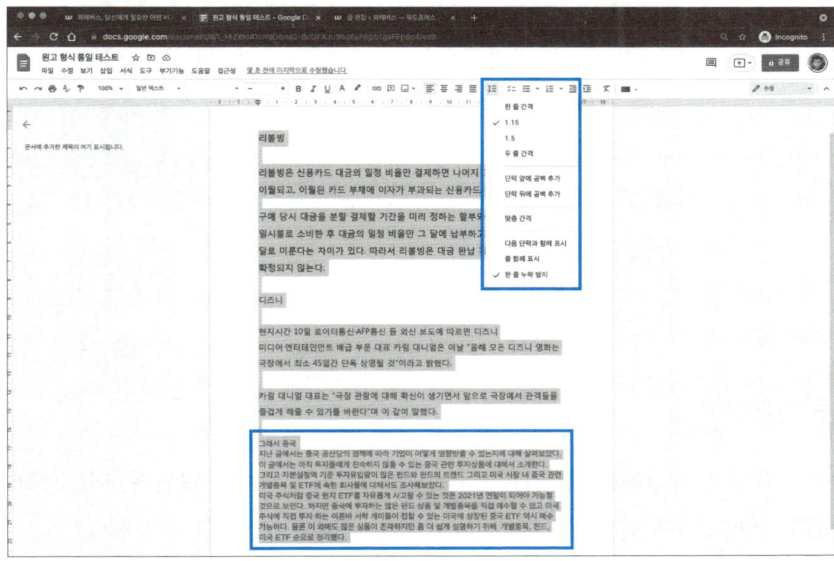

[그림 2-2-10] 단락 추가 후 삭제된 화면

[그림 2-2-9]와 [그림 2-2-10]을 비교하면 마지막 '그래서 중국' 문단 사이가 완전히 붙은 것을 알 수 있다. 앞서 말한 대로 아이콘 클릭 시 나오는 메뉴만으로는 단락이 통일됐는지 정확히 확인할 수 없다. 정확한 원고를 위해 단락을 추가했다가 삭제하는 과정을 거친다.

2.2.3 텍스트 스타일 통일

마지막으로 텍스트 스타일 통일이다. 줄 간격과 단락 공백을 통일했지만 여전히 원고는 통일되지 않았다. 텍스트 폰트 및 사이즈가 다르기 때문이다.

원고는 최대한 꾸미지 않는 게 좋다고 했다. 각 원고 본문 서식을 기본값으로 만들어 통일해 보자.

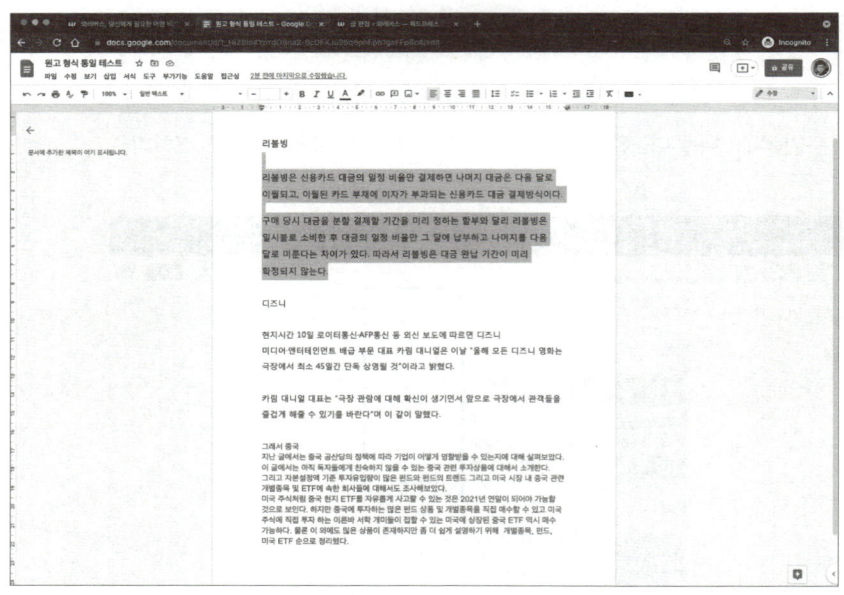

[그림 2-2-11] 리볼빙 원고 본문

리볼빙 원고 본문을 드래그해 보자. 폰트 스타일과 사이즈가 보이지 않는다. 이는 드래그된 본문 폰트 스타일과 사이즈가 통일되지 않았다는 뜻이다.

원고는 최대한 기본값으로 하는 게 좋다. 폰트 스타일 왼쪽을 보면 '일반 텍스트'라는 버튼이 있다. 이는 구글 독스에서 '일반 텍스트'로 설정한 기본값을 의미한다. 이 버튼을 누르면 가장 기본적인 스타일이 적용된다. 이 버튼을 눌러 보자.

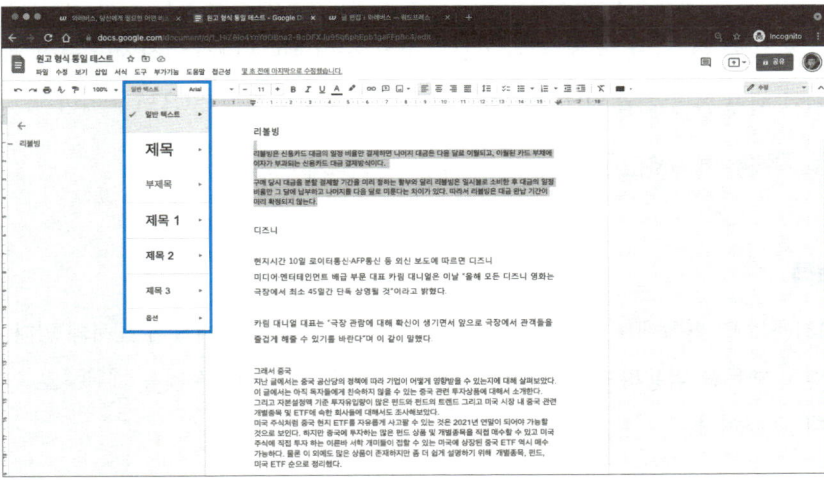

[그림 2-2-12] 리볼빙 원고 본문에 일반 텍스트 스타일을 적용했다

[그림 2-2-11]과 비교하면 일반 텍스트로 변경된 [그림 2-2-12] 화면이 확실히 달라진 것을 확인할 수 있다. 나머지 디즈니와 그래서 중국 원고도 일반 텍스트를 적용해 보자.

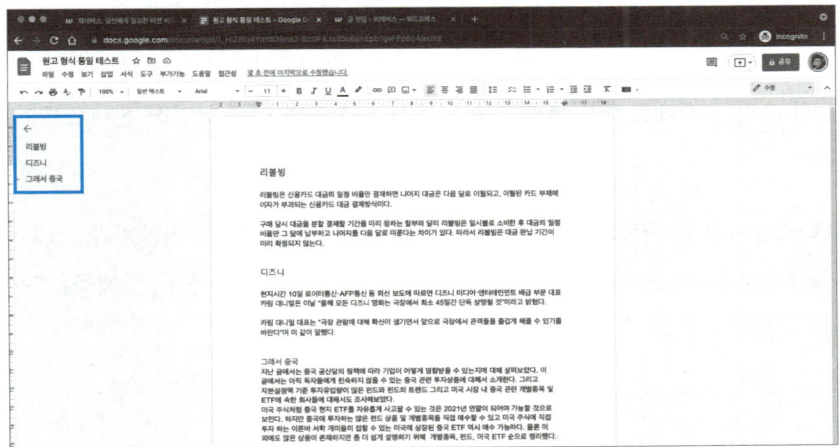

[그림 2-2-13] 일반 텍스트가 적용된 원고

2. 협업 도구로 미디어 스타트업을 운영하자 **157**

각 원고 본문에 일반 텍스트를 적용했다. 이렇게 적용된 원고는 앞서 전체 서식을 제거한 것과는 제목이 다르다. 이 원고는 설명을 위해 작성해서 한 페이지로 짧지만, 원고가 수십 페이지로 구성될 경우 대제목과 중제목, 소제목 등 다양한 제목이 있을 수 있다. 또한 사이사이 필요한 서식이 있을 경우 이를 놓칠 수 있다.

필요한 서식은 일반 텍스트로 바꾼 뒤 추가로 적용해 주면 된다. 다시 말하지만 수십 페이지에 달하는 원고 서식을 한 번에 제거하면 필자의 의도를 놓칠 수 있으니 주의하자.

이렇게 원고 서식을 제거하고 본문을 통일했다면 다음은 제목이다.

원고 제목

[그림 2-2-13]을 보면 왼쪽에 ▲리볼빙 ▲디즈니 ▲그래서 중국 등 3개 제목이 표시돼 있다. 우리는 특별히 제목을 적용하지 않았지만 구글 독스에서 서식이 다른 것을 제목으로 인식해 표시해 준 것이다.

원고가 길어지면 한눈에 흐름을 확인하기 쉽지 않다. 특히 원고 내용을 확실히 이해하지 못한 상태라면 더더욱 어렵다. 팀원이 필요에 의해서 내가 모르는 분야 콘텐츠를 만들었다고 가정하자. 그리고 나에게 콘텐츠 피드백을 요청한다. 이때 내가 잘 알지 못하는 분야 콘텐츠 내용을 한 번에 파악하기란 쉽지 않다. 이때 도움을 줄 수 있는 게 문장 구성이다.

각 대제목, 중제목, 소제목 등으로 원고를 나눠서 볼 수 있다면 원고의 큰 흐름을 읽을 수 있다. 또한 원고 작성 시에도 이렇게 원고를 나눠서 작성하면 더욱 탄탄한 콘텐츠를 만들 수 있다.

▲리볼빙 ▲디즈니 ▲그래서 중국 등은 서로 다른 주제지만 설명을 위해 리볼빙과 그래서 중국은 대제목으로 디즈니는 중제목으로 넣어 보겠다. 대제목은 '제목 1', 중제목은 '제목 2'로 넣어 구조를 나눠 보자.

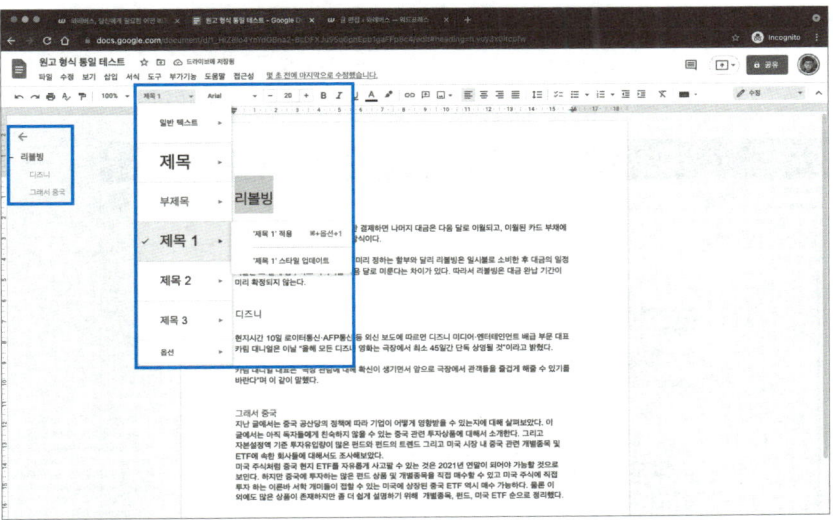

[그림 2-2-14] 리볼빙을 '제목 1'로 만들었다

리볼빙에 '제목 1' 서식을 적용하면 왼쪽 제목 표시에 구조가 변경된 것을 확인할 수 있다. 마찬가지로 디즈니는 '제목 2'로 그래서 중국은 '제목 1'로 바꿔 보자.

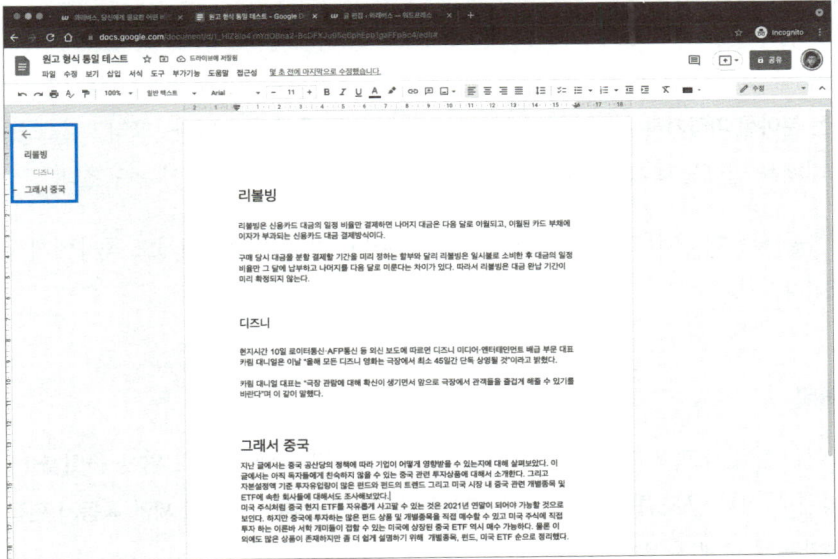

[그림 2-2-15] 제목을 적용했다

2. 협업 도구로 미디어 스타트업을 운영하자   159

[그림 2-2-15]처럼 제목을 적용하면 왼쪽 제목 표시에서 구조를 확인할 수 있다. 이해를 돕기 위해 필자가 작성했던 와레버스 원고를 예시로 가져왔다.

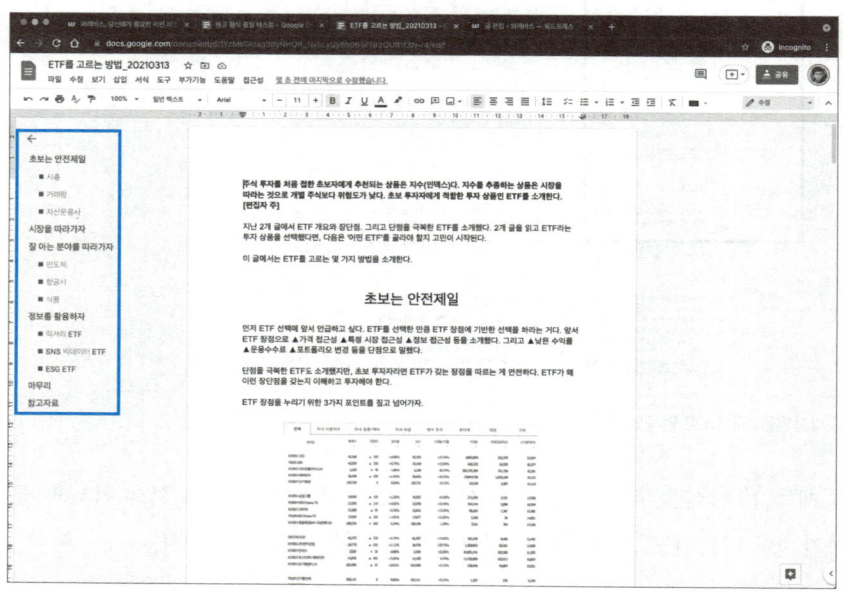

[그림 2-2-16] 제목이 적용된 예시

[그림 2-2-16]을 보면 'ETF를 고르는 방법'이라는 글에 ▲초보는 안전제일 ▲시장을 따라가자 ▲잘 아는 분야를 따라가자 ▲정보를 활용하자 ▲마무리 등 대제목이 있다. 그리고 초보는 안전제일 대제목 밑에는 ▲시총 ▲거래량 ▲자산 운용사 등 3개 중제목이 있는 구조다.

이렇게 제목을 활용하면 원고 구조를 한눈에 볼 수 있다. 이는 작성자에게도 독자에게도 좋은 방법이다.

▢ 링크 제목

이렇게 서식을 통일하고 원고 제목으로 구조를 만들었다면 교열을 보기 위한 준비를 마쳤다. 이렇게 서식과 구조를 구글 독스에서 만든 뒤 ▲댓글 추가 ▲수정 제안 ▲동시 편집 등 기능을 활용해 교열 작업을 진행한다.

콘텐츠 작성 시 유의해야 할 것 중 저작권이 있다. 참고 자료로 활용했다면 하단에 링크를 기록해야 한다. 이때 링크만 붙이는 것보다는 링크 제목이 보이는 게 보기 좋다.

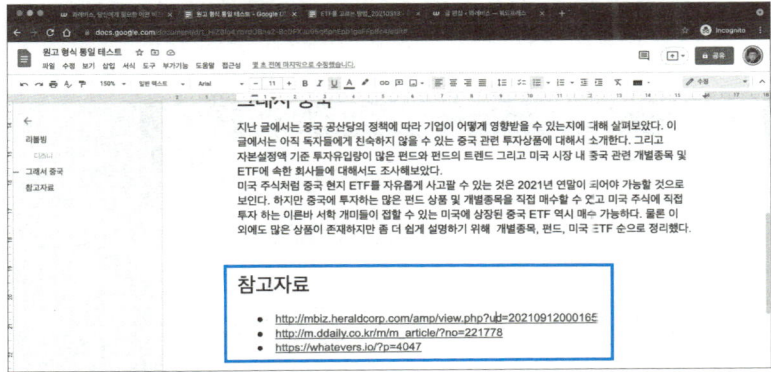

[그림 2-2-17] 참고 자료 링크

[그림 2-2-17]처럼 링크를 붙이는 것도 나쁘지는 않다. 하지만 어떤 링크인지 클릭해 보기 전까지는 알 수 없으며, 알 수 없으니 독자들이 클릭하지도 않는다.

구글 독스를 활용하면 아주 간단히 링크를 제목으로 변경할 수 있다. 아주 간단하다. 링크에 커서를 놓고 잠시 기다리자.

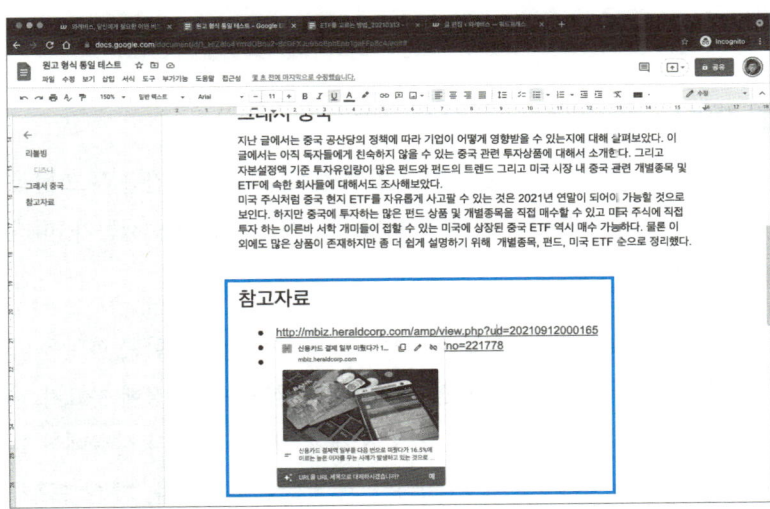

[그림 2-2-18] 구글 독스가 제목을 가져온다

2. 협업 도구로 미디어 스타트업을 운영하자 **161**

구글 독스가 구글에서 만든 도구라는 걸 잊어선 안 된다. 검색 엔진 구글은 링크 정보를 아주 간단히 불러올 수 있다. 링크 위에 커서를 올려 두면 [그림 2-2-18]처럼 'URL을 URL 제목으로 대체하시겠습니까?'라는 팝업이 뜬다. 이때 '예'를 클릭하면 아주 간단히 링크를 제목으로 바꿀 수 있다.

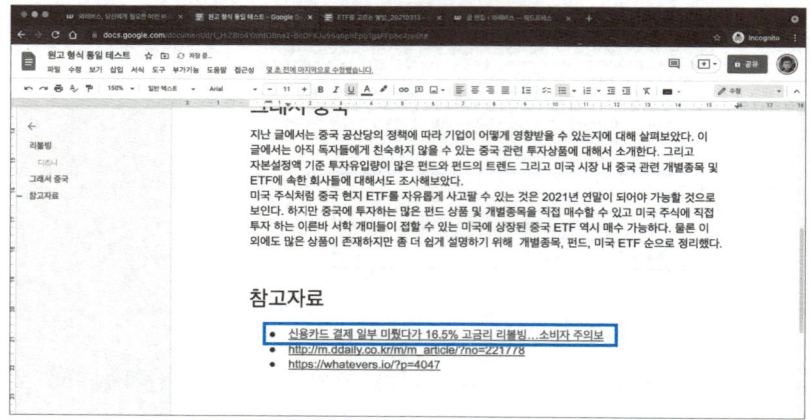

[그림 2-2-19] 링크가 제목으로 변경됐다

한 가지 알아 둬야 할 것은 구글이 실시간으로 링크 정보를 가져오진 못한다는 것이다. 링크로 바꿔 주는 건 구글이 제공하는 기능이니 구글이 링크 정보를 가져오길 기다리면 해당 기능이 동작한다.

교열은 섬세한 작업

교열은 섬세한 작업이다. 글을 써 본 독자는 알겠지만 자신이 쓴 글도 시간을 두고 반복해서 보면 고치고 싶은 부분이 계속 나온다. 하물며 남이 작성한 글은 어떻겠는가. 따라서 더욱 효율적으로 할 필요가 있다.

물론 이 작업은 대부분 워드나 한글 등에서도 할 수 있다. 하지만 워드나 한글 파일을 다른 PC에 두고 와서 작업을 이어서 하지 못한 경험이 있다면 클라우드 환경에 자료가 저장되는 이점이 얼마나 큰지 알 수 있을 것이다. 앞서 소개한 기능은 워드나 한글에서 할 수 있는 기능을 대부분 구글 독스에서도 할 수 있다는 것 정도로 이해하자. 기존 도구가 제공하는 기능을 제공하며 ▲댓글 추가 ▲수정 제안 ▲동시 편집 등 추가 기능을 제공하니 구글 독스는 교열에 적절한 도구라 할 수 있다. 심지어 무료다.

필자는 와레버스에서 이 작업을 300회 이상 진행했다. 각 원고는 적게는 3천 자에서 많게는 1만 자가 넘었다. 우리는 처음부터 출판을 위해 원고 퀄리티를 신경 썼고 지난 2021년 6월에 2년 동안 쓴 원고를 모아 종이책을 출판했다. 역시 이 과정에서 교열자와 디자이너가 협업할 도구가 필요했다.

와레버스가 협업 도구를 활용해 종이책을 출판한 과정을 소개한다.

2.3 트렐로를 활용한 종이책 출판

2021년 6월 출간한 와레버스 도서 『밀레니얼 세대의 비즈니스 공부법』은 총 31개 원고를 엮은 책이다. 각 원고는 PDF 기준 8페이지 내외로 구성됐고, 200페이지가 훌쩍 넘는 단행본으로 완성됐다.

원고 작성 초기부터 출판을 염두에 두고 진행했음에도 막상 출판을 하려고 보니 수정할 작업이 많았다. 출판 작업은 ▲원고 선택 ▲1차 교열 ▲디자인 작업 ▲2차 교열 ▲완료 등의 순서였는데 디자인 후 2차 교열 시에만 원고당 4~5회 교열을 해야 했다. 1차 교열은 구글 독스에서 텍스트를 수정했으나 2차 교열은 PDF로 변환 후 파일을 주고받으며 교열했기에 누락 건이 있었다. PDF는 동시 편집이 어렵기 때문이다.

앞서 시간을 두고 교열하면 수정할 것투성이라고 말했다. 남의 글은 더더욱 그렇다. 특히 나 잘 모르는 ▲블록체인 ▲기업 가치 평가 등 원고는 읽을 때마다 다른 글같이 느껴져서 고쳤던 부분을 다시 고치기 전으로 되돌리고 또다시 고치는 작업을 반복하기도 했다.

출판 작업은 편집자 2명과 디자이너 1명 등 총 3명이 진행했는데 우리는 각 ▲**직장인** ▲**개인 사업자** ▲**대학원생** 등으로 업무 및 활동 시간이 달랐다. 따라서 함께 작업하는 시간이 하루에 2~3시간 정도뿐이었다. 협업 도구가 없었더라면 비동기로 업무를 할 수 없었을 테고 종이책 출판 작업도 더 오래 걸렸을 것이다.

이 CHAPTER에서는 와레버스의 종이책 출간 과정을 협업 도구 트렐로를 활용해서 소개한다.

☐ 필요 원고 정보

종이책 출판을 위한 원고는 31개라고 앞서 소개했다. 31개에 관한 원고를 다루려면 각 원고 정보가 필요하다. 교열 및 디자인 시 어떤 부분을 검토해야 하는지 명확히 정리해 둬야 작업자 3명이 같은 부분을 검토할 수 있다. 이를 미리 정해 두지 않으면 각자 다른 부분을 다른 관점에서 검토하게 된다. 극단적으로는 작업자 A가 수정한 부분을 작업자 B가 원래대로 되돌리고 다시 작업자 A가 같은 내용으로 수정하는 바보 같은 짓을 반복할 수 있다.

이 출판 작업에서 전제되는 것은 이미 온라인으로 발행한 원고라는 점이다. 따라서 원고 내용에 관한 교열은 최소화하는 것이 목표였다. 그럼에도 각 원고를 4~5회 교열하게 된 원인을 이해하려면 우리가 어떤 것을 확인했는지 알아야 한다.

우리가 각 원고에서 확인한 것은 크게 5가지다.

(1) 맞춤법

먼저 맞춤법이다. 와레버스는 부산대학교에서 만든 '한국어 맞춤법 / 문법 검사기(speller.cs.pusan.ac.kr)'를 사용한다. 이미 한 차례 검증한 원고임에도 왜 자꾸 놓친 부분이 나오는지 잘 모르겠다. 이 작업에서 꽤 많은 시간이 소요됐다.

또한 외래어 표기나 숫자 표기, 영문 표기 등 헷갈리는 부분을 통일하는 과정을 거쳤다. 예를 들어 원고 A와 원고 B는 같은 표기를 했지만, 원고 C에서 다른 표기를 했다면 이를 통일하는 과정을 거친 것이다.

맞춤법 작업은 작업자 두 명이 진행했는데 두 명이 서로 다르게 수정해 다시 통일하는 과정을 거치기도 했다. 최대한 효율적으로 진행하려고 했으나 쉽지 않았다.

(2) 온라인 원고 비교

이미 온라인으로 발행한 원고이기에 온라인 버전과 비교도 필요했다. 원고는 구글 독스 작성을 원칙으로 했고 이후 온라인으로 발행했다. 그 뒤 종이책 출판을 위해 다시 구글 독스를 열어 교열한 것이다. 하지만 온라인으로 발행하는 과정에서 몇몇 부분은 구글 독스 원고는 그대로 두고 온라인 버전만 추가 수정되기도 했다. 따라서 온라인 버전과 구글 독스 버전이 조금 다를 가능성이 있었다.

특히 이미지나 참고 자료 등이 달랐고 이를 맞추는 작업을 진행했다. 지루하고 따분한 작업이었다.

(3) 디자인 후 PDF 페이지 확인

맞춤법을 수정하고 온라인 원고와 비교한 뒤 디자인 작업이 이뤄졌다. 디자이너는 원고를 받아 인디자인 프로그램으로 옮겼고 PDF로 만들어 협업 도구에 올렸다. 이 PDF를 디자인된 원고라 했으며 디자인된 원고가 몇 페이지인지 확인해야 했다.

디자인된 원고는 실시간으로 페이지가 변경됐다. 따라서 출판 직전까지 지속해서 확인해야 했다.

(4) 필자 확인

각 원고마다 필자가 달랐고 필자마다 실명 또는 필명 사용 여부 역시 달랐다. 출판 직전까지 원고와 필자가 다르게 표기된 원고가 발견됐다. 오타를 막기 위해서는 반복 또 반복뿐이었다.

(5) 내용 확인

이렇게 원고 정보를 확인한 뒤에야 내용을 확인할 수 있는 시간이 주어졌다. 이미 온라인으로 발행되며 수차례 수정한 원고였지만 출판을 앞둔 상태에서 각 필자는 더 나은 원고를 위해 수정을 요청했다. 이 과정에서 원고가 늘어나 디자인된 PDF 페이지가 늘어나기도 했다. 이는 다시 작업해야 함을 뜻한다.

이렇게 여러 방법으로 원고 정보를 확인했고 이는 머릿속 기억력만으로 관리하기엔 무리가 있었다. 역시 협업 도구가 필요했다.

□ **작업 절차**

어떤 것을 작업할지 정했으니 어떤 순서로 작업할지도 정해야 했다. 우리는 각자 본업이 있는 상태에서 퇴근 후 출판 작업을 진행했다. 따라서 며칠이 흐른 뒤 작업하면 순서가 헷갈리곤 했다.

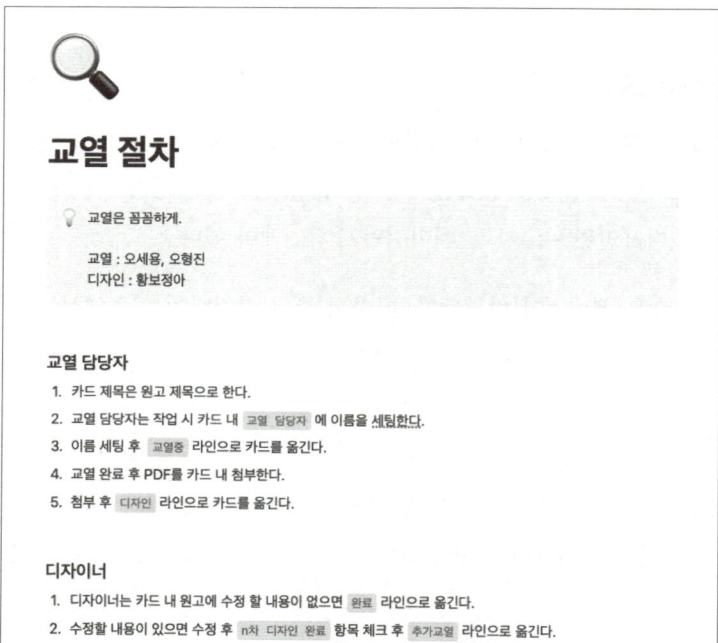

[그림 2-2-20] 교열 절차

우리는 출판 작업 외에도 몇몇 자료를 협업 도구 노션에 관리하고 있었다. 그래서 교열 절차도 노션에 정리해 시간이 흘러도 교열 절차를 잊지 않도록 했다. 우리가 정했던 절차는 이렇다.

교열 담당자

1. 카드 제목은 원고 제목으로 한다.
2. 교열 담당자는 작업 시 카드 내 교열 담당자의 이름을 세팅한다.
3. 이름 세팅 후 교열 중 라인으로 카드를 옮긴다.
4. 교열 완료 후 PDF를 카드 내 첨부한다.
5. 첨부 후 디자인 라인으로 카드를 옮긴다.

디자이너

1. 디자이너는 카드 내 원고에 수정할 내용이 없으면 완료 라인으로 옮긴다.
2. 수정할 내용이 있으면 수정 후 n차 디자인 완료 항목 체크 후 추가 교열 라인으로 옮긴다.

이렇게 반복 작업을 하다가 더 이상 수정할 부분이 없다고 판단되면 최종 완료 처리 했다. 그렇게 완료 처리된 카드가 늘어날 때마다 마음이 편안해지곤 했다.

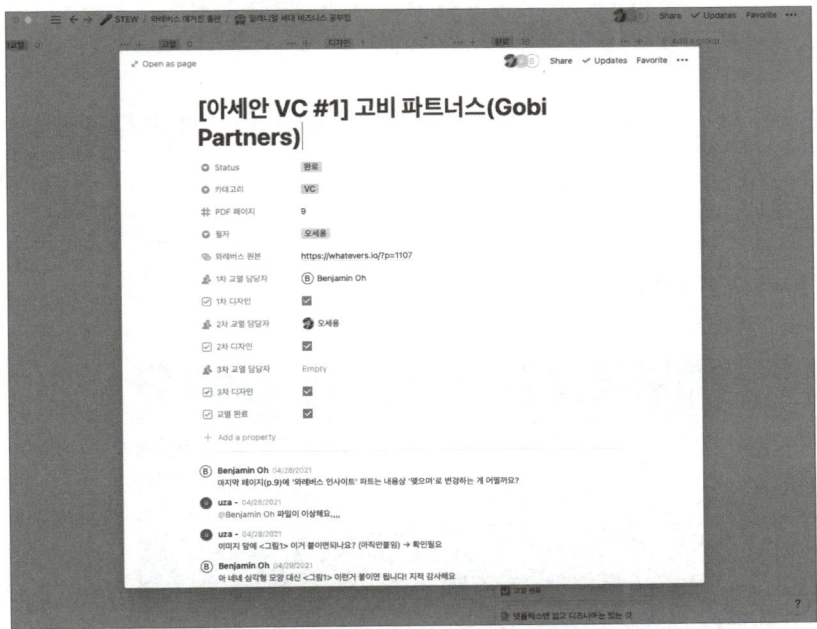

[그림 2-2-21] 원고 노션 카드

2. 협업 도구로 미디어 스타트업을 운영하자 **167**

[그림 2-2-21]은 당시 우리가 만들었던 원고 카드다. ▲원고 카테고리 ▲PDF 페이지 수 ▲필자 ▲원본 URL ▲교열 담당자 ▲디자인 완료 유무 ▲최종 교열 완료 등 앞서 소개한 내용이 노션 카드 항목에 들어 있다.

당시 노션을 사용해 본 사람이 둘이였기에 노션을 협업 도구로 선택했다. 하지만 이는 꼭 노션으로만 해야 하는 건 아니다. 칸반 보드 형태 협업 도구라면 뭐든 좋다.

이 CHAPTER에서는 트렐로를 활용해 와레버스 교열 절차를 따라 해 보자.

□ 트렐로를 활용해 교열 절차 만들기

앞서 트렐로를 활용해 보드와 카드를 만들어 봤다. 원고 카드를 만들려면 몇 가지 기능을 활용해야 한다. 어려울 것 없다. 하나씩 해 보자.

[그림 2-2-21]은 노션으로 만든 원고 카드다. 이는 노션 기능을 활용한 것으로 트렐로에서 꼭 노션과 똑같이 만들 필요는 없다. 필요한 원고 카드 정보를 트렐로 기능을 활용해 만들어 보겠다.

우리가 만들어 볼 원고 카드 정보는 ▲필자 ▲원본 URL ▲카테고리 ▲교열 상태 ▲파일 업로드 등이다.

먼저 앞서 만들었던 트렐로 계정으로 워크스페이스에 접속하자. 교열하려면 ▲준비 ▲추가 교열 ▲교열 ▲디자인 ▲완료 등 5개 라인이 필요하다.

[그림 2-2-22] 트렐로 빈 화면

앞서 만든 카드를 제거하고 5개 라인을 만들었다. 그리고 협업에 사용할 필자의 개인 계정도 1개 초대했다. 초대는 간단하다. 가운데 위 'Invite' 버튼을 눌러 이메일 주소를 입력하면 된다.

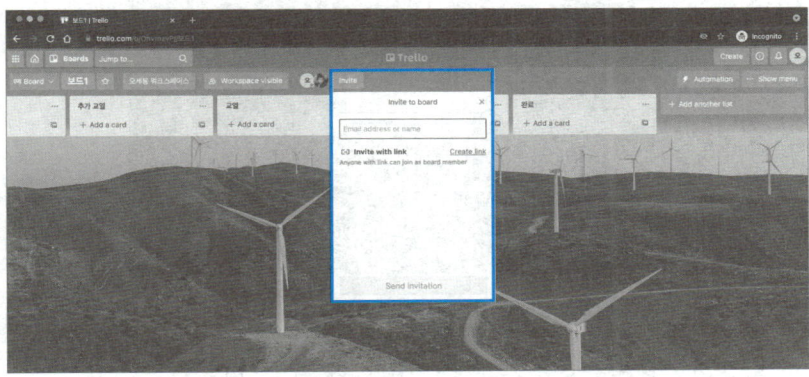

[그림 2-2-23] 트렐로 초대하기

이메일 주소를 입력하면 해당 이메일로 초대 메일이 발송된다. 이미 가입된 회원이면 바로 초대된다. 이는 대부분 웹 서비스가 제공하는 기능이니 자세한 설명은 생략한다.

원고 카드 작성에 앞서 카드 템플릿을 만들어야 한다. 템플릿이 없으면 빈 원고 카드를 만들어서 원고 정보를 매번 입력해야 한다. 템플릿을 단들어 두면 이 시간을 단축할 수 있다. 각 라인 오른쪽 아래를 보면 작은 사각형 아이콘이 보인다. 이 아이콘을 클릭하면 'Card templates'라는 팝업이 뜬다.

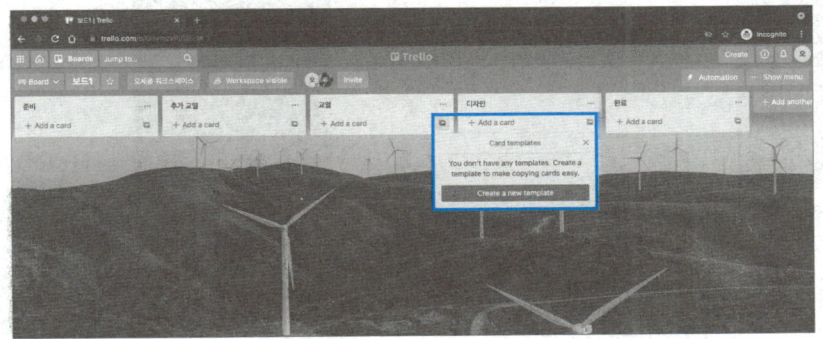

[그림 2-2-24] 카드 템플릿

2. 협업 도구로 미디어 스타트업을 운영하자   169

팝업에서 'Create a new template'을 클릭해 템플릿을 만들자.

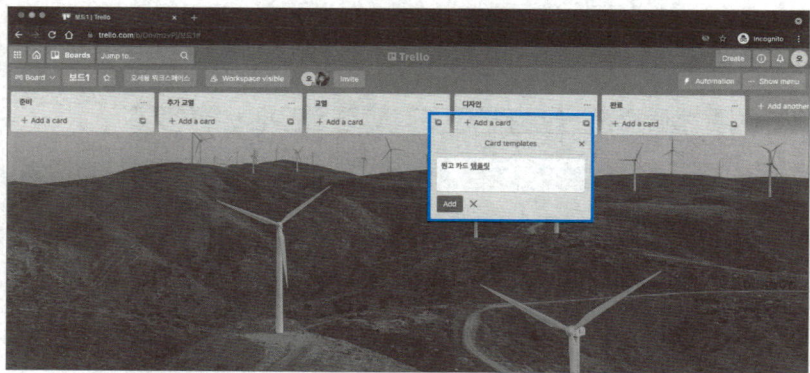

[그림 2-2-25] 템플릿 제목

템플릿 제목은 '원고 카드 템플릿'으로 간단하게 진행하자. 'Add' 버튼을 누르자.

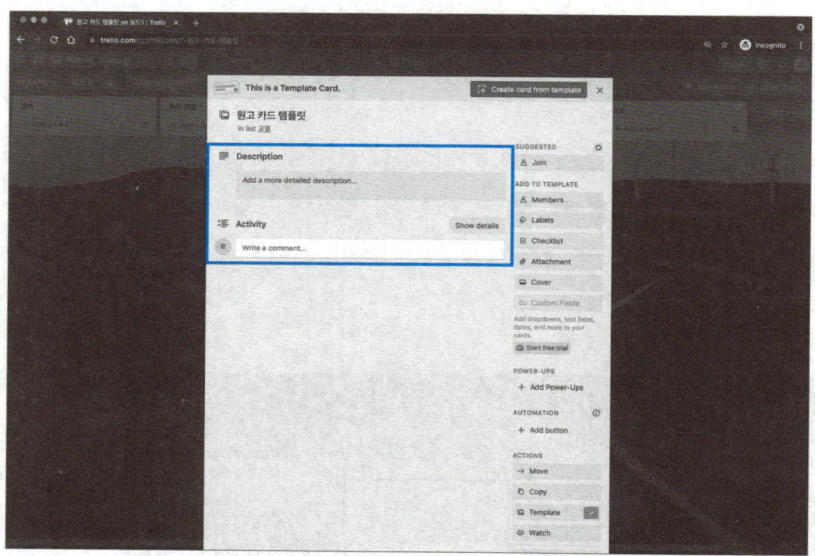

[그림 2-2-26] 원고 카드 템플릿 만들기

카드 템플릿 제목을 입력하면 [그림 2-2-26]처럼 'Description'과 'Activity'가 보인다. 이제 우리가 사용할 정보를 선택하자.

트렐로에서 제공하는 기능 중 ▲멤버(Members) ▲설명(Description) ▲체크리스트(Checklist) ▲라벨(Labels) ▲활동(Activity) 등을 사용할 것이다. 그리고 원고 카드 사용법을 설명 속성에 적어 둘 것이다.

2.3.1 필자

먼저 '필자' 속성이다. 필자 속성은 멤버 속성을 사용한다. 멤버는 현재 초대된 멤버를 업무 카드에 태그하는 기능이다.

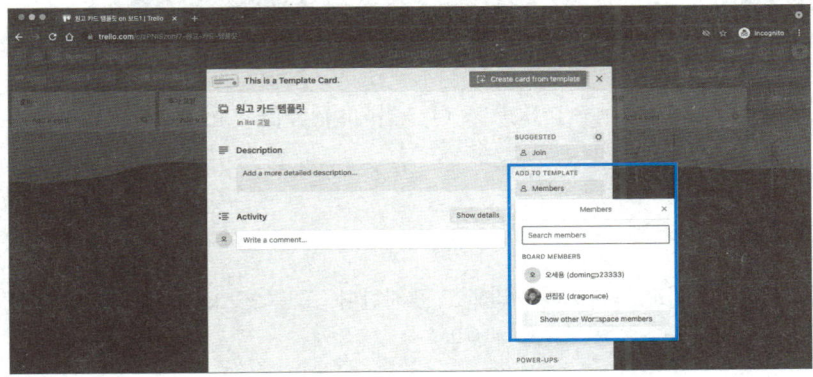

[그림 2-2-27] 멤버

현재 초대된 멤버는 ▲오세용 ▲편집장 등 2명이다. 원고 카드에서 멤버는 필자를 뜻한다. 이 내용을 설명에 적어 두자.

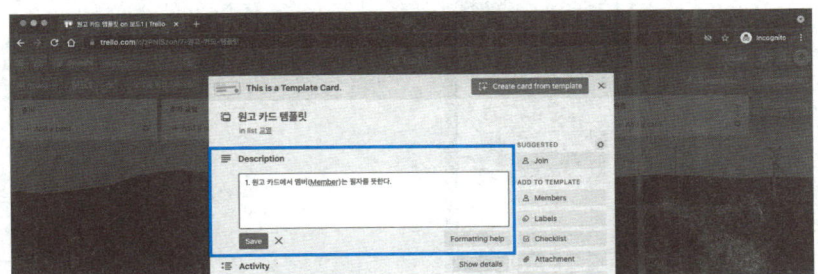

[그림 2-2-28] 설명을 적었다

이제 원고 카드를 만든 뒤 첫 번째로 할 일은 멤버를 활용해 필자를 선택하는 일이 됐다.

2.3.2 원본 URL

다음은 원본 URL이다. 와레버스는 온라인 발행을 한 뒤 종이책을 출판했다고 말했다. 따라서 출판 시 온라인 발행 버전과 비교가 필요했다. 이 내용은 설명에 적어 두자.

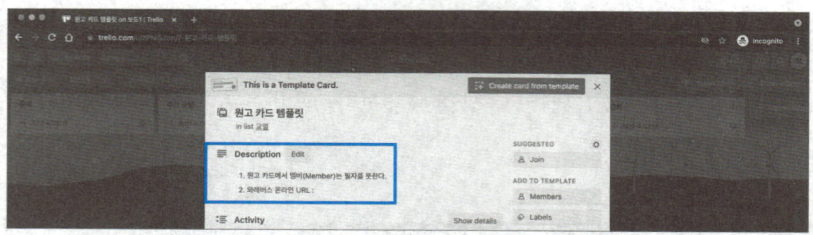

[그림 2-2-29] 설명에 원본 URL을 추가했다

업무 카드를 만들고 두 번째로 할 일이 정해졌다. 2번에 와레버스 URL을 넣는 것이다.

2.3.3 카테고리

다음은 카테고리다. 각 원고 카테고리를 라벨로 표시한다. 오른쪽 'ADD TO TEMPLATE' 에서 라벨(Labels)를 누르자.

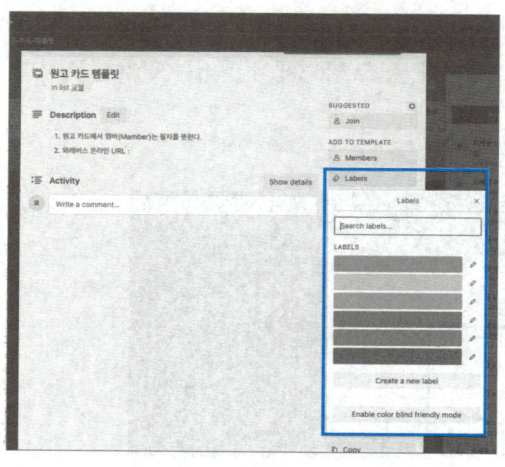

라벨은 색상과 이름을 수정할 수 있다. 각 라벨 오른쪽 편집(연필) 아이콘을 누르면 수정할 수 있다. 편집 아이콘을 눌러 이름을 수정하자. ▲VC 카테고리 ▲금융 4.0 카테고리 ▲ETF 카테고리 등 3개를 추가한다.

[그림 2-2-30] 라벨

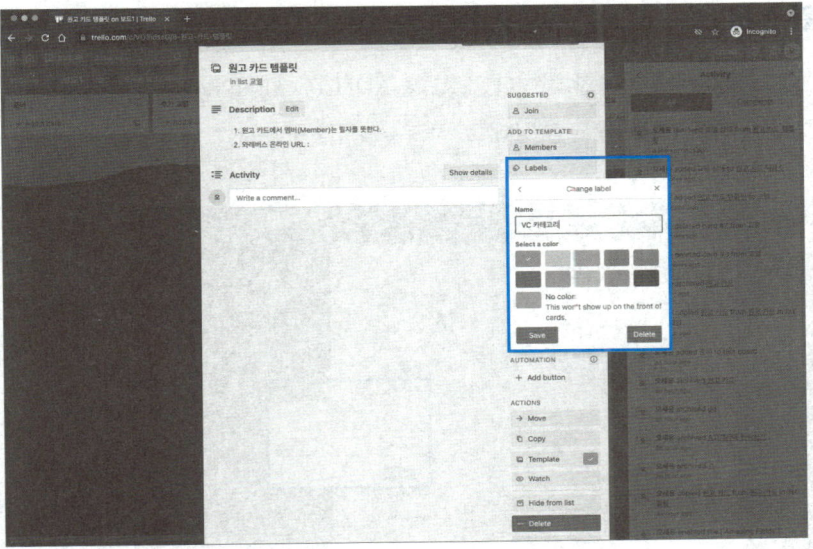

[그림 2-2-31] 라벨 이름 수정

녹색 라벨 이름을 ▲VC 카테고리로 수정했다. 나머지 2개도 각 노란색, 주황색 등으로 수정하자. 그리고 설명에 라벨이 원고 카테고리를 뜻한다고 적어 두자.

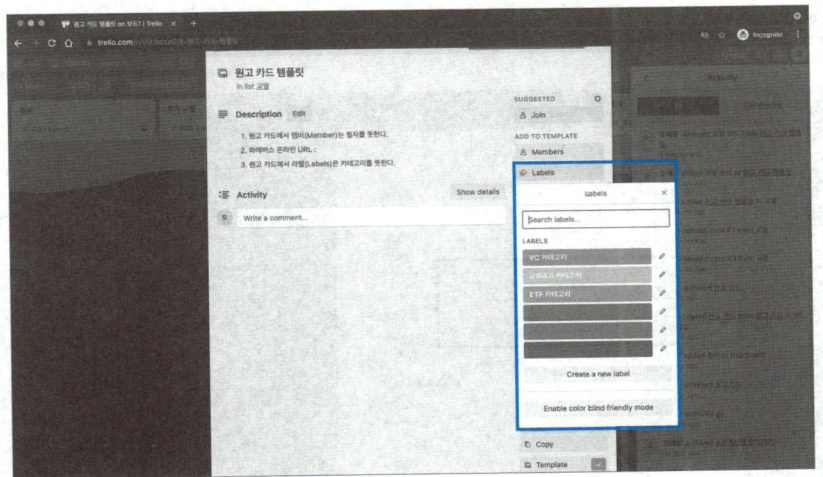

[그림 2-2-32] 라벨 이름 수정

이렇게 라벨을 카테고리로 사용할 준비를 마쳤다.

2. 협업 도구로 미디어 스타트업을 운영하자   173

2.3.4 교열 상태

교열 상태는 체크리스트를 사용할 것이다. 오른쪽 'ADD TO TEMPLATE'에서 체크리스트(Checklist)를 선택하자. 제목을 '교열 상태'로 하고 'Add'를 누르자.

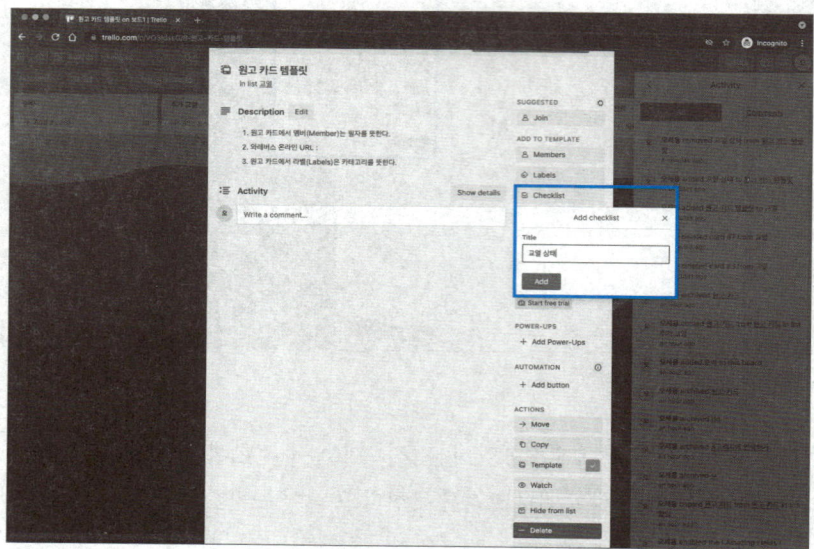

[그림 2-2-33] 체크리스트 만들기

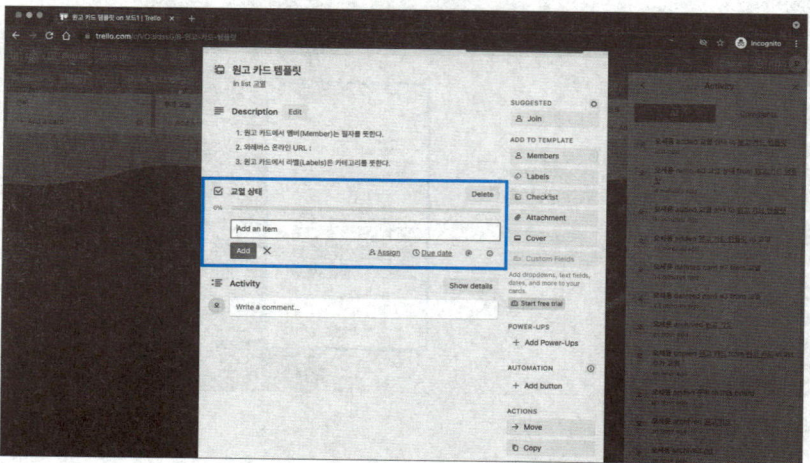

[그림 2-2-34] 체크리스트 아이템 만들기

체크리스트를 만들었으면 아이템을 만들어야 한다. 이때 아이템은 각 ▲1차 교열 ▲2차 교열 ▲3차 교열 등이 될 것이다. 교열 상태 아이템을 만들자.

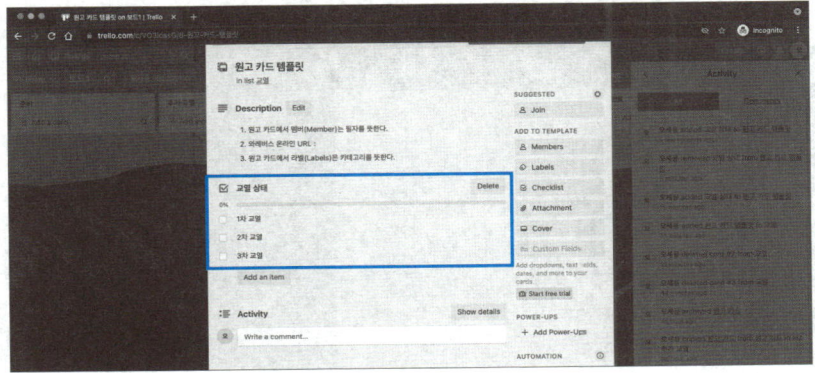

[그림 2-2-35] 교열 상태 아이템 추가

각 교열 상태를 만들었지만 누가 교열했는지 입력하는 곳이 안 보인다. 각 교열 완료 후 체크하기 전에 아이템명 옆에 담당자를 태그하도록 하자. 1차 교열을 멤버 '오세용'이 했다면 1차 교열 아이템 옆 오세용을 태그하는 것이다.

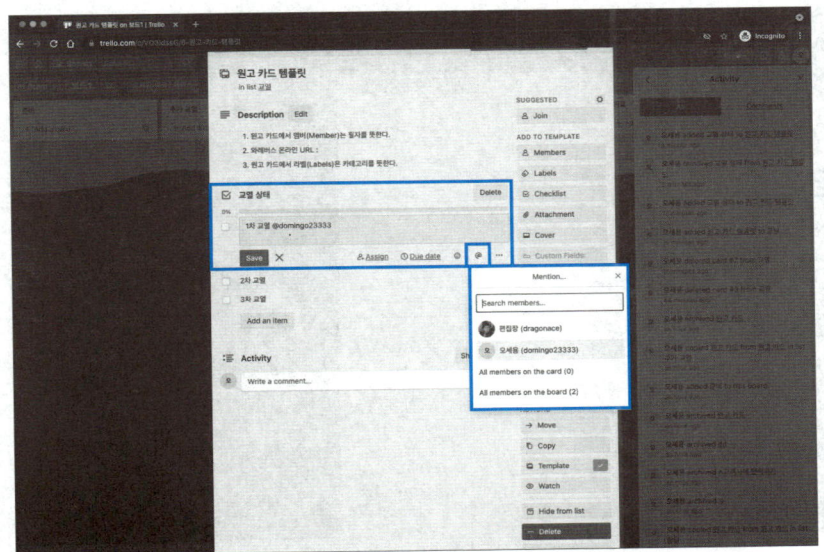

[그림 2-2-36] 아이템 수정

2. 협업 도구로 미디어 스타트업을 운영하자   **175**

[그림 2-2-36]처럼 아이템을 클릭하면 아이템을 수정할 수 있다. 이때 오른쪽 아래 골뱅이(@) 아이콘을 누르면 멤버를 선택할 수 있다. 멤버 '오세용'을 선택하면 '1차 교열' 옆에 오세용이 태그된다. 이후 체크박스를 완료 처리한다.

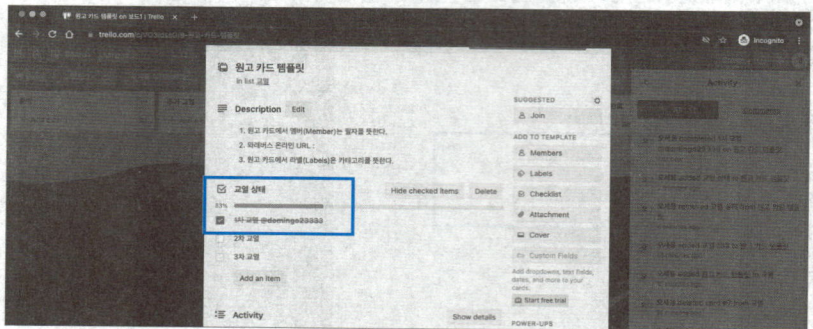

[그림 2-2-37] 1차 교열 완료 화면

1차 교열 아이템에 태그를 넣고 완료 처리하면 [그림 2-2-37]처럼 보인다. 이 화면이 1차 교열을 멤버 '오세용'이 했다는 뜻이다. 우리가 지금 만드는 것은 템플릿이니 완료 처리를 해제하고 태그도 제거해 두자. 그리고 설명에 교열 상태 추가 방법을 적어 두자.

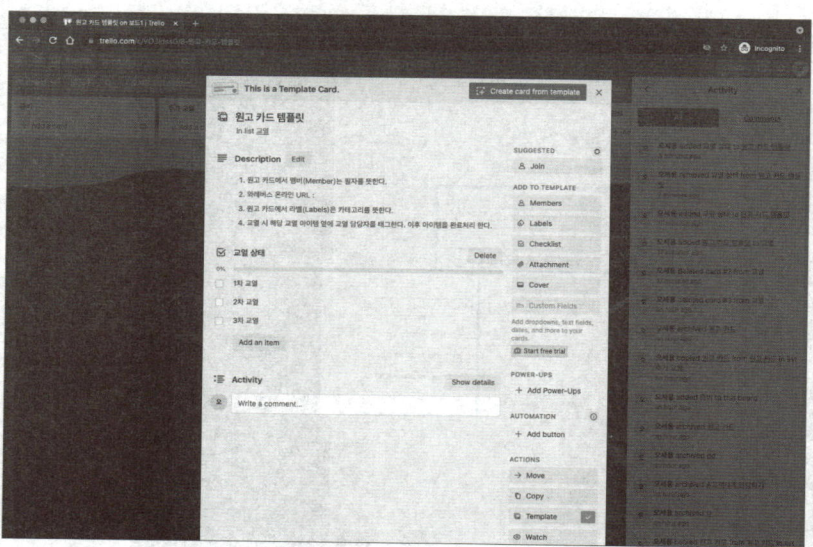

[그림 2-2-38] 교열 상태 템플릿 완성

[그림 2-2-38] 화면이 교열 상태 템플릿을 완성한 화면이다.

2.3.5 파일 업로드

마지막으로 파일 업로드가 남았다. 출판 시 PDF 파일을 주고받았다고 했다. 활동 (Activity) 기능을 보면 댓글을 작성할 수 있고 이때 첨부 파일을 넣을 수 있다.

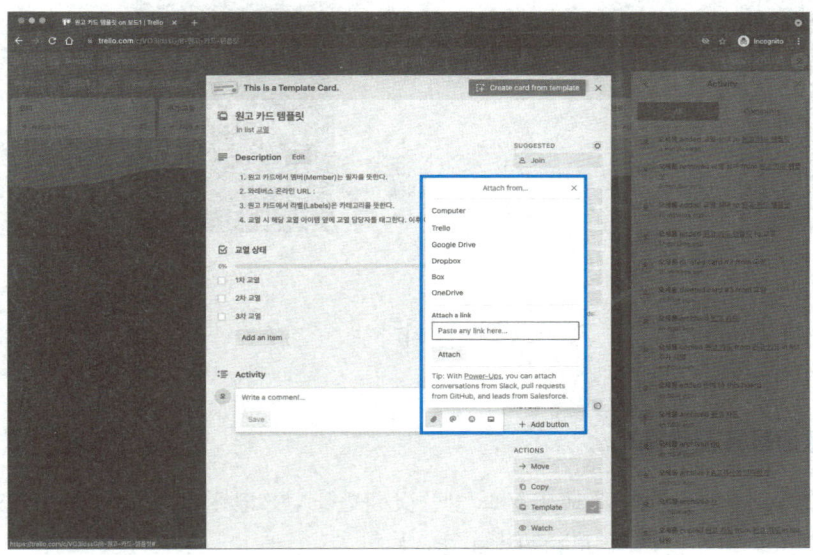

[그림 2-2-39] 댓글 내 첨부 파일 사용

첨부 파일은 컴퓨터, 구글 드라이브 등 다양한 곳에서 가져올 수 있다. 역시 지금 만드는 것은 템플릿이니 첨부 파일을 올리지는 말자. 설명에 디자이너가 활동에 댓글로 PDF를 올리는 것이라고 적어 두자.

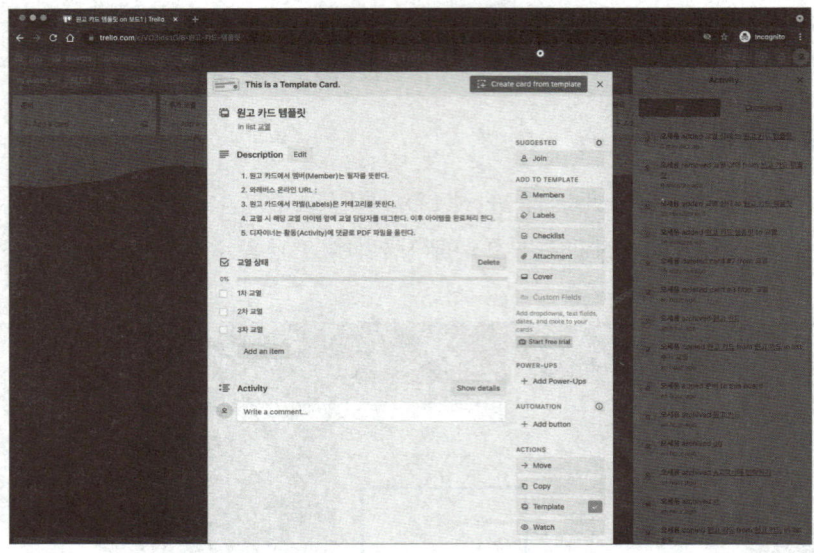

[그림 2-2-40] 파일 업로드 설명

이제 템플릿 작성이 끝났다. 카드를 닫고 화면을 나가자.

▫ 트렐로를 활용해 교열하기

이제 원고 카드 템플릿을 활용해 보자. 카드 템플릿 화면을 닫으면 원고 카드 템플릿 카드가 라인에 있다. 이 카드를 '준비' 라인으로 옮겨 두자.

[그림 2-2-41] 교열 준비 완료

원고 카드 1개를 만들어 카테고리와 교열 체크를 하고, 파일을 올려 보자. 먼저 원고 카드 템플릿을 활용해 카드를 만들자.

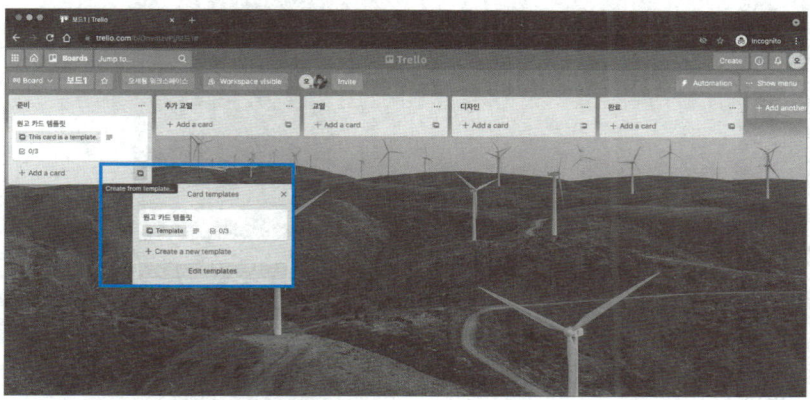

[그림 2-2-42] 원고 카드 템플릿 확인

각 라인 오른쪽 아래를 보면 템플릿 버튼이 있다. 이 템플릿 버튼을 누르면 템플릿을 활용해 카드를 만들 수 있다. 준비 라인에서 우리가 만든 원고 카드 템플릿을 누르자.

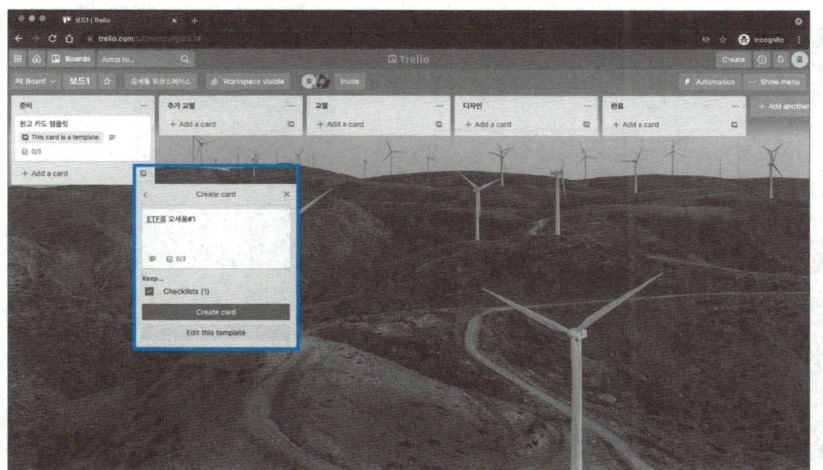

[그림 2-2-43] 원고 카드 템플릿으로 카드 만들기

카드 제목은 원고 명으로 한다. 원고는 'ETF로 오세용#1'로 한다.

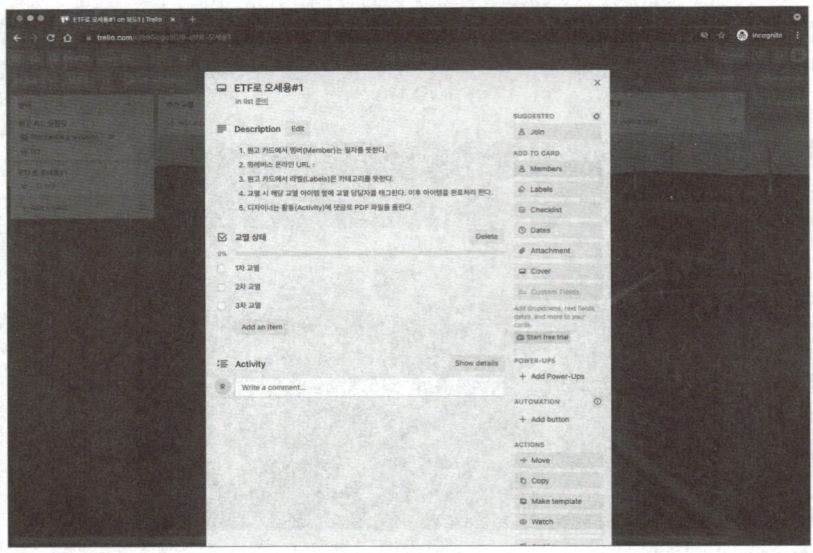

[그림 2-2-44] 템플릿으로 만든 카드

템플릿으로 카드를 만들면 템플릿 내용이 그대로 담겨 있다. 설명에 적힌 대로 필자를 선택하고, 온라인 URL을 넣은 뒤 라벨로 카테고리까지 선택하자.

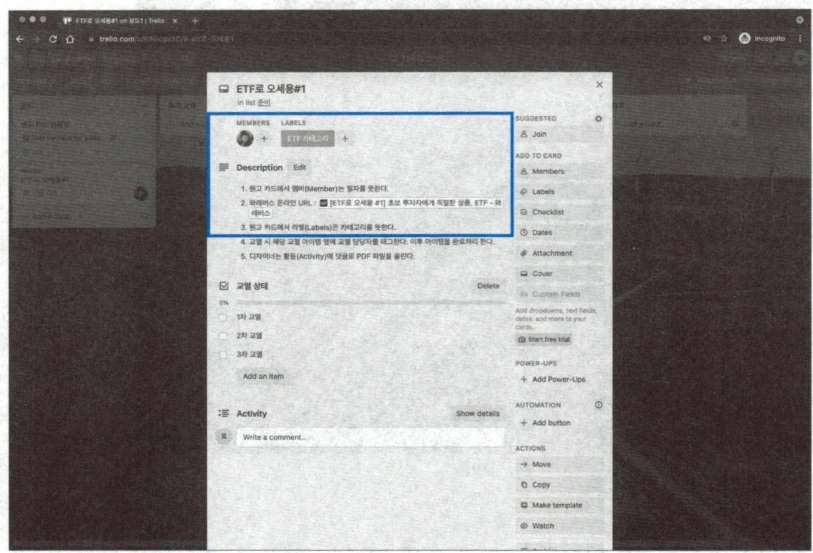

[그림 2-2-45] 원고 카드 1, 2, 3번을 채웠다

180 CHAPTER 2 조직에 협업 도구를 활용하자

필자를 선택하고 온라인 URL을 넣었다. 그리고 라벨도 ETF 카테고리로 넣었다. 흥미로운 것은 링크를 넣은 뒤 클릭하면 트렐로가 자동으로 링크 제목을 붙여 주는 것이다. 꽤 흥미로운 기능이다.

이제 1차 교열을 완료한 뒤 디자인 라인으로 카드를 옮기자. 교열 완료 시에는 태그를 잊지 말자.

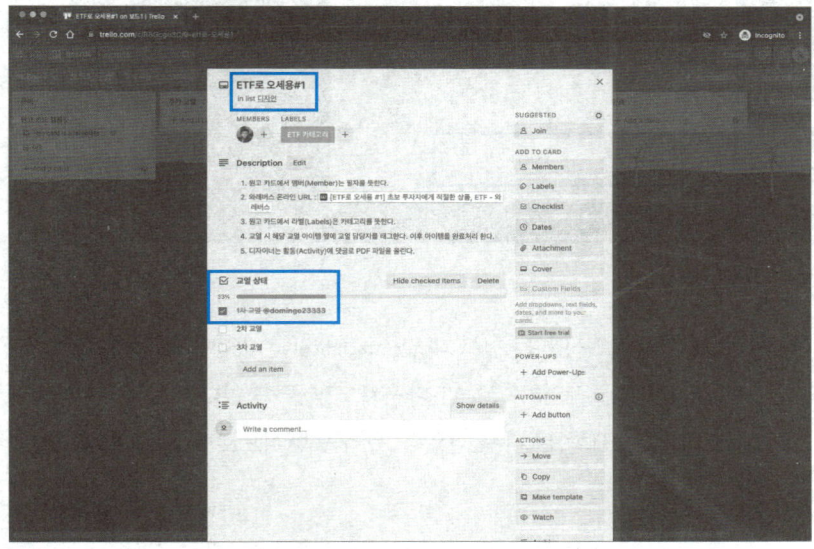

[그림 2-2-46] 1차 교열 완료 후 디자인으로 옮겼다

1차 교열 완료 후 디자인으로 옮기면 [그림 2-2-46]처럼 1차 교열 아이템이 완료 처리돼 있고, 카드는 디자인 라인에 있음을 확인할 수 있다.

디자인 라인에 왔으니 디자인된 파일을 올려 보자. 여기서는 PDF가 아닌 이미지 파일을 올려 보겠다.

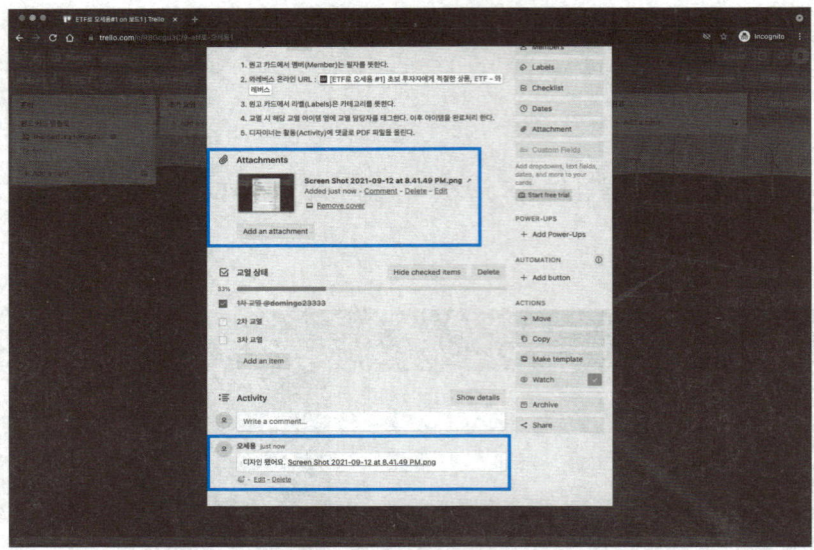

[그림 2-2-47] 디자인 파일을 올렸다

디자인 파일을 활동 내 댓글로 올렸다. 첨부 파일(Attachments) 영역에서도 파일이 보이는 것을 확인할 수 있다. 파일은 작업자 모두가 다운로드받을 수 있다. 디자인된 파일에 PDF 편집기로 수정 사항을 표시한 뒤 다시 파일을 올리는 방식으로 디자이너와 협업하는 것이다.

이제 1차 교열을 마쳤으니 다시 원고 카드를 '추가 교열' 라인으로 옮겨 작업을 반복하면 되겠다. 역시 업무 카드를 옮기며 댓글로 수정된 파일을 올리고 확인하는 방식으로 진행하면 된다.

2.4 마무리

앞서 소개한 노션 화면과 완전히 같지는 않지만 트렐로도 충분히 무료 기능을 활용해 교열을 진행할 수 있음을 확인했다. [그림 2-2-47] 오른쪽을 보면 '커스텀 필드(Custom Fields)' 또는 'Add Power-Ups' 등을 확인할 수 있다. 이 기능들은 유료 기능이다. 유료 기능을 활용하면 앞서 소개한 노션과 더 비슷한 화면을 만들 수 있다. 하지만 무료 기능만으로도 충분히 교열 작업을 할 수 있다. 그리고 와레버스는 협업 도구를 활용해 종이책을 출판했다.

와레버스는 2년여 간 운영하며 몇 차례 제휴 및 파트너십을 제안받았다. 아직 본업을 내려 두고 비즈니스를 할 정도는 아니라고 판단해 진행하지 않았지만 가능성은 열려 있고 언제든 스타트업이 될 준비를 하고 있다.

이처럼 구글 독스, 트렐로 등을 활용해 미디어 스타트업을 운영할 수 있다. 앞서 소개한 내용은 꼭 미디어 스타트업이 아니라도 여러 업무에 적용할 수 있다. 구글 독스를 활용한 교열은 마케팅 등 콘텐츠 업무가 필요한 영역에서 사용할 수 있다. 트렐로를 활용한 업무는 반복 작업이 필요한 어떤 업무에서든 활용할 수 있다.

미디어 스타트업 와레버스는 필자가 본업을 이어 가며 틈틈이 진행하는 사이드 프로젝트다. 요즘 '부캐(부 캐릭터)'라 불리는 것과 같다. 지난 10년 동안 여러 영역에 욕심을 내며 다양한 분야를 경험했지만 지금까지 현업에서 일할 수 있던 이유는 본업을 소홀히 하지 않았기 때문이라고 생각한다. 본캐(본래 캐릭터)가 단단해야 부캐가 있다.

다음 CHAPTER에서는 본캐에서 협업 도구를 활용한 사례를 소개한다. 개발자로 일하며 개발 조직에 협업 도구를 활용한 사례다.

3
협업 도구로
개발 조직을 운영하자

협업 도구를 활용해 신사업을 위한 자료를 조사하고 종이책을 출판하는 등 활용 사례를 알아봤다. 두 사례는 실제 업무에서 활용할 수 있는 사례이며 쉽게 따라 할 수 있는 사례다. 하지만 쉬운 사례인 만큼 협업 도구를 가볍게 사용한 사례이기도 하다.

마지막으로 협업 도구를 다소 무겁게 사용한 사례를 소개한다. 지난 2년 동안 필자가 가장 많이 사용한 협업 도구이며 본업에서 개발 조직에 적용한 사례다.

필자가 서비스 개발자로 일하는 핀테크 스타트업 코드에프(CODEF)는 앞서 소개한 퍼소나 중 가장 마지막인 퍼소나 E에 해당한다. 2022년 상반기 기준 임직원 약 50명이 일하고 있으며 이 중 절반 이상이 개발 조직으로 구성돼 있다. 2019년 이후 조직이 두 배 이상 성장했으며 이 과정에서 필자는 다양한 역할을 수행해야 했다.

합류 초기에는 현재 운영하는 API 서비스 오픈을 앞둔 상태였다. 이때는 마치 퍼소나 A, SI 개발자처럼 오픈 일자를 지키려고 노력했다. 그리고 API 서비스 특성상 고객사 개발자가 우리 API를 사용하기 위한 문서가 필요했다. API 스펙을 더욱 명확하고 간결하게 표현해야 했다. API 개발 가이드 작성을 위해 퍼소나 C, IT 기자 능력치가 필요했다.

서비스를 오픈한 뒤에는 서비스를 안정적으로 운영해야 했다. 이때부터 퍼소나 E, 서비스 개발자 경험치를 쌓을 수 있었다. 서비스를 오픈하기 위해 달렸던 SI 개발자와는 서비스 운영이 또 다른 능력치가 필요했다.

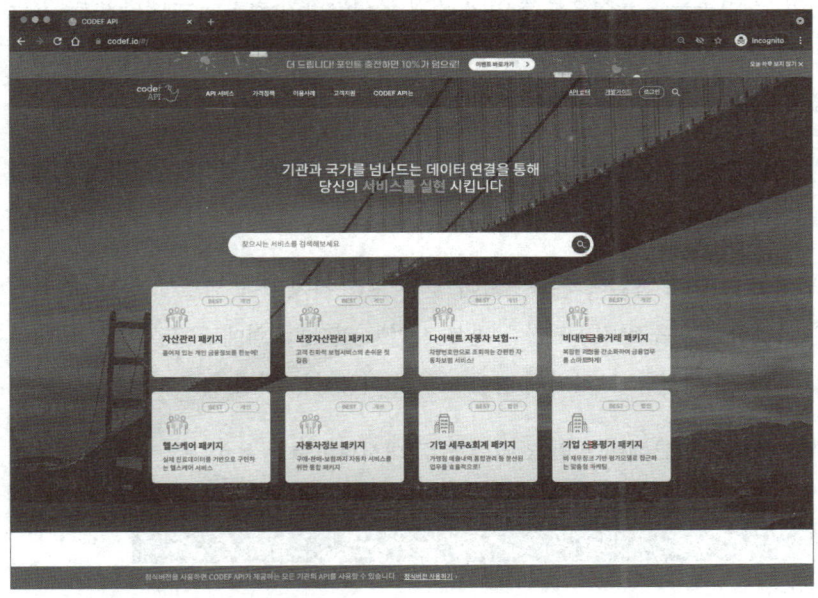

[그림 2-3-1] 코드에프 API 홈페이지

고객사가 늘어나며 우리는 다양한 숙제를 만났다. 서비스 본질인 기술은 물론 서비스를 고도화하기 위해 다양한 포지션에 팀원이 합류하며 조직 운영 측면에서도 숙제가 쌓였다. 이를 풀어내는 것도 벅찬데 성장을 위해서는 새로운 도전도 병행해야 했다. 신사업을 위한 아이디어도 필요했고 이를 위해 대부분 팀원이 동시에 여러 업무를 수행해야 했다.

우리는 다양한 경험을 가진 팀원으로 구성됐고 매 순간이 새로운 도전이었다. 누구에게나 매 순간이 처음이다. 이 과정은 항상 즐겁기만 할 수는 없었다. 따라서 우리는 서로를 믿고 이 많은 일을 함께 이겨 낼 수밖에 없었다.

필자 역시 이렇게 조직이 성장하는 과정에서 어떤 역할을 해야만 했다. 앞서 소개한 퍼소나 외에도 어떻게든 조직에 도움이 되고자 했다. 퍼소나 B, 스타트업 창업자 캐릭터가 깨어난 것인지 필자가 속한 조직을 성공으로 이끄는 데 도움이 되고 싶었다.

여러 아이디어 중 업무를 효율적으로 풀어내 조직 구성원의 능력치를 극대화할 수 있는 방안을 고민했다. 그리고 이를 위해 협업 도구 노션을 적용했다. 개발 조직에 협업 도구 노션을 적용해 업무를 효율적으로 풀어낸 방법을 소개한다.

협업 도구는 은탄환이 아니다. 각 조직에 어울리는 도구가 있다. 따라서 조직에 어울리는 적절한 도구를 찾는 노력이 필요하다.

개발 조직에 협업 도구를 적용했지만 조직이 갖는 모든 문제점을 해결할 수는 없었다. 몇몇 부분은 여전히 비효율적이며 귀찮은 반복 작업도 있다. 그럼에도 조직이 갖는 여러 문제점을 효율적으로 해결할 수 있기에 협업 도구를 사용하는 것이다.

소개에 앞서 스타트업 코드에프 개발 조직의 업무 대시보드를 공유한다.

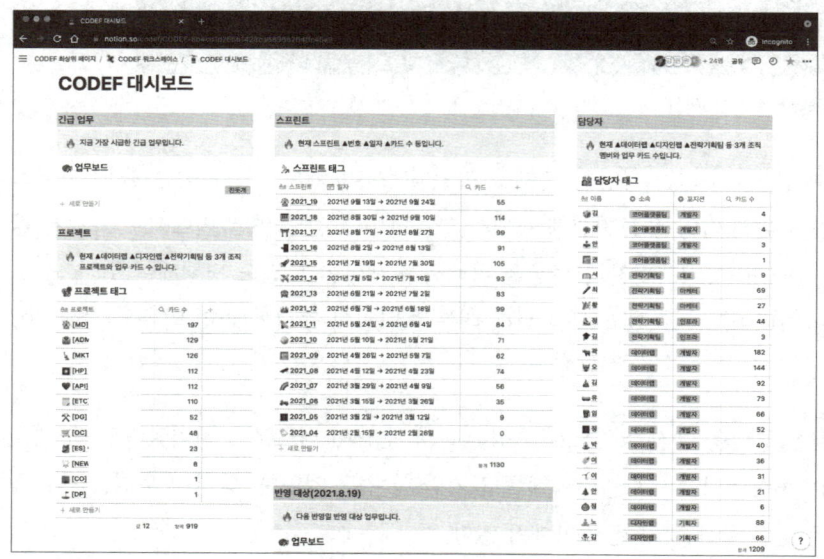

[그림 2-3-2] 코드에프 업무 대시보드

[그림 2-3-2]는 ▲개발 ▲기획 ▲디자인 등 서비스 개발에 참여하는 구성원이 활용하는 업무 보드 데이터를 한눈에 볼 수 있는 대시보드다.

시급한 업무인 ▲**긴급 업무**를 가장 먼저 확인할 수 있고 그 아래 프로젝트별 업무 카드 수를 볼 수 있다. 이어서 2주 단위 스프린트(Sprint) 내 업무 카드 수와 각 담당자별 카드 수를 확인할 수 있다.

협업 도구 노션은 애자일 스프린트 방법론만을 위한 도구는 아니다. 따라서 대시보드 내 데이터가 각 구성원의 업무를 완벽히 표현한다고 볼 수는 없다. 그래서 이 데이터를 업무 평가 등으로 활용하지는 않는다.

하지만 조직을 운영하면서 구성원의 대략적인 업무를 파악할 수 있어야 한다. ▲**각 구성원의 업무를 대략적으로 파악**할 수 있고 ▲**전반적인 조직 업무 흐름을 파악**할 수 있으며 ▲**각 구성원 사이 협업을 원활하게 돕는 협업 도구 노션 활용법**을 소개한다.

3.1 노션 워크스페이스 생성 및 게스트 초대

노션 업무 대시보드를 위한 순서는 다음과 같다.

1. 노션 워크스페이스 생성 및 게스트 초대
2. 노션 업무 태그 생성
3. 노션 업무 보드 생성
4. 노션 업무 대시보드 생성

먼저 노션 워크스페이스를 만들어 보자.

3.1.1 노션 워크스페이스 생성

노션에 접속해 왼쪽 위 이름을 누른다. 그리고 생성된 팝업에서 오른쪽 위 버튼을 누르면 워크스페이스를 생성할 수 있다.

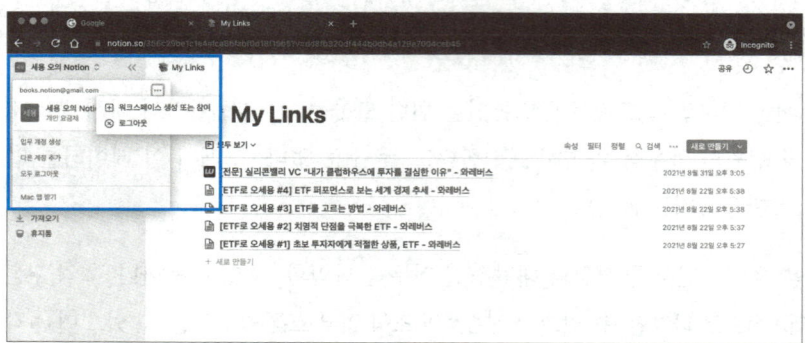

[그림 2-3-3] 노션 워크스페이스 생성

워크스페이스 생성을 누르면 ▲팀용 ▲개인용 등 두 가지 중 하나를 선택할 수 있다. 팀용 워크스페이스를 생성할 경우 팀용 요금제가 자동으로 설정된다. 개인용 워크스페이스는 개인용 요금제가 설정된다.

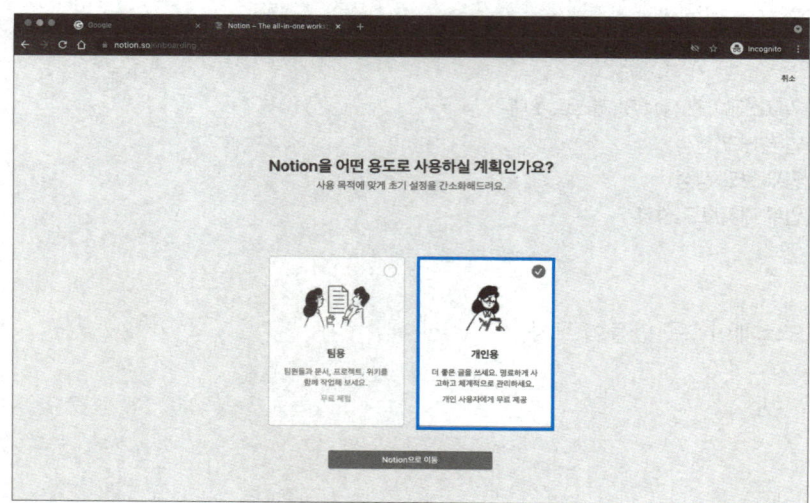

[그림 2-3-4] 노션 용도 선택

[CHAPTER 1-3 노션]에서 노션 기능을 소개하며 요금제에 관해 이야기했다. 다시 한번 정리하면 굳이 처음부터 팀 요금제를 사용할 필요가 없다. 개인 프로 요금제만으로도 팀원을 게스트로 초대해 활용할 수 있으며 이 경우 '개인 프로 요금제'인 월 4달러 가격이면 충분하다. 팀 요금제로 할 경우 인당 월 8달러 요금인데 처음부터 이 비용을 낼 필요는 없다. '고급 사용 권한' 기능이 필요해지는 시점에 업그레이드하면 된다.

[그림 2-3-5] 노션 요금제

이 책에서는 '개인 요금제' 무료 계정 1개와 게스트 2명 등 총 3명으로 노션 대시보드를 만들 것이다. 따라서 무료 요금제인 개인 요금제만으로도 충분하다. [그림 2-3-4] 화면에서 '개인용'을 선택하자.

3. 협업 도구로 개발 조직을 운영하자   189

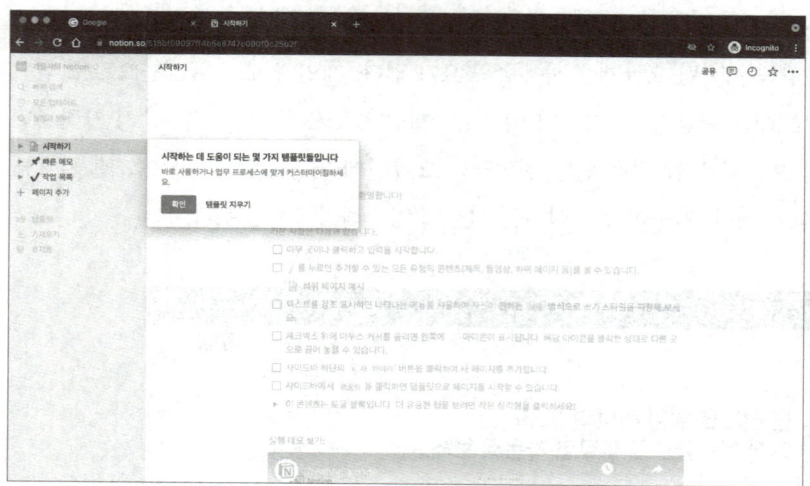

[그림 2-3-6] 개인용 노션 워크스페이스

'개인용' 워크스페이스를 선택하면 앞서 노션 생성 시 봤던 화면이 다시 나온다. 우리는 이 워크스페이스에서 하나씩 만들면 된다.

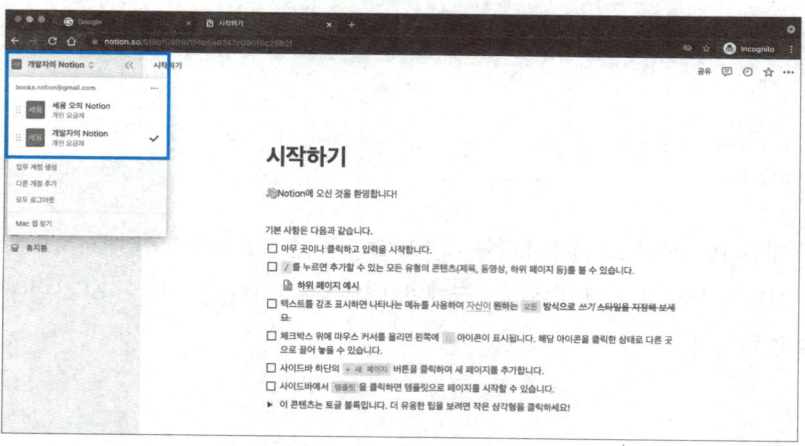

[그림 2-3-7] 새로운 워크스페이스 생성 완료

기존 '세용 오의 Notion' 외 '개발자의 Notion' 워크스페이스가 생긴 걸 확인할 수 있다. 워크스페이스 이름이 초기에 어떻게 생성되든 상관없다. 왼쪽 메뉴에서 '설정과 멤버' 버튼을 눌러 워크스페이스 이름을 수정할 수 있다.

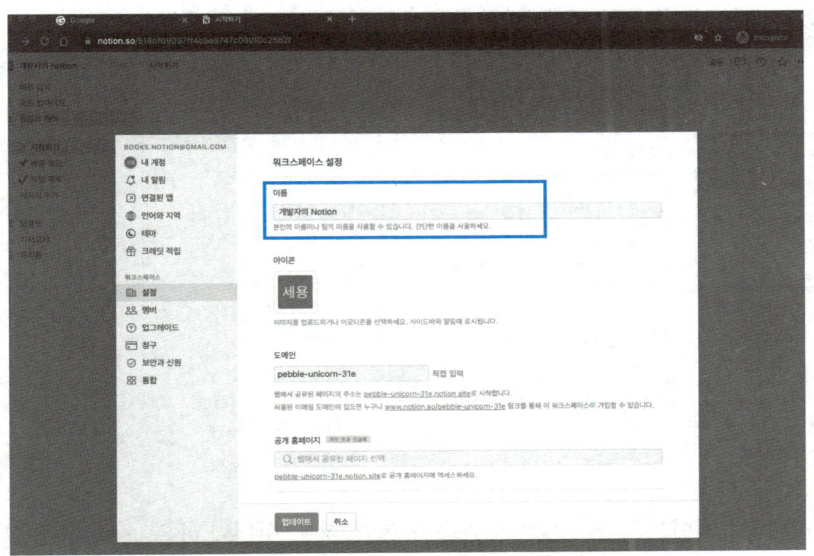

[그림 2-3-8] 워크스페이스 설정

워크스페이스 이름을 '도밍고 워크스페이스'로 바꿔 보자.

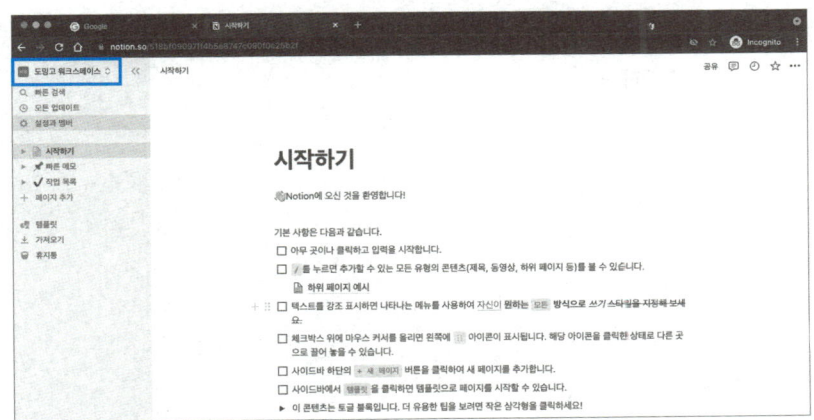

[그림 2-3-9] 도밍고 워크스페이스

자, 우리가 만들 워크스페이스를 만들었다. 팀원 초대에 앞서 워크스페이스 메인 화면을 만들자. ▲시작하기 ▲빠른 메모 ▲작업 목록 등 페이지를 제거하고 '시작 페이지'라는 페이지를 만들자.

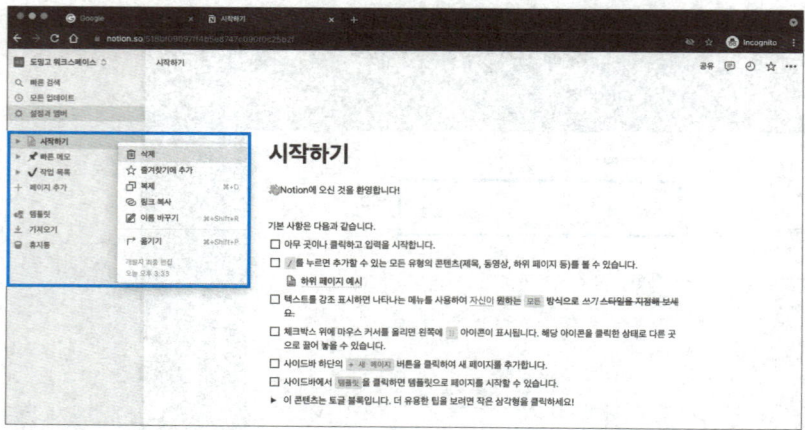

[그림 2-3-10] 페이지 삭제

삭제는 간단하다. 각 페이지 오른쪽 옆의 버튼을 누르면 '삭제' 버튼이 나온다. 이 버튼을 눌러 페이지를 삭제하자.

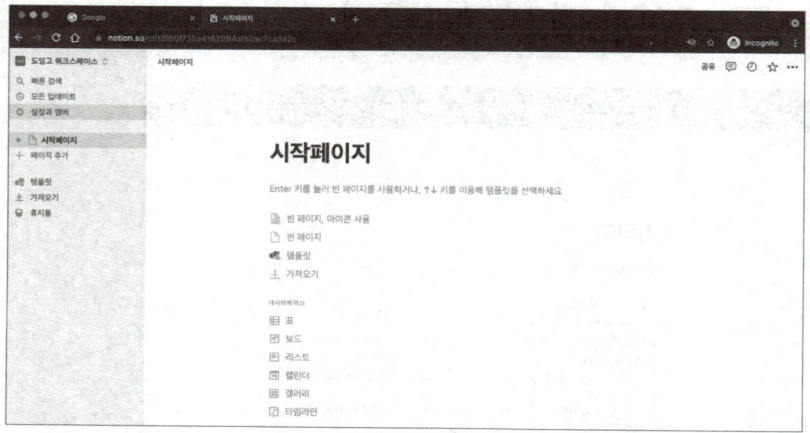

[그림 2-3-11] 시작 페이지 생성

'페이지 추가' 버튼을 눌러 빈 페이지를 만들고 이름을 '시작 페이지'로 지었다.

이제 팀원 초대 준비가 끝났다. 시작 페이지에 게스트를 초대하고 시작 페이지 하위에 여러 페이지를 만들면 초대된 게스트가 하위 페이지 모두에 권한을 갖는다. 게스트를 초대해 보자.

3.1.2 게스트 초대

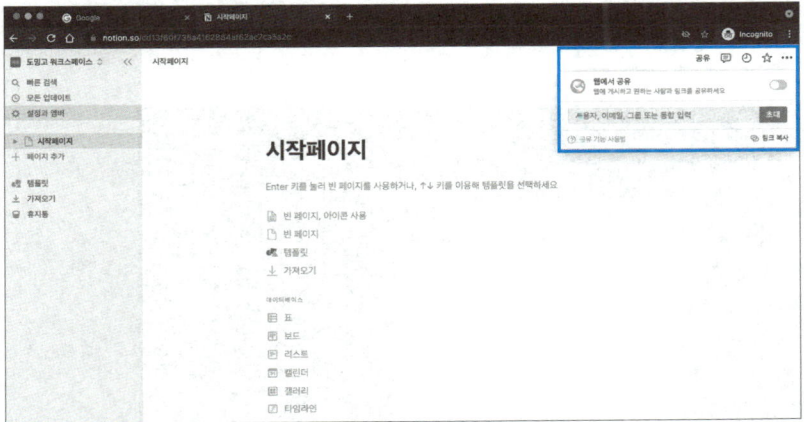

[그림 2-3-12] 페이지 공유

다시 한번 말하지만 처음부터 팀 요금제를 사용할 필요는 없다. 도밍고 워크스페이스에 '멤버'로 팀원을 초대하려면 팀 요금제가 필요하다. 이렇게 초대된 팀원은 모든 권한을 가질 수 있다. 하지만 인당 월 8달러로 작지 않은 금액이 필요하다.

시작 페이지에 팀원을 '게스트'로 초대하면 페이지 삭제 외 대부분 권한을 부여할 수 있다. 이렇게 하면 최대 5명까지 게스트로 무료 계정에 초대할 수 있다. 5명이 넘는 게스트가 필요할 경우 월 4달러 '개인 프로 요금제' 계정 1개만 결제하면 된다.

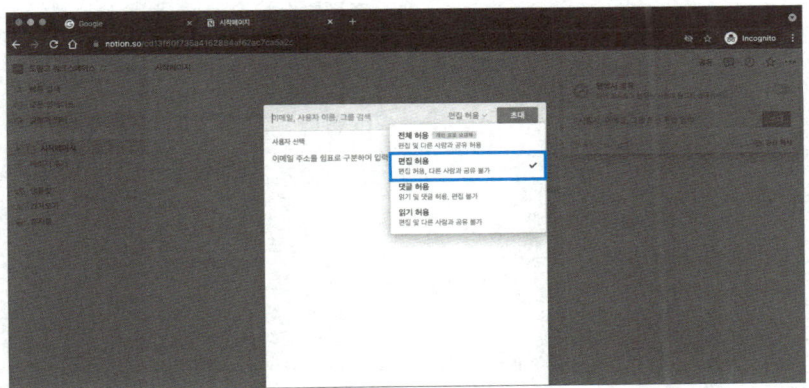

[그림 2-3-13] 게스트 초대

시작 페이지 오른쪽 위 '공유' 버튼을 누르고 '사용자, 이메일, 그룹 또는 통합 입력' 영역을 누르면 초대 팝업이 생성된다. 무료 요금제는 '편집 허용' 권한까지 부여할 수 있는데 이것만으로도 큰 문제가 없다.

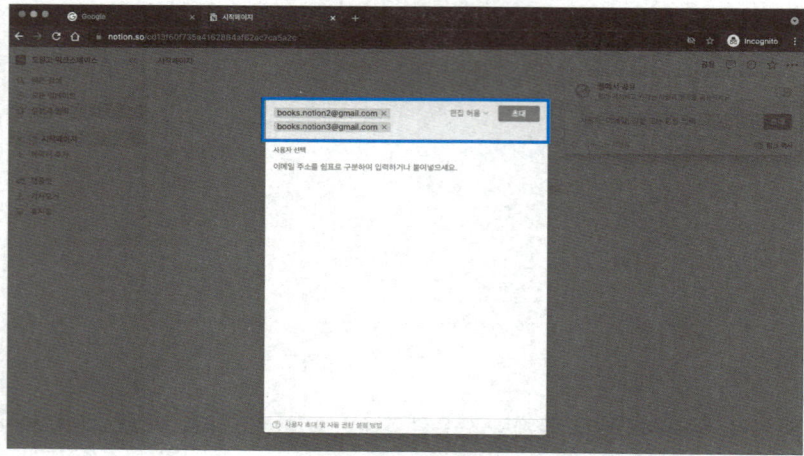

[그림 2-3-14] 2개 계정 초대

앞서 말한 것처럼 미리 만들어 둔 계정 2개를 초대하겠다. [그림 2-3-14]처럼 이메일 계정을 입력하고 초대 버튼을 누르면 된다.

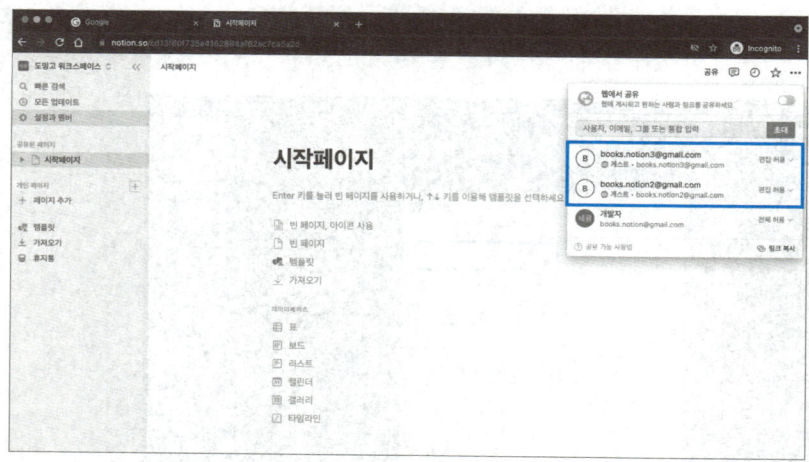

[그림 2-3-15] 게스트 초대 완료

초대 버튼을 누르면 [그림 2-3-15]처럼 초대된 계정이 '게스트' 태그와 함께 보인다. 아직 초대된 계정이 노션에 가입하지 않아서 이메일 주소가 보이는 것이다. 해당 이메일 주소로 노션에 가입하면 '도밍고 워크스페이스'로 초대된 화면을 확인할 수 있다. 이어서 계정 이름을 각 기획자, 디자이너 등으로 바꾸자.

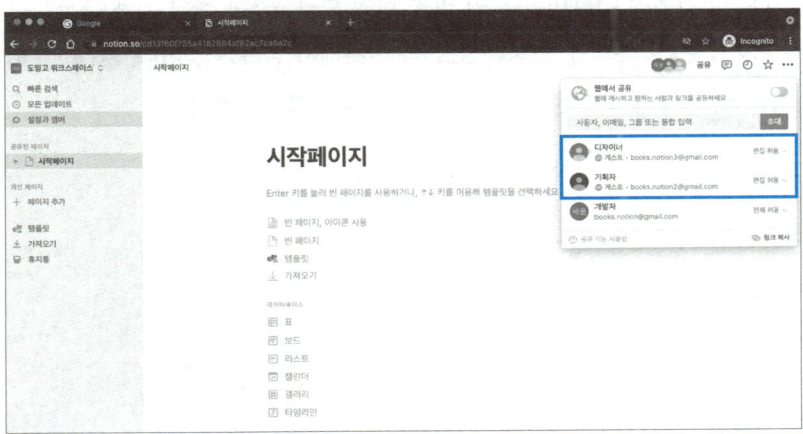

[그림 2-3-16] 3개 계정이 초대됐다

이제 시작페이지에 ▲개발자 ▲기획자 ▲디자이너 등 3개 계정이 초대됐다. 워크스페이스를 만들고 게스트를 초대했다. 이제 업무 태그를 만들어 보자.

3.2 노션 업무 태그

노션 업무 태그는 노션 업무 대시보드를 만들기 위한 핵심 기능이다. 앞서 대시보드를 간단히 소개하기도 했지만 다시 한번 우리가 협업 도구를 도입하는 목적에 관해 이야기할 필요가 있다. 우리가 협업 도구를 사용하는 이유는 반복 작업을 줄여 업무를 효율적으로 하기 위함이다. 즉, 반복 작업을 협업 도구에 시키겠다는 의미다.

협업 도구에 반복 작업을 시키려면 어떤 업무가 반복되는지 알아야 한다. 잠시 과거 업무 기억을 떠올려 보자. 업무 기억이 없다면 학창 시절 선생님을 떠올려 보자. 명확하지 않은 업무와 명확하지 않은 숙제가 있다. 업무를 이해하지 못한 채 지시하는 상사와 숙제의 목표를 이해하지 못한 채 지시하는 선생님. 우리가 이들의 요구를 명확히 수행할 수 있을까? 업무를 지시하는 사람도 명확히 업무를 알지 못하는데 누가 업무를 명확히 할 수 있을까?

마찬가지로 우리가 협업 도구에 반복 작업을 시키려고 해도 어떤 업무가 반복되는지 명확히 알아야 한다. 이 고민이 없다면 아무리 비싼 협업 도구를 사용한다고 해도 업무는 효율적으로 바뀌지 않는다. 따라서 '적절한 도구'를 반복해서 말하는 것이다. **자신이 고민해서 정리한 반복 작업을 수행할 수 있는 도구가 적절한 도구라고 할 수 있겠다.**

그리고 업무 태그는 바로 그 '반복 작업' 대상을 의미한다.

3.2.1 업무 태그란?

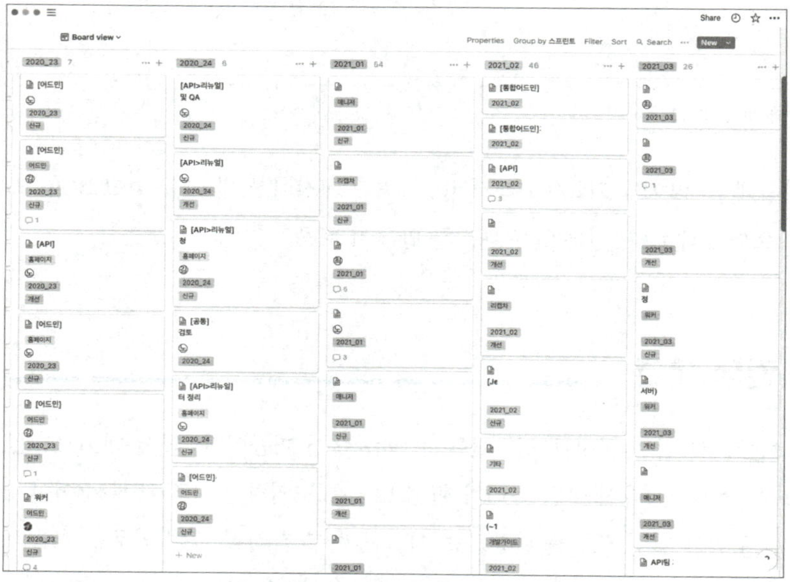

[그림 2-3-17] 2020년 업무 보드

[그림 2-3-17]은 필자가 회사에서 사용한 2020년 업무 보드다. 내부 정보로 보일 수 있는 부분을 가렸더니 꽤 많은 정보가 가려졌다. 하지만 업무 태그를 이해하는 데는 도움이 될 것이다.

당시 도입한 업무 보드는 꽤 많은 갈증을 해소해 줬다.

첫째, 업무 내용이 투명하게 공유됐다. 조직 구성원이 모두 바빠서 업무 공유가 부족하던 상황을 노션 업무 보드를 활용해 업무를 기록하니 자연스럽게 공유됐다. 업무를 노션에 기록해야 하는 불편함은 있었지만, 이는 어떤 협업 도구나 마찬가지다.

둘째, 업무가 많이 몰리는 포지션이 드러났다. 다른 구성원 업무를 온전히 이해하는 건 쉽지 않은 일이다. 언제나처럼 사람을 믿고 이해하는 것은 한계가 있다. 하지만 업무 보드를 둘러보면 어떤 포지션에 어떤 업무가 얼마나 돌리고 있는지 데이터로 증명할 수 있다. 객관성이 확보되는 것이다.

셋째, 조직이 어디에 힘쓰고 있는지 보인다. 조직은 신사업을 외치지만 실상 유지 운영에 꽤 많은 자원이 할애될 수 있다. 이때 경영진은 어떤 결정을 해야 하는데 업무 보드 데이터는 이 결정을 위한 근거 데이터가 될 수 있다. 결정이라 함은 어느 포지션에 사람을 뽑을지, 어떤 내부 정책을 도입할지 등이 되겠다.

이처럼 2020년 업무 보드는 많은 부분을 개선할 수 있도록 도왔다. 하지만 치명적인 단점이 있으니 앞서 말한 장점을 모두 수작업으로 해야 했다는 것이다.

우리는 업무를 2주 단위로 나눠서 집중하는 애자일 스프린트 방법론을 택했다. 2주 동안 업무를 진행한 뒤에는 2주 업무를 돌아보는 '회고' 시간을 갖는데, 이때 회고를 위한 데이터가 필요했다. 앞서 말한 ▲**어떤 업무를 했고** ▲**누가 얼마나 많은 업무를 했고** ▲**그래서 우리가 어떤 업무에 집중했는지** 등 말이다.

이 데이터를 위해 업무 보드에 할당된 인원을 필터링해 업무 카드 수를 파악했다. 처음에는 2~3명으로 시작한 스프린트가 5명, 10명을 넘어서자 매번 카드 수를 세는 것이 스트레스였다. 그리고 이 시간은 최소 30분 이상이 걸렸다. 정말이지 바보 같은 시간이었다.

심지어 시간이 흐를수록 카드 수를 대충 헤아리기 시작했다. 필터링 조건을 잘못 넣어 잘못된 숫자가 기록되기도 했다. 점점 카드 수는 중요해지지 않았고 협업 도구를 도입한 이유 또한 모호해졌다.

당시 필자가 원했던 건 명확했다. ▲누가 ▲어떤 업무를 ▲언제 ▲얼마나 했는지를 자동으로 측정하는 것. 이를 통해 어느 포지션에 어떤 업무가 얼마나 몰리는지 파악하는 것. 그래서 조직이 어떤 방향으로 업무를 하고 있는지 한눈에 파악하는 것이었다. 즉, 시스템을 만드는 것이었다.

업무 태그는 이를 가능하게 했다. 업무 태그에 ▲'누가'를 뜻하는 담당자 태그를 만들고 ▲'어떤 업무'를 뜻하는 프로젝트 태그를 만들고 ▲'언제'를 뜻하는 스프린트 태그를 만들면 자동으로 ▲얼마나 했는지를 파악할 수 있다. 그렇게 2021년, 업무 태그로 개선된 업무 보드는 전체 업무 흐름을 한눈에 볼 수 있는 시스템이 됐다. 업무 태그를 한번 만들어 보자.

3.2.2 업무 태그 페이지 만들기

거창하게 들렸을지 모르겠지만 사실 업무 태그는 무척 간단하다. 앞서 노션 데이터베이스를 소개했는데 이게 바로 업무 태그다. 당장 이해가 되지 않아도 상관없다. 이 글을 쓰고 있는 필자 역시 업무 태그를 이해하는 데 시간이 걸렸다.

업무 태그는 ▲'누가'를 뜻하는 담당자 태그 ▲'어떤 업무'를 뜻하는 프로젝트 태그 ▲'언제'를 뜻하는 스프린트 태그 등 3개를 만들 것이다.

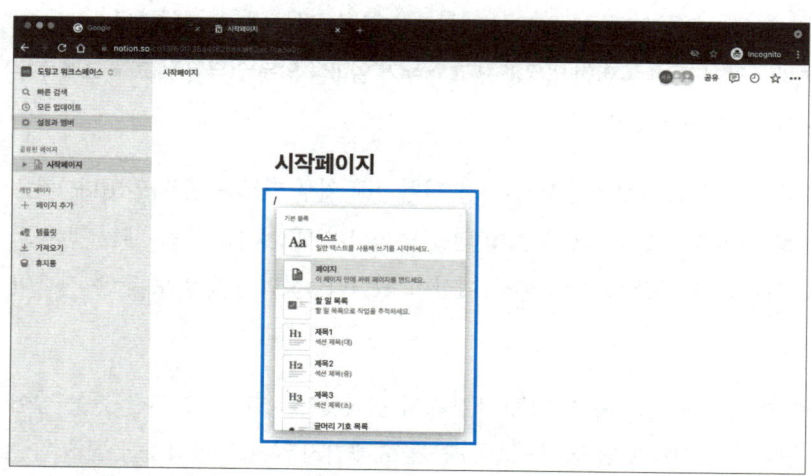

[그림 2-3-18] 페이지 생성

먼저 업무 태그 페이지를 만들 것이다. 슬래시(/)를 눌러 페이지를 선택해 '업무 태그 페이지'를 만들자.

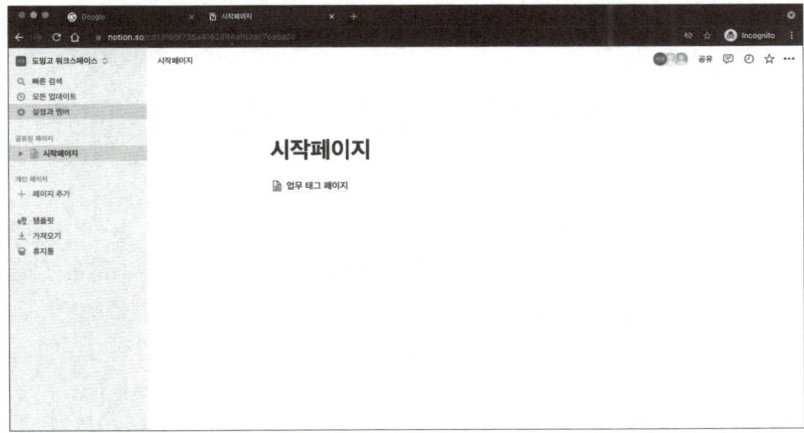

[그림 2-3-19] 업무 태그 페이지 생성

앞서 말했듯 시작 페이지가 기준이 되며 시작 페이지 하위에 모든 데이터를 만들 것이다. 혹시 게스트 권한이 유지되는지 궁금할 수 있다.

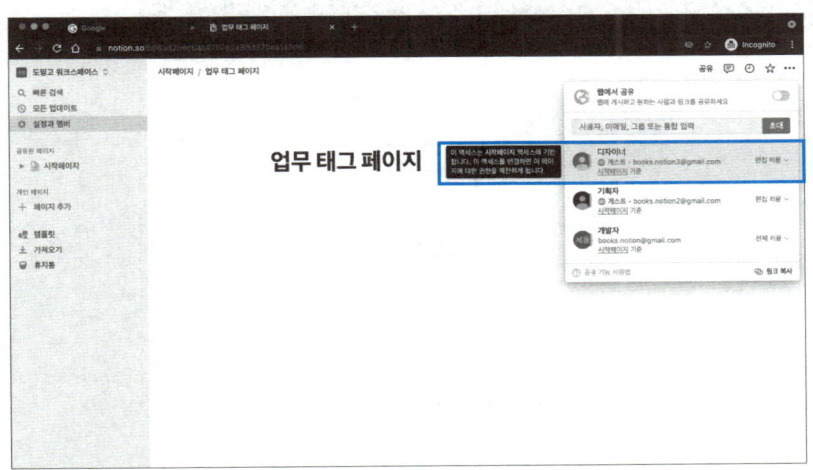

[그림 2-3-20] 업무 태그 페이지 게스트 권한

3. 협업 도구로 개발 조직을 운영하자　199

업무 태그 페이지에 들어가 오른쪽 위 '공유' 버튼을 눌러 보자. 앞서 시작 페이지와 마찬가지로 기획자, 디자이너 등 게스트에게 '편집 허용' 권한이 정상적으로 부여되었음을 알 수 있다. 또한 게스트에 마우스를 올리면 이런 문구가 보인다.

> 이 액세스는 시작 페이지 액세스에 기반합니다. 이 액세스를 변경하면 이 페이지에 대한 권한을 제한하게 됩니다.

즉, 시작 페이지 권한을 수정하지 않으면 업무 태그 페이지 권한도 수정되지 않은 것을 알 수 있다. 이제 담당자 태그를 만들어 보자.

3.2.3 담당자 태그 만들기

업무 태그는 모두 노션 데이터베이스로 만든다. 노션 데이터베이스에 관한 설명이 필요하다면 [CHAPTER 1]을 다시 읽어 보도록 하자.

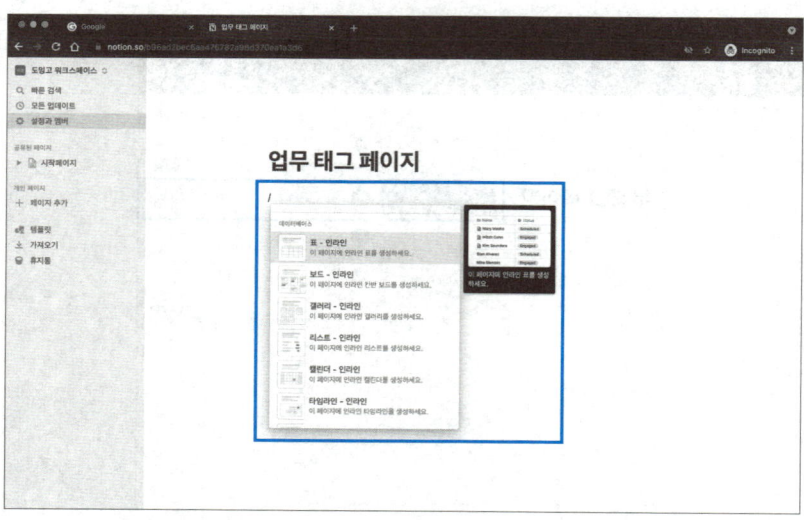

[그림 2-3-21] '표 - 인라인' 데이터베이스

업무 태그는 간단히 표로 정보를 확인할 수 있으면 된다. '표 - 인라인' 데이터베이스를 만들자.

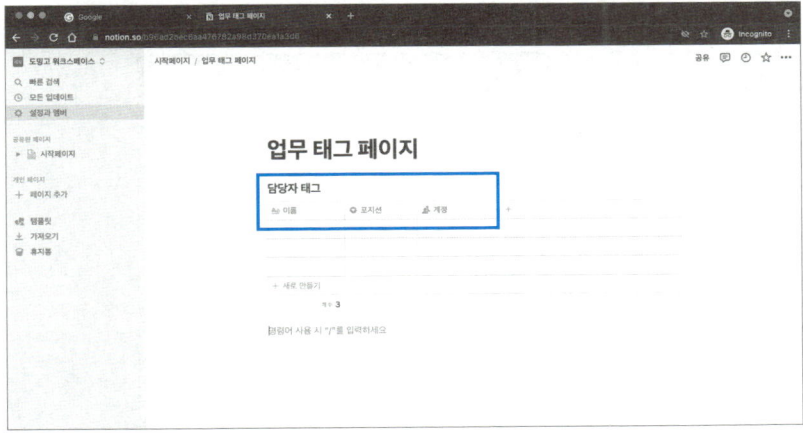

[그림 2-3-22] 담당자 태그

'표 - 인라인' 데이터베이스명을 '담당자 태그'로 하자. 그리고 제목 속성은 '이름'으로, 선택 속성은 '포지션'으로, 사람 속성은 '계정' 등으로 추가하자.

이제 [그림 2-3-22] 화면에 앞서 초대한 게스트 등 3개 계정을 추가할 것이다.

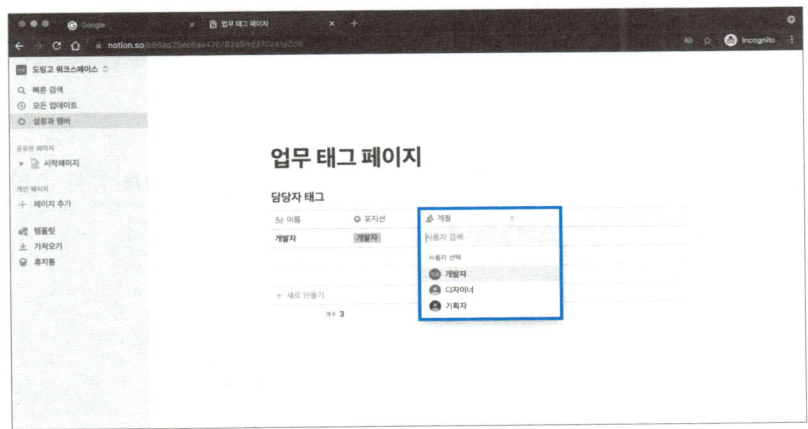

[그림 2-3-23] 담당자 태그 추가

명확함을 위해 이름, 포지션, 계정 등이 모두 같은 텍스트로 됐다. 앞서 속성값을 추가하는 설명은 했으니 생략하도록 한다. 조직에 따라 이름과 더불어 팀명, 부서명 등을 추가해도 좋다. 나머지 2개 계정도 추가하자.

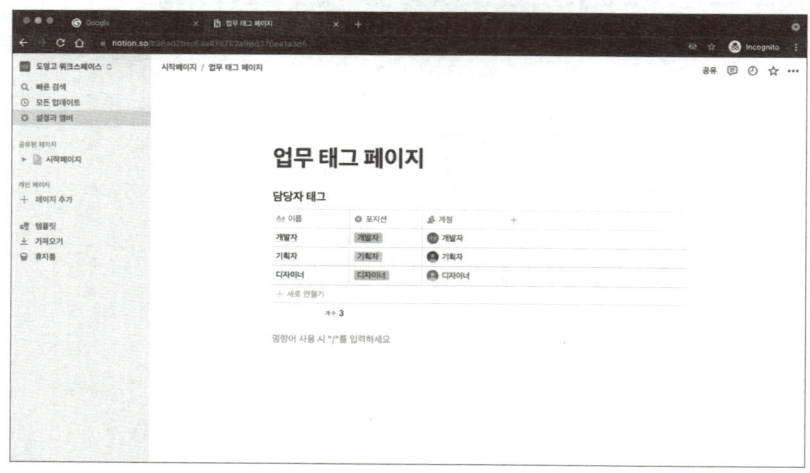

[그림 2-3-24] 담당자 태그 완성

담당자 태그가 완성됐다. 지금은 이게 무엇을 의미하는지 이해가 가지 않을 수 있다. 괜찮다. 업무 보드를 생성하며 담당자 태그를 활용할 때까지 담당자 태그는 이대로 두자. 다음은 프로젝트 태그다.

3.2.4 프로젝트 태그 만들기

프로젝트 태그는 '어떤 업무'를 뜻한다. 프로젝트 태그는 ▲**프로젝트명** ▲**내용** 등을 추가할 것이다. 담당자 태그와 마찬가지로 '표 - 인라인' 데이터베이스를 활용한다.

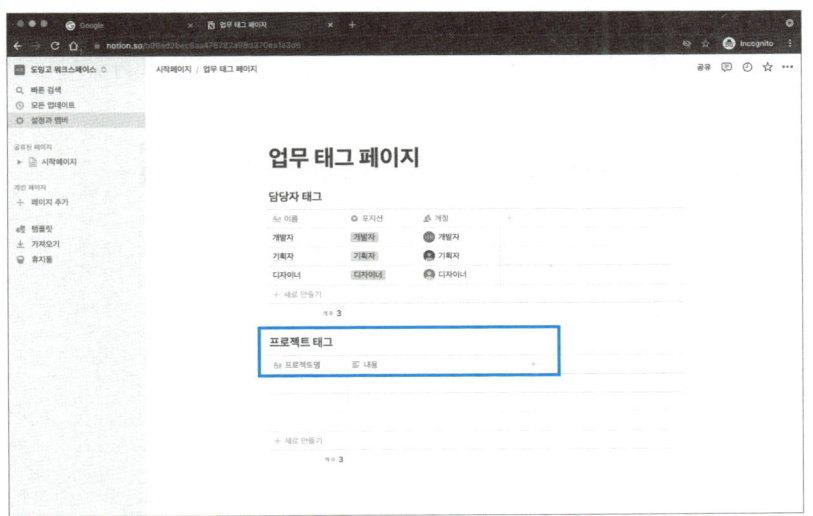

[그림 2-3-25] 프로젝트 태그 생성

이제 프로젝트 태그를 채워 보자. 5가지 정도 넣어 볼 것이다.

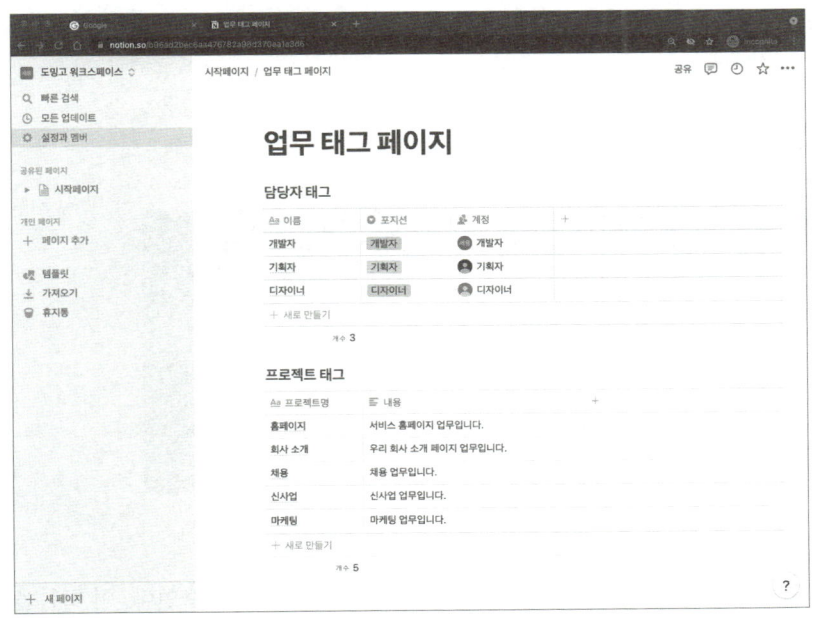

[그림 2-3-26] 프로젝트 태그 완성

3. 협업 도구로 개발 조직을 운영하자   203

▲홈페이지 ▲회사 소개 ▲채용 ▲신사업 ▲마케팅 등 5개 프로젝트를 만들었다. 그런데 텍스트만 있으니 조금 밋밋하다. 노션은 페이지에 아이콘을 제공한다. 이를 추가해 보자.

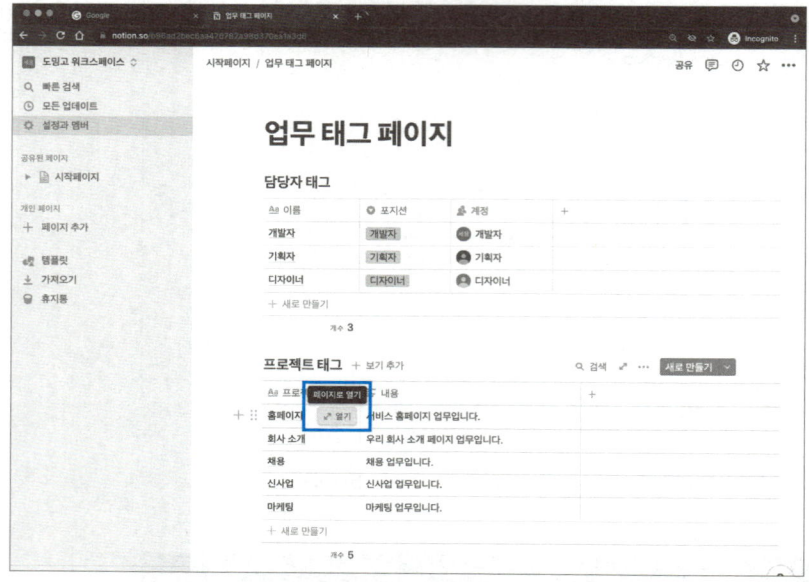

[그림 2-3-27] 표 페이지 열기

표 이름 옆에 마우스를 올리면 '열기' 버튼이 보인다. 열기 버튼을 누르자.

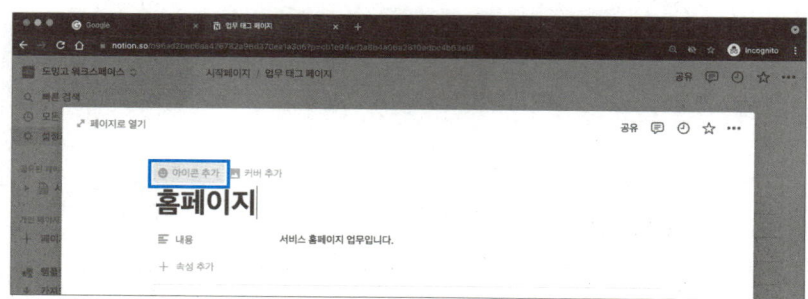

[그림 2-3-28] 아이콘 추가

페이지를 열고 페이지 명 위에 마우스를 올리면 '아이콘 추가' 버튼이 보인다. 이 버튼을 누르면 랜덤으로 아이콘이 추가된다.

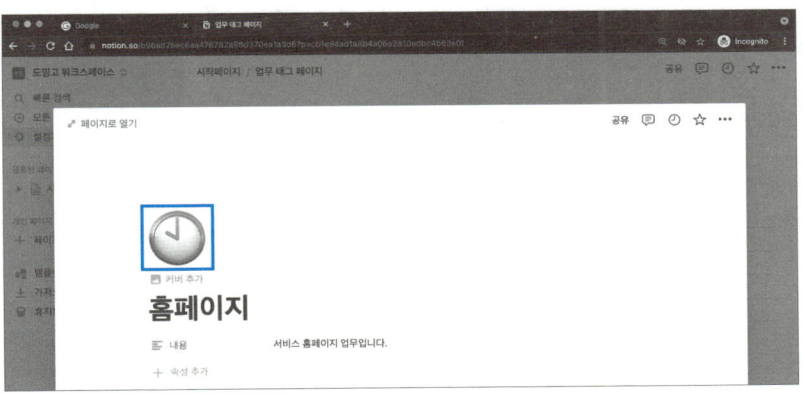

[그림 2-3-29] 랜덤으로 추가된 아이콘

시계 아이콘이 추가됐다. 이 아이콘은 노션이 랜덤으로 추가한 아이콘이다. 만약 이 아이콘이 싫다면 변경할 수 있다. 시계 아이콘을 눌러 보자.

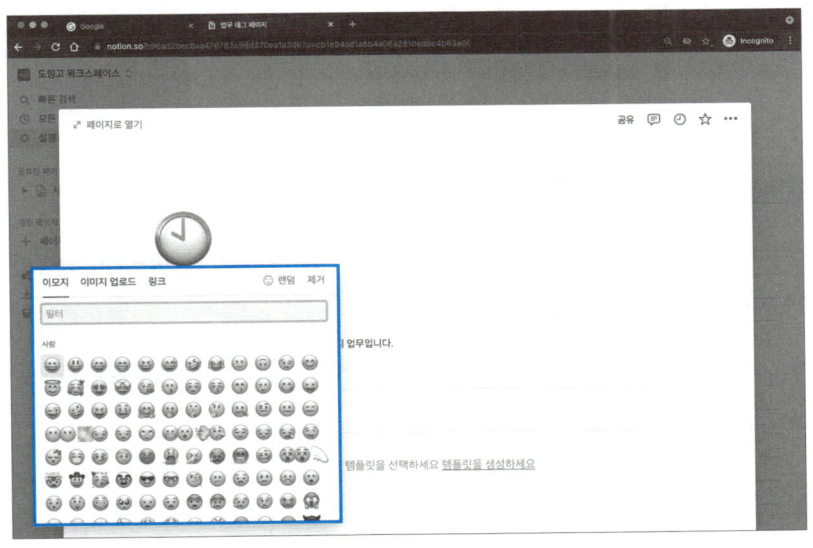

[그림 2-3-30] 아이콘 변경

아이콘을 누르면 노션이 제공하는 이모지가 보이며, 만들어 둔 아이콘이 있다면 업로드해서 사용할 수도 있다. 업무 태그에서는 밋밋함을 없애는 게 목적이니 모든 태그에 임의로 아이콘을 넣어 보겠다.

3. 협업 도구로 개발 조직을 운영하자 205

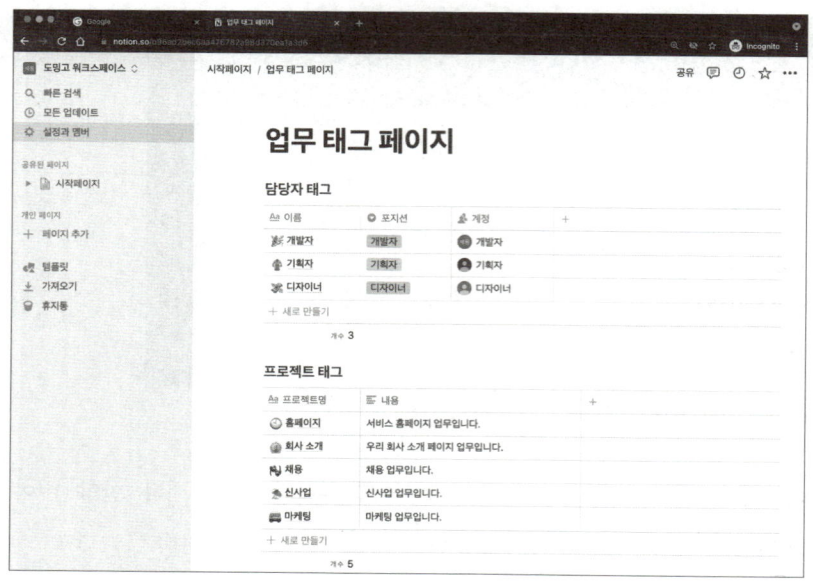

[그림 2-3-31] 아이콘을 모두 추가했다

아이콘을 모두 추가하니 밋밋함이 사라졌다. 마지막으로 스프린트 태그도 만들어 보자.

3.2.5 스프린트 태그 만들기

스프린트 태그는 '언제'를 뜻한다. 간단히 2주 단위로 업무를 나눠서 진행한다고 생각하면 된다. 환경에 따라 3주나 4주도 상관없다.

마찬가지로 '표 - 인라인' 데이터베이스를 활용한다. 스프린트 태그에는 ▲스프린트명 ▲일자 등을 추가하자. 일자는 '날짜' 속성으로 넣으면 된다.

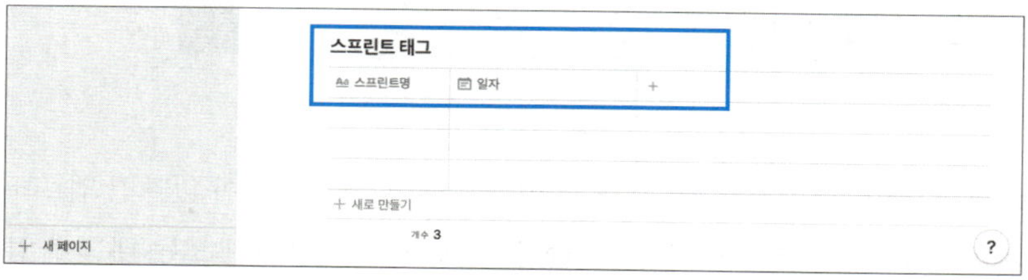

[그림 2-3-32] 스프린트 태그 생성

이제 스프린트 태그를 넣을 것이다. 스프린트명은 자유롭게 하면 된다. 필자는 연도와 언더바(_) 그리고 인덱스를 넣는다. 연도는 2021년으로 인덱스는 1부터 시작하자.

날짜는 2021년 9월 13일부터 2주 단위로 넣어 보자.

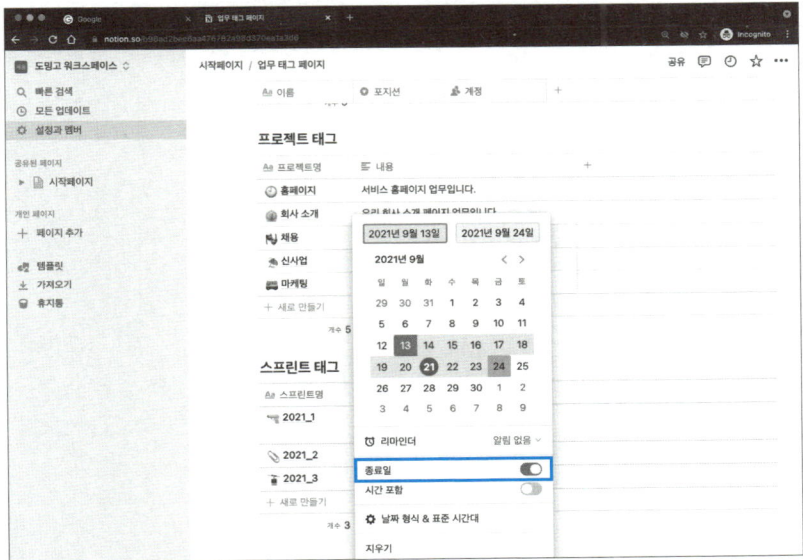

[그림 2-3-33] 스프린트 태그 넣기

날짜는 '종료일'을 켜야 기간으로 넣을 수 있다. 마찬가지로 스프린트 2021_2는 9월 27일부터 10월 8일까지로 넣으면 되겠다.

이제 스프린트 태그까지 완성했다. 여기까지는 그냥 표 데이터베이스를 만든 것이다. 이제 이 태그를 업무 보드에 연결해서 사용하고, 이어서 대시보드까지 활용해 보자.

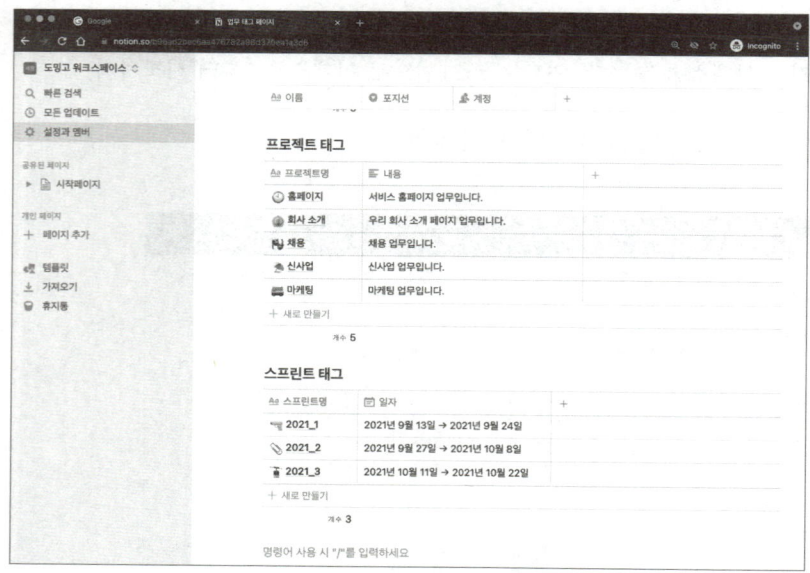

[그림 2-3-34] 스프린트 태그 완성

3.3 노션 업무 보드

노션 업무 보드는 앞서 소개한 트렐로 보드와 같은 형식이다. 트렐로를 활용해 종이책 교열을 보는 기능으로 소개했다. 칸반 보드 형식으로 업무 카드를 움직여 업무 상태를 표시하는 방식이다.

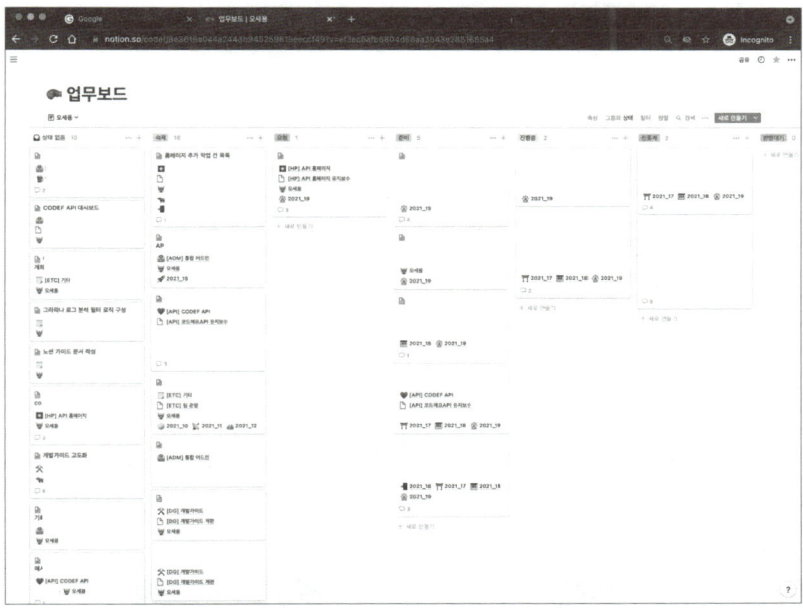

[그림 2-3-35] 업무 보드

[그림 2-3-35]는 필자가 회사에서 사용하는 업무 보드다. 내부 정보 이슈로 대부분 텍스트를 지웠지만 업무 보드를 이해하는 데는 어려움이 없다. 각 카드를 업무로 보면 되고 업무 상태에 따라 좌우로 카드를 이동하는 방식이다.

앞서 만들어 둔 업무 태그를 활용해 업무 보드를 구성할 것이다.

3.3.1 업무 보드 만들기

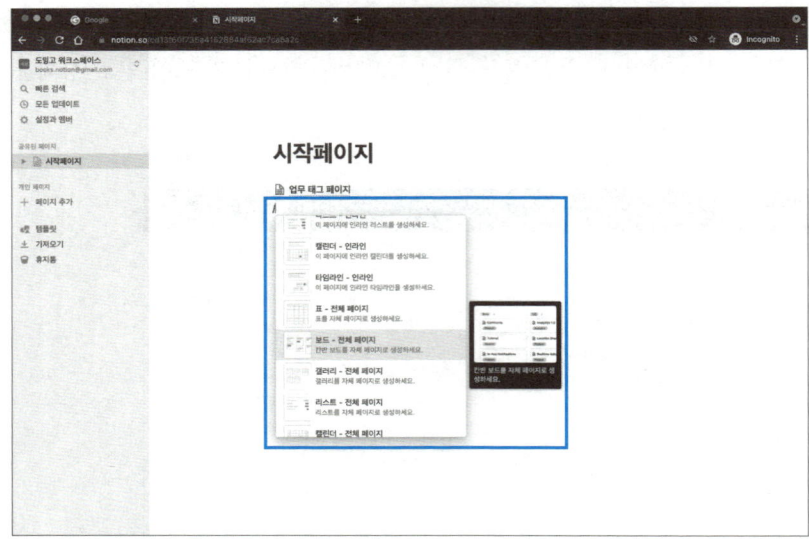

[그림 2-3-36] 보드 - 전체 페이지 만들기

업무 보드를 만들어 보자. 먼저 시작 페이지로 이동해 '보드 - 전체 페이지'를 만들자. 업무 보드이니 업무에만 집중할 수 있게 전체 페이지로 만드는 것이다.

[그림 2-3-37] 업무 보드 생성

3.3.2 업무 태그 속성 추가

업무 보드를 만들었다. 어떤 속성값이 있는지 카드를 열어 보자.

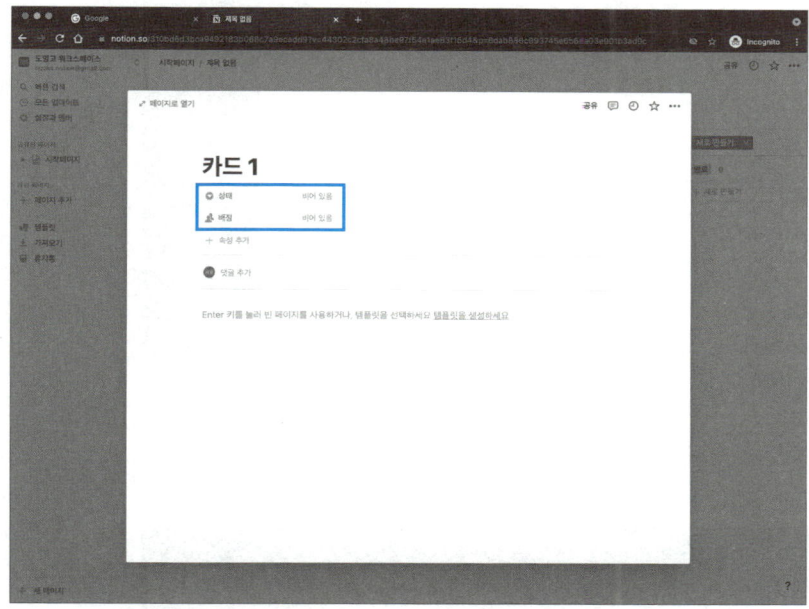

[그림 2-3-38] 카드 1 페이지

카드 구성은 간단하다. 상태와 배정 등 2개뿐이다. 우리는 여기서 상태 값만 사용할 것이다. 상태 값은 ▲시작 전 ▲진행 중 ▲완료 등이 기본으로 생성된다. 상태 값은 그대로 사용하자.

이제 업무 카드에 속성값을 추가할 것이다. 현재 '배정'은 사용하지 않으니 제거하고 앞서 추가한 업무 태그인 ▲담당자 태그 ▲프로젝트 태그 ▲스프린트 태그 등 3개 태그를 추가하자. 먼저 배정을 삭제하고 담당자 태그를 넣어 보자.

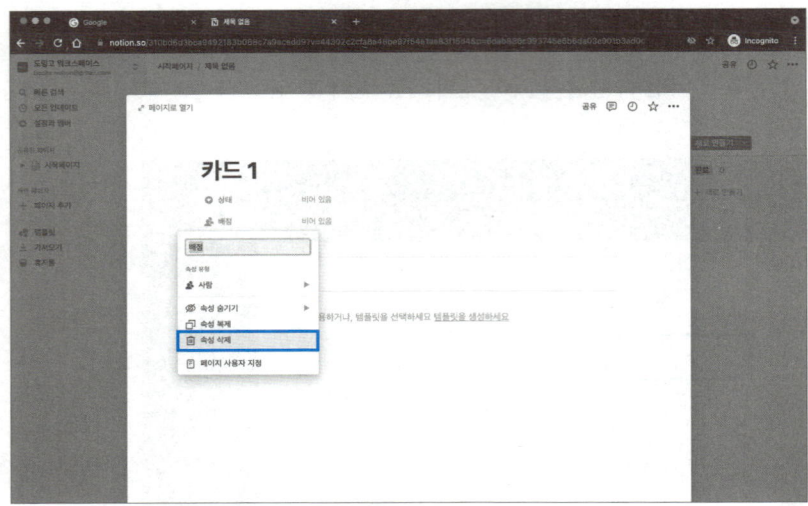

[그림 2-3-39] 속성 삭제

배정 텍스트를 누르면 속성을 삭제할 수 있다. 간단히 삭제하자.

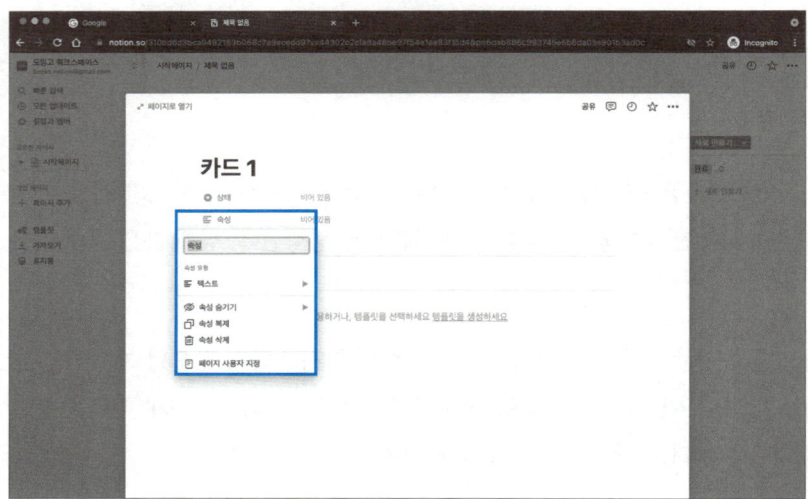

[그림 2-3-40] 속성 추가

속성 추가 버튼을 누르면 텍스트 속성이 '속성'이라는 이름으로 바로 생성된다. 이제 이 속성을 담당자 태그로 바꿔 보자.

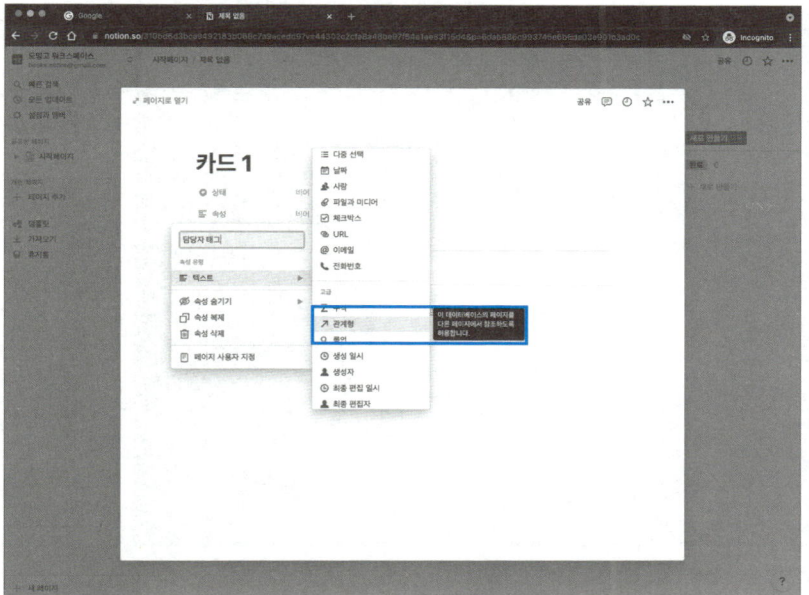

[그림 2-3-41] 담당자 태그 추가

속성명을 '담당자 태그'로 바꾸자. 그리고 속성 유형은 '관계형'으로 선택한다. 관계형 속성에 마우스를 올리면 다음과 같이 나온다.

> 이 데이터베이스의 페이지를 다른 페이지에서 참조하도록 허용합니다.

말이 다소 어려울 수 있다. 쉽게 말하면 이 데이터베이스와 다른 데이터베이스를 연결하는 것이다. 데이터베이스라는 단어에서 겁먹을 필요 없다. 우리가 계속 만들어 온 노션 표, 보드 등이 데이터베이스다. 앞서 만든 업무 태그가 모두 데이터베이스이고 업무 보드도 데이터베이스다. 즉, 업무 태그와 업무 보드를 연결하는 것이다.

일단 '관계형' 속성을 눌러 보자.

3. 협업 도구로 개발 조직을 운영하자 **213**

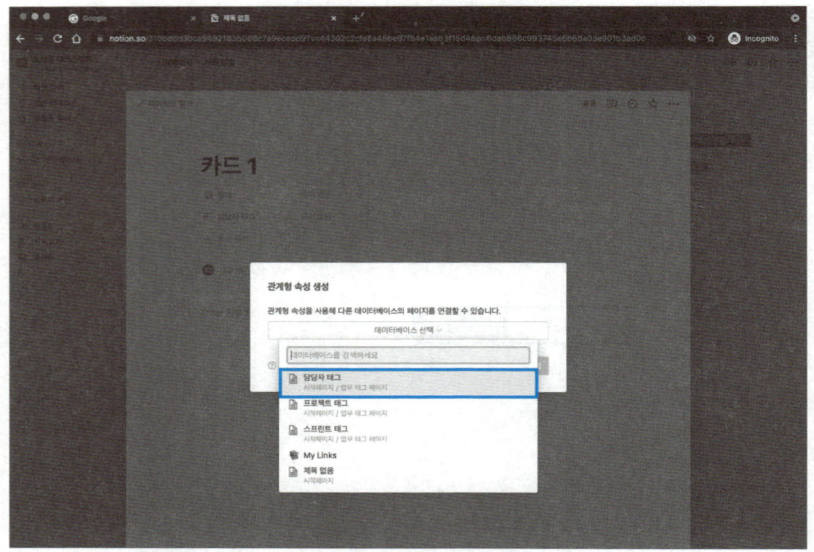

[그림 2-3-42] 관계형 속성 생성

우리가 만들었던 업무 태그인 ▲담당자 태그 ▲프로젝트 태그 ▲스프린트 태그 등이 모두 보인다. 이번에 추가할 것은 담당자 태그라고 했다. 담당자 태그를 선택하자.

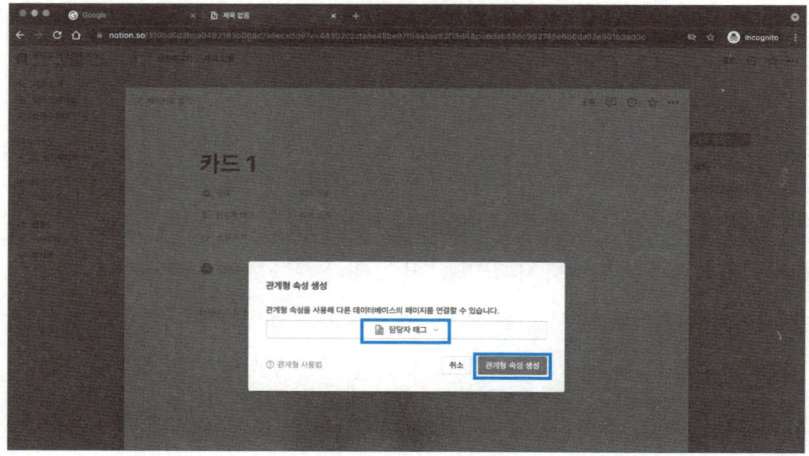

[그림 2-3-43] 관계형 속성 생성 완료

담당자 태그 데이터베이스를 선택하고 '관계형 속성 생성' 버튼을 누르자.

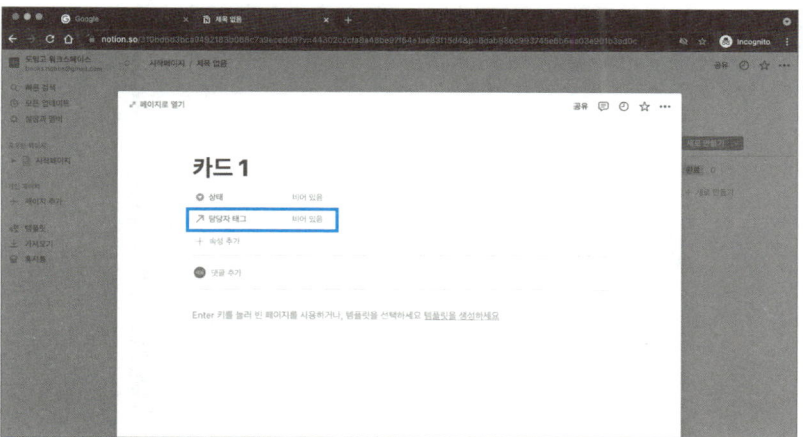

[그림 2-3-44] 담당자 태그 추가 완료

담당자 태그가 추가됐다. 앞서 상태 속성에 ▲시작 전 ▲진행 중 ▲완료 등 3개 속성값이 있는 것을 확인했다. 그렇다면 담당자 태그 속성에는 어떤 값이 있을까?

[그림 2-3-45] 담당자 태그 속성값

▲기획자 ▲개발자 ▲디자이너 등 3개 값이 보인다. 그리고 각 행은 ▲이름 ▲포지션 ▲계정 등 값을 갖는다. 각 행 왼쪽에 마우스를 올리면 플러스(+) 버튼과 함께 '관계형에 페이지 추가'라는 문구가 보인다. 기획자 옆 플러스 버튼을 눌러 기획자 항목을 추가하자.

3. 협업 도구로 개발 조직을 운영하자   215

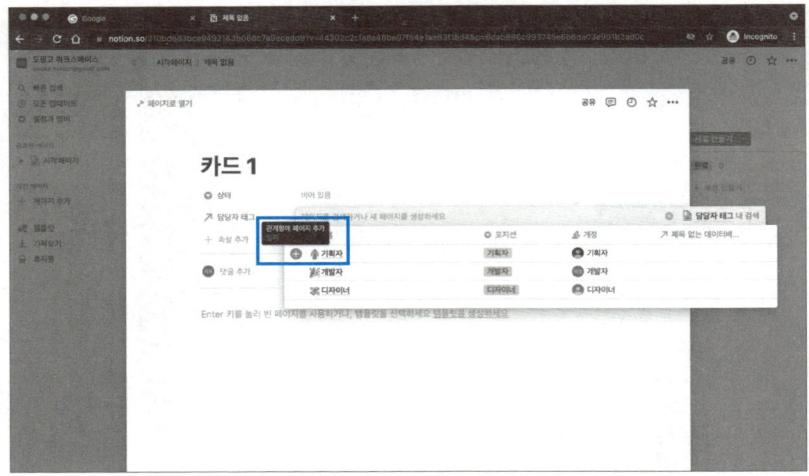

[그림 2-3-46] 기획자를 추가하자

그런데 이 값들은 어디서 많이 보던 것 아닌가. 카드를 닫고 업무 태그를 만들었던 페이지로 이동해 보자.

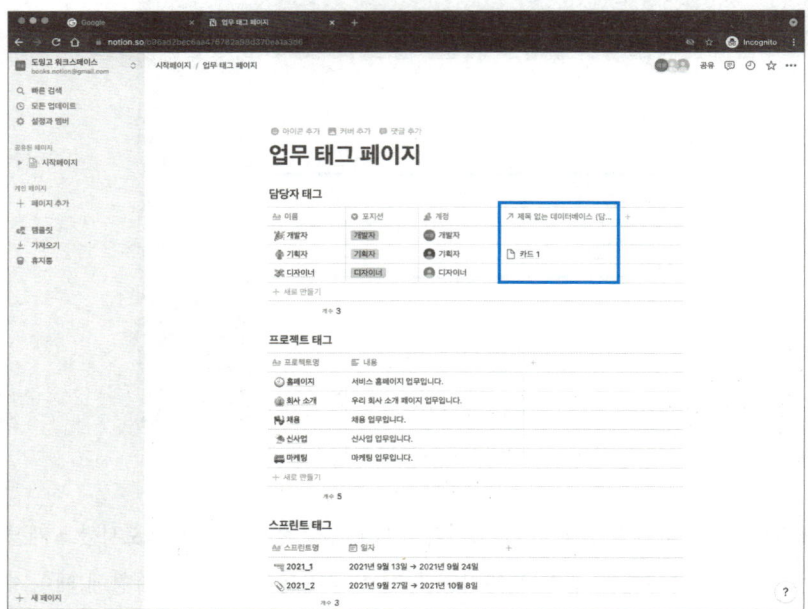

[그림 2-3-47] 업무 태그 페이지

그렇다. 우리가 추가한 것은 담당자 태그 데이터베이스다. 그리고 담당자 태그 데이터베이스 마지막 열을 보면 오른쪽 위를 가리키는 화살표와 함께 '제목 없는 데이터베이스(담당자 태그)' 속성이 보인다. 그리고 기획자 행에 '카드 1'이 추가돼 있다.

[그림 2-3-46]을 보면 업무 보드 데이터베이스에 이름을 설정하지 않아 '제목 없음'으로 돼 있다. 그래서 '제목 없는 데이터베이스'라고 표시됐다. 그리고 '카드 1'에 기획자를 추가했다. 즉, '카드 1'과 담당자 태그 데이터베이스가 연결됐다.

다시 업무 보드로 돌아가 '제목 없음'을 '업무 보드'로 바꾸자. 이번엔 '카드 2'를 열어 '개발자'를 추가해 보자.

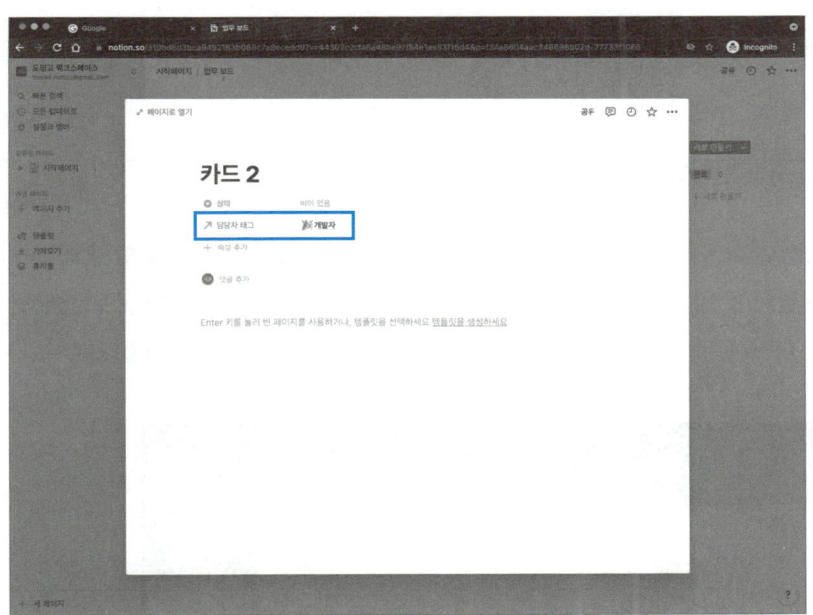

[그림 2-3-48] '카드 2'에 '개발자'를 추가했다

이제 다시 담당자 태그로 돌아갈 것이다. 담당자 태그에 어떤 변화가 있을지 생각해 보고 돌아가자.

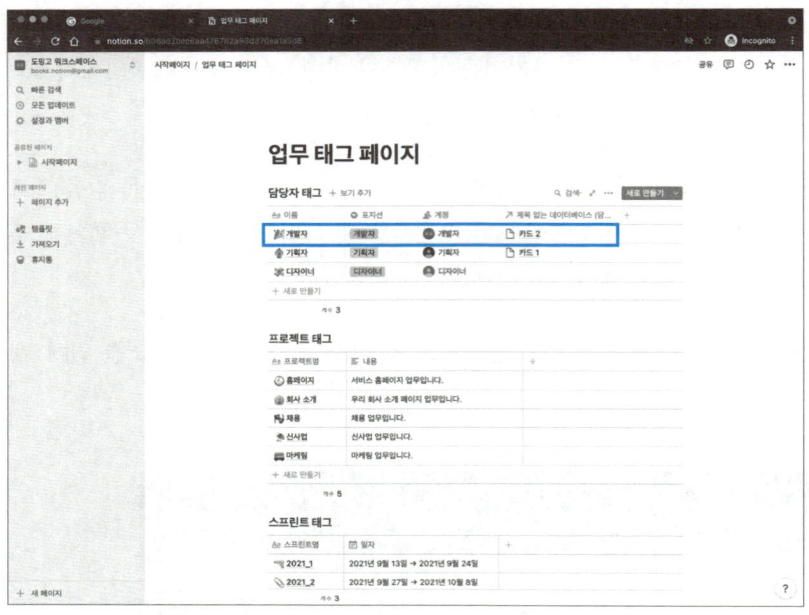

[그림 2-3-49] '개발자'에 '카드 2'가 추가됐다

어떤가. 생각했던 변화가 맞는가? '개발자' 행에 '카드 2'가 추가됐다. 역시 담당자 태그와 '카드 2'가 연결된 것이다. 마찬가지로 프로젝트 태그와 스프린트 태그도 업무 보드와 연결할 것이다. 다시 업무 보드로 돌아가 프로젝트 태그와 스프린트 태그를 연결해 보자.

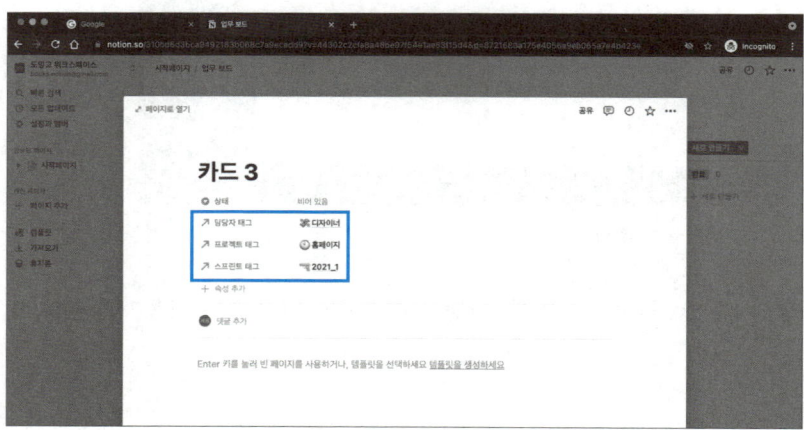

[그림 2-3-50] 프로젝트 태그와 스프린트 태그 추가

업무 보드에 프로젝트 태그와 스프린트 태그를 추가했다. 그리고 '카드 3'에 ▲담당자 태그 ▲프로젝트 태그 ▲스프린트 태그 등 3개 태그를 모두 추가했다. 어떤 변화가 있을지 생각해 보며 업무 태그 페이지로 이동하자.

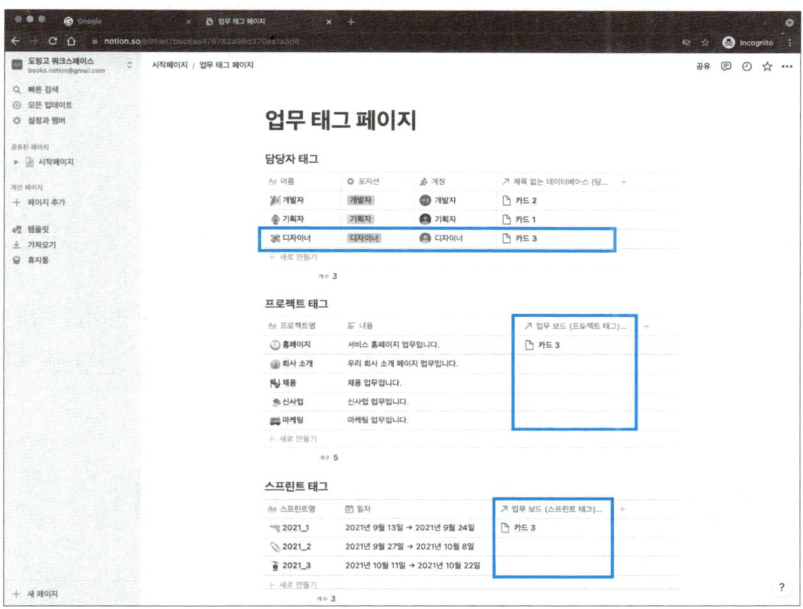

[그림 2-3-51] 업무 태그 페이지

어떤가. 상상했던 모습인가? 담당자 태그를 추가할 때는 업무 보드에 제목이 없었다. 하지만 프로젝트 태그와 스프린트 태그를 추가할 때는 '업무 보드'로 이름을 넣었다. 그래서 프로젝트 태그 마지막 열에는 '업무 보드(프로젝트 태그)' 그리고 스프린트 태그 마지막 열에는 '업무 보드(스프린트 태그)'라고 속성이 만들어졌다.

확인해야 할 것은 각 태그 마지막 열에 보이는 '카드 3'이다. [그림 2-3-50]에서 '카드 3'에 ▲담당자 태그로 '디자이너' ▲프로젝트 태그로 '홈페이지' ▲스프린트 태그로 '2021_1'을 추가했다. 그리고 [그림 2-3-51]에서 각 태그에 '카드 3'이 추가된 것을 확인할 수 있다.

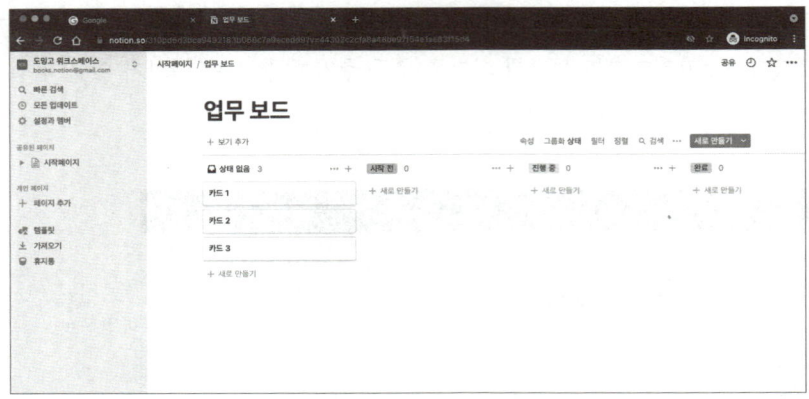

[그림 2-3-52] 업무 보드

다시 업무 보드로 돌아오자. 몇몇 속성을 추가했지만 업무 보드 화면에서는 변화를 확인하기 어렵다. 간단히 업무 보드 화면에서 속성값을 볼 수 있도록 수정하자. '진행 중' 위 '속성' 버튼을 누르자.

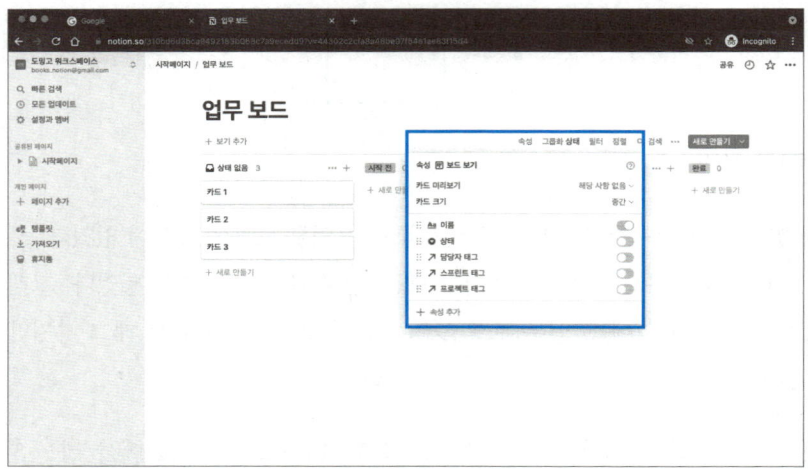

[그림 2-3-53] 업무 보드 속성

업무 보드에서 확인할 속성값을 수정할 수 있다. 현재 '이름' 외 ▲상태 ▲담당자 태그 ▲스프린트 태그 ▲프로젝트 태그 등 값이 모두 꺼져 있는 것을 확인할 수 있다. 상태를 제외하고 나머지 3개 값을 모두 켜 보자.

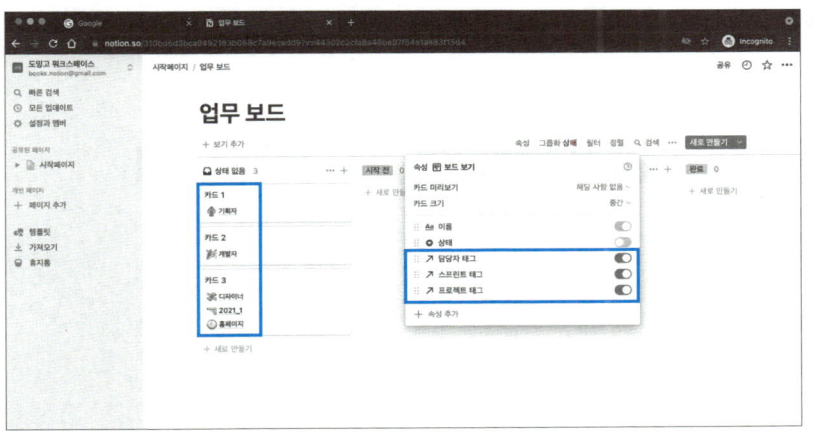

[그림 2-3-54] 업무 보드 속성을 켰다

이제 카드를 열어 보지 않아도 업무 보드 화면에서 ▲담당자 태그 ▲스프린트 태그 ▲프로젝트 태그 등을 확인할 수 있다.

업무 보드라고 하기엔 업무 카드가 너무 적다. 각 담당자에게 맞게 몇몇 업무를 임의로 만들어 보자.

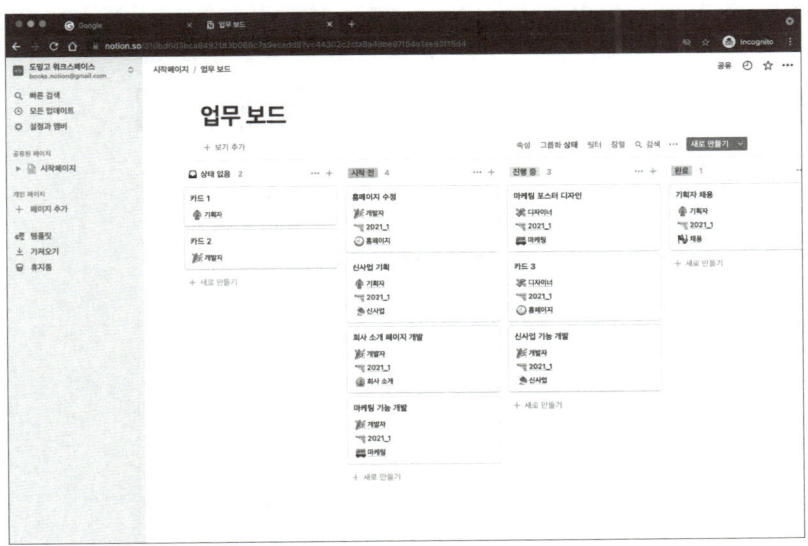

[그림 2-3-55] 카드를 10개 만들었다

3. 협업 도구로 개발 조직을 운영하자   221

몇몇 내용을 추가해 카드를 10개 만들었다. 각 태그가 연결됐는지 다시 업무 태그 페이지로 이동해 확인하자.

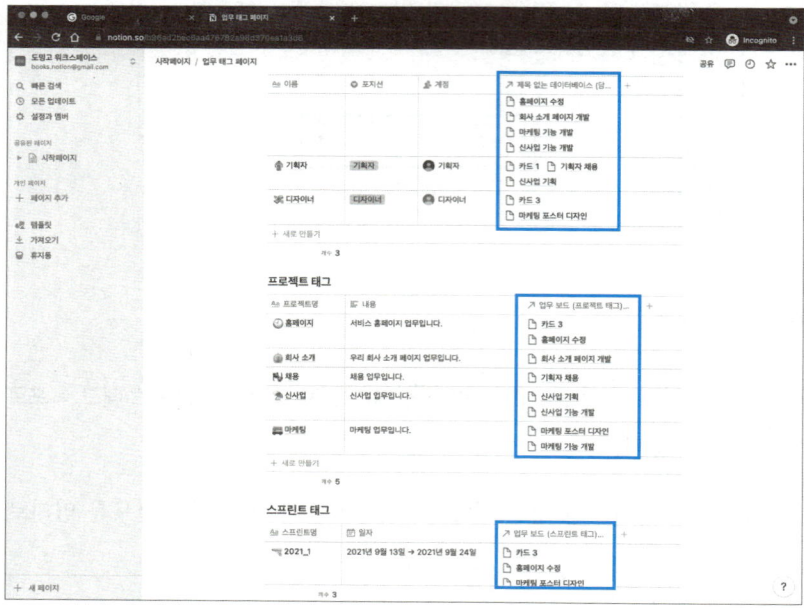

[그림 2-3-56] 업무 태그 페이지

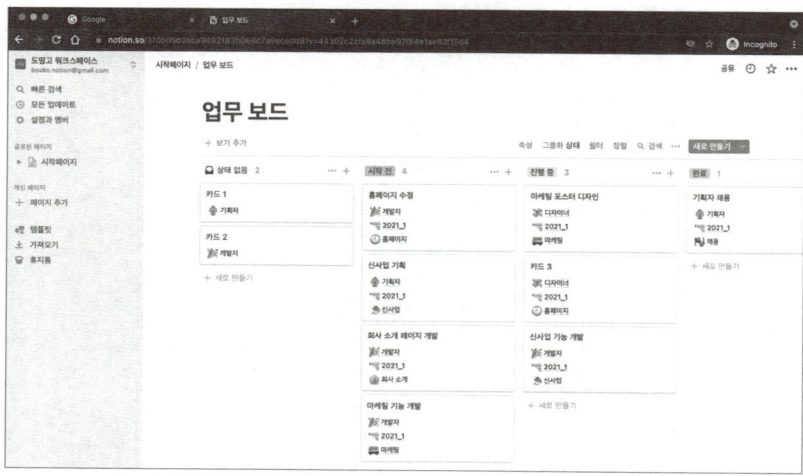

[그림 2-3-57] 업무 보드

한 화면에서 다 보이지 않을 정도로 많은 데이터가 연결됐다. 이제 개발자, 기획자, 디자이너 등 각 구성원은 업무 카드를 만들어 각 태그를 넣고 업무를 관리할 수 있다. 다시 업무 보드로 돌아가자.

3.3.3 필터 추가

그런데 문제가 있다. 지금은 업무 카드가 10개지만 20개, 30개 등이 되면 업무가 한눈에 안 들어올 것 같다. 팀 전체 업무를 확인하는 것도 좋지만 우선 내 업무를 잘 해결하고 싶다. 이를 위해서는 필터 기능을 활용하면 된다.

'진행 중' 오른쪽 위 '필터' 버튼을 눌러 보자.

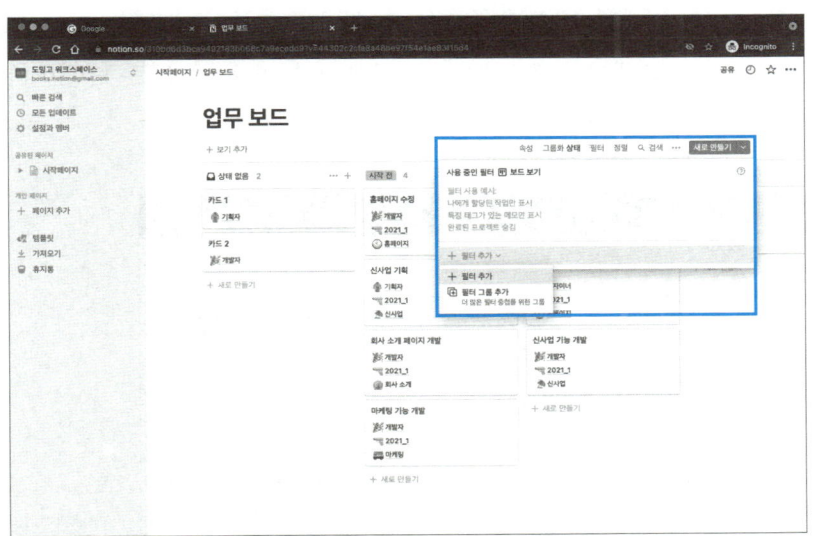

[그림 2-3-58] 필터 버튼을 눌렀다

필터를 누르면 필터를 추가할 수 있다. 필터 추가를 눌러 보자.

3. 협업 도구로 개발 조직을 운영하자   **223**

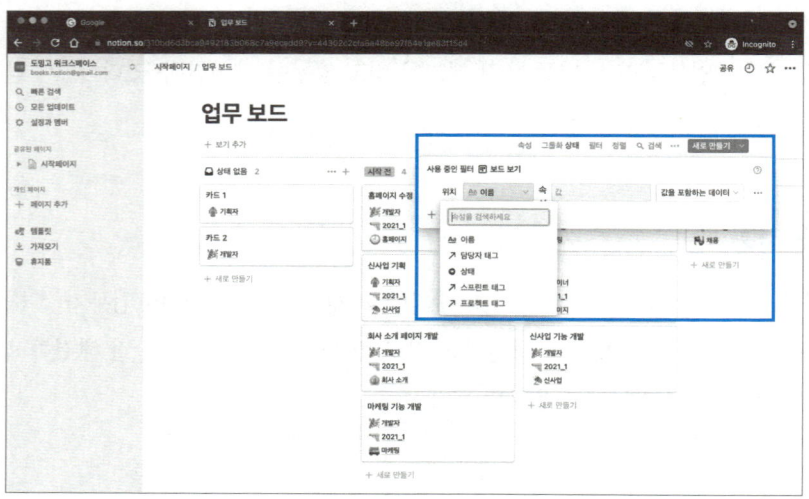

[그림 2-3-59] 필터 추가

필터는 특정 속성에 특정 값이 있는 업무 카드만 보이게 할 수 있다. 여기서는 담당자 태그에 '개발자'가 할당된 업무 카드만 보이도록 해 보자.

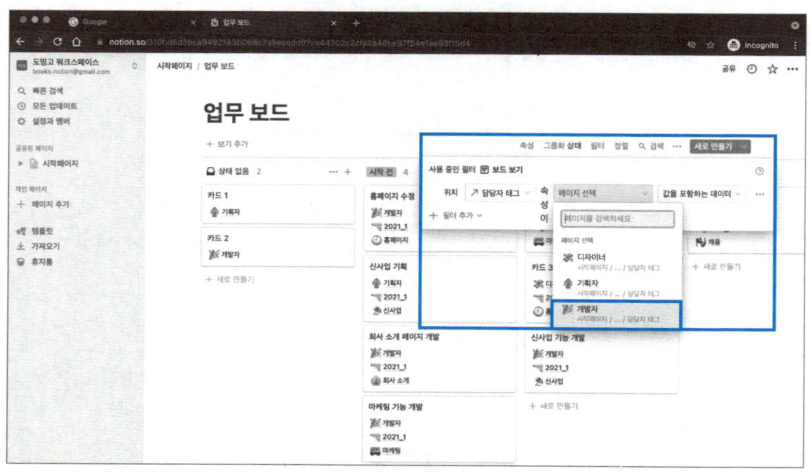

[그림 2-3-60] 개발자 필터

담당자 태그를 선택하고 속성값에 '개발자'를 선택하자. 마지막은 '값을 포함하는 데이터'를 선택하자.

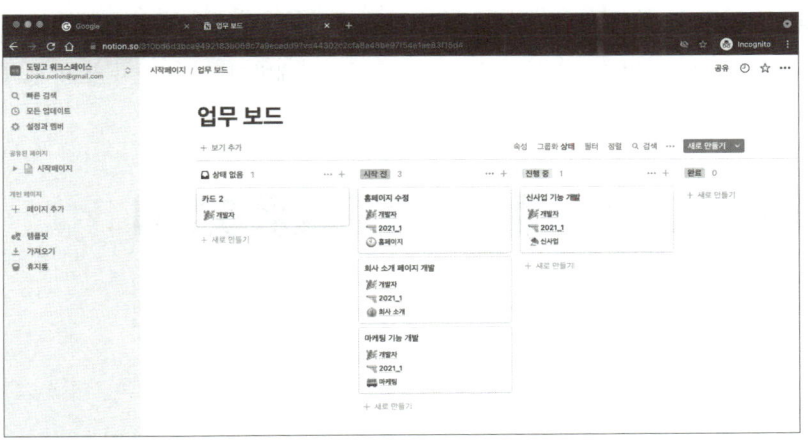

[그림 2-3-61] 개발자 필터 적용

개발자 필터를 적용했다. 개발자에게 할당된 업무 카드 5개만 보인다. 매번 필터를 바꿔서 보는 건 여간 귀찮은 일이 아니다. ▲개발자 ▲기획자 ▲디자이너 등 필터를 3개 모두 만들어 두자. 왼쪽 위 '업무 보드' 아래를 보면 '보기 추가' 버튼이 있다.

'보기 추가' 버튼을 눌러 '기획자'라는 이름의 보드를 생성하자.

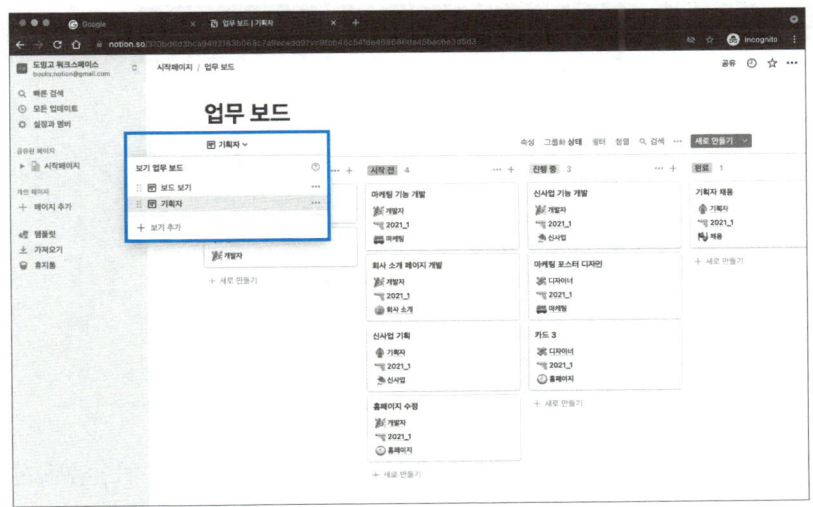

[그림 2-3-62] 기획자 보기를 추가했다

3. 협업 도구로 개발 조직을 운영하자 225

기존 업무 보드는 '보드 보기'로 바뀌고 '기획자' 업무 보드가 추가됐다. 여기에는 기획자 필터를 적용하자. 필터는 개발자 필터를 적용할 때와 같다. '개발자'를 '기획자'로 바꾸기만 하면 된다.

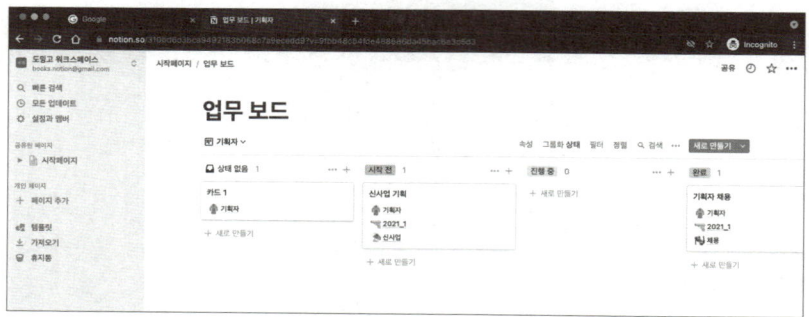

[그림 2-3-63] 기획자 필터 적용

기획자 필터를 적용하면 기획자에게 할당된 업무 카드 3개만 보인다. 마찬가지로 디자이너 보기를 추가하고 디자이너 필터를 만들자. 그리고 처음 있던 보드는 '개발자'로 이름을 바꾸자.

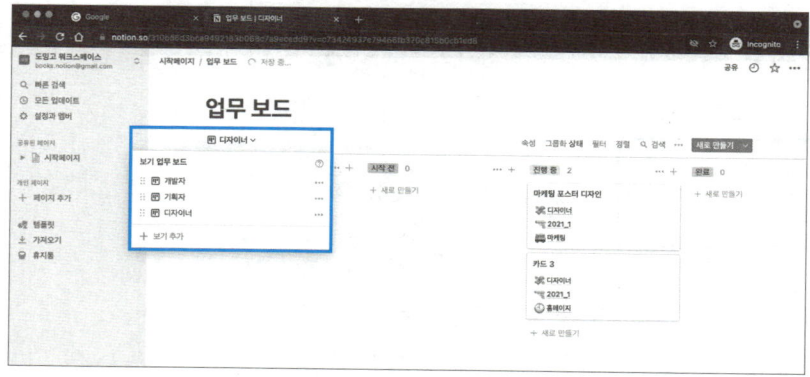

[그림 2-3-64] 디자이너 필터 적용

이제 각 담당자 보드를 만들고 담당자에게 맞게 필터를 적용했다. 각 담당자는 업무 시에 자신에게 맞는 보드를 선택해 업무에 집중할 수 있다. 이 예제를 활용해 담당자를 더 많이 추가하고 더 많은 담당자가 업무 보드에서 각자 업무를 진행할 수 있다.

그런데 담당자가 10명, 20명이 되면 필터를 늘리는 것 외에도 각 담당자가 어떤 업무를 어떻게 하는지 이대로는 확인하기 어렵다. 그래서 우리에게는 대시보드가 필요하다.

3.4 노션 업무 대시보드

이제 업무 대시보드 생성까지 왔다. 지금까지 우리는 ▲업무 태그를 만들고 ▲업무 보드를 만들고 ▲업무 태그와 업무 보드를 연결했다 ▲그리고 업두 카드 10개를 만들고 ▲각 담당자별 필터를 적용했다.

이제 우리는 업무 카드 10개에 관한 대시보드를 만들 것이다. 대시보드는 앞서 말했듯 ▲어떤 업무를 했고 ▲누가 얼마나 많은 업무를 했고 ▲그래서 우리가 어떤 업무에 집중했는지 등을 한눈에 볼 수 있게 할 것이다.

3.4.1 롤업 추가

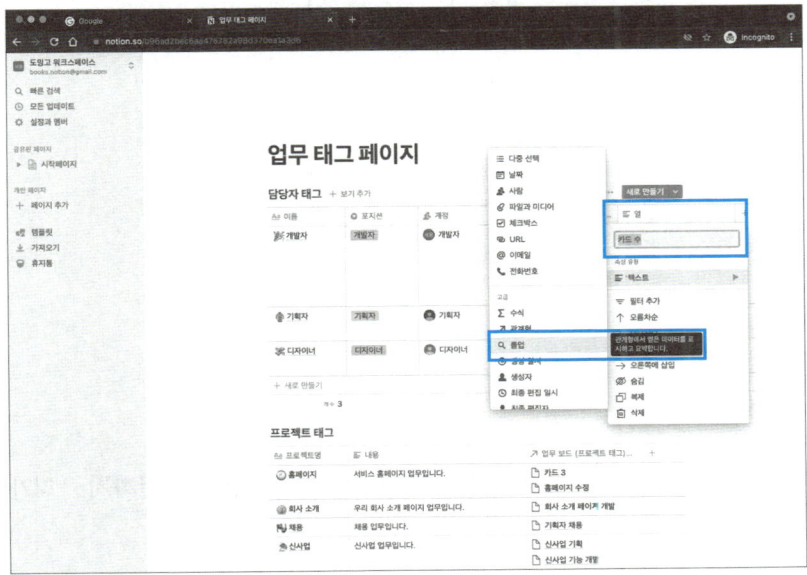

[그림 2-3-65] 롤업 추가

다시 업무 태그 페이지로 이동하자. 우리는 여기서 '롤업' 속성을 추가할 것이다. 속성 추가 버튼을 누르고 롤업 속성 유형에 마우스를 올리면 이렇게 설명이 나온다.

> 관계형에서 얻은 데이터를 표시하고 요약합니다.

우리가 그동안 만든 데이터베이스 값을 표시하고 요약한다는 뜻이다. 딱 대시보드에 맞는 기능이다. 롤업 속성을 선택하며 속성명은 '카드 수'로 하자.

그다음 '제목 없는 데이터베이스'라고 돼 있는 속성을 '업무 보드(담당자 태그)'로 변경하자.

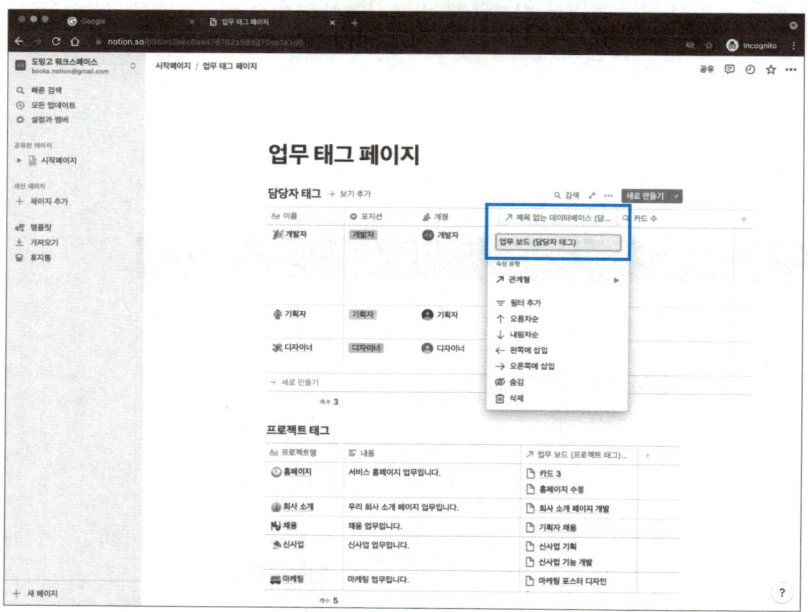

[그림 2-3-66] 속성명 변경

이제 데이터베이스가 보여 주는 마법을 감상할 차례다. 이 기능을 위해 지금까지 우리가 달려왔다.

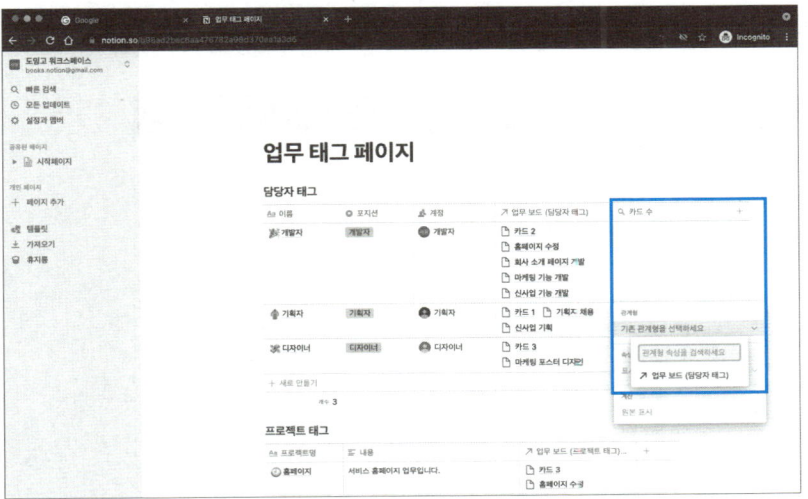

[그림 2-3-67] 롤업 선택

롤업 속성 '카드 수' 아래 영역을 클릭하자. '기존 관계형을 선택하세요.'를 누르면 방금 우리가 수정한 '업무 보드(담당자 태그)' 값이 나온다. 이것을 클릭하자.

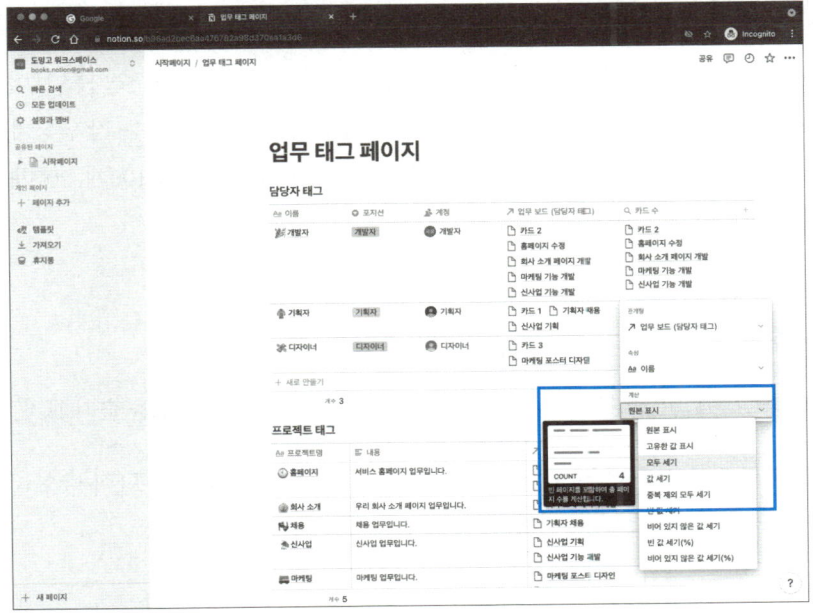

[그림 2-3-68] 계산하기

3. 협업 도구로 개발 조직을 운영하자   229

그다음 아래 '계산' 영역에서 '모두 세기'를 클릭하자.

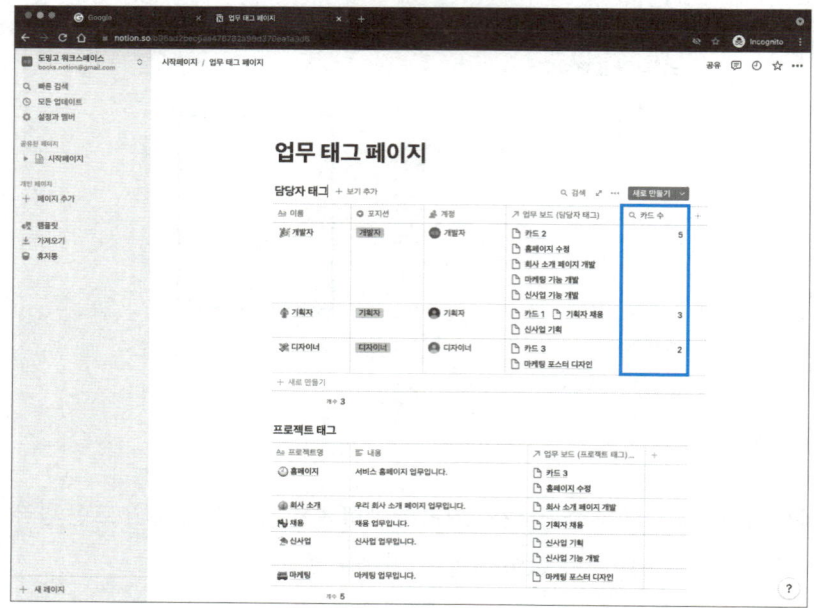

[그림 2-3-69] 카드 수가 나왔다

짜잔. 숫자가 보이는가? 이 숫자는 옆에 있는 '업무 보드(담당자 태그)' 내 카드 숫자를 보여준 것이다. 이게 뭐가 대단하냐고 한다면 다시 한번 생각해 보라. 이제 우리는 각 담당자에게 할당된 업무 카드를 손으로 세지 않아도 된다. 각 담당자 업무 카드가 100개, 200개가 돼도 노션이 알아서 세어 줄 것이다.

3.4.2 속성 숨김

이제 '업무 보드(담당자 태그)' 속성은 우리 눈에서 볼 필요가 없다. 간단히 속성을 숨겨 보자.

'업무 보드(담당자 태그)'를 누르면 '숨김' 버튼이 있다. 속성을 숨겨도 언제든 다시 속성을 보이게 할 수 있으니 겁먹지 말고 숨기자.

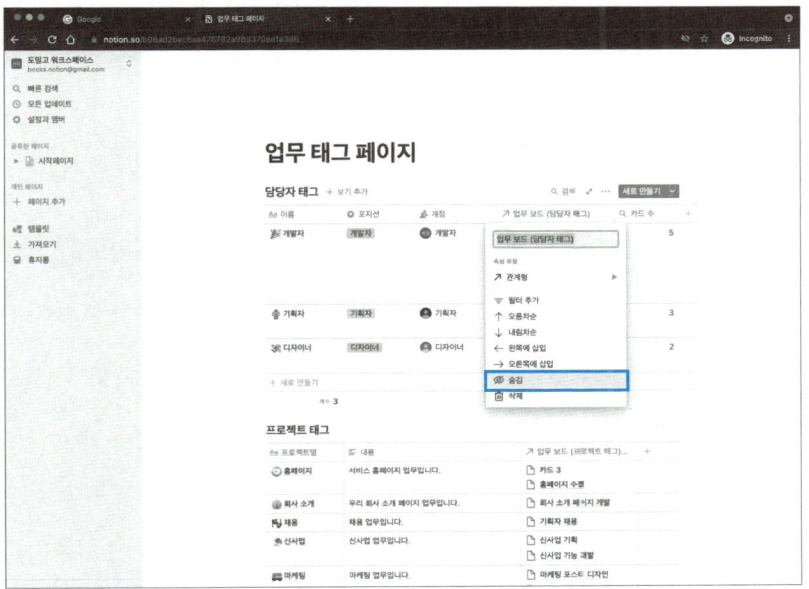

[그림 2-3-70] 속성을 숨기자

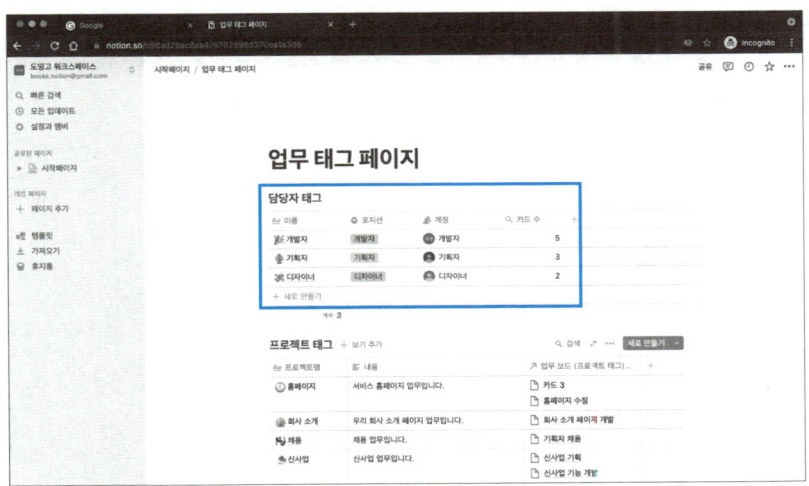

[그림 2-3-71] 카드 수만 보인다

이제 각 담당자와 카드 수만 보이게 됐다. 혹시 잘못 클릭해서 다른 값을 숨겼다면 다시 값을 꺼내 보자.

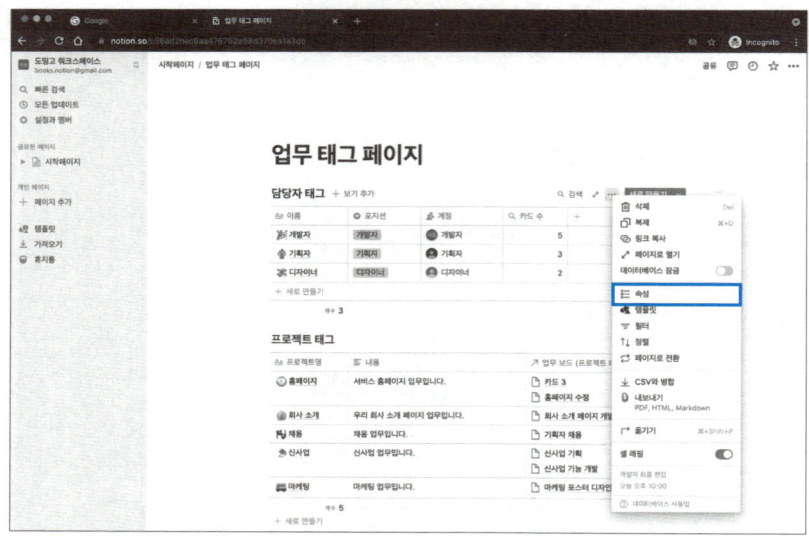

[그림 2-3-72] 표 데이터베이스 메뉴

표 오른쪽 위에 마우스를 올리면 메뉴 버튼이 있다. 여기서 '속성'을 누르자.

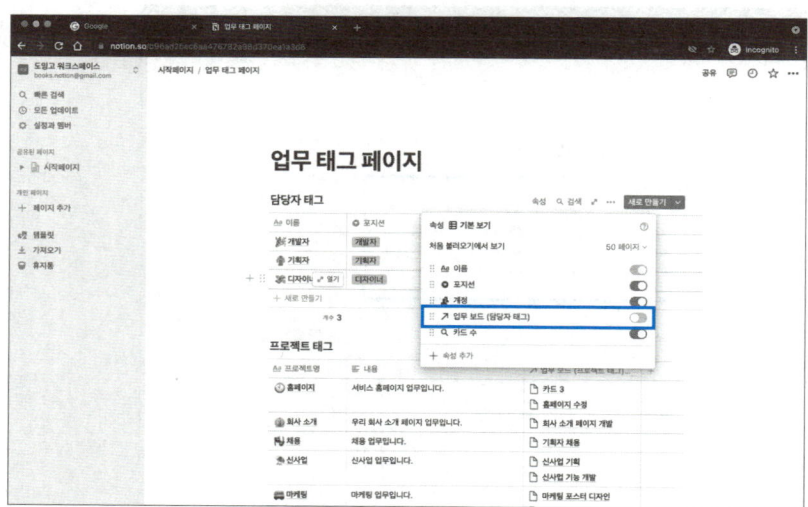

[그림 2-3-73] 표 속성

우리가 숨겼던 '업무 보드(담당자 태그)' 속성이 꺼져 있는 것을 볼 수 있다. 이 값을 켜 보자.

[그림 2-3-74] 숨겨졌던 속성이 보인다

숨겨졌던 속성이 보이는 것을 확인할 수 있다. 이제 ▲프로젝트 태그 ▲스프린트 태그 등도 롤업 기능을 활용해 '모두 세기' 값으로 카드 수를 더해서 표시해 보자. 앞서 진행한 ▲담당자 태그와 같은 방법이다.

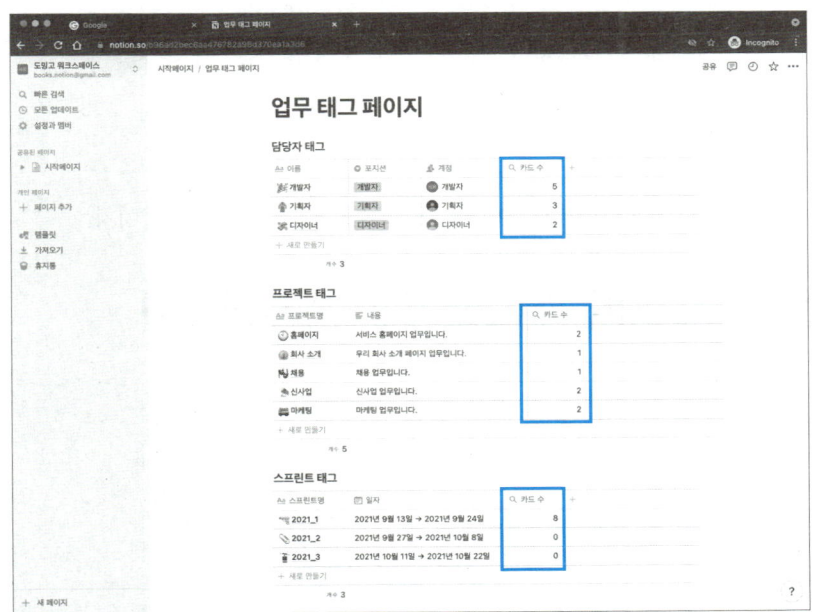

[그림 2-3-75] 모두 카드 수를 표시했다

3개 태그 모두 카드 수를 표시했다. 이제 대시 보드를 만들 준비가 끝났다. 이 표를 활용해 대시보드를 만들 것이다.

3.4.3 대시보드 만들기

먼저 담당자 태그를 대시보드에 추가해 보자. 대시보드는 시작 페이지에 만들 것이다. 담당자 태그 왼쪽 버튼을 누르면 링크를 복사할 수 있다. 링크를 복사하자.

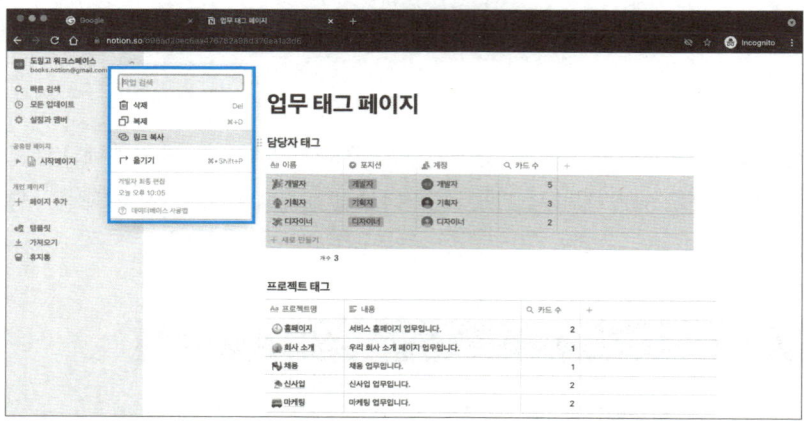

[그림 2-3-76] 링크 복사

간단히 링크를 복사한 뒤 시작 페이지로 이동하자. 그리고 하단에 링크를 붙이자.

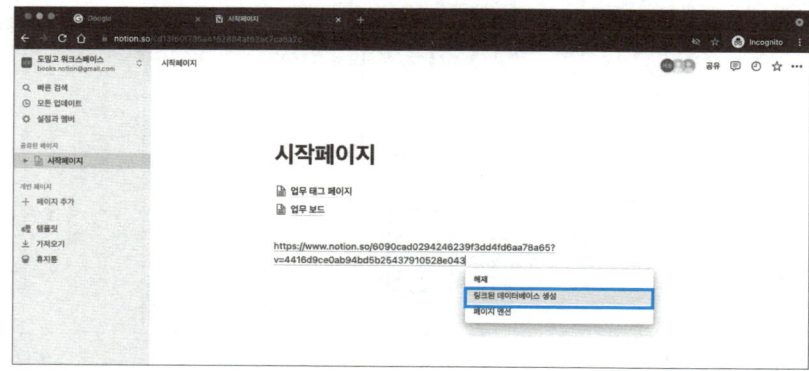

[그림 2-3-77] 링크 붙이기

링크를 붙이면 팝업이 뜬다. '링크된 데이터베이스 생성'을 클릭하자.

[그림 2-3-78] 담당자 태그를 붙였다

노션이 유용한 것은 이런 점이다. 간단히 다른 페이지에 있는 데이터를 링크만으로 붙일 수 있다. 대시보드를 만들려면 페이지 여백이 다소 불편할 수 있다. 시작 페이지 오른쪽 위 메뉴를 눌러 페이지 전체 너비를 활용하자.

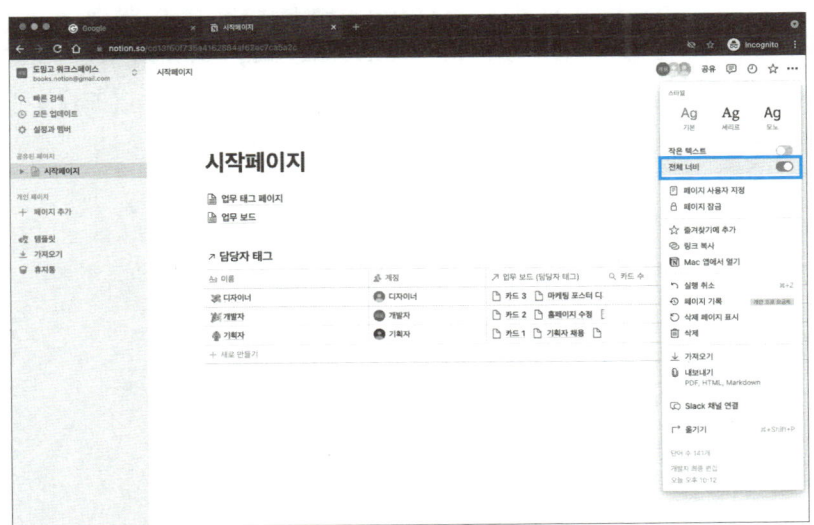

[그림 2-3-79] 페이지가 넓어졌다

3. 협업 도구로 개발 조직을 운영하자

페이지 여백이 사라져 넓어졌다. 마찬가지로 ▲프로젝트 태그 ▲스프린트 태그 등도 링크를 복사해 붙이자.

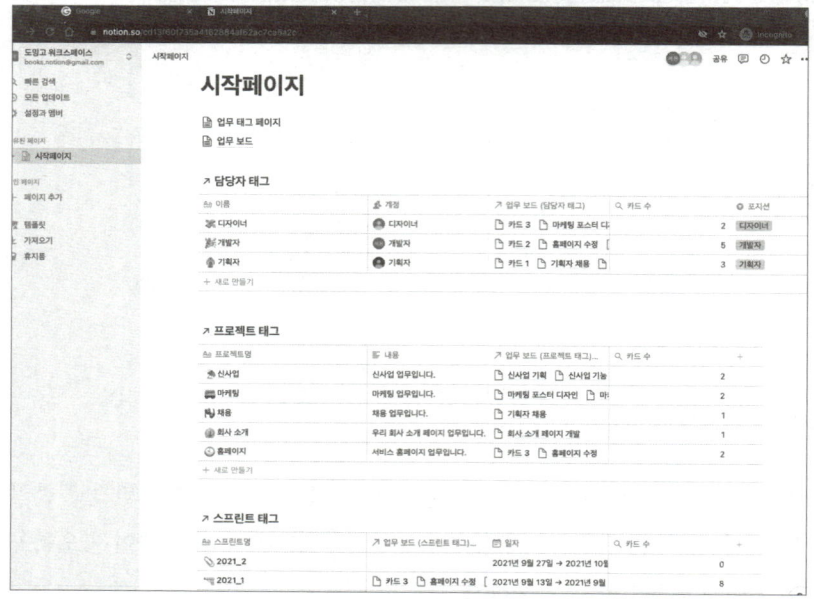

[그림 2-3-80] 업무 태그를 붙였다

시작 페이지에 업무 태그를 붙였다. 이제는 대시보드를 꾸밀 시간이다. 슬래시(/) 버튼을 누르면 다양한 꾸미기 기능을 확인할 수 있다. 각 업무 태그 왼쪽 버튼을 눌러 드래그하면 태그를 이동할 수도 있다. 몇몇 기능을 활용해 대시보드를 꾸며 보자.

앞서 소개한 속성 '숨김' 기능으로 불필요한 속성도 숨겨 보자.

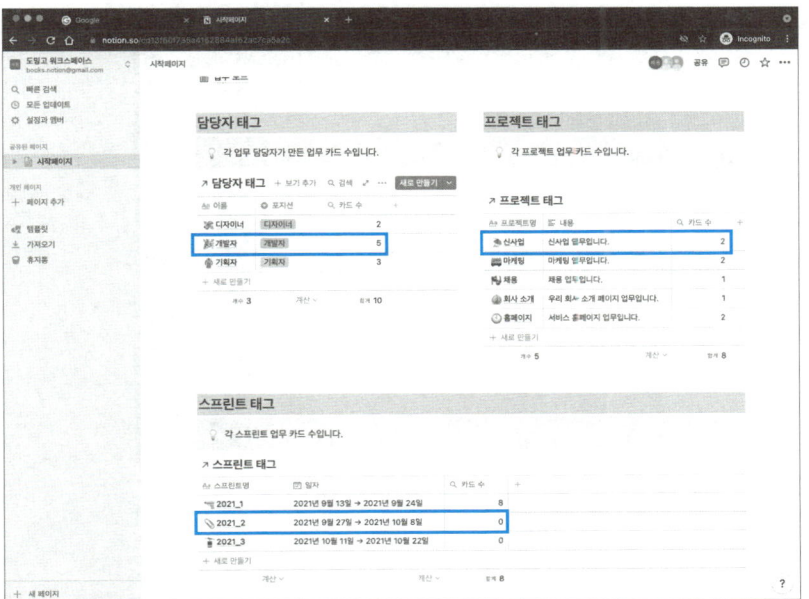

[그림 2-3-81] 대시보드를 만들었다

각 태그 위에 제목을 붙이고, 콜 아웃 기능을 활용해 태그 설명을 넣었다. 불필요한 속성은 숨겨 두고 화면에 알맞게 태그를 배치했다.

노션 페이지를 꾸미는 것은 그다지 어려운 일이 아니다. 온라인에도 많은 정보가 있으니 미적 감각이 뛰어난 사람들의 정보를 활용하자. 폰트 크기를 변경하고 색상을 넣으며 이리저리 옮기다 보면 [그림 2-3-81]보다 더 예쁜 대시보드를 만들 수 있을 것이다.

이제 우리가 마지막으로 확인해 볼 것이 있다. 업무 보드에 업무 카드가 수정되면 정말 대시보드에 변경이 일어나는지 말이다. 현재 개발자에게 할당된 카드는 5개다. 그리고 신사업에 할당된 카드는 2개다. 스프린트 2021_2에 할당된 카드는 0개다.

우리는 이제 업무 보드로 이동해 ▲개발자 ▲신사업 ▲스프린트 2021_1 카드를 만들 것이다. 그리고 대시보드로 돌아와 대시보드 데이터가 개발자 카드 6개, 신사업 카드 3개, 스프린트 2021_2 카드 1개로 변경되는지 확인할 것이다.

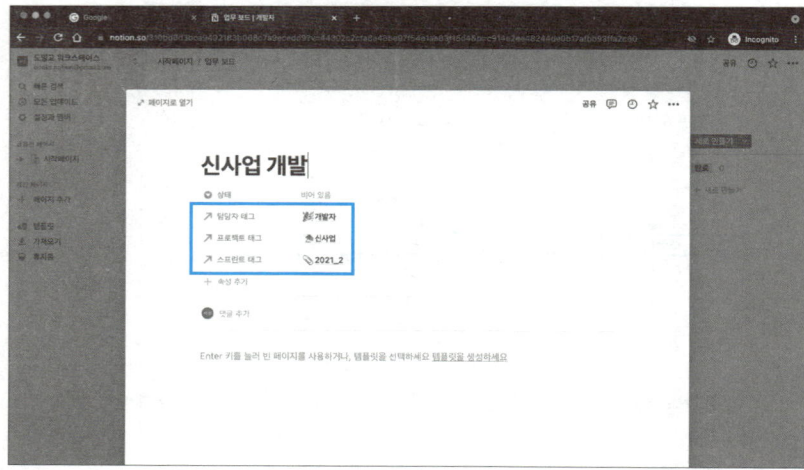

[그림 2-3-82] 신사업 개발 카드 추가

신사업 개발 카드를 만들었다. 이제 대시보드로 돌아가 데이터를 확인하자.

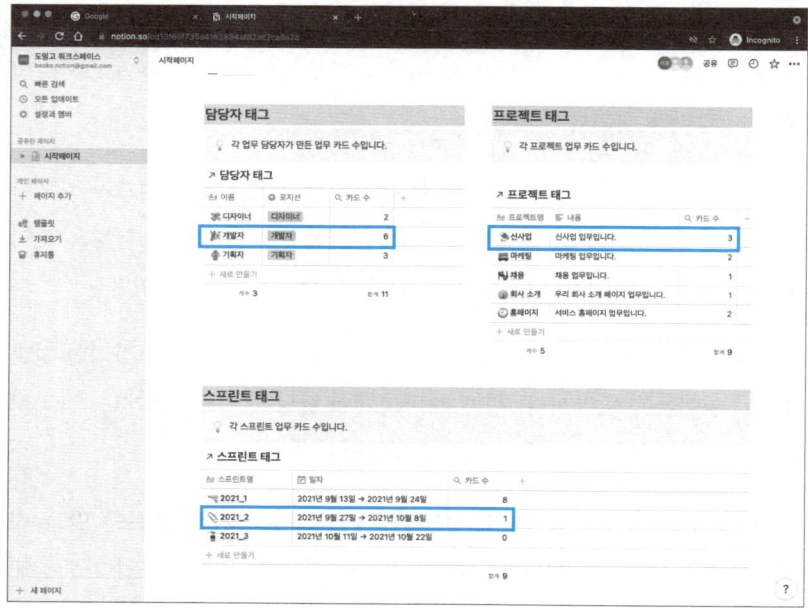

[그림 2-3-83] 변경된 대시보드

확인했는가? 개발자 카드 6개, 신사업 카드 3개, 스프린트 2021_2 카드 1개로 업데이트됐다. 이제 이 대시보드가 정상적으로 작동하는 것을 확인했다. 우리가 할 일은 각 구성원이 늘어나면 담당자 태그를 추가하고, 프로젝트와 스프린트가 늘어나면 추가해 주는 것이다. 그리고 각 구성원이 업무 시에 업무 카드를 사용하도록 안내하는 것이다. 그러면 노션이 각 담당자, 프로젝트, 스프린트 등 카드 수를 자동으로 계산해 줄 것이다.

그렇다. 우리는 노션으로 업무 대시보드를 만들었다. 이제 2주마다 업무 카드를 손으로 세는 귀찮은 작업에서 해방이다.

3.5 마무리

협업 도구에 관한 이야기를 나누다 보면 협업 도구에 환상을 느끼는 사람들을 만나곤 한다. 협업 도구를 잘 활용해서 효율을 극대화한 사례는 충분히 있다. 이 사례를 보며 필자 역시 도구에 관한 환상을 가졌던 적도 있다.

하지만 앞서 소개한 노션 업무 대시보드 만들기를 보고 '환상'이라고 표현할 수 있는 사람이 어디 있을까. 업무 태그를 만들고 업무 보드를 만들어 이 둘을 연결하고. 연결된 데이터를 한곳에 보기 좋게 뿌려 준 것이 전부다. 과연 이 과정에서 '환상'이라 표현할 수 있는 부분이 어디 있는가.

하지만 필자는 이를 얼마든지 환상으로 포장할 수 있다. 개발 조직 구성원 30명이 매일 출근해서 퇴근할 때까지 사용하는 도구. 업무 지시 내용을 모두 기록해 모호함이 없는 업무 문화. 협업 시 누가 누구에게 왜 요청했는지 기록해 업무 누락이 없도록 돕는 도구. 그래서 업무 지시를 정리하는 시간을 모두가 매일 10분씩 단축하도록 한 도구. 그래서 매일 300분, 5시간. 일주일 업무일 5일, 25시간. 한 달 4주, 100시간을 단축시킨 도구. 그래서 노션을 다음과 같이 이야기할 수 있다.

> 여러분 노션 쓰세요. 매일 5시간씩 아껴 줍니다. 무려 한 달에 100시간을 아껴 줍니다. 쓰기만 하면 월 100시간을 아껴 주는데 왜 안 쓰나요?

어떤가. 앞서 소개한 내용과 이 문장이 머릿속에서 일치하는가? 이런 포장 문구에 현혹될 필요 없다. 업무 태그와 업무 보드가 정말 월 100시간을 단축할 수는 있다. 하지만 이는 노션이 아닌 '업무 태그'와 '업무 보드'가 단축한 것이다. 월 100시간이란 단어에 현혹돼 노션 도입을 시작했다면 크게 실망할 수 있다. 중요한 건 노션이 아닌 조직에 맞는 업무 태그다.

업무 보드를 만들었다면 그래서 구성원 모두가 투명하게 업무를 공유할 수 있게 됐다면, 그것은 단순히 100시간보다 더 가치 있는 일일지도 모른다. 그러나 조직에 어떤 업무가 반복되는지 분석하지 않았다면 이 업무 보드는 만들 수 없다.

다시 한번 기억하자. 모든 업무에 만능인 도구는 없다. 늘 어떤 상황에 적절한 도구만 있을 뿐이다. 업무 태그를 만들고 업무 보드를 연결해 업무 대시보드를 만드는 과정을 소개했다. 이제 각자 조직에 필요한 업무 태그를 떠올리고 업무 보드와 연결해 어떤 값을 대시보드에 보여 줄지 고민해 보자.

어떤 아이디어를 떠올렸다면, 빙고. 그렇게 자신의 업무를 개선할 수 있는 아이디어를 지속해서 고민하는 게 필요하다. 도구는 도구일 뿐이다. 어떤 상황에 적절한 도구를 찾으면 된다.

업무를 개선할 수 있는 아이디어가 있고 이를 도울 수 있는 협업 도구도 찾았다. 심지어 앞서 소개한 것처럼 업무 태그를 만들고 업무 보드도 세팅해 뒀다. 그런데 정말 치명적인 문제가 남았다.

조직 구성원이 나의 아이디어에 동의하지 않는다. 내가 선택한 도구를 사용하고 싶지 않다고 한다. 업무를 개선하고 싶지 않다고 한다.

사실 정말 큰 문제는 이런 것이다. 구성원의 동의를 받아 내는 것. 구성원의 업무 방식을 바꿔 더욱 효율적으로 업무를 진행하도록 하는 것. 좋은 아이디어가 있다고 해도 구성원의 동의를 받을 수 없다면 그 아이디어는 죽은 아이디어다.

필자는 앞서 소개한 여러 퍼소나를 경험하며 다양한 조직에서 협업 도구 적용과 업무 개선에 실패했다. 그리고 시행착오를 분석해 지금 조직에서는 성공적으로 협업 도구를 적용하고 업무 문화를 개선했다.

다음 CHAPTER에서는 필자가 스타트업 조직에 협업 문화 개선을 제안하며 협업 도구를 적용하기까지의 과정을 소개한다.

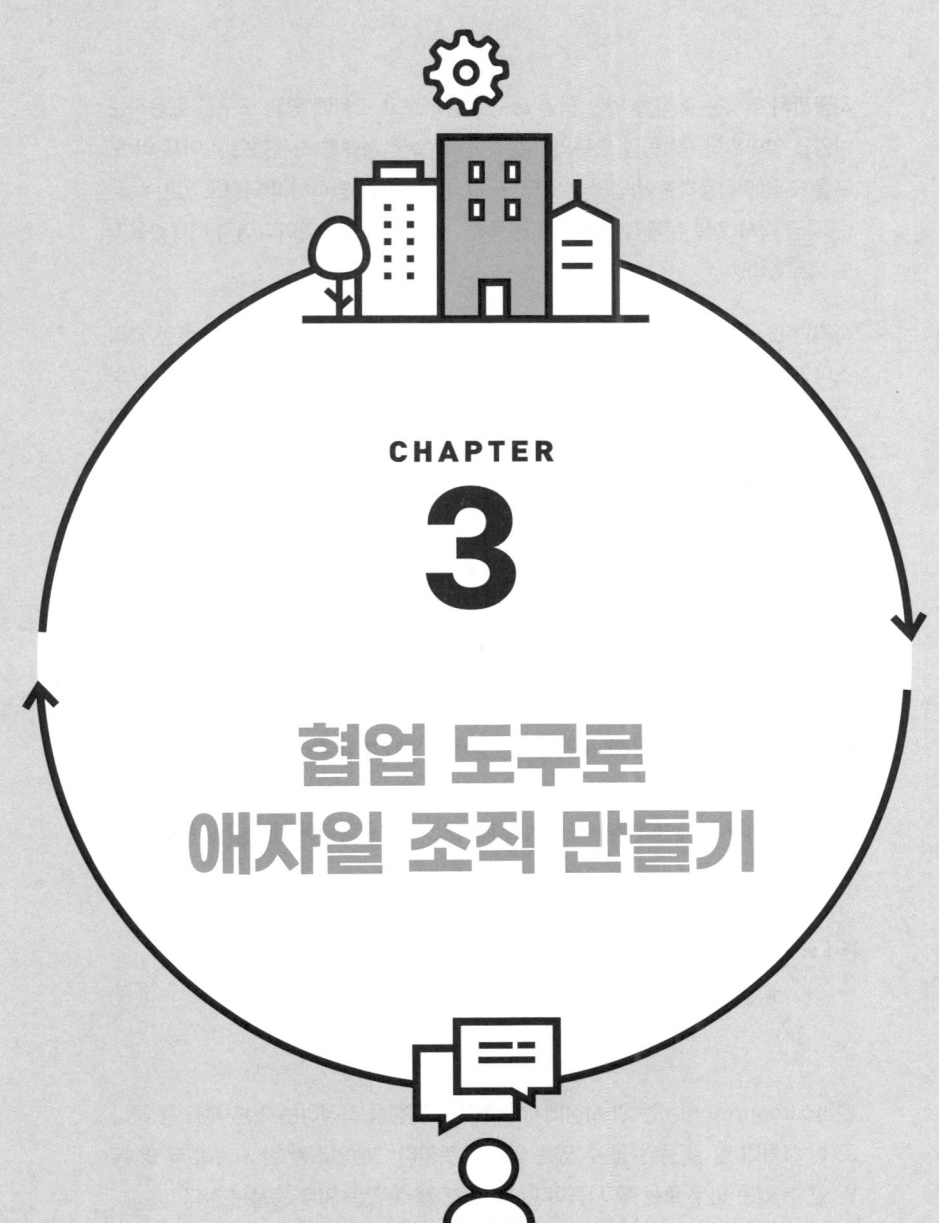

지금까지 우리는 조직을 위한 협업 도구를 알아보고 조직에 협업 도구를 활용하는 방안을 알아봤다. 각 협업 도구의 기본 기능과 몇몇 사례를 소개했으니 이제 이 도구를 조직에 적용하는 방법만 남았다. 조직의 문제점을 명확히 파악하고 있는 독자는 지금 즉시 몇몇 문제점을 도구를 활용해 개선할 수 있는 아이디어가 떠올랐을지도 모르겠다.

하지만 조직을 개선하는 것은 생각보다 간단하지 않다. 만약 조직 내 강력한 카리스마와 권한을 가진 독자라면 떠오른 아이디어로 당장 조직을 개선할 수 있다. 하지만 권한이 없거나 조직 내 의견을 하나로 모으기 어려운 상황이라면 강력한 반발을 만나게 될 것이다. 사실 강력한 카리스마와 권한이 있는 대표자라 할지라도 의견을 하나로 모으는 것은 정말 어려운 일이다.

조직에 협업 도구를 적용하거나 프로세스를 개선하는 일이 어려운 이유는 정말 다양하다. ▲협업 도구가 비싸서 ▲이미 도입한 도구가 있는데 옮기기 쉽지 않아서 ▲개선하는 게 오히려 비효율적이라서 ▲클라이언트가 반대해서 ▲특정 부서가 반대해서 ▲상사가 반대해서 등 모두의 동의를 받기란 불가능에 가깝다.

필자 역시 조직 개선을 위해 노력했지만 강력한 반대를 마주하고 실패한 경험이 있다. 퍼소나 A, SI 개발자 시절 우리도 스타트업처럼 '애자일(Agile, 민첩한)'하게 프로젝트를 하자고 제안했다가 프로젝트 매니저의 단 한마디에 멘털이 와르르 무너졌다. 당시 프로젝트 매니저는 필자에게 이렇게 답했다.

　　　　　애자일? 그거 도입하면 몇 맨먼스(M/M) 줄어드나?

맨먼스(man/month)는 SI 시장에서 프로젝트 일정을 측정하는 기본 지표 중 하나로 한 사람이 한 달 동안 할 수 있는 업무를 뜻한다. 2맨먼스란 한 사람이 두 달 동안 할 수 있는 업무 또는 두 사람이 한 달 동안 할 수 있는 업무 등을 뜻한다.

지금 생각해 보면 SI 시장에서 맨먼스를 무시한 필자에게도 잘못이 있다. 하지만 당시에는 더 나은 개발 방법론이 있는데 늘 폭포수 방법론만 선택한 SI 시장과 회사에 대한 불만이 컸다. 프로젝트 매니저가 필자에게 맨먼스 단위로 계산하고 측정될 수밖에 없는 구조를 설명해 줬더라면 충격이 덜했을지는 모르겠다. 하지만 한 번 더 생각해 보면 사실 프로젝트 매니저는 시스템 안에서 적절한 판단을 한 것이다. 맨먼스로 평가되는 시장에서 맨먼스를 무시한다니 그게 더 어처구니없는 발상이었겠다.

이후에도 필자의 아이디어는 대부분 실패했지만 그럼에도 더 나은 방법론이나 기술에 관한 이야기를 들으면 실무에 적용하려 노력했다. 몇몇 시도는 실무에 도입해 성과를 내기도 했고 그 성과는 필자에게 이를 지속할 수 있는 충분한 에너지가 됐다. 그렇게 시간이 흘러 이 책을 쓰는 시점에는 조직 내 꽤 많은 부분에 상상해 왔던 시스템을 도입했다. 그때의 충격이 좋은 거름이 된 것이다.

이 CHAPTER에서는 필자가 협업 도구를 활용해 애자일 조직을 만든 과정을 설명한다. 반복해서 말하지만 무조건 좋은 도구란 없다. 마찬가지로 무조건 좋은 방법론 따위는 없다고 믿는다. 각 조직에 적절한 도구와 방법론이 있을 뿐이다. 따라서 도구나 방법론을 도입하기 전 조직에 관한 이해도를 높이는 것을 우선시해야 한다.

그럼에도 방법론을 이해하는 것은 중요하다. 어떤 방법론이 있는지 알아야 지금 조직에 어떤 게 필요한지 이해할 수 있지 않겠는가. 결국 공부 또 공부뿐이겠다.

CHAPTER 시작부터 너무 재미없는 이야기를 주절주절한 것 같다. 먼저 방법론에 관한 이야기를 이어 가 보자. 그래서 애자일이 뭐란 말인가?

애자일이란?

애자일 소개에 앞서 명확히 하고 싶은 게 있다. 필자는 애자일 선언문을 달달 외우거나 애자일 선언문을 모든 기준에서 우선하지는 않는다. 크고 작은 애자일 조직을 모두 경험했거나 관련 논문 등을 줄줄이 외우지 않는다. 또한 애자일 방법론이 최신 방법론이라든가 모든 스타트업이 추구해야 할 방법론이라고 생각하지 않는다.

애자일 방법론이 무조건 나은 방법이라든가 폭포수 방법론의 장점을 이해하지 않으려는 행동은 추구하지 않는 방향이다. 모든 조직에 딱 들어맞는 방법론은 없다. 각 조직에 어울리는 방법론이 있을 뿐이다.

지금부터 소개할 이야기가 애자일 방법론을 신격화하는 것으로 보이지 않길 바란다.

네이버 책 검색에서 '애자일'을 검색하면 400권이 넘는 책이 검색된다. 어느 순간부터 애자일은 단순 소프트웨어 방법론이 아닌 '마케팅 용어'로 사용됐다. 애자일을 외치는 사람들이 서로 얼마나 같은 뜻으로 이해했는지는 모르겠다. 분명한 것은 이제 더 이상 '애자일 조직'이라고 해서 새로운 기법으로 보이지 않는다는 것이다.

[그림 3-1-1] 애자일 도서 / 네이버 책

애자일을 이야기하며 애자일 선언문을 말하지 않을 수 없겠다. 애자일 선언문은 2001년 소프트웨어 업계 리더 17명이 모여 정리했다. 이 중에는 테스트 주도 개발(TDD)로 유명한 켄트 벡(Kent Beck), 클린 코드로 유명한 로버트 C. 마틴(Robert C. Martin), 리팩토링으로 유명한 마틴 파울러(Martin Fowler) 등이 있다.

> 우리는 소프트웨어를 개발하고, 또 다른 사람의 개발을 도와주면서 소프트웨어 개발의 더 나은 방법들을 찾아가고 있다. 이 작업을 통해 우리는 다음을 가치 있게 여기게 되었다.
>
> 공정과 도구보다 **개인과 상호 작용**을
> 포괄적인 문서보다 **작동하는 소프트웨어**를
> 계약 협상보다 **고객과의 협력**을
> 계획을 따르기보다 **변화에 대응**하기를
>
> 가치 있게 여긴다. 이 말은 왼쪽에 있는 것들도 가치가 있지만, 우리는 오른쪽에 있는 것들에 더 높은 가치를 둔다는 것이다.
>
> – 애자일 소프트웨어 개발 선언[1]

---

1 https://agilemanifesto.org/iso/ko/manifesto.html

애자일 선언에서도 알 수 있듯 무조건 나은 방법은 없다. 이들도 선언문 왼쪽의 것이 갖는 가치를 존중했다. 단순히 어느 게 무조건 낫다고 판단할 수 있는 게 아니다.

400권이 넘는 애자일 도서가 증명하듯 이 분야에 관한 더욱 전문적인 이야기는 [그림 3-1-1] 중에서 참고하는 게 좋겠다. 이 CHAPTER에서는 ▲애자일은 무조건 좋은 방법론이 아니라는 것 ▲애자일은 20년 전 선언된 '애자일 소프트웨어 개발 선언'을 뼈대로 한다는 것 ▲이후 한국에서만 400권이 넘는 애자일 책이 출시됐다는 것 등만 이해하면 좋겠다.

그러면 필자에게 이렇게 물을 수 있다. 그래서 애자일 방법론이 필요하다는 것인가? 그래서 애자일 방법론을 어떻게 사용했는가? 어떤 애자일 조직을 어떻게 만들어 봤는가? 협업 도구가 애자일 조직을 만드는 데 어떻게 쓰이는가?

이야기에 앞서 애자일이 어울리는 조직에 관한 필자의 경험을 이야기해 보겠다.

1.1 SI 회사 vs 솔루션 회사

시장 조사 기업 한국IDC가 발행한 2020년 9월 보고서에 따르면 2019년 국내 IT 서비스 시장 규모는 약 9조 원이다. 이어서 연평균 성장률(CAGR) 1.5%로 성장해 2024년에는 약 9조 7천억 원 시장 규모를 달성할 전망이다.

2020년 3월 정부가 발표한 SW·ICT 장비 사업 규모는 5조 592억 원이다. 이 중 'SW 구축'은 3조 7592억 원인데, 'SW 구축'을 공공 SI 산업이라고 한다면 우리나라 전체 IT 서비스 시장 규모 9조 원 중 약 40% 규모에 해당한다. 여기에 금융 SI를 포함하면 40%를 훌쩍 넘는 규모다. 이처럼 SI(System Integration, 시스템 통합)는 우리나라 IT 산업에서 빼놓을 수 없는 시장이다([2020 IT 업계 총결산] ④ 코로나 사태 주춤한 IT 시장, 공공이 살렸다, 아주경제[2]).

그리고 필자는 SI 개발자로 커리어를 시작했다.

▢ 7년 차 SI 개발자

SI 시장을 논하면 온갖 부정적인 단어를 붙이는 개발자를 많이 봤다. 나아가 개발자라는 단어에도 역시 부정적인 단어를 붙이곤 했다. 최근 네이버, 카카오 등 한국 IT 공룡이 선전하며 개발자 대우와 이미지가 많이 바뀌었지만 자녀만큼은 결코 IT 바닥에 발 들이지 못하게 하겠다는 지인을 여럿 봤다. 안타깝게도 그런 다짐에는 주로 두 단어를 합성한 'SI 개발자'를 말하는 것임을 알고 있다.

퇴근 후 친구와 맥주 한잔하며 상사나 조직에 관한 험담을 안 해 본 직장인이 어디 있겠나. SI 개발자에 관한 비난은 대부분 그런 맥락에서 나온 거라 생각한다. 상당 부분은 과장된 것이라 생각한다는 뜻이다. 물론 실제로 과로로 인해 건강을 잃은 동료를 만나곤 했다. 건강을 잃을 정도로 과도한 업무와 스트레스를 주는 것은 분명히 개선돼야 할 환경이라 생각한다. 실제로 52시간제 도입 이후 과도한 야근이 많이 줄었다고 들었다. 어쨌거나 SI 환경에 관한 비난은 이 글의 주제가 아니니 SI 시장 규모가 상당하다는 정도만 이해하자.

---

[2] https://www.ajunews.com/view/20201224212813521

필자는 SI 개발자로 만 6년 동안 일했다. 첫 직장이 중요하고 첫 직장의 커리어를 벗어나기 정말 힘들다고 하는데 필자 역시 퇴사 후에도 프리랜서로 2년 동안 함께 일했으니 그 말은 맞는 것 같다.

주로 은행 안드로이드 앱을 만들었는데 개발한 앱 숫자는 10개가 넘고 고객사는 5개가 넘는다. 몇몇 프로젝트에서는 안드로이드 파트를 담당하는 PL(Project Leader)로서 2~3명 개발자와 함께 일하기도 했다. 수십, 수백억 원 프로젝트를 경험했고 '은행 차세대 프로젝트'도 경험했으니 SI 환경에서 잘 적응한 편이라고 생각한다.

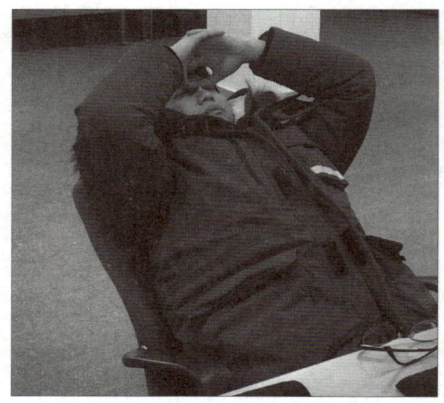

[그림 3-1-2] 피로에 찌든 SI 개발자 시절

하지만 필자는 SI 환경과 어울리지 않았다. 스스로 성장하고자 하는 방향과 SI 환경의 한계가 마주했기 때문이다. SI 환경은 예산과 마감일이 정해져 있다. 제품의 질을 올리기 위해서 할 수 있는 것은 두 가지였다. 기술력을 올리거나 필자의 노동 시간을 늘리거나. 하지만 프로젝트에 투입된 시기에 기술력을 올리는 것은 한계가 있었다. 따라서 당장 할 수 있는 것은 노동 시간을 늘리는 것이었다.

필자는 제품에 집중하고 싶었다. 생산성을 높여 효율을 찾고 싶었고, 성장하는 조직에서 우리 제품을 만들고 싶었다. SI가 갖는 장점도 분명히 있지만 제품 개발 후 더 이상 제품에 관여할 수 없는 환경이 아쉬웠다. 노동 시간을 늘리며 함께했던 필자의 제품은 사실 필자의 제품이 아니었다.

그렇게 SI를 떠났고 심지어 개발자 포지션 자체를 떠났었다. 이후 퍼소나 C, IT 기자로 1년여 간 활동했다. 기자로서 제품을 만드는 개발자들을 보고 있으니 다시 소프트웨어를 만들고 싶어졌다. 그렇게 지금 일하는 솔루션 회사에 합류했다.

솔루션 회사에서 배운 세 가지

솔루션 회사에 합류한 지 2년이 지났다. 필자도 사람인지라 여느 직장인처럼 솔루션 회사에서도 실망하기도 했고 상처받기도 했다. 그리고 시간이 흐르면서 때때로 실망과 상처를 치유하고도 남을 만큼 벅찬 기쁨을 누리기도 했다.

SI 환경에서도 많이 배웠지만, 지난 2년 동안 솔루션 회사에서 일하며 이곳이 나와 더 잘 맞는 환경이라는 걸 느꼈다. 하지만 이 이야기가 결코 SI 회사보다 솔루션 회사가 더 낫다는 것으로 받아들여지길 원치 않는다. 그저 두 분류의 차이점으로 이해해 주길 바란다.

솔루션 회사에서 배운 세 가지이자 SI 환경과 다른 것은 ▲거리 ▲방향 ▲깊이다.

1.1.1 거리: 단거리 달리기와 장거리 달리기

SI 환경에서 아쉬웠던 것 중 하나가 제품을 만든 뒤 고객의 피드백과 데이터를 볼 수 없는 것이었다. 주로 만들었던 은행 앱에서 볼 수 있는 건 누구나 볼 수 있는 앱스토어 댓글뿐이었다.

주니어 개발자 시절 내 코드에 자부심이 있었다. 경험이 없는 개발자가 자부심도 없다면 어떻게 버티겠는가. 하지만 전혀 근거가 없는 이야기도 아니었다. 은행 앱은 100만 다운로드를 훌쩍 넘긴다. 만약 필자가 앱 구동 시간을 0.1초 단축시켰다고 하자. 그리고 은행 앱이 매일 100만 회 구동된다고 하자. 필자의 코드로 0.1초를 단축시켰지만 전체 시간은 10만 초가 되고 이는 약 27시간이다. 즉, 내 코드로 매일 하루를 아낀 것이 된다. 왜 자부심이 없겠는가.

이게 무슨 계산법이냐 코웃음 칠지도 모르겠다. 하지만 이 말도 안 되는 계산법은 필자에게 자부심을 부여했고 별거 아닌 지점에서도 스스로 열정을 유지하는 근거가 됐다. 하지만 이 열정을 강력하게 식히는 환경이 있었으니, 필자가 그저 SI 개발자라는 사실이었다.

필자가 참여했던 프로젝트는 대부분 1년 내 끝났다. 프로젝트가 연장된다고 해도 구성원이 많이 바뀌었다. 우리는 이 프로젝트를 마감 내에 마치는 것이 목표인 용병이었다. 이 프로젝트가 1년 뒤, 2년 뒤 어떻게 운영되는지는 평가 대상이 아니었다. 결승선만 보고 달리면 되는 스프린트 즉, 단거리 달리기인 것이다.

하지만 솔루션 회사는 달랐다. 2019년에 짠 코드를 2020년에도, 2021년에도 봐야 한다. 2019년에 함께한 동료가 2021년에도 함께한다. 더 감동적인 것은 2019년부터 함께한 고객이 2021년에도 함께하는 것이다. 개인적으로 이 부분이 무척 좋다.

프로젝트에 관한 '거리'는 기술적 성장에서도 달랐다.

2019년에는 맞았고, 2021년에는 틀릴 수 있는 로직을 마주한다. 그때는 맞았고, 지금은 틀리다는 말이 눈앞에서 펼쳐지는 것이다. 이 과정에서 어떤 환경 변화에 따라서 그때 맞았던 게 틀리게 됐는지 알 수 있다. 또한 앞으로 어떤 환경 변화가 생기면 현재 맞는 게 어떻게 틀리게 되는지 이해할 수 있게 된다. 환경을 이해하게 되는 것이다. 즉, 도메인 지식이 생긴다.

단거리 달리기 선수와 장거리 달리기 선수 중 어느 것이 더 우월하다고 말하는 게 의미가 있을까? 이 두 종목은 다른 것이다. 단거리 달리기 챔피언 우사인 볼트에게 마라톤 종목 우승을 요구하는 것 자체가 이상한 것이다.

또한 SI 환경에 만족하는 개발자를 매 프로젝트에서 만나기도 했다. 이들은 ▲매번 프로젝트 멤버가 달라져 새로운 사람을 만날 수 있다는 것 ▲프로젝트를 끝내고 휴식을 취할 수 있다는 것 등 SI 개발자로 일하며 아쉬웠던 부분에 매력을 느꼈다.

이처럼 두 종목이 서로 다른 것을 기억해야 한다.

1.1.2 방향: 그래서 다음은 뭘 해야 해요?

SI 환경은 방향성이 대부분 정해져 있다. 여기에는 기술 스택도 포함된다. 어떤 개발 언어를 사용하고 어떤 서버 환경에서 개발해야 하는지를 SI 개발자가 정하는 프로젝트는 경험한 바 없다. 하지만 솔루션 회사에서는 선택지가 넓다. 아니, 선택 자체가 요구된다.

웹 서비스를 만든다고 하면 백엔드 언어와 프론트엔드 프레임워크를 고민해야 한다. 백엔드는 ▲Java ▲PHP ▲Node.js ▲C# ▲Go ▲Python 등 다양한 선택지가 있다. 프론트엔드 프레임워크는 ▲뷰(Vue)와 ▲리액트(React) 등 양대 산맥이 있지만 스벨트(Svelte), 앵귤러(Angular) 등을 선택할 수도 있다.

선택의 범위가 넓은 게 뭐든 선택할 수 있다는 건 아니다. 기존 구성원 기술 스택도 고려해야 하고 팀이 확장될 경우 채용에 관한 고민도 해야 한다. 또한 프로젝트 크기나 일정 등도 고려 대상이 되겠다.

필자가 속한 솔루션 회사도 기술 스택을 정하는 초기 단계에 고민이 많았다. 첫 웹 서비스는 앵귤러(Angular)로 만들었는데 이후에는 ▲뷰 ▲리액트 등 두 프레임워크 중 하나를 고르게 됐다. 잘 모르겠다면 가장 많이 쓰이는 것을 사용하는 것도 좋은 선택이 될 수 있다.

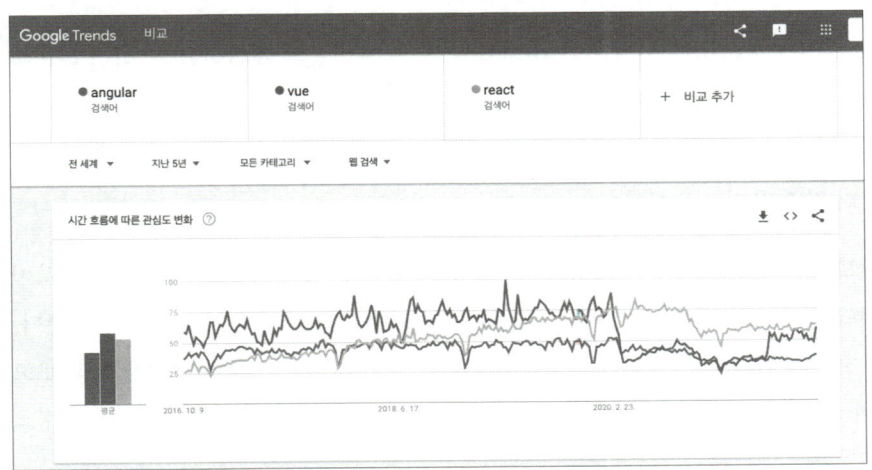

[그림 3-1-3] 앵귤러, 뷰, 리액트 / 구글 트렌드

안드로이드 개발자로 6년을 보낸 필자로서는 이 과정이 꽤 흥미로웠다. 필자가 안드로이드 개발자로 일하던 시기에는 코틀린이 널리 사용되기 전이었다. 따라서 언어는 자바가 유일했고 선택지는 어떤 라이브러리를 사용하느냐 정도였다. 하지만 웹 서비스는 선택지가 많았고, 이 과정은 꽤 신선한 경험이었다.

이후 하이브리드 앱 개발을 위해 플러터(Flutter)와 리액트 네이티브(React Native) 등 두 가지 선택지를 두고 고민했다. 여러 장단점 중 러닝커브가 낮다는 것에 점수를 줘서 플러터를 선택했다. 이 선택에는 필자의 고민이 많이 들어갔는데 이후 어떤 결과가 될지 지켜보는 것도 개발자의 재미 중 하나다.

기술뿐 아니라 제품 방향 선택 또한 솔루션 회사에서 가져야 할 능력치 중 하나다. 동시에 여러 개의 기능 개선이 요구된다면 어떤 것을 우선 처리할지, 기술적으로 처리할지 기획이나 영업 측면에서 풀어 갈지 선택하는 것도 필요하다. 즉, 조직이 함께 제품을 만들어 가며 개발자도 구성원 중 하나로 참여할 수 있다. 필자는 이게 참 마음에 든다.

이처럼 솔루션 회사는 SI 회사에 비해 많은 선택지가 있었다. 이 선택지를 두고 고민하는 게 좋다면 솔루션 회사에 좀 더 매력을 느낄 거라 생각한다.

1.1.3 깊이: 그래서 어디까지 해야 해요?

함께 오랜 기간 달리면서 어디로 갈지 정하는 건 꽤 흥미로운 경험이었다. 이런 논의를 귀찮고 불편해할 수 있다. 그게 나쁜 거라 생각하진 않는다. 하지만 솔루션 회사 구성원으로서는 좋은 캐릭터가 아니다. 오히려 많은 것이 정해진 상황에서 능력을 발휘하는 SI 회사가 더 잘 맞을지도 모른다.

다시 말하지만 무조건 솔루션 회사가 더 나은 건 아니다. 필자보다 월등히 나은 사람이 거의 정답에 가까운 해결책을 제시할 수 있다면 그를 따르는 것이 더 나을지도 모른다. 스티브 잡스나 일론 머스크 같은 천재들이 이끈다면 고민 없이 그들의 선택을 따라 보고 싶다. 이 바닥에서 이들은 영웅이다.

하지만 이는 결과론적인 이야기다. 스티브 잡스도 처음부터 늘 최고의 통찰을 보인 것은 아니며 일론 머스크의 행보에 동의하지 않는 사람도 많다. 결국 결과가 좋아야 한다.

성공을 꿈꾸는 예비 영웅들이 모여 작은 조직을 만든다. 예비 영웅들은 밤낮없이 고민하고 열정을 붓는다. 그렇게 가파른 성장 곡선을 그리는 조직을 우리는 스타트업이라고 부른다. 이들에게는 ▲거리와 ▲방향 외에도 또 다른 고민이 생긴다. 바로 깊이다.

늘 고객에게 100% 만족을 줄 수 있다면 더없이 좋겠다. 하지만 스타트업은 늘 부족하다. 돈이 부족하고, 사람이 부족하고, 시간이 부족하다. 따라서 늘 어떤 선택을 해야 한다.

클라우드 서버를 이중화하고 로드 밸런싱을 넣어 반응형 웹 사이트를 만든다고 하자. 그런데 이 웹 사이트가 내부 직원 3명이 하루에 30분 사용하는 어드민 페이지다. 과연 이 결과물을 만드는 데 들인 시간이 값지다고 할 수 있을까? 이 웹 사이트를 만드는 데 몇 달을 작업한 개발자의 시간이 아깝지 않다고 할 수 있을까?

극단적인 예를 들었지만 솔루션 회사에서는 생각보다 이런 선택의 시간이 많이 찾아온다. 고객사 요구를 어디까지 들어줘야 하며, 언제까지 개발해야 하는지. 단 1개 고객사를 위해 해외에 서버를 설치하는 게 나을지. 단 1개 고객사를 위해 웹 사이트 언어를 번역하는 게 맞는지 그리고 이런 고민을 얼마 동안 하는 게 맞는지?

중요한 고객사라고 생각해 시간을 투입했지만 라이벌 회사에 빼앗길 수도 있다. 당장 필요하다고 말해서 우선순위를 높여 처리했지만 사실 당장 필요하지 않았다고 한다. 요구하는 자료를 모아 최선을 다해 정리해서 넘겼지만 고객사 내부에서 사업을 진행하지 않기로 했다고 한다. 그러면 우리가 노력한 시간은 무의미했던 걸까?

솔루션 회사는 이 모든 게 모호하다. 따라서 어떤 깊이까지 일을 해야 할지도 구성원의 몫이며 나아가 개발자의 몫이다. 이런 고민이 즐겁다면 솔루션 회사에 적합한 캐릭터라고 할 수 있다.

☐ 체질 개선

▲거리 ▲방향 ▲깊이 등 다양한 고민을 마주하며 내 자신의 업무 성향을 바꿔야 했다. 이런 고민을 기대했지만 막상 마주하니 지난 6년 동안 했던 SI 개발자처럼 하고 싶은 마음도 들었다. 고민이 늘 즐겁지는 않았다는 말이다.

결과적으로는 기술을 비롯해 여러 측면에서 성장했다고 믿는다. 함께 제품을 만들고 나아가 함께 조직을 만드는 과정은 SI 환경에서 경험하지 못한 일이었다. 그러나 이 과정이 늘 행복하지만은 않았다.

동료들과 의견 충돌이 있거나 함께 선택한 결과가 좋지 못할 때는 어디에 하소연해야 하나 싶기도 했다. 때로는 SI 개발자처럼 프로젝트를 마쳤으니 이제는 다른 일을 하고 싶기도 했다. SI 개발자 시절에는 제품을 출시한 뒤에도 계속 제품과 함께하고 싶었다. 하지만 막상 이를 경험하니 SI 개발자 시절 경험하지 못한 고통이 몰려왔다. 우리는 신규 기능을 만들어야 함과 동시에 고객사 요구도 처리해야 했다. 조직 내부 요청도 있었고 이런 상황에서 하고 싶었던 것을 진행하기란 배부른 소리였다. 때로는 필자가 정말 함께 제품을 만드는 게 맞는가 싶었다.

문제가 반복되면서 어떠한 선택이 필요함을 느꼈다. 우리가 정말 성공하는 조직처럼 일하고 있는지에 관한 고민이 꼬리를 물었다.

솔루션 회사는 ▲거리 ▲방향 ▲깊이 등 세 가지 고민이 필요하다고 했다. 하지만 우리 조직이 이를 고민하기 위한 준비가 처음부터 됐던 건 아니다. 서비스 초기에는 SI 개발자처럼 프로젝트 성공을 위해 달리는 게 똑같았다. 하지만 서비스를 오픈하고 운영과 개발을 동시에 진행하니 여기저기서 문제가 터졌다. 체질 개선이 필요해진 것이다.

그런데 이 체질 개선도 선택지가 있다면 도대체 우리는 언제까지 고민해야 할까?

1.2 애자일 스크럼 방법론

SI 회사와 솔루션 회사 차이점을 논했다. ▲거리 ▲방향 ▲깊이 등은 수학처럼 어떤 정답이 있는 게 아니다. 구성원과 치열하게 논의하며 해답을 찾아가야 한다. 하지만 매번 대화를 통해 결정하기란 상당히 지치는 일이다. 따라서 우리는 규칙을 정할 필요가 있다.

이제 다시 한번 애자일 선언문을 확인하자.

> 우리는 소프트웨어를 개발하고, 또 다른 사람의 개발을 도와주면서 소프트웨어 개발의 더 나은 방법들을 찾아가고 있다. 이 작업을 통해 우리는 다음을 가치 있게 여기게 되었다.
>
> 공정과 도구보다 **개인과 상호 작용**을
> 포괄적인 문서보다 **작동하는 소프트웨어**를
> 계약 협상보다 **고객과의 협력**을
> 계획을 따르기보다 **변화에 대응**하기를
>
> 가치 있게 여긴다. 이 말은 왼쪽에 있는 것들도 가치가 있지만, 우리는 오른쪽에 있는 것들에 더 높은 가치를 둔다는 것이다.
>
> — 애자일 소프트웨어 개발 선언

매번 치열하게 논쟁을 펼치기엔 우리의 자원은 한정적이다. 따라서 자원을 어떻게 활용해야 효율적일지 고민이 필요했다.

애자일 방법론에도 ▲**익스트림 프로그래밍**(eXtreme Programming, XP) ▲**스크럼**(Scrum) ▲**크리스털 패밀리**(Crystal Family) ▲**익스트림 모델링**(eXtreme Modeling, XM) 등 여러 가지가 있다. 필자는 이 중 널리 알려진 방법론 중 하나인 스크럼을 택했다.

▫ 스크럼

스크럼은 공식 홈페이지(https://scrumguides.org/)를 통해 스크럼 가이드 문서를 공개하고 있다. 자세한 내용을 원하는 독자는 스크럼 가이드 홈페이지에 방문해 원문을 읽어 보자.

이 책에서는 공식 가이드 중 몇몇 키워드를 요약해서 소개한다.

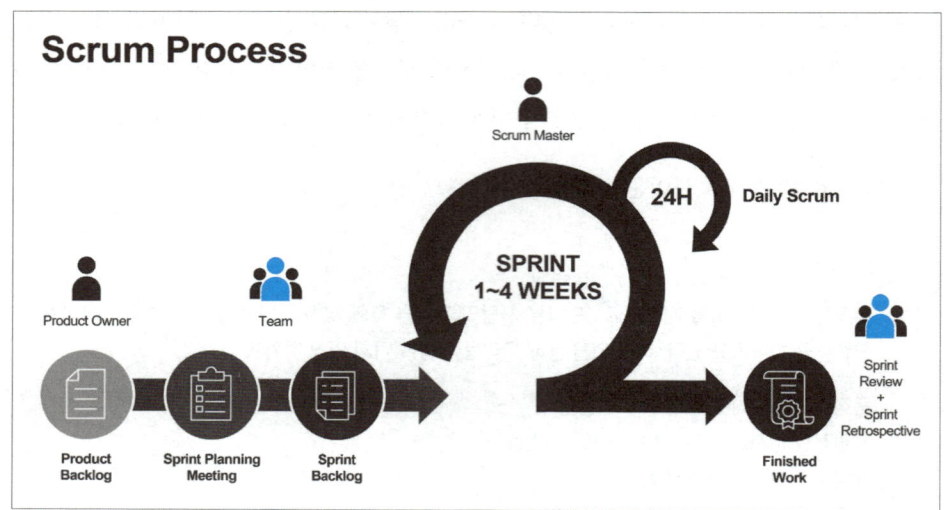

[그림 3-1-4] 스크럼 프로세스

스크럼 방법론은 [그림 3-1-4]처럼 간단한 프로세스로 진행된다.

다음은 스크럼 공식 가이드에서 발췌한 내용이다.

(1) 스크럼 정의

> 스크럼은 사람과 팀, 조직이 복잡한 문제에 대해 적응할 수 있는 해법을 활용하여 가치를 창출하도록 도와주는 경량 프레임워크다.
>
> 간단히 말해서 스크럼은 스크럼 마스터가 다음과 같은 환경을 조성하는 것이다.
>
> 1. 프로덕트 오너는 복잡한 문제를 해결하기 위한 업무를 우선순위에 따라 프로덕트 백로그에 정렬한다.
> 2. 스크럼 팀은 선택한 업무를 스프린트 동안 가치의 증가분으로 만들어 낸다.
> 3. 스크럼 팀과 이해 관계자는 결과물을 점검하고 다음 스프린트를 위하여 조정한다.
> 4. 반복한다.

즉, 프로덕트 오너가 만든 프로덕트 백로그 업무를 스크럼 팀이 스프린트 내 작업해서 프로덕트를 발전시키는 환경을 스크럼 마스터가 만드는 것이다.

그럼 이제 ▲프로덕트 오너 ▲프로덕트 백로그 ▲스크럼 팀 ▲스프린트 ▲프로덕트 ▲스크럼 마스터 등이 뭔지 이해하면 되겠다.

(2) 프로덕트 오너

프로덕트 오너(Product Owner)는 스크럼 팀의 결과물인 프로덕트의 가치를 극대화하는 책임을 갖는다. 또한 프로덕트 백로그를 효과적으로 관리하는 책임이 있다. 이를 위해 아래 사항을 수행해야 한다.

1. 프로덕트 목표를 세우고 명쾌하게 소통하는 것
2. 프로덕트 백로그 아이템을 생성하고 분명하게 소통하는 것
3. 프로덕트 백로그 아이템을 우선순위에 따라 정렬하는 것
4. 프로덕트 백로그를 반드시 투명하고 가시적이며 이해가 잘되도록 만드는 것

프로덕트 오너는 한 사람으로 프로덕트 백로그와 연관된 많은 이해 관계자 요구를 대표한다. 프로덕트 백로그를 변경하고 싶은 사람은 프로덕트 오너를 설득해야 한다.

즉, 프로덕트에 관한 방향성을 설정하고 이 방향성을 유지하는 사람이라고 할 수 있다.

(3) 스크럼 마스터

스크럼 마스터(Scrum Master)는 스크럼 가이드에 정의된 대로 스크럼을 확립하는 것에 책임이 있다. 이를 위해 아래 사항을 수행해야 한다.

1. 팀원들이 자율 관리를 하고 교차 기능적이 되도록 코칭하는 것
2. 스크럼 팀의 진척에 방해가 되는 장애물을 제거하는 것
3. 스크럼 팀이 명확하고 간결한 프로덕트 백로그 아이템의 필요성을 이해하도록 돕는 것
4. 요구 또는 필요에 따라 이해 관계자와의 협업을 촉진하는 것
5. 조직이 스크럼을 채택하는 경우 조직을 리드하고 교육하고 코칭하는 것
6. 이해 관계자들과 스크럼 팀 사이 장벽을 제거하는 것

즉, 스크럼이 잘 진행되기 위해 조직 사이사이에 위치하는 사람이라고 할 수 있다.

(4) 스크럼 팀

스크럼 팀(Scrum Team)은 스크럼 조직의 기본 단위다. 스크럼 팀은 스크럼 마스터 한 명, 프로덕트 오너 한 명 그리고 개발자들로 구성된다.

스크럼 팀은 민첩할 수 있도록 작지만, 한 스프린트 내에 의미 있는 일을 할 수 있을 만큼 충분한 크기여야 한다. 일반적으로 10명 또는 그보다 적은 수로 구성된다.

즉, 프로덕트를 만들기 위한 작은 팀이다.

(5) 프로덕트

프로덕트(Product, 제품)는 가치를 전달하기 위한 수단이며, 명확한 범위와 알려진 이해 관계자, 잘 정의된 사용자 또는 고객을 가지고 있다. 프로덕트는 일종의 서비스나 실체가 있는 제품 또는 더 추상적인 형태의 것일 수 있다.

즉, 제품이라고 할 수 있다.

(6) 프로덕트 백로그

프로덕트 백로그(Product Backlog)는 프로덕트를 향상시키기 위한 것으로 발생하는 업무를 우선순위에 따라 정렬한 목록이다.

즉, 앞으로 팀이 해야 할 일 목록이라고 할 수 있다.

(7) 스프린트

스프린트(Sprint)는 꾸준함을 갖기 위해 한 달 또는 그보다 짧은 기간으로 고정된 길이의 이벤트다. 새로운 스프린트는 직전 스프린터가 끝나는 즉시 시작한다.

스프린트 동안 스프린트 계획, 데일리 스크럼, 스프린트 리뷰, 스프린트 회고를 포함해 프로덕트 목표를 달성하기 위한 모든 업무를 수행한다.

즉, 업무에 집중하는 기간이라고 할 수 있다.

(8) 스프린트 계획

스프린트 계획을 통해서 해당 스프린트 동안 수행할 업무를 선정한다. 스크럼 팀 전체가 참여해 계획을 한다.

프로덕트 오너는 프로덕트 목표를 달성하기 위해 가장 중요한 아이템 그리고 그것이 프로덕트 목표와 어떻게 연결되는지를 참여자가 논의할 수 있도록 준비해야 한다.

즉, 스프린트 동안 진행할 업무를 정하는 단계라고 할 수 있다.

(9) 데일리 스크럼

데일리 스크럼(Daily Scrum)의 목적은 스프린트 목표 대비 진척을 점검하고, 필요하면 다음 업무 진행 계획을 변경해 스프린트 백로그를 조정하는 것이다.

데일리 스크럼은 스크럼 팀 개발자만 참여하는 15분 길이 이벤트다. 복잡성을 줄이기 위해 같은 시각 같은 장소에서 스프린트 기간 모든 근무일마다 수행한다.

즉, 일일 미팅 등으로 매일 팀 업무를 확인하는 것이다.

(10) 스프린트 회고

> 스프린트 회고의 목적은 품질과 효율을 높이는 방법을 계획하는 것이다.
>
> 스크럼 팀은 팀원 개개인 간, 팀원 간 대화와 상호 작용, 프로세스, 툴 완료의 정의에 대해 지난 스프린트가 어떻게 진행되었는지를 점검한다.
>
> 스프린트 회고를 마지막으로 스프린트가 종료된다.

즉, 스프린트를 마무리하며 부족한 부분을 다음 스프린트에 개선하는 회의라고 할 수 있다.

1.3 방법론은 방법론이다

프로젝트를 몇 차례 경험한 독자라면 스크럼 내용을 보고 특별한 것은 느끼지 못할 것이다. 대부분 프로젝트에서 스크럼 내용을 경험해 보지 않은 사람은 없기 때문이다.

일반적인 프로젝트는 프로젝트를 책임지는 프로젝트 매니저(Project Manager, PM)가 있다. 대부분 프로젝트 매니저가 스크럼 개념 중 프로젝트 오너와 스크럼 마스터 개념을 수행한다. 조금 다른 점은 프로덕트 백로그를 수정할 권한은 없는 것이다.

앞서 SI 프로젝트가 우리나라 IT 산업 중 40%를 넘게 차지한다는 것을 말했다. SI 프로젝트에서 프로덕트 백로그는 고객사가 결정한다. 즉, 대부분 무엇을 언제까지 만들지 결정된 상태에서 어떻게 만들지만 남은 것이다. 이 경우 프로덕트 오너는 필요가 없다. 이미 무엇을 만들지 결정됐기에 무엇을 만들지 결정할 사람이 왜 필요하겠는가.

이 밖에 스크럼 팀은 그냥 프로젝트 팀이고, 데일리 스크럼은 아침 조회라 할 수 있다. 스프린트 회고는 대부분 커피 한잔하거나 술 한잔하며 회포를 푸는 등의 자리라 생각할 수 있다. 따라서 스크럼 내용 중 완전히 새로운 부분은 없다고 느껴질 수 있다.

그냥 그런 것이라고 생각한다면 정말 다른 게 하나도 없이 느껴질 수 있음을 이해한다.

따라서 필자가 속했던 SI 회사에서 애자일 방법론을 제안했지만 이런 방법론이 전혀 다르게 느껴지지 않았던 것이다. 맨먼스를 줄일 방안 자체가 없는데 도입할 의미가 뭐가 있겠는가.

하지만 솔루션 회사는 다르다. 무엇을 만들지 정해야 한다. 어떤 것을 만들지 정해야 하고 어느 깊이까지 만들지 정해야 한다. 이 경우 프로덕트 오너가 필요하고 스크럼 마스터가 필요하다.

방법론은 방법론일 뿐이다. 모든 조직에 딱 들어맞는 방법론 따위는 없다. 각 조직에 따른 장단점이 있을 것이고 이를 보완해서 취할 수 있는 것을 취하면 된다고 생각한다.

필자는 스크럼 방법론의 장점을 취할 수 있는 방안을 고민했다. 우리 조직이 어려움을 겪는 부분과 스크럼이 해결해 줄 수 있는 부분을 묶었다. 하지만 프로덕트 오너와 스크럼 마스터를 각 한 명씩 배치할 정도의 여유는 없었다. 각 구성원은 동시에 여러 역할을 해내야 했고 스크럼 가이드가 말하는 대로 딱 맞게 조직을 나누기 어려운 상황이었다.

그래서 협업 도구를 떠올렸다. 협업 도구는 앞서 말한 스크럼 방법론을 보완할 수 있었다. 몇몇 도구를 각 구성원이 잘 활용하면 도구가 스크럼 마스터 역할을 해 줄 수 있다고 생각했다.

조직에 변화가 필요한 것을 이해했고 적용하면 효과를 볼 수 있는 방법론을 찾았다. 부족한 자원을 보완할 수 있는 협업 도구를 찾았고 적용 방안도 고민했다. 모든 준비가 끝난 것 같지만 사실 전투는 시작도 하지 않았다. 가장 큰 장벽이 남았기 때문이다. 바로 구성원의 동의다.

지금까지 협업 도구를 소개하고 협업 도구를 어떻게 조직에 활용하는지 소개했다. 각 조직 상황에 따라 고민할 지점이 다른 것을 소개했고 이를 보완할 수 있는 방법론을 소개했다. 그리고 이 방법론을 협업 도구가 보완할 수 있으니 이제는 정말 조직에 협업 도구를 도입해 문제를 개선할 시점 아니겠는가. 그런데 구성원이 동의하지 않으니 이게 무슨 날벼락인가 싶다.

하지만 이게 현실이다. 아무리 좋은 아이디어가 있으면 무엇 하는가. 그 동의를 끌어내지 못한다면 이 아이디어는 적용할 수 없다.

여기서 글을 끝내며 각 조직에 적용하는 것은 독자 역량으로 맡긴다면 참 심심한 책이 되겠다. 그래서 준비했다. 여기까지 온 필자가 결국 조직에 협업 도구를 활용해 방법론을 적용한 이야기다. 즉, 구성원을 설득한 이야기가 되겠다.

2

조직을 설득하는 방법

어떤 학문이나 산업을 들여다보면 어떤 문제를 해결하는 과정을 반복한 것을 알 수 있다. 그 반복된 과정의 결과가 바로 오늘날 세상이다 우리네 커리어도 마찬가지다. 우리는 반복되는 문제를 해결하기 위해 존재한다. 문제가 없다면 아마 우리가 필요하지 않을 것이다.

사회생활을 조금이라도 한 사람에게 뭐가 가장 힘드냐고 묻는다면 아마 한 가지로 수렴될 것이다. '사람'으로 말이다. 사람이 싫어서 퇴사하고, 이직하고, 마음에 상처를 입어 치료를 받는 등 사회생활에서 사람은 참 어렵다. 하지만 이 사람들이 모인 곳이 조직이고 조직에서 벗어나는 방법은 산속에 들어가는 방법뿐이다. 결국 우리는 사람들과 잘 지내는 방법을 터득해야만 한다.

앞서 필자가 속한 조직에서 배운 것과 애자일 스크럼 방법론을 소개했다. 아무리 조직을 잘 분석하고 이에 맞는 방법론과 도구를 찾았다고 해도 조직이 변화하지 않는다면 적용할 수 없다. 하지만 사람을 바꾸는 것은 정말 어렵다. 특히 조직 구성원 모두를 바꾸는 것은 너무도 어려운 일이다. 생각해 보자. 누워 있던 사람이 아침에 일어나 앉는 것조차 그렇게 힘이 드는데, 업무 흐름을 바꾸는 게 얼마나 힘들겠는가.

따라서 어느 누군가의 좋은 의견이라는 것만으로 조직을 바꾸기는 어렵다. 조직을 바꾸려면 구성원을 설득하는 것은 물론 경영진의 의지가 필요하다. 평가 지표를 개선하고 지속해서 변화의 방향성을 공유해야 한다. 그렇게 해도 참 바꾸기 어려운 게 조직이다.

이번 CHAPTER에서는 필자가 조직을 설득한 과정을 소개한다. 각 조직 구성원이 다르고 환경이 다르지만 이를 통해 힌트를 얻을 수 있길 바란다.

2.1 협업 도구는 대단하지 않다

구성원 설득 작업에 앞서 여러분이 알아 둬야 할 사실이 있다. 굉장히 불편한 진실이며, 이 말에 관한 근거를 내놓으라고 필자에게 따질 수 있다. 여태 당신이 주저리주저리 한 말은 다 뭐냐며 말이다.

> "사실 협업 도구는 대단한 것이 아니다."

조직 구성원을 설득하기 위해 여러분이 꼭 알아 둬야 한다. 아니, 그냥 외우자. "사실 협업 도구는 대단한 것이 아니다." 구성원 설득 과정에서 절대 잊으면 안 된다.

이 문장을 외워야 하는 이유는 간단하다. 조직 구성원 대부분이 협업 도구에 관심이 없기 때문이다. 만약 동료와 협업 도구를 함께 공부하거나 동료가 먼저 협업 도구를 소개했다면, 축하한다. 당신은 완전 땡잡은 것이다. 하지만 동료가 협업 도구에 관해 전혀 관심이 없다면, 괜찮다. 그게 당연한 거다.

놀랍게도 윈도우 기본 메모장에 메모를 하거나 맥 기본 메모장에 메모를 하는 사람이 많다. MS 오피스나 한글만 사용하거나 자신의 외장하드 외 그 어떤 데이터 공간도 믿지 않는 사람도 많다. 기억해야 할 것은 이들을 동료로 두고 있다면 이들은 결코 당신의 적이 아니라는 것이다. 이들은 당신의 동료이며 이들을 부정하는 것은 당신에게 결코 득이 될 것이 없다.

사실 이들의 행동이 잘못된 건 아니다. 메모장이 아닌 노션을 사용한다고 해서 일을 더 잘하는 건 아니다. 구글 드라이브가 아닌 한글을 사용한다고 해서 일을 못 하는 것도 절대 아니다. 메모장과 한글로 모든 업무를 훌륭하게 수행한다면 노션을 사용해야 한다는 당신의 말이 하찮게 느껴질 것이다. 불편함이 전혀 없는데 노션 따위를 쓰면 좋다는 말이 귀에 들어오겠는가. 그냥 그런 말 자체가 귀찮을 뿐이다.

따라서 이들을 설득할 때 협업 도구 따위를 사용해야 한다는 말 등을 해서는 안 된다. 그럼 어떻게 해야 할까?

▢ 노션은 위키백과

필자가 사용한 방법 중 하나는 노션을 위키백과로 소거하는 것이었다. 위키백과나 나무위키 등 인터넷 백과사전은 대부분 알고 있다. 즉, 누구나 아는 것으로 친근하게 접근하자는 것이다.

당시 필자가 속한 부서는 내부 업무 정보 공유를 위해 다양한 포맷으로 정보를 저장하고 있었다. 모두가 맥을 사용하는 환경이라서 ▲**키노트**(Keynote) ▲**넘버스**(Numbers) 등 맥 오피스를 활용했고 정부 과제 등을 위해 ▲**한글**도 사용했다. 외부 협업을 위해 ▲**MS 오피스**도 사용했고 ▲**구글 드라이브**도 있었다. 여기에 개발 회사를 티 내듯이 간단한 HTML 문서를 사내 서버에 올린 정적 페이지도 있었다. 이 페이지에는 각종 링크를 모아 뒀는데 페이지 접근은 사내 도메인으로 공유됐다.

입사 후 파편화된 정보를 마주하며 어디서부터 정리해야 할지 감이 오지 않았다. 이미 머리로 외우기 힘든 다양한 자료 포맷이 있는데 새로운 도구를 사용하자고 할 경우 구성원들의 반응은 뻔했다. 그냥 도구를 하나 더 사용하자는 이상한 사람이 될 뿐이었다.

사내 협업 도구를 도입하며 다른 도구를 한 번에 정리하고 싶었지만 정부 과제로 사용되는 한글이나 고객사와 주고받는 MS 엑셀 등을 제외할 수는 없었다. 결국 당장 협업 도구를 도입하며 다른 도구를 정리하는 건 시기상조라고 판단했다.

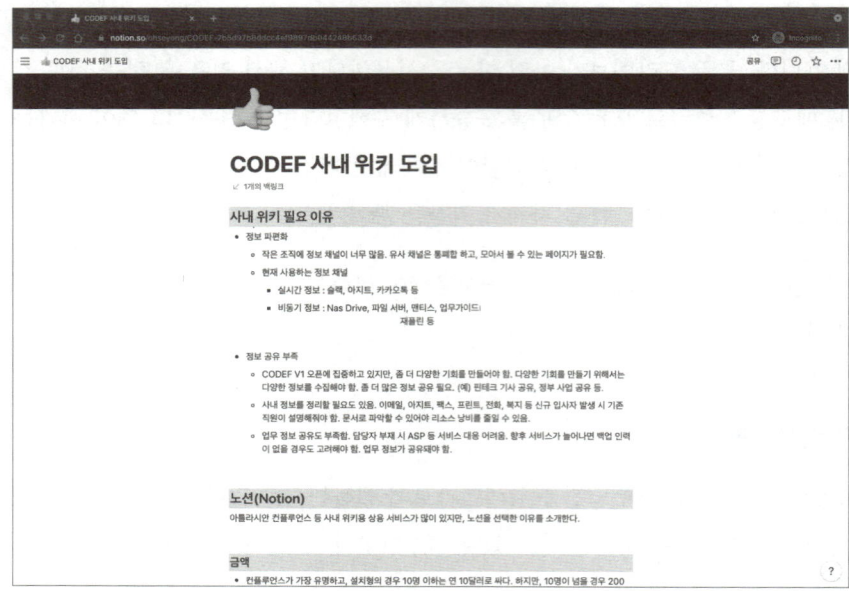

[그림 3-2-1] 사내 위키 도입

필자는 기존 구성원이 만든 도구를 포용하는 선택을 했다. 각 자료가 어디에 있는지 확인하기 어렵다는 동의를 얻었고, 각 자료가 어디 있는지 적는 공간을 만들자고 했다. 이때까지 구성원은 크롬 북마크 등에 여러 링크를 저장하거나 메모장에 파일 주소를 적어 뒀다. 매번 스스로가 업데이트할 수 있다면 좋겠지만, 다른 구성원이 업데이트한 자료는 알 수 없었다. 그러니 모두가 함께 업데이트하는 공간을 만들자는 논리였다.

간단히 노션 페이지에 이 내용을 적었다. 우리 조직에 위키가 왜 필요한지. 위키로 사용할 수 있는 노션이라는 도구가 있는데 이 도구가 왜 합리적인지 등을 적었다. 몇몇 구성원이 동의하자 필자는 파악된 여러 자료 위치를 적은 페이지를 만들었다. 그리고 이 페이지에 접근할 수 있도록 구성원 이메일에 초대장을 보냈고 직접 데스크톱 애플리케이션을 설치해 줬다.

이제 구성원은 자료를 찾기 위해 매일 노션을 들어오게 됐다. 어떤가. 노션 사용을 주장하고 노션 책을 사 주고, 노션의 장점을 외치는 것은 어쩌면 노션을 도입하는 데 직접적인 도움이 되지 않을 수 있다. 앞서 이야기했던 문장을 다시 떠올려 보자. "사실 협업 도구는 대단한 것이 아니다." 그렇다. 협업 도구는 대단하지 않다. 대단하지 않은 것을 퇴근 후 시간을 할애해 책을 읽거나 학습할 이유가 전혀 없다. 대부분 구성원에게 협업 도구는 그런 존재다.

하지만 이제 노션은 업무에 필요한 자료가 있는 공간이 됐다. 어떤 공부가 필요한 것이 아니다. 이미 누군가 초대하고 설치까지 해 줬다. 당장 필요한 자료가 있는데 위치가 기억나지 않는다면 누군가 설치해 준 노션을 켜면 된다. 그러면 스스로가 원하는 자료 위치를 찾을 수 있다.

필자는 노션을 도입하는 과정에서 에너지를 낭비하지 않았다. 구성원은 그저 알게 모르게 노션에 가입했고 노션이 설치됐다. 그리고 매일 노션을 실행하게 됐다.

이제 구성원에게 노션 사용법을 알려 줄 차례다. 그러기 위해서는 여러분의 말에 동의해 줄 아군이 필요하다.

2.2 아군을 만들자

다음 나열하는 것의 공통점을 찾아보자. ▲영어 ▲윈도우 ▲자바 ▲MS 오피스 ▲카카오톡. 어떤가? 이 다섯 가지의 공통점을 알겠는가? 필자가 의도한 공통점은 이것이다. '각 분야에서 가장 많이 사용하는 것'.

영어는 비즈니스 표준 언어이며, 윈도우는 세계에서 가장 많이 사용하는 운영 체제다. 자바는 가장 많이 사용되는 프로그래밍 언어 중 하나이며, MS 오피스는 가장 많이 사용되는 생산성 도구다. 우리나라에서 카카오톡은 말해 무엇하겠는가.

비즈니스 세계에서 주요 지표 중 하나로 언급되는 '경제적 해자'가 있다. 해자는 적의 침입을 막기 위해 성 주위에 판 못을 의미하는데 경제적 해자는 경쟁사가 쉽게 넘볼 수 없는 진입 장벽을 뜻한다. 그리고 경제적 해자 중 하나로 '고객 전환 비용'을 꼽는다.

위에 나열한 다섯 가지는 단기간에 대체되기 어려운 것들이다. 즉, 경제적 해자가 깊다. 따라서 위 다섯 가지 분야를 이제 사용해야 하는 고객은 선택지 앞에서 자연스럽게 위

2. 조직을 설득하는 방법 **269**

다섯 가지를 고르게 된다. 영어는 이미 교과 과정이 된 지 오래고, 맥 OS가 많이 보급됐다고는 하지만 여전히 윈도우를 먼저 사용하는 사람이 대부분이다. 자바를 전혀 모르는 개발자는 본 적이 없고, MS 오피스를 다루지 못하면서 사무 업무를 처리하기란 쉽지 않다. 그리고 어느새 카카오톡 없이 한국에서 살아가기엔 불편한 세상이 됐다.

이처럼 남들이 이미 많이 사용하는 것은 우리가 사용해야 할 이유가 되기에 충분하다. 우리는 이것을 이용할 것이다.

▢ 시작은 단 한 명

이제 아군을 만들어 보자. 시작은 쉽다. 단 한 명을 자신의 편으로 만드는 것에서 시작한다. 주위를 둘러보자. 평소 당신에게 호감을 보이는 동료나 당신의 도움이 필요한 동료가 있다면 좋다. 만약 홀로 생활하는 아웃사이더였다면 지금부터라도 동료와 친해지자.

타깃을 정했다면 당신이 협업 도구를 사용해 생산성을 높인 경험담을 공유하자. 경험담이 없다면 다른 사람의 경험담도 좋다. 정 모르겠다면 이 책을 소개하자. 일단 첫 번째 목적은 해당 동료에게 협업 도구를 알리는 것이다. 서두르지 말자. 동료가 협업 도구에 관심을 보일 때까지 조금씩 이야기를 이어 가자.

필자는 평소 동료들과 대화를 많이 나누는 편이다. 조직 내 문제는 물론 동료들의 관심사에 관심을 두는 편이다. 그렇게 공통 관심사를 찾아 두면 여러모로 함께 협업하기 좋다. 하지만 필자가 사용한 방법은 요즘 다시 유행하는 성격 유형 검사 MBTI에 따르면 모두에게 적절한 방법은 아닐 수 있다. 협업 도구 도입과 방법론 도입을 위해 일부러 성격을 바꿀 필요는 없다. 무리하지는 말자.

동료가 협업 도구에 관심을 보인다면 그것이 트리거(Trigger, 방아쇠)다. 평소 모아 둔 협업 도구 사례나 방법론 자료를 공유하자. 앞서 소개한 사례를 보여 줘도 좋고 사용법을 안내해도 된다. 꼭 대단할 필요는 없다. 동료가 관심을 보이는 부분을 조금 더 설명해 주면 된다. 그렇게 단 한 명을 아군으로 만드는 것이다.

이렇게 당신의 협업 도구 이야기에 관심을 보이는 아군을 만들었다면, 이제 두 번째 아군을 만들면 된다. 두 번째 아군은 첫 번째 아군과 함께 설득하는 것이다. 마치 다단계처럼 느껴질지도 모르겠다. 하지만 당장은 당신이 다이아몬드가 되는 것도 아니고 어떤 이득을 보지 않았으니 죄책감을 가질 필요는 없다. 하지간 역시 무리하지는 말자. 꼭 이 협업 도구를 사용해야 한다는 등의 과도한 표현은 할 필요 없다. 차분히 장점을 설명할 뿐이다. 아마 첫 번째 아군을 만드는 것보다는 훨씬 쉬울 것이다.

그렇게 아군 두 명을 만들었다면 이제 다음 스텝으로 넘어가는 것이다.

작은 팀을 만들자

이제 당신과 아군이 세 명이 됐다. 앞서 소개한 트렐로를 활용한 종이책 출판은 세 명이 함께 진행했다. 세 명만 모여도 작은 팀을 이뤄 협업할 수 있다.

역시 거창할 필요 없다. 시작은 가볍게 서로의 업무를 공유하는 것으로 시작하자. 아직 아군이 되지 않은 동료들은 신경 쓰지 않아도 된다. 아군이 된 세 명이 작은 팀이 되는 것이다. 만약 서로 공유할 업무가 없다면 세 명 사이 공통사를 찾아 공유하자. 뉴스 기사도 좋고 블로그 글도 좋다. 단, 업무와 관련된 내용이면 좋겠다.

필자는 함께 업무를 진행하는 개발팀 동료와 팀을 만들었다. 서로 겹치는 업무도 있었는데 이 업무를 중심으로 공유했다. 앞서 설명한 것처럼 노션 보드를 만들고 노션 업무 카드를 만들어 어떤 업무를 했는지 공유했다. 업무 시간에 진행하기 어렵다면 30분 일찍 출근해 데일리 미팅을 하는 방법도 있고, 점심시간을 활용해 진행할 수도 있다. 정 안 되면 퇴근 시간에 잠깐 이야기를 나누고 퇴근하자.

이렇게 업무를 공유하며 히스토리를 만들어야 한다. 서로 업무를 나누다 보면 새로운 아이디어가 나올 수도 있다. 이 아이디어를 잘 정리하자. 아군과 함께 작은 팀을 만들었지만 당신에게 무조건 협조적이지 않을 수 있다. 협업 도구를 활용해 업무를 공유하는 방식이 비효율적이라든가 크게 도움이 되지 않는다는 등 의견이 나올 수 있다. 이 의견에 귀 기울여야 한다. 한 명, 두 명도 만족하지 못하는 협업 도구라면 애초에 조직에 어울리지 않는 도구일지 모른다. 아군으로 만든 작은 팀에서 만족할 수 있는 도구와 방법론을 찾아야 한다. 이 단계를 무시하면 반드시 실패다.

필자는 이 과정을 3개월 정도 진행했다. 매일 아침 30분 일찍 출근해 데일리 미팅을 진행했고 이 과정에서 서로의 업무를 이해할 수 있었다. 업무가 바쁘면 동료들의 업무를 이해하기 쉽지 않다. 따라서 이렇게 서로의 업무를 이해하는 과정은 조직 입장에서 고마운 일이다. 이해도를 높일 수 있었다는 증거도 역시 잘 정리해 두자.

이쯤 되면 주위에서 물어볼 것이다. 매번 셋이 모여서 뭘 하는 것이냐고 궁금해할 것이다. 이제 때가 됐다. 정리해 둔 자료를 가지고 리더를 부르자.

우리 팀에 적용하자

당시 우리 개발팀은 4명이었다. 따라서 팀 리더 외 모두가 아군인 상태였다. 이쯤 되면 이길 수밖에 없는 게임이다. 팀원 모두가 업무에서 도움을 받은 협업 도구인데 팀 리더가 도입을 반대할 이유가 없다. 또한 협업 도구를 도입한다고 해서 내가 특별히 개인적 이득을 보는 것이 아니다. 그저 팀에 도움이 될 방법을 제안하는 것뿐이다.

모든 회사가 이런 구조는 아닐 것이다. 혼자서 개발하는 상황도 있을 것이고 개발팀이 10명이 넘는 회사도 있을 것이다. 그러면 파트 단위로 접근하자. 어쨌든 이제는 팀이든 파트든 공식적인 도구로 인정받아야 할 단계다.

이미 몇 차례 스프린트를 경험했을 수도 있고 이 과정에서 정리된 자료가 나왔어야 한다. 거창한 자료가 필요한 것은 아니다. 업무 카드 숫자가 될 수도 있고, 업무 카드에 정리된 업무 내용이 될 수도 있다. 업무를 개선하기 위해 시간 내서 노력한 팀원을 예뻐하지 않을 팀장이 어디 있겠는가.

분명해야 할 것은 아군과 진행하는 미팅에 관심을 보일 때 꺼내야 하는 것이고 결코 업무 시간에 딴짓을 한 게 아님을 증명해야 한다. 스스로도 확신이 없었기에 정말 우리 팀에 맞는지 테스트를 진행한 것임을 명확히 하자. 잊지 말자. 당신 앞의 팀 리더는 당신이 설득해야 할 대상이다.

만약 당신이 팀 리더라면 이 과정을 무리 없이 진행할 수 있다. 하지만 팀 리더라고 해서 이 과정을 생략해서는 안 된다. 아군을 만드는 과정은 필수다. 팀 리더라고 해서 협업 도구나 방법론을 강요하면 팀원들에게 좋은 반응을 받을 수 없다.

팀 리더를 설득할 때는 아군의 서포트를 충분히 받자. 몇 차례 스프린트를 진행하며 어떤 부분에서 업무가 개선됐는지 정리하자. 사실 협업 도구는 팀 리더에게 더 좋다. 팀원들이 어떤 업무를 하는지 파악하기 편하기 때문이다. 이미 아군이 확보된 상황이라면 자연스럽게 이 과정을 통과할 수 있다.

그렇게 팀 내 협업 도구와 방법론을 적용했다면 이제 조금 더 확장할 단계다. 여기서부터는 조금 에너지가 필요할 수 있다.

2.3 구성원 인터뷰

대단한 것이 아니라며 구성원에게 협업 도구를 안내했고 조직 내 작은 문제를 해결하는 도구로 자리 잡았다. 필자는 조직 내 파편화된 정보를 한곳에서 볼 수 있는 '위키백과'를 만드는 것으로 포지셔닝했다.

아군을 만들고 충분히 우리 팀에 맞도록 협업 도구 사용법을 수정했다. 아군과 함께 업무를 개선하며 히스토리를 쌓았고 이렇게 만들어진 자료로 팀 리더를 설득했다. 이제 우리 팀은 아군과 함께 고민한 방법으로 협업 도구를 활용해 업무를 진행한다.

이쯤 되면 불편한 것이 생겼을 것이다. 팀 내부와 외부 사이 협업 채널이 달라진 것이다. 외부와는 메신저나 유선, 메일 또는 기존 협업 도구 등으로 협업하고 내부에서는 선택한 협업 도구로 협업하게 된다. 아군과 함께 팀 내 협업 도구 사용법을 잘 정리할수록 외부와 협업이 불편해질 것이다. 조직 내 다른 부서에 협업 도구를 전파할 시간이다.

□ 타 부서 문제를 파악하자

문제 없는 조직은 없다. 만약 정말 조직 내 문제가 하나도 없다면 협업 도구를 도입하려는 자신이 문제가 될 것이다. 그러면 기다려야 한다. 조직을 개선하려는 자신이 문제를 만드는 캐릭터로 비치면 어떤 고민을 하더라도 좋은 반응을 만들 수 없다.

조직 내 다른 팀, 다른 부서 문제를 파악하자. 가볍게 티타임을 하며 들어 봐도 좋고 식사를 해도 좋다. 편안한 분위기에서 편하게 이야기하도록 유도하자. 이 단계에서는 자신이 어떤 문제를 해결해 준다는 말을 할 필요는 없다. 어떤 문제인지 모르는 상태에서 허황된 말을 하는 것은 위험하다.

이미 팀 내 문제를 개선한 상황이니 이 내용이 대화 주제가 될 수 있다. 어쨌거나 대화의 주목적은 다른 팀, 부서 문제를 파악하는 것이다. 대화 한 번으로 모든 문제를 파악할 수 없다. 이 과정도 조급함을 버리고 하나씩 알아 가면 된다.

문제와 개선점을 찾기까지 충분히 대화를 진행한다. 이 과정에서 앞서 만든 아군이 도움이 될 것이다. 이미 협업 도구가 업무를 개선할 수 있다는 것을 느낀 아군은 다른 업무에도 협업 도구를 사용하고 싶을 것이다. 도구는 통일될수록 편하기 때문이다.

대화 과정에서 모든 문제와 개선점을 찾을 필요는 없다. 모두가 공감할 수 있을 정도의 문제 한두 개만 찾으면 된다. 문제를 알면서도 개선되지 않는 조직이 많다. 풀기 어려운 이해관계가 얽혀 있거나 더 큰 문제를 해결하느라 시간이 부족한 경우가 대부분이다. 이 상황에서 문제를 해결하겠다고 나서는 구성원이 무조건 밉지는 않을 것이다. 하지만 얽혀 있는 이해관계를 풀지 않는 편이 더 낫다면 반대를 마주할 수 있다. 따라서 조직을 충분히 이해해야 하고 충분한 개선안이 있어야 한다. 만약 개선안이 없다면 쉽게 나서지 않는 편이 낫다. 괜한 부스럼을 만들 수 있다.

필자의 경우는 ▲**특정 포지션에 업무가 과도하게 몰리는 상황** ▲**정보가 충분히 공유되지 않는 상황** 등이 문제였다. 이 문제는 조직에서 흔히 마주할 수 있는 문제다. 한 차례 정리한다고 해서 완전히 해결되는 문제도 아니다. 지속해서 관리해야 하기 때문에 대부분 조직이 흔하게 마주하는 문제다.

타 부서 문제를 정리하고 몇몇 개선점을 찾았다면 준비는 끝났다. 결정권자를 소집하자.

☐ 리더를 모아라

당시 필자가 속한 조직은 신사업 부서였다. 크게 개발팀과 사업팀 그리고 기획팀이 있었다. 함께 신사업을 위해 일했지만 역할이 달랐다. 따라서 마주한 문제가 달랐다.

노션을 사내 위키로 도입하고 아군을 만든 뒤 개발팀에 노션과 방법론을 도입하기까지 6개월이 걸렸다. 그리고 개발팀 내 방법론을 정착하고 타 팀 문제를 확인해 개선점을 찾기까지 또다시 6개월이 걸렸다. 부서에 협업 도구를 제안하기까지 1년이 걸린 것이다.

필자는 1년 동안 부서가 추구하는 방향성을 명확히 이해했다. 방향성을 위해 각 팀이 수행해야 할 역할을 이해했다. 이 과정에서 개인이 감수하는 불편을 확인했고 이에 관한 개선점을 찾았다. 이 개선점은 부서가 추구하는 방향성을 따르며 각 팀의 역할을 바꾸지 않는다. 즉, 조직의 방향성을 해치지 않으며 개인의 불편은 해소하는, 말 그대로 개선안이다.

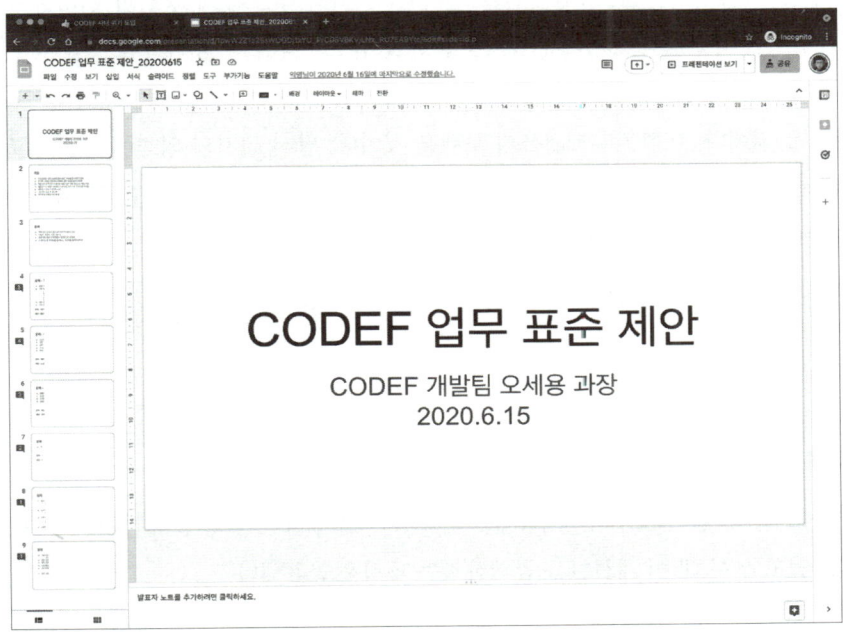

[그림 3-2-2] 업무 표준 제안

리더는 바쁘다. 따라서 리더에게 어떤 요구를 할 경우 가장 먼저 만나는 것은 반대다. 리더는 초인이 아니다. 이미 바쁜 사람에게 어떤 요구를 한다면 거부 반응이 생기는 것은 당연한 것이다.

따라서 명확해야 한다. 문제를 명확히 해야 하고 리더의 방향성을 해치지 않는 선에서 변화를 요구해야 한다. 이를 위해서는 명분이 필요한데 각 팀원의 의견이 도움이 됐다. 필자는 바쁜 리더들을 모아 팀원들의 의견을 정리해 전달했다. 그리고 이 문제를 해결하기 위한 개선안을 제안했다. 그리고 이 개선안을 도입하기 위한 일정을 제안했다.

정확한 문제점과 개선안은 조직 내부 정보라 공유가 어려움을 양해 바란다. 하지만 우리 조직 문제점은 참고는 될 수 있겠지만 직접적인 관련은 없을 수 있다. 각 조직 문제는 모두 다르기 때문이다. 각 조직 문제는 조직 구성원이 가장 잘 알고 있다. 그러니 조직 구성원의 이야기에 귀를 기울이자.

정리된 의견을 전달했지만 모두의 의견은 아니었다. 따라서 모든 구성원의 인터뷰를 할 수 있는 일정을 요구했다. 또한 이 업무 표준안을 만드는 업무를 공식화할 것을 요구했다. 이 과정에서 리더들의 동의가 없었다면 필자는 조직 내 협업 도구와 방법론을 도입하지 못했을 것이다. 또한 이 책도 쓰지 못했을 것이다. 당시 필자의 의견에 공감하고 기회를 준 리더들에게 감사를 표한다. 이들의 믿음이 없었더라면 우리 조직은 당시 해결하지 못한 문제가 더 쌓여 큰 문제가 됐을 것이다.

이제 조직 내 협업 도구와 방법론을 도입하는 '업무 표준 작업'이 공표됐다. 조직을 움직일 시간이다.

데이터를 만들자

아군을 만들고 팀 내 협업 도구와 방법론을 정착했다. 이제 다른 팀의 문제점을 찾아 개선안을 만들었고 부서 내 이 개선안을 공식화하는 과정을 공표했다.

[그림 3-2-3] 인터뷰 질문지

먼저 부서 구성원 모두를 일대일 인터뷰하기 위한 질문지를 만들었다. 질문지에는 현재 업무 방법을 파악하기 위한 질문이 포함됐는데 이미 알고 있는 문제점을 개선할 수 있는 가설을 정하고 이를 검증하는 식으로 진행했다.

질문은 ▲협업 패턴 ▲협업 도구 사용 빈도 ▲현 업무 흐름 문제점 ▲필요한 협업 기능 ▲업무 표준 아이디어 ▲현재 업무 스트레스 등이 있었다. 필자는 구성원 모두에게 질문지에 관한 답변을 받았고 이 답변을 기준으로 일대일 인터뷰를 진행했다. 인터뷰는 30분 내외로 진행했고 이틀이 소요됐다. 그리고 인터뷰 내용을 기반으로 데이터를 만들었다.

이미 1년에 걸쳐 조직 내 문제를 파악하고 필자가 속한 팀에 적절한 협업 도구와 방법론을 찾은 상태였다. 따라서 우리 팀에 맞는 방법론이 다른 팀 그리고 우리 부서에 적절한지 검증하는 단계만 남았다. 심증은 있으나 물증이 필요한 상태였던 것이다. 그리고 인터뷰와 질문지는 그 근거가 됐다.

2.3.1 협업 도구 사용 빈도

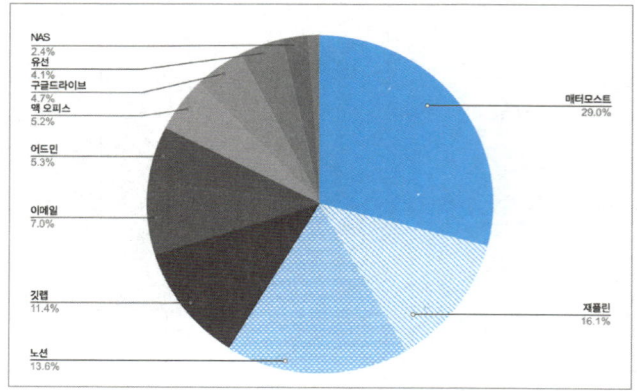

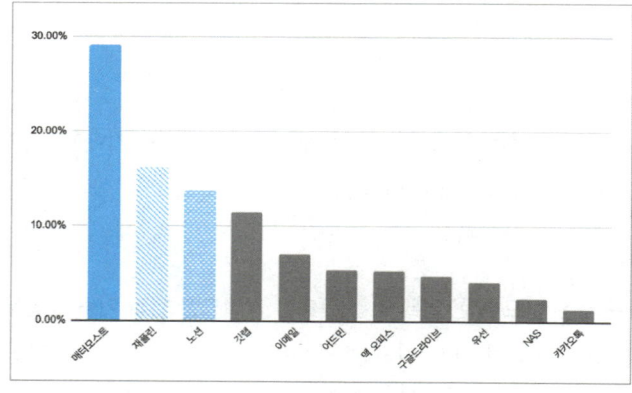

[그림 3-2-4] 전체 협업 도구 사용 빈도

앞서 설명했듯이 우리 부서는 굉장히 많은 도구를 사용하고 있었다. 이 도구 중 역할이 겹치는 도구도 많았다. 문제는 업무 대부분이 채팅으로 이뤄지고 있다는 것이었다. 구성원 답변에 따르면 협업 시 무려 30%에 달하는 비율로 채팅 앱을 사용했다.

이는 업무 히스토리가 휘발성으로 날아가고 있다는 것이다. 업무가 기록되지 않으면 공유할 수 없다. 업무가 공유되지 않으면 구성원은 같은 문제를 반복할 수밖에 없다. 같은 문제를 반복하는 조직은 발전되지 않는다. 늘 같은 문제로 고통받을 뿐이다.

또한 도구가 다양하면 자료를 찾기 어렵다. 업무가 채팅으로 이뤄지는 게 가장 큰 문제였지만 자료가 파편화되고 있다는 것도 문제였다. 그런데 업무를 잘 기록하면 업무가 개선될까? 이에 관한 답은 이미 6개월 동안 협업 도구로 업무를 진행한 개발팀에서 증명해줬다. 앞서 진행한 작업이 결코 헛된 노력이 아니었다.

하지만 문제는 이뿐만이 아니었다. 평균의 함정이었다.

2.3.2 팀장 vs 팀원

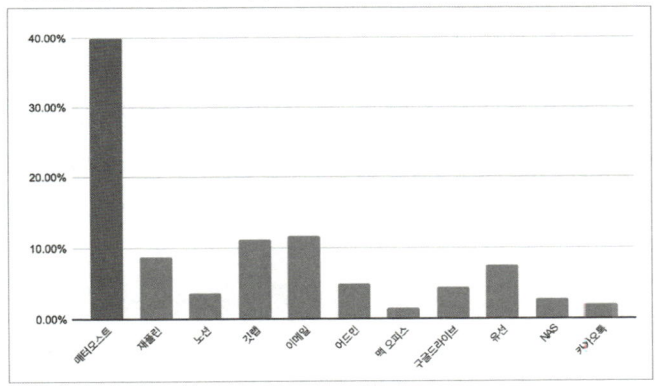

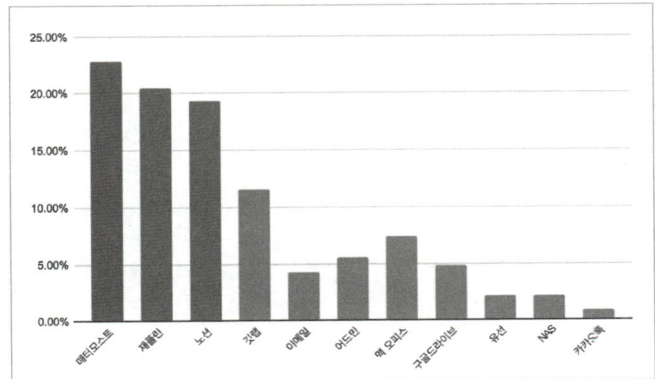

[그림 3-2-5] 팀장급 vs 팀원급

협업 시 채팅 앱 사용 빈도가 30%라는 것이 이해되지 않았다. 체감상 더 큰 비율이었기 때문이다. 평소 업무를 떠올리며 데이터를 이리저리 맞춰 봤다.

수평적 문화를 추구하지만 업무 구조상 누군가는 결정해야 했다. 결정된 업무는 공유돼야 했고 이 과정에서 채팅 앱이 많이 사용됐다. 즉, 업무 결정자인 팀장이 팀원에게 업무를 전달하는 과정이 많았다.

인터뷰 답변을 정리하니 팀장과 팀원의 업무 시 채팅 앱 사용 빈도가 달랐다. 팀장은 무려 40%에 달하는 빈도로 협업 시 채팅 앱을 사용했다. 반면 팀원은 20%대에 머물렀다. 업무를 채팅으로 전달하면 업무 전달자는 편하다. 하지만 업무를 수행하는 입장에서는 채팅으로 전달된 업무를 잘 기록하고 일정에 맞춰 진행해야 한다. 업무 전달 시 정보가 부족하면 업무 전달자에게 되물어야 한다. 이 과정에서 불편함을 감수하는 것은 업무 수행자 즉, 팀원이다.

우리는 일방적으로 업무를 지시하고 수행하는 수직적인 관계를 추구하지 않았다. 따라서 이 결과는 조직이 원하는 구조가 아니었다. 협업 도구를 어떤 방식으로 사용해야 할지 힌트를 추가로 얻게 됐다.

2.3.3 팀별 빈도

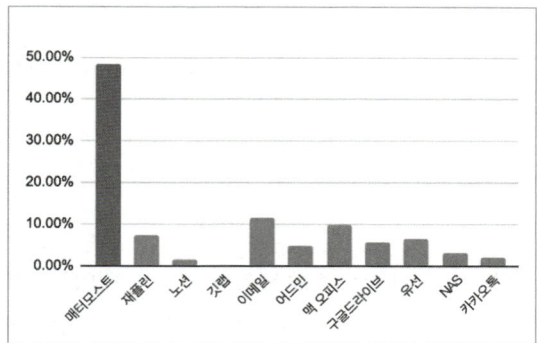

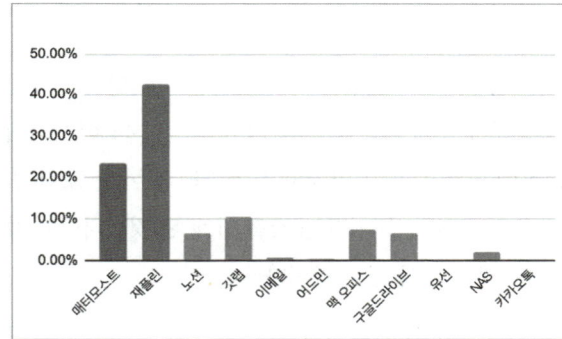

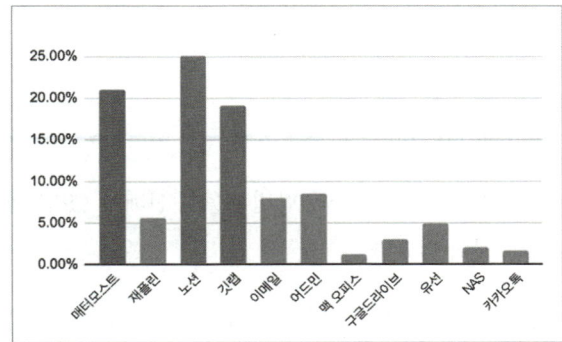

[그림 3-2-6] 팀별 빈도(사업 & 마케팅팀 vs 서비스팀 vs 개발팀)

팀별로 협업 도구를 사용하는 빈도도 달랐다. 이는 각 팀에서 불편함을 감수하는 정도가 다르다는 뜻이다. 다양한 협업 도구를 고르게 사용하면 업무 사이사이 전환 비용이 더 발생한다. 또한 업무 자료도 더 파편화돼 있다는 것을 뜻한다. 즉, 더 불편하다.

답변에 따르면 개발팀이 가장 고르게 사용했다. 따라서 현재 구조가 가장 불편했고 가장 먼저 개선안을 도입했다는 근거가 된다.

데이터는 데이터다

이렇게 만든 데이터는 모두에게 공유됐다. 사실 10명이 조금 넘는 구성원의 데이터만으로 평균을 도출하고 명확한 개선안을 찾는 건 무리가 있다. 조금만 편향돼도 숫자가 바뀌기 때문이다. 따라서 이 데이터에 엄청난 의미를 둘 필요는 없다. 구성원의 의견에 귀 기울였다는 것에 의의를 두자.

하지만 이 과정에 모두가 참여했다는 것은 의미가 있었다. 각 구성원을 일대일 인터뷰하는 과정에서 책에 담지 못하는 조직 내 문제점도 발견할 수 있었고 역시 추가 아이디어로 사용했다. 가장 큰 이득은 협업 문화에 관해 모두가 인지하게 됐다는 점이다. 또한 필요하다면 우리에게 맞는 협업 문화를 우리가 만들 수 있다는 것을 알게 된 것이다. 즉, 협업 문화를 우리가 만들 수 있다는 또 하나의 문화가 생긴 것이다.

인터뷰를 마치고 데이터를 만들었다. 이제 개발팀에 도입한 협업 도구와 방법론을 모두에게 맞는 것으로 한층 더 개선할 차례다.

2.4 노션으로 협업하자

인터뷰를 진행하고 정리한 뒤 개발팀에 도입한 협업 도구와 방법론을 개선해야 했다. 개발팀에서 사용되는 방법만으로는 부족한 것이 많았다.

먼저 스프린트 단위를 사용하는 애자일 스크럼 방법론 도입을 위해 자료를 정리했다. 앞서 소개한 내용을 좀 더 간략히 정리한 것이다.

□ 애자일은 대단하지 않다

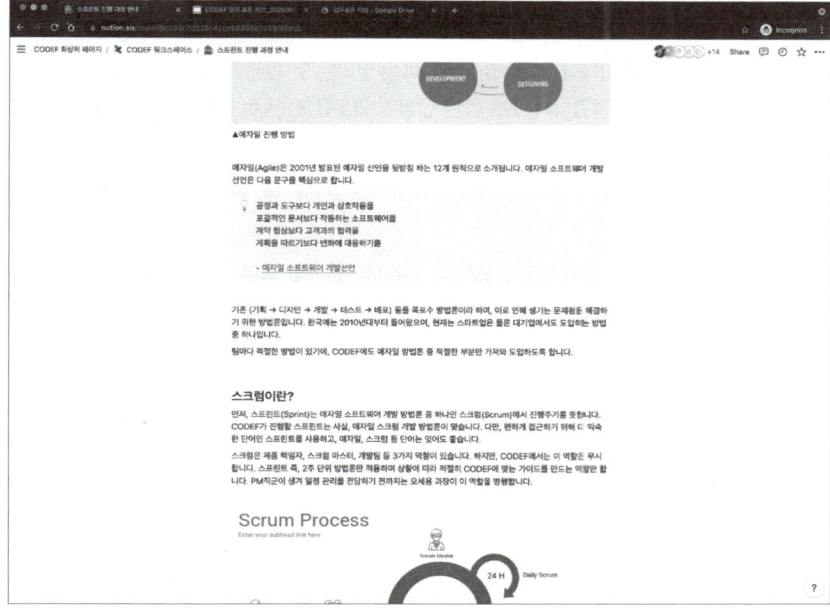

[그림 3-2-7] 애자일 스크럼 방법론

앞서 협업 도구를 소개하며 기억해야 할 문장을 말했다. 기억하는가? "사실 협업 도구는 대단한 것이 아니다." 그렇다. 애자일 스크럼 방법론 역시 대단하지 않아야 한다. 다시 말하지만 이건 결코 대단한 것이 아니어야 한다.

먼저 애자일이란 단어 자체를 일상에서 사용하지 않는다. 스크럼은 물론 방법론이라는 단어 자체도 익숙하지 않은 구성원이 많았다. 기억해야 한다. 이들이 모른다고 해서 잘못된 게 아니다. 이들은 모두 각자의 역할을 충실히 수행하는 좋은 동료들이다.

필자는 이들에게 스프린트를 이렇게 설명했다.

> 여기저기서 업무가 새로 생기니 정신이 없으시죠. 동시에 여러 업무를 진행하면 얼마나 정신이 없습니까? 그래서 업무에 집중할 수 있는 환경을 만들고자 합니다.
>
> 스프린트는 전력 질주라는 뜻입니다. 전력 질주 동안에는 달리는 것 외에 다른 것을 생각하지 않죠. 스프린트는 2주 단위로 진행합니다. 2주 동안 진행할 업무를 정한 뒤 다른 업무는 진행하지 않습니다. 즉, 정해진 업무에 전력 질주할 수 있도록 합니다.
>
> 이는 정해진 업무 외 '**다른 업무는 하지 않도록 합의**'하는 것입니다. 즉, '**하지 않을 업무**'를 정하는 것입니다.
>
> 더 이상 모든 업무를 머릿속에 담지 않아도 됩니다. 2주마다 진행할 업무에 합의하고 다른 것은 생각하지 맙시다.

당시 우리 조직은 신사업 서비스가 궤도에 올라 고객이 늘어나고 있었다. 기존 서비스를 운영하며 생기는 문제점을 해결해야 했고 새로운 고객이 새로운 기능을 요구했다. 운영과 개발을 동시에 하다 보니 정신이 없던 것이다.

운영과 개발을 나눠 각자 업무에 집중하는 환경도 고려했다. 하지만 여러 여건상 조직을 분할하지 않는 것이 더 낫다고 판단했다. 결국 우리는 모든 업무를 동시에 해야 했고 늘 정신이 없었다.

앞서 애자일 스크럼 방법론 설명을 읽은 독자는 필자가 소개한 스프린트가 틀리지는 않았지만 충분한 설명은 아닐 수 있다고 느꼈을 것이다. 하지만 이거면 된다. 핵심은 하지 않을 업무를 정하는 것이다. 말장난처럼 느껴지겠지만 업무를 하지 않는다는 말은 심적으로 편안함을 가져온다. 어차피 해야 할 업무지만 당장은 하지 않는다는 말이 조삼모사 같지만 그것으로 조직이 안정을 찾는다면 됐다.

하지만 업무에 집중할 수 있는 환경이 만들어지는 것은 맞다. 결국 애자일이란 무엇인가부터 시작하지 않아도 조금 더 애자일스러운 조직이 될 수 있다면 충분한 설명이라고 생각한다.

☐ 업무를 기억하지 말자

한 번에 여러 업무를 진행하는 것에 관한 논의는 끊이지 않는다. 뇌과학적으로 한 번에 여러 업무를 진행하는 게 불가능하다는 말도 있지만 실제로 여러 일을 동시에 진행하는 동료들도 보곤 한다. 그래서 뭐가 정답인지에 대한 답은 이 책의 주제가 아니니 넘어가자.

어쨌거나 진행할 업무를 잊은 경험은 누구에게나 있다. 포스트잇으로 모니터에 적어 붙여 놓고 일정 관리 앱을 사용해도 마찬가지다. 변함없는 사실은 사람은 누구나 잊는다는 것이다.

따라서 업무를 잊지 말라는 강요는 무조건 지켜지기 어렵다. 사람은 누구나 잊는데 잊지 말라고 강요한들 지켜지겠는가. 중요한 건 업무가 진행되는 것이지 잊지 않는 게 중요한 게 아니다.

그러니 업무를 기억하지 말자. 그리고 협업 도구가 기억하도록 만들자. 이는 대부분 협업 도구의 탄생 이유다. 심지어 협업 도구 에버노트는 기억력이 뛰어난 동물 코끼리를 에버노트 아이콘으로 만들었다. 다시 한번 말하지만 우리가 업무를 기억할 필요는 없다.

이 콘셉트를 따르기 위해 우리는 협업 도구 노션을 공식화했다. 모든 업무를 노션에 기록하는 것으로 합의했다. 노션에 기록되지 않은 업무는 진행하지 않는 걸 원칙으로 했다. 긴급 사안이라 구두로 업무를 진행할 경우는 꼭 진행 후 업무 카드를 만들어 기록하기로 했다.

채팅 앱으로 업무가 전달되는 문제는 노션 업무 카드를 만들어 업무 카드 링크를 전달하는 것으로 정리했다.

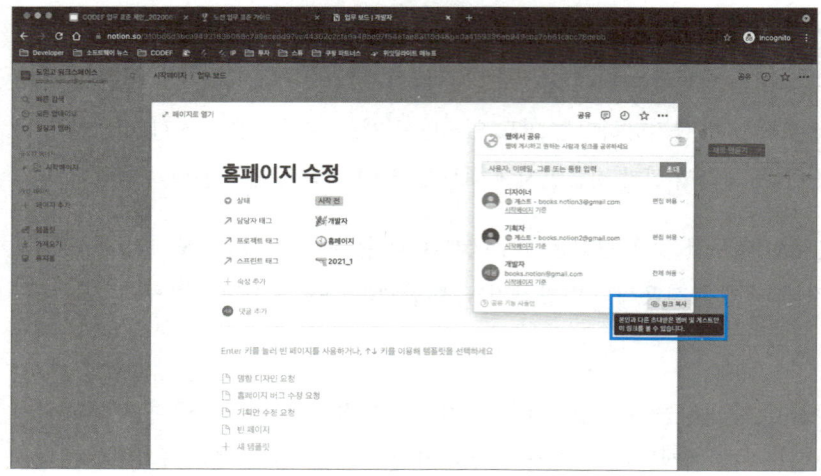

[그림 3-2-8] 노션 카드 링크 복사

앞서 만든 업무 카드 오른쪽 위 '공유' 버튼을 누르면 '링크 복사' 버튼이 보인다. 채팅 앱을 사용하되 업무 내용은 노션 카드에 정리하는 것이다.

업무가 한 공간에 모이기 시작했다. 협업 도구가 꼭 노션이 아니어도 된다. 한 공간에 업무가 기록되면 구성원은 업무를 기억하지 않아도 된다. 이제 우리는 서로에게 업무를 잊지 말라고 말하지 않아도 된다. 업무는 기억하는 것 따위가 아니기 때문이다.

□ 업무 표준

업무는 모두 노션에 기록된다. 따라서 우리는 업무를 기억하지 않는다. 그렇게 우리는 매일 노션 위에서 업무를 진행한다. 정말 많은 것이 변했다.

하지만 조금 부족한 게 있다. 업무 요청 시 정보가 부족한 것이다. 이 경우 업무가 노션에 기록되지만 매번 업무에 관한 정보를 물어야 하는 상황이 생겼다. 또한 업무를 전달해야 하는데 누구에게 전달해야 할지 모르는 상황도 있다. 업무 카드는 만들었는데 담당자를 할당하지 않아 누락되는 상황도 생겼다.

필자는 부서 내에서 진행되는 업무를 분석했다. 개발자와 기획자, 기획자와 디자이너, 디자이너와 마케터, 마케터와 기획자, 개발자와 사업 담당자 등 업무가 발생할 수 있는 모든 지점을 나열하고 중복되지 않는 업무를 정리했다.

이어서 각 포지션 책임자를 정했다. 대부분 팀장이 포지션 책임자가 됐고 상황에 따라 중복되는 책임자도 있었다. 그리고 각 포지션에서 필요로 하는 업무 정보를 정리했다. 예를 들면 홈페이지 버그 수정을 요청할 경우 버그가 발생하는 케이스와 스크린샷 등을 넣는 방식이다. 디자이너에게 이미지를 요청할 경우에는 어느 디바이스에서 표현되는 이미지이며 사이즈는 몇 픽셀인지 등이 되겠다.

이렇게 정리된 내용으로 템플릿을 만들었다. 노션은 업무 카드 생성 시 템플릿을 만들 수 있는데 정해 둔 업무에 따라 담당자와 필요 정보를 넣어 두면 템플릿 선택 시 자동으로 정보가 채워진다. 덕분에 우리는 업무 요청 시 누구에게 할당할지 어떤 정보를 추가로 넣어야 할지 등을 고민하지 않아도 된다.

[그림 3-2-9] 노션 카드 템플릿

2.5 마무리

▲업무 표준 제안 ▲리더 설득 ▲질문지 생성 ▲구성원 인터뷰 ▲인터뷰 정리 ▲데이터 생성 ▲애자일 방법론 소개 ▲노션 사용법 소개 ▲업무 표준 템플릿 제작까지 조직을 설득하는 과정은 풀타임 한 달이 걸렸다.

조직을 설득하기도 전 과정만 1년이 걸렸기에 조직을 설득하는 과정은 굉장히 즐거웠다. 1년 동안 상상했던 변화가 일어나는데 즐겁지 않을 수 있겠는가.

이어서 우리가 만든 업무 표준을 정착하는 시간을 가졌다. 스프린트는 2주로 정했고 스프린트 계획과 회고는 각 팀별로 진행했다. 스프린트 계획과 회고 2회 동안 모든 팀에 참여해 진행 방법을 가이드했다. 이 과정도 역시 한 달이 걸렸다.

업무 표준 작업은 두 달 동안 진행됐고 이후 우리 부서는 노션과 애자일 스크럼 방법론을 공식 채택했다. 그렇게 정리된 업무 표준은 이후 1년이 넘는 시간 동안 세세한 보완을 거치며 운영됐다. 그동안 조직은 몇 배가 커졌고 또 다른 도전 앞에 놓여 있다. 어쩌면 설명한 이 과정을 다시 한번 진행해야 할지도 모르겠다.

하지만 이제 아군을 만들고 작은 팀을 만드는 등 과정을 생략해도 되겠다. 메모장을 사용하던 구성원이, 이제는 노션을 사용하고 업무를 잊지 않기 위해 노력하던 구성원이 이제는 업무를 기억하지 않게 됐기 때문이다.

지금까지 소개한 우리 조직을 설득하는 과정이 모든 조직에 어울리지 않는 방법이라는 것은 알고 있다. 첫 단계인 아군을 찾는 것에서 막히는 조직도 있고 리더를 설득하는 과정에서 막히는 조직도 있을 것이다. 인터뷰를 거부하는 구성원도 있을 것이고 마지막에 가서 그냥 기존처럼 진행하자고 하는 조직도 있을 것이다.

하지만 괜찮다. **다시 말하지만 모든 조직에 적절한 협업 도구나 방법론은 없다.** 우리가 고민했던 방법이 틀렸을지도 모른다. 필자 역시 지금 조직에 적절하다고 생각한 방법을 도입했지만 이보다 더 효율적인 방법이 있을지도 모른다고 생각한다. 그래도 괜찮다. 중요한 건 도구가 아닌 조직 아니겠는가.

더 나은 방법을 찾는 과정에서 조직을 망치지 않길 바란다. 더 나은 조직을 위해 지금 조직을 부술 필요는 없다. 균형 잡힌 방법으로 조직을 설득할 수 있길 바란다.

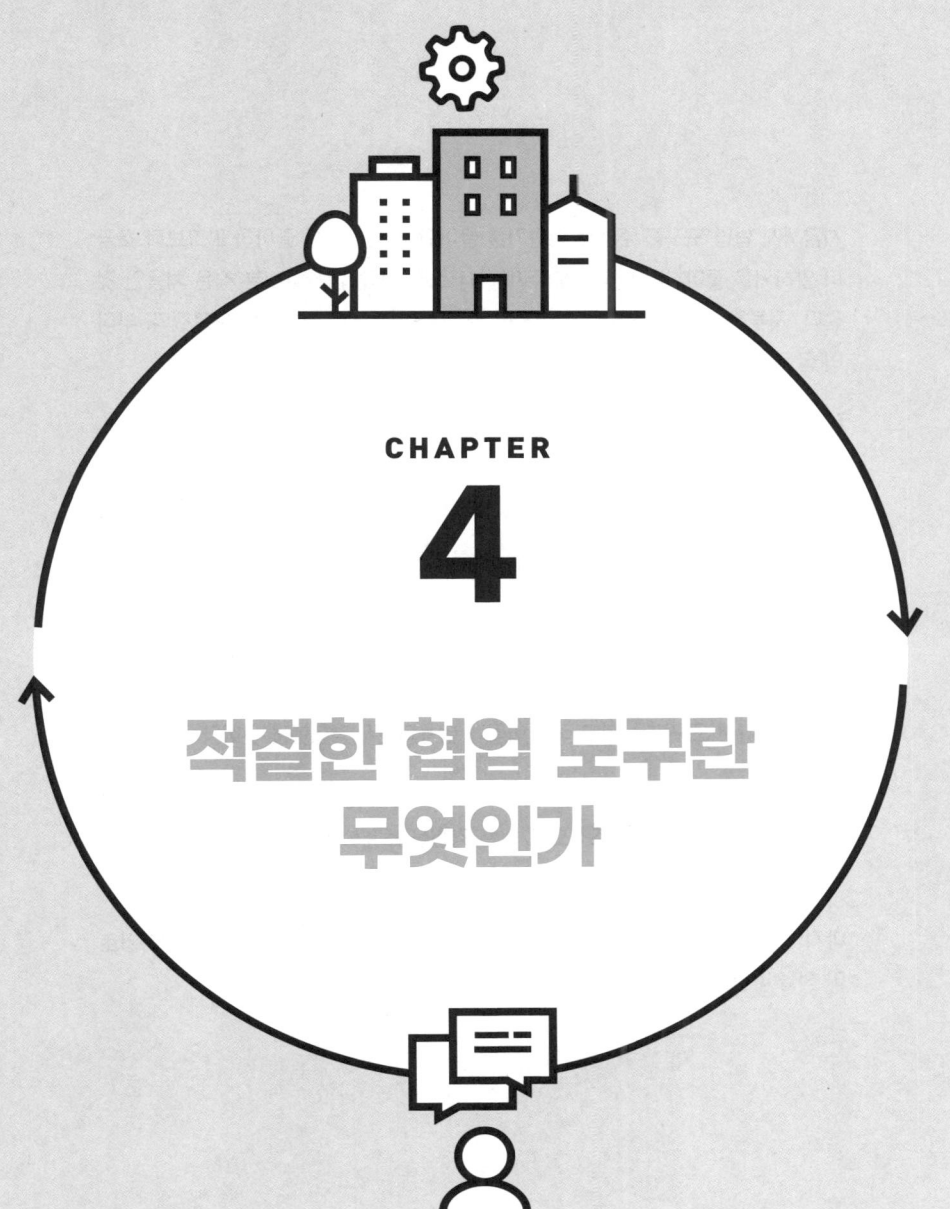

CHAPTER

4

적절한 협업 도구란
무엇인가

지금까지 협업 도구를 주제로 이야기를 끌어왔다. 글쓰기를 좋아하고 그보다 조금 더 말하기를 좋아하지만 이렇게 주제 하나로 긴 이야기를 풀어 본 적은 처음인 것 같다. 지루하지 않게 풀어 보려 했지만 그 노력이 잘 전달됐는지는 모르겠다. 부디 이 글을 읽는 독자들이 지루하지 않았길 바란다.

[CHAPTER 1 조직을 위한 협업 도구]에서는 ▲구글 드라이브 ▲트렐로 ▲노션 ▲워드프레스 ▲매터모스트 등 필자가 즐겨 사용하는 협업 도구를 알아봤다. 이 도구는 무료 또는 저렴한 가격으로 사용할 수 있는 도구로 작은 스타트업 등에서 사용하기 적절한 도구다. 각 도구의 모든 기능을 다루진 않았지만 소개한 기능만으로도 충분히 많은 곳에서 활용할 수 있을 것이다.

[CHAPTER 2 조직에 협업 도구를 활용하자]에서는 ▲신사업 ▲미디어 스타트업 ▲개발 조직 등 다양한 조직에 협업 도구를 활용한 사례를 소개했다. [CHAPTER 1]에서 알아본 도구가 실제 조직에 어떻게 활용되는지 경험했을 것이다.

[CHAPTER 3 협업 도구로 애자일 조직 만들기]에서는 그동안 필자가 쌓은 경험치로 지금 조직을 애자일 조직으로 만든 경험을 소개했다. 실제 조직에 협업 도구 도입을 준비하는 독자에게 도움이 될 거라 생각한다.

마지막 CHAPTER는 그동안 반복해서 말했던 '적절한 협업 도구'에 관한 이야기로 이 책을 마칠까 한다. 그래서 적절한 협업 도구가 뭘까?

1
은탄환은 없다

은탄환은 은으로 만든 탄환이다. 서구 전설에 따르면 늑대 인간, 악마 등을 격퇴할 때 쓰이는 무기로 알려져 있다. 현대에서는 어떤 일에 관한 해결책 등으로 사용되는데 '만병통치약' 등의 뜻으로도 쓰인다. 이 책에서 은탄환은 '만병통치약'으로 이해하면 되겠다.

[들어가기]에서 소개했던 퍼소나 5개를 다시 한번 가져와 보자. ▲퍼소나 A, SI 개발자 ▲퍼소나 B, 스타트업 창업자 ▲퍼소나 C, IT 기자 ▲퍼소나 D, 커뮤니티 리더 ▲퍼소나 E, 서비스 개발자 등 5개 퍼소나는 현재 필자의 커리어를 소개하는 캐릭터다.

필자는 욕심이 많은 편이다. 퍼소나 변경 시점마다 결심한 계기는 다르지만 대부분 스스로의 욕심을 채우기 위한 선택이었다. 다만 그 욕심이 금전적 보상을 뜻하진 않는다. 필자의 욕심은 ▲나에게 더 잘 맞는 일은 없을까 ▲내 재능이 다른 곳에 있지 않을까 ▲지금이 아니면 이 일을 할 수 없지 않을까 등 경험에 관한 욕심이 많았다.

결과적으로 필자는 퍼소나 변경 시점마다 더 나아졌다고 생각한다. ▲경험적으로 나아졌고 ▲기술적으로 나아졌으며 ▲인간적으로 나아졌고 ▲그래서 내 욕심을 채울 수 있었다. 물론 그 시점에는 전혀 몰랐지만 말이다.

경험이 쌓이고 여기저기 글을 써서인지 요즘 필자에게 커리어 상담 요청이 종종 온다. 어떻게 하면 더 나은 개발자가 될 수 있는지, 어떻게 하면 더 좋은 회사에 갈 수 있는지 등이 주된 질문이다. 아쉽지만 필자가 더 나은 개발자가 될 수 있는 방법을 알려 주기는 어렵다. 스스로가 누군가에게 개발자로서 조언해 주기엔 특출난 커리어를 겪었다고 생각하지 않기 때문이다. 하지만 더 좋은 회사로 가는 것은 충분한 이야기해 줄 수 있다. 그 과정에서 개발자로서 어떤 노력을 해야 하는지도 이야기해 줄 수 있다.

하지만 이들이 필자에게 요구하는 것은 그런 노력이 아니었다. 이들은 어떤 특별한 것을 원했다. 즉, 은탄환을 원했다. 마치 필자에게 어떤 특별함이 있으니 그걸 알려 달라는 것 같았다. 필자는 전혀 특별한 것이 없는데 말이다.

생각해 보면 그럴 수 있겠다 싶다. 필자 역시 주니어 시절에 그런 메일을 많이 보내곤 했다. IT 칼럼니스트나 스타트업 CEO, 콘퍼런스 강연자, 교수 등에게 내 커리어에 관한 답을 요구했다.

아쉽지만 지금까지 경험해 온 현실에서 은탄환은 없었다. 세상은 정말 단순했다. 영어를 잘하는 사람은 영어 공부를 많이 했다. 개발을 잘하는 사람은 개발을 오래 했고, 기획을 잘하는 사람은 기획을 오래 했다. '개발을 잘하려면 어떻게 해야 하나요?'라는 질문에 '개발을 많이 해 보세요.'라는 답 외에 어떤 답변이 있을지 모르겠다. 그보다 나은 명쾌한 해답지가 있다면 필자도 좀 보고 싶다.

우리는 보통 잘하는 것을 좋아한다. 좋아해서 잘하는 것인지 잘해서 좋아하는 것인지는 모르겠다. 좋아하는 것을 직업으로 선택하지 말라는 사람도 있고 잘하려면 결코 좋아할 수 없다는 사람도 있다. 어떤 분야에서 최고에 오르려면 정말 그들의 말이 맞을 수도 있다. 하지만 우리는 대부분 평범한 사람이다. 엄청난 재능이 있다면 좋겠지만 그게 없기 때문에 더 나은 방안을 고민하는 것 아닐까?

만약 우리가 평범하다면 우리가 할 수 있는 건 그저 많이 하는 것뿐이라고 생각한다. 물론 매번 더 나은 방법으로 조금씩 더 나아지는 것 말이다. 필자가 경험한 세상에서 은탄환은 없었기 때문이다.

커리어와 마찬가지로 조직도 같다. 더 좋은 회사로 가고 싶은 욕망을 부정하자는 게 아니다. 더 좋은 회사가 뭐냐는 것이다. 돈을 많이 주는 회사가 더 좋은 회사일 수 있다. 자신과 잘 맞는 동료가 있는 회사나 경영진이 뛰어난 회사가 좋은 회사일 수도 있겠다. 블루오션 업계에 속한 회사가 좋은 회사일 수도 있고 허고가 없는 공기업이 좋은 회사일 수도 있다. 자신이 원하는 좋은 회사가 무엇인지 분석하고 그 장점을 가진 회사가 자신에게 좋은 회사겠다.

그런데 이쯤 되면 딜레마가 생긴다. 모든 회사는 장단점을 가지고 있기 때문이다. 무조건 나쁜 회사가 어디 있으며 무조건 좋은 회사가 어디 있겠는가. 만약 있다고 한들 어느 시점일 뿐이다. 회사가 무조건 나쁘다면 구성원이 모두 퇴사할 텐데 그 시점까지 멍하니 지켜볼 경영진은 없다. 만약 멍하니 지켜본다면 이미 사라진 회사일 테니 무조건 나쁜 회사로 존재할 수 없다. 회사가 무조건 좋다면 경쟁률이 무척 높을 것이다. 경쟁률이 높아지면 점점 좋은 인재가 들어올 것이고 기존 직원은 새로운 직원과 비교당하며 불행해질 것이다. 결국 무조건 나쁘거나 좋은 회사는 없다.

스스로가 원하는 좋은 회사를 명확히 찾아서 이직할 수 있다면 좋겠다. 하지만 회사를 찾았지만 이직할 수 없는 상황이라면 오히려 더 불행해질 수 있다. 좋은 회사에서 나를 원하지 않는다면 그래서 불행할 것이고 더 좋은 회사라고 생각했지만 지금 회사의 장점을 놓을 수 없다면 스스로의 분석이 틀렸기에 딜레마에 빠질 것이다. 결국 회사를 옮긴다는 것 자체에 관한 고민이 필요해진다.

다시 더 좋은 회사로 가는 것으로 돌아와 보자. 우리가 더 좋은 회사로 옮기려는 이유는 무엇일까? 결국 스스로의 행복 아닐까? 더 좋은 회사를 찾는 것도 어렵고 더 좋은 회사로 옮기는 것도 어렵다면 우리는 더 행복해질 수 없는 것일까?

은탄환은 없다. 하지만 우리에게는 한 가지 선택이 남았다. 지금 회사를 더 좋은 회사로 만드는 것이다.

2
좋은 친구를 만드는 방법

인생에서 마음을 나눌 수 있는 친구가 단 한 명만 있더라도 성공한 인생이라고 한다. 우리는 누구나 외로움을 느끼고 외로움을 충족하는 시점에 느낄 수 있는 행복감은 말로 다 표현할 수 없다. 혼자가 좋다는 사람이 많지만 정말 평생 홀로 있고 싶은 사람이 얼마나 되겠는가.

그런데 좋은 친구를 찾기란 정말 어렵다고 한다. 좋은 친구에 관한 기준도 너무 다양하거니와 친구라면 추억을 나눠야 하는데 세상 모든 사람과 추억을 나누기란 쉽지 않다. 그런데 많은 사람이 말하는 좋은 친구를 만드는 방법이 있으니 바로 '내가 먼저 좋은 친구가 되는 것'이라고 한다.

협업 도구 책에서 이게 무슨 말이냐 싶겠지만 협업이라는 단어에서 좋은 친구를 떠올리지 않을 수 없다. 함께 일하다 보면 좋은 친구가 되지 않은가.

좋은 협업 상대를 만나고 싶다면 먼저 좋은 협업자가 돼야 한다. 마찬가지로 좋은 회사를 찾고 싶다면 좋은 직원이 되는 것이 맞는 것 아닐까?

채용 업무를 진행하며 수많은 이력서와 지원자를 만났다. 합격자를 만날 때면 함께 면접을 진행한 면접관 동료와 의견이 일치하는 경우가 많다. 이때마다 사람 보는 눈은 다 똑

같구나 싶다. 마찬가지로 대부분 지원자도 좋은 회사를 보는 눈이 똑같을 것이다. 좋은 업무 환경과 높은 연봉. 창의적인 업무와 수평적인 문화. 성장하는 업계와 존경받는 업계. 결국 서로 아닌 척하면서 조금 더 좋은 지원자, 조금 더 좋은 회사를 찾고 있다.

많은 정보가 공개되며 오히려 수많은 정보 사이에서 원하는 정보를 찾는 게 능력이 된 세상이다. 이제 선택의 시간이다. 자신의 능력치는 그대로 두고 자신의 능력치보다 좋은 회사를 여기저기 찾아다니며 혹시 모를 합격을 기다릴 것인가? 아니면 자신의 능력치를 올리며 자신과 맞는 회사를 점차 높여 갈 것인가? 자신이 좋은 친구가 될 것인가? 자신에게 맞는 혹시 모를 좋은 친구를 찾아다닐 것인가? 마찬가지로 자신이 좋은 협업자가 될 것인가, 자신에게 좋은 협업자를 찾아다닐 것인가?

세상은 단순하고 은탄환은 없다. 혹시 모를 확률을 뚫고 좋은 결과를 얻은 사람은 분명히 있다. 하지만 그 확률이 자신에게 통하는 방법은 역시 확률뿐이다. 이제 다시 생각해 보자. 좋은 친구를 기다리는 인생을 원하는가, 좋은 친구와 함께하는 인생을 원하는가?

더 좋은 방법은 더 좋은 전자 기기와 같다. 늘 더 나은 방법은 있고 그 방법은 찾을수록 나아진다. 하지만 전자 기기는 필요할 때 사는 게 가장 잘사는 것이다. 그런 의미에서 필자는 좋은 것보다 적절한 것을 선호한다.

이제 필자가 말하는 적절함의 기준을 이해했을까?

3
적절한 조직을 만드는 방법

한 서비스 기획 세미나에서 강사가 이런 이야기를 했다. 직장인이 즐겨 먹는 점심 식사를 설문 조사하기 위해 직장인에게 즐겨 먹는 점심 식사가 뭐냐고 물어보면 높은 확률로 '김치찌개'를 답한다고. 하지만 어제 점심에 뭘 먹었냐고 물어보면 '김치찌개'를 답하는 직장인은 거의 없다고.

마찬가지로 좋은 회사가 무엇이냐고 물으면 직장인은 뭐라고 답할까? 이어서 다녔던 회사 중 가장 좋았던 회사에서는 뭐가 좋았냐고 하면 같은 대답을 할까?

현재 회사에 만족하는 직장인이 얼마나 될까? 좋은 회사로 이직하고 싶은 직장인은 얼마나 될까? 만약 현재 회사에 만족하는 직장인이 0에 수렴하고 좋은 회사로 이직하고 싶은 직장인이 1로 수렴한다면 이 세상 직장인은 모두 좋은 회사로 이직할 수 있을까?

도대체 이 CHAPTER에서 무슨 말을 하냐고 물을 수 있다. 앞서 소개한 여러 사례와 다르게 이미지도 없고 실체도 없다. 그래서 적절함이란 실체가 없는 것이냐고 물을 수 있겠다.

필자는 오히려 되묻고 싶다. 그러면 좋은 협업 도구란 것은 실체가 있는 것일까? 마찬가지로 좋은 조직이라는 것은 실체가 있는 것일까? 회사에 만족하는 직장인이 0에 수렴한다면 이 세상에 좋은 회사는 어디에 있는 것일까? 도대체 왜 우리는 실체가 없는 것을 좇는 것일까?

이제 이 책에서 그토록 반복했던 문장을 다시 만나 보자.

> 은탄환은 없다. 모든 것에 무조건 좋은 협업 도구란 없다. 적절한 협업 도구가 있을 뿐이다.

협업 도구를 소개하고, 각 조직에 활용한 협업 도구 사례를 만났으며, 조직에 협업 도구를 도입하기 위해 설득한 과정을 소개했다. 이 이야기 중 그 어디에도 무조건 좋은 도구나 사례, 설득 방법 등을 논하지 않았다. 왜냐면 그런 건 없기 때문이다. 적어도 필자의 5개 퍼소나는 그런 걸 경험한 적이 없기 때문이다.

심리학자들은 스트레스의 원인으로 '남과의 비교'를 꼽는다. 그리고 남보다는 어제의 자신과 비교하라고 말한다. 그렇게 늘 성장한다면 더 좋은 모습이 될 거라는 논리다. 어쩌면 좋은 협업 도구를 찾는 과정은 심리학 공부가 필요할지도 모르겠다. 조직을 설득하는 과정에서 구성원의 심리를 이해하는 것도 역시 심리학 공부가 필요하니 말이다.

조직에 협업 도구를 도입하려는 이유는 뭘까? 더 나은 업무 환경을 만들기 위함 아닌가? 더 나은 환경을 만들려는 이유는 뭘까? 결국 더 좋은 조직을 만들기 위함 아닌가? 더 좋은 조직을 만들려는 이유는 뭘까? 결국 개인의 행복을 올리려는 이유 아닐까?

꼬리를 무는 질문이 불편할 수도 있다. 하지만 이는 꼭 짚어야 할 지점이다. 필자는 이 책을 읽는 독자가 업무 환경을 개선하고 개인의 행복을 올릴 수 있길 바란다. 따라서 이길 수 없는 싸움은 하지 않길 바란다. 좋은 협업 도구를 찾았다고 선언하는 것 자체가 지는 것이다. 늘 새로운 도구가 나오는데 선언한 좋은 협업 도구는 좋은 협업 도구가 아니게 된다. 결국 당신이 틀리게 되는 것이다. 결코 이길 수 없는 싸움이다.

필자는 독자 여러분이 이겼으면 한다. 이 단순한 세상에서 단순한 방법으로 안전하게 승리하는 방법을 추천한다. 주위를 둘러보며 아군을 만들자. 아군이 불편해하는 업무를 개선하고 행복도를 올려 주자. 아군을 모아 작은 팀을 만들고 조직 내 업무를 개선할 수 있는 것을 검증하자. 리더를 설득하고 구성원의 이야기를 들어 조직에 어울리는 협업 도구와 방법론을 찾아 개선하자. 이 과정을 반복하며 당신은 좋은 협업자가 되고 더 나은 조직을 만들자. 이 방법을 반복하면 분명히 조직은 좋은 회사가 될 거라 확신한다. 이게 필자가 생각하는 적절한 조직이다. 안전하게 성장하는 조직 말이다.

이 책을 읽는 모든 독자가 조직에 적절한 협업 도구를 찾길 바란다. 나아가 좋은 조직을 만들어 행복할 수 있길 바란다. 그 과정에 필자가 조금이나마 기여했기를 바란다.

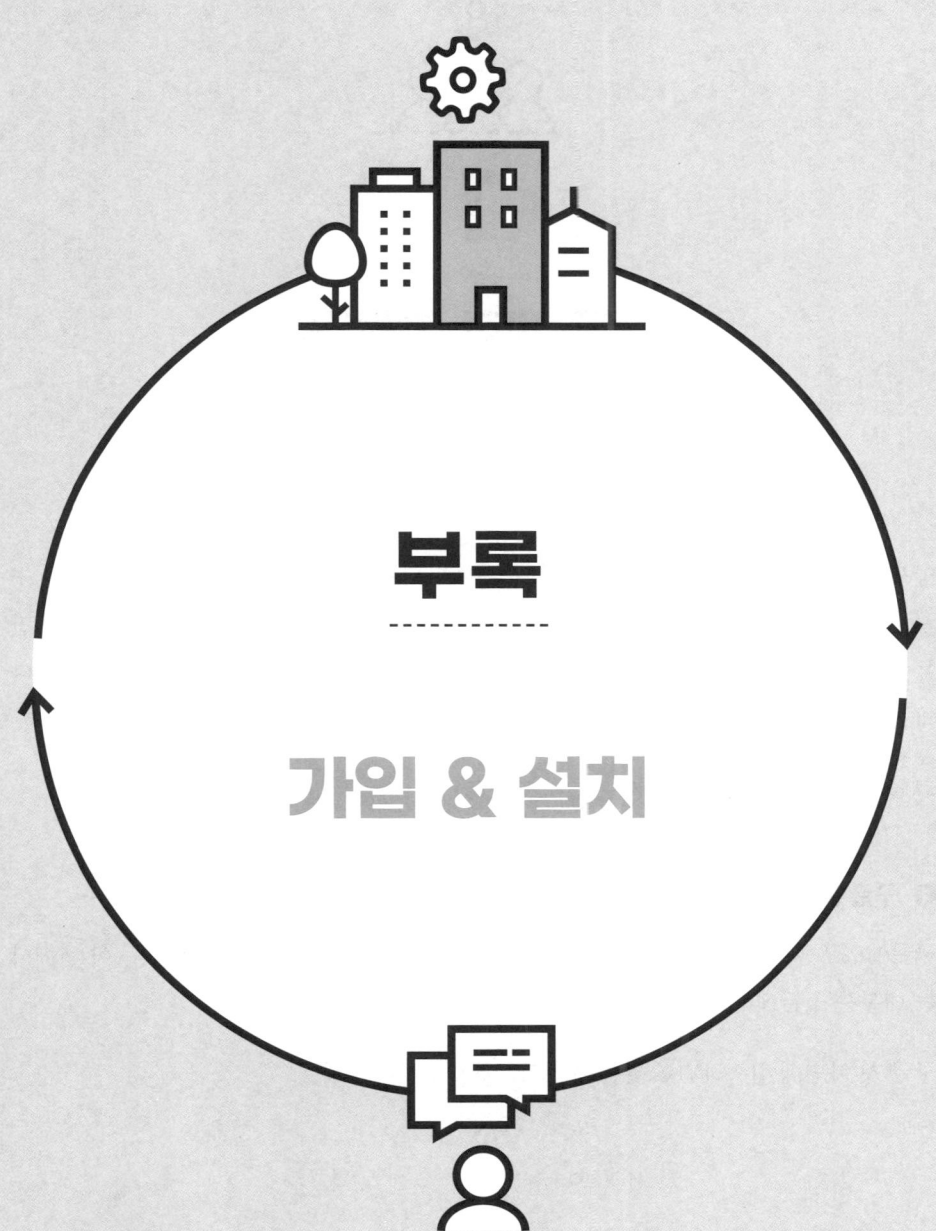

부록

가입 & 설치

구글 계정 만들기

앞서 구글의 장점으로 '대부분 회원가입 절차가 필요하지 않은 점'을 꼽았다. 하지만 구글 계정이 없어도 괜찮다. 구글 계정 생성은 그다지 어려운 과정이 없으며 여러 개를 만들어도 괜찮다. 필자 역시 구글 계정을 여러 개 가지고 있는데 새 회사에 입사할 때마다 구글 계정을 개인 용도로 새로 만드는 사람을 종종 보기도 했다.

그럼 구글 계정을 만들어 보자.

❶ 구글 홈페이지 접속

구글(https://www.google.com/)에 접속하면 검색창을 중심으로 흰 화면이 나온다. 이 책에서는 대부분 구글에서 만든 크롬(Chrome) 웹 브라우저를 사용한다.

구글 첫 화면에 접속하면 오른쪽 위에 '로그인' 버튼이 있다.

[그림 5-1-1] 구글 첫 화면

❷ 구글 로그인 버튼 클릭

[그림 5-1-2] 구글 로그인 화면

1. 구글 계정 만들기   301

❸ 구글 계정 만들기 버튼 클릭

로그인 버튼을 누르면 [그림 5-1-2]처럼 이메일 입력 창이 뜬다. 우리는 여기서 왼쪽 아래 '계정 만들기'를 클릭한다. 이 책에서는 '본인 계정'을 선택한다.

[그림 5-1-3] 구글 계정 만들기 1

❹ 구글 계정 기본 정보 입력

성, 이름, 사용자 이름, 비밀번호 등을 입력한다. 여기서 '사용자 이름'이 중요한데 '사용자 이름'은 이메일 계정 주소로 사용된다. 원하는 이메일 주소를 입력하면 된다.

특이한 점은 마침표(.)를 이메일 주소로 사용할 수 있다는 것이다. 닉네임을 사용하기도 하고 실명을 사용하기도 한다. 원하는 사용자 이름을 정해 정보를 채우면 된다.

정보를 입력한 뒤 '다음' 버튼을 누르자.

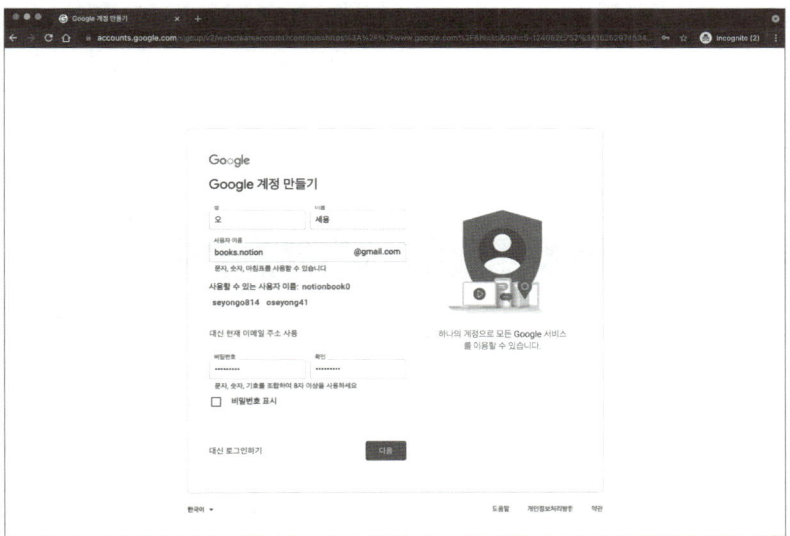

[그림 5-1-4] 구글 계정 만들기 2

❺ 구글 계정 추가 정보 입력

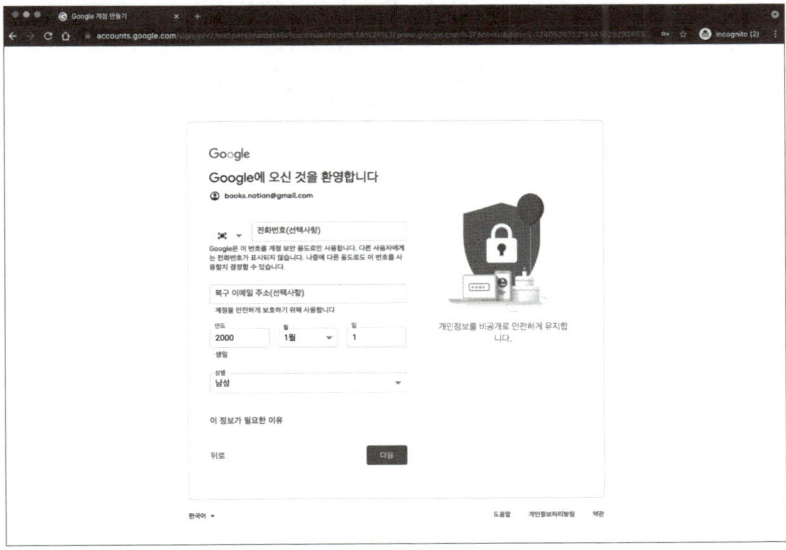

[그림 5-1-5] 구글 계정 만들기, 추가 정보

휴대폰 번호와 복구 이메일 주소 그리고 생년월일과 성별 입력 화면이다. 여기서 휴대폰 번호와 복구 이메일 주소는 선택 사항이다. 필자는 생년월일과 성별만 입력했다.

❻ 구글 개인 정보 보호 및 약관 동의

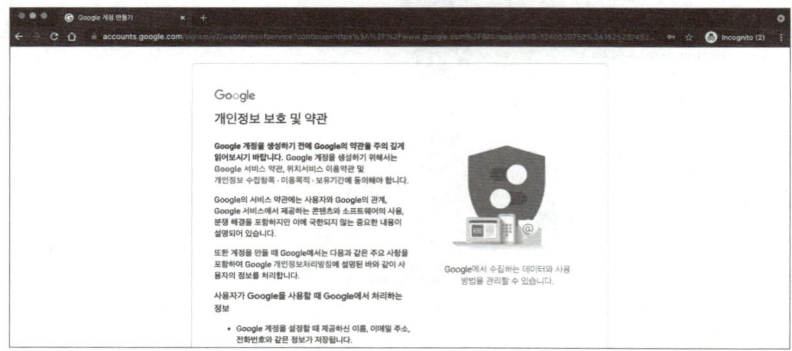

[그림 5-1-6] 개인 정보 보호 및 약관

정보를 다 입력했으면 개인 정보 보호 및 약관을 동의해야 한다. 스크롤을 내리면 동의 체크박스가 있다. 체크한 뒤 '계정 만들기' 버튼을 누르자.

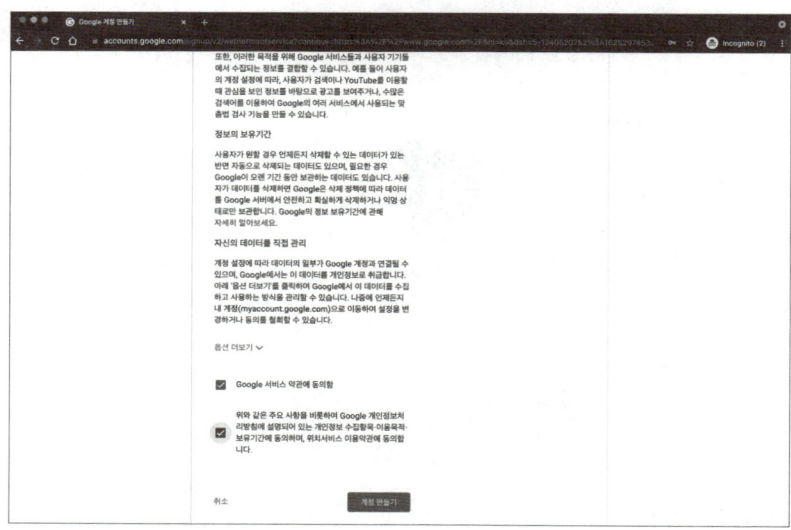

[그림 5-1-7] 개인 정보 보호 및 약관, 동의

❼ 구글 계정 만들기 완료

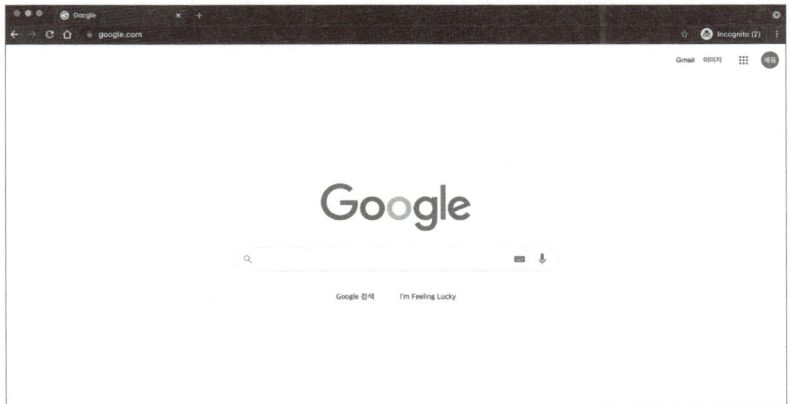

[그림 5-1-8] 구글 계정 가입 완료

절차를 마치면 구글 첫 화면으로 이동한다. [그림 5-1-8]에서 오른쪽 위 '로그인' 버튼이 있던 자리에 '세용'이라는 필자의 이름이 보인다. 정상적으로 가입됐다.

이 구글 계정으로 ▲이메일 ▲캘린더 ▲유튜브 등 구글의 수많은 서비스를 이용할 수 있다. 이 책에서는 협업을 위한 '구글 드라이브'를 사용한다.

[그림 5-1-9] 구글 드라이브 아이콘

[그림 5-1-9] 오른쪽 위 이름 옆에 주사위처럼 점이 찍힌 아이콘을 누르자. 구글에서 제공하는 여러 서비스가 나온다. 그중 '드라이브'를 선택하자.

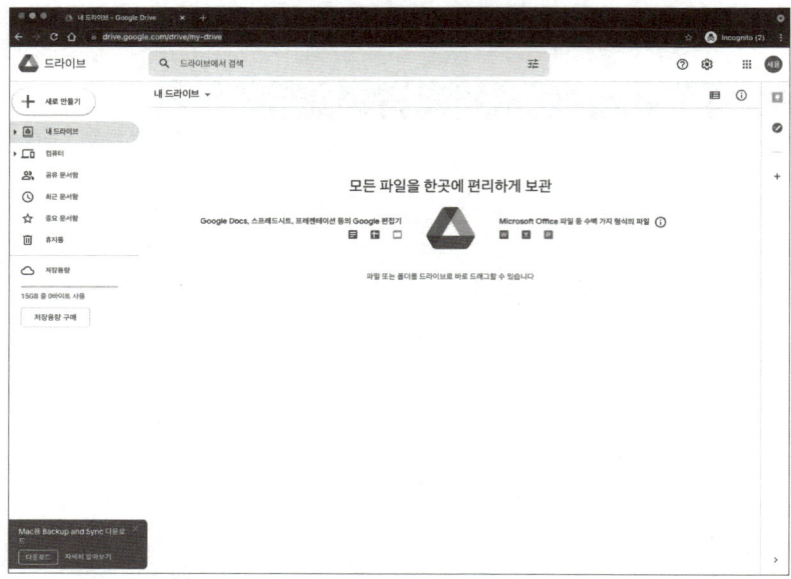

[그림 5-1-10] 구글 드라이브 화면

구글 드라이브는 아이콘을 선택하는 것 외에도 URL(https://drive.google.com/drive/my-drive)을 입력해 접속할 수 있다.

구글에 가입하면 15GB를 무료로 제공하며 간단한 자료는 이 15GB만으로도 관리할 수 있다. 계정당 15GB가 무료로 주어진다는 것에 이를 좀 더 활용할 수 있는지 고민하는 사람이 있을 수 있다. 결론부터 말하면 약간의 불편함을 감수하면 충분히 효율적으로 활용할 수 있다.

100GB를 사용하는데 연 2만 4천 원이다. 계정당 15GB일 경우 계정이 10개면 150GB다. 연간 약 2만 원을 아끼고 싶다면 계정을 10개 만들어서 분산 저장하면 된다. 굉장히 불편한 방식이지만 상황에 따라 이렇게 활용할 수도 있다. 물론 필자는 권장하지 않는다.

2
트렐로 계정 만들기

❶ 트렐로 홈페이지 접속

트렐로 홈페이지(https://trello.com/)에 접속하면 오른쪽 위에 'Sign up' 버튼이 보인다.

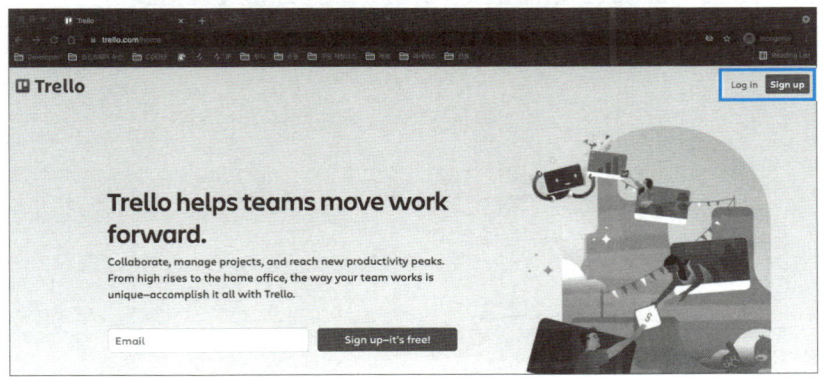

[그림 5-2-1] 트렐로 홈페이지

❷ 트렐로 Sign up 버튼 클릭

'Sign up' 버튼을 누르면 이메일 또는 ▲구글 ▲MS ▲애플 ▲슬랙 등 다양한 아이디로 가입을 할 수 있다. 이 책에서는 구글 계정으로 트렐로 아이디를 만들겠다.

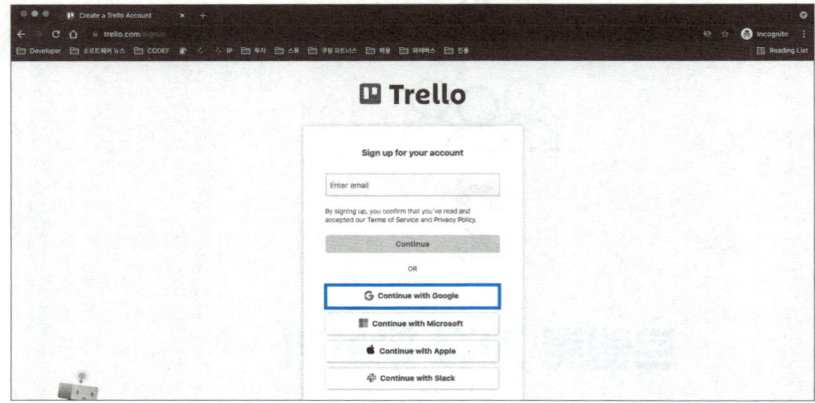

[그림 5-2-2] 트렐로 계정 만들기 1

❸ 'Continue with Google' 버튼 클릭

'Continue with Google' 버튼을 눌러 구글 계정으로 트렐로 아이디를 만들자.

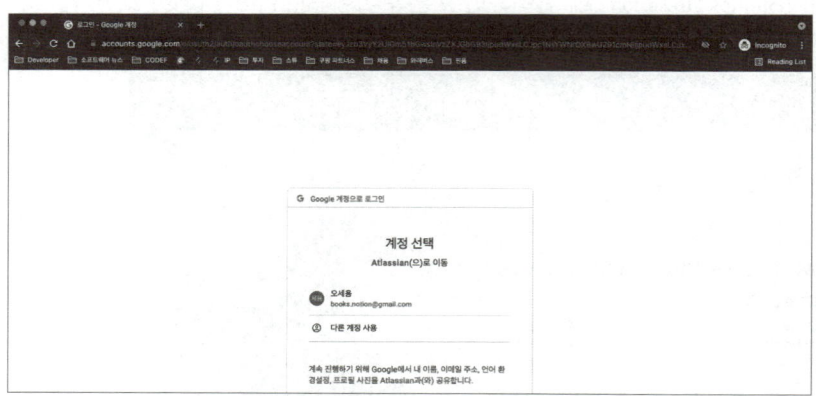

[그림 5-2-3] 구글 계정으로 트렐로 계정 만들기

❹ 구글 계정 선택

아틀라시안(Atlassian)은 트렐로를 운영하는 회사 이름이다. 구글 계정을 선택하자. 필자는 구글 계정 만들기에서 만들었던 'books.notion@gmail.com' 계정으로 만들겠다. 구글 계정이 브라우저에 로그인하지 않은 상태라면 로그인 절차가 필요하다.

❺ 아틀라시안 계정 만들기

아틀라시안 화면이 나와도 놀라지 말자. 아틀라시안 계정이 곧 트렐로 계정이다. 'Create your account' 버튼을 누르자.

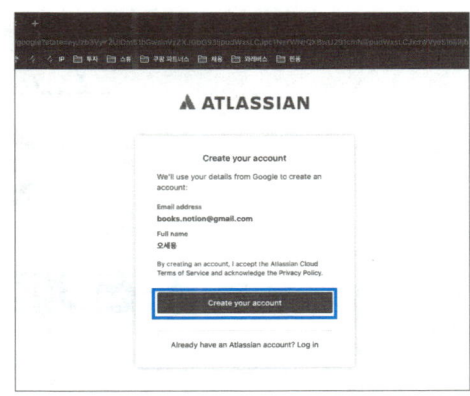

[그림 5-2-4] 트렐로 계정 만들기 2

❻ 트렐로 계정 만들기 완료

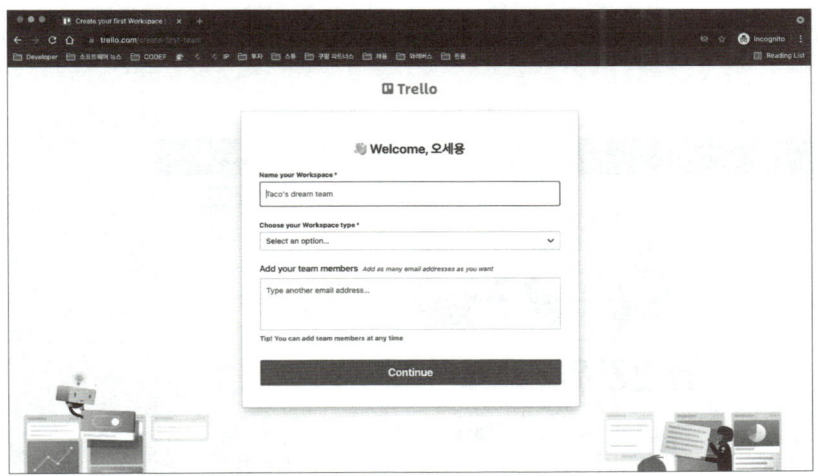

[그림 5-2-5] 트렐로 계정 만들기 완료

놀랍게도 이게 끝이다. 구글 계정은 이렇게 대부분 서비스에서 기본 계정으로 활용되기도 한다. 이 책에서는 가입 절차를 단축하기 위해 구글 계정을 활용했다. 이후 계정을 사용할 때도 구글 계정을 연결하는 게 간편하고 좋다.

노션 계정 만들기

❶ 노션 홈페이지 접속

노션 홈페이지(https://www.notion.so/ko-kr)에 접속하면 오른쪽 위에 '회원가입' 버튼이 보인다.

[그림 5-3-1] 노션 홈페이지

❷ 노션 회원가입 버튼 클릭

회원가입 버튼을 누르면 ▲구글 ▲애플 ▲이메일 등을 활용해 노션 계정을 만들 수 있다. 이 책에서는 앞서 만들었던 구글 계정을 활용하겠다.

[그림 5-3-2] 노션 회원가입

❸ 'Google로 계속하기' 클릭

'Google로 계속하기'를 클릭하면 구글 로그인 팝업 창이 뜬다. 구글 로그인을 진행하자.

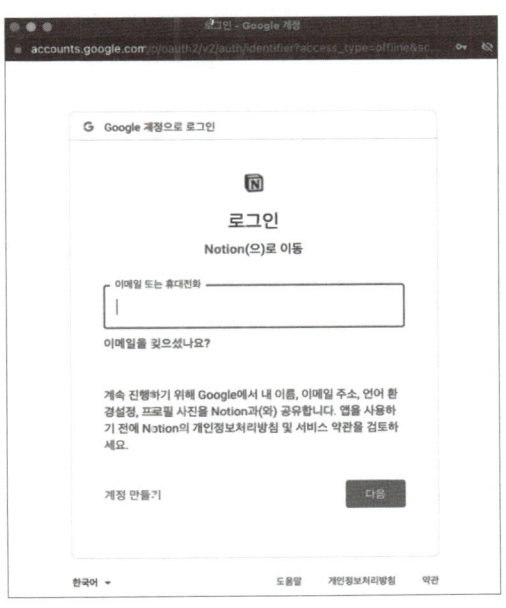

[그림 5-3-3] 구글 로그인

❹ 노션 계정 정보 입력

구글 로그인을 완료하면 'Notion에 오신 것을 환영합니다.' 페이지가 나온다. 여기에 원하는 계정 이름과 비밀번호를 입력하자. 이 페이지에서 노션 개발진의 디테일이 보인다. 해당 페이지 URL이 'signup' 등이 아닌 'onboarding'으로 되어 있다. 온보딩(onboarding)은 배에 탄다는 뜻으로 신규 직원이 조직에 적응할 수 있도록 돕는 과정을 뜻한다. 사용자를 조직 구성원으로 생각하는 것일까?

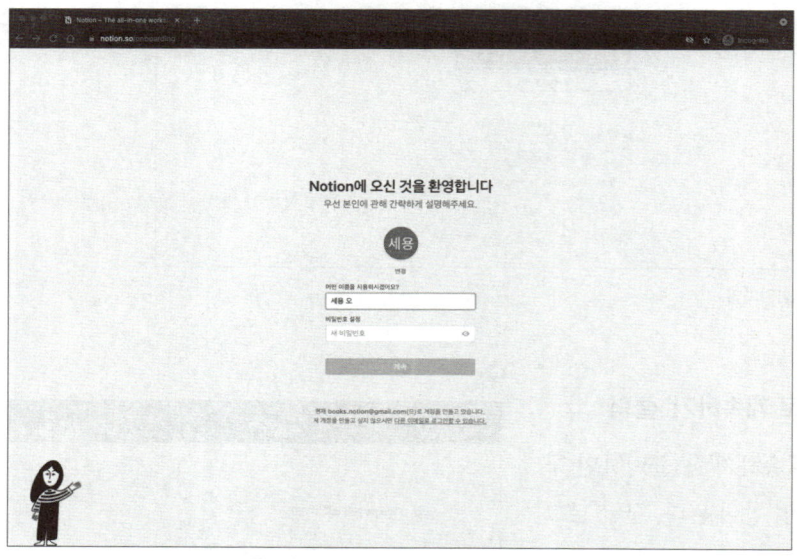

[그림 5-3-4] Notion에 오신 것을 환영합니다

❺ 팀용, 개인용 선택

계정 이름과 비밀번호를 입력하면 노션 계정 용도를 묻는다. 용도는 팀용과 개인용으로 나뉘는데, 이에 따라 초기 설정을 단축해 준다. 이 책에서는 개인용을 선택하겠다.

[그림 5-3-5] 노션 용도 선택

❻ 노션 계정 만들기 완료

노션 용도를 선택하면 계정 만들기는 완료다.

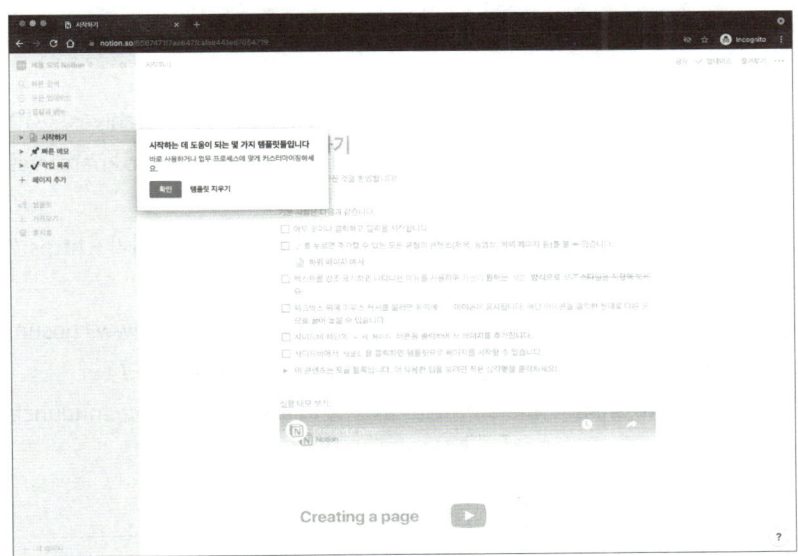

[그림 5-3-6] 노션 계정 만들기 완료

3. 노션 계정 만들기   313

참고 자료

[CHAPTER 1] 조직을 위한 협업 도구

2. 트렐로

- Kanban - https://en.wikipedia.org/wiki/Kanban
- https://brandirectory.com/rankings/auto/table
- https://trello.com/about
- https://blog.trello.com/50-million-celebration

3. 노션

- 요즘 뜨는 노트 앱 노션(Notion) 3시간 사용기 - https://www.imaso.co.kr/archives/3810
- 아사나와 지라를 노션(Notion)으로 옮겨 갈 수 있을까? - https://www.imaso.co.kr/archives/3871
- 제2회 협업 도구 세미나 개최…노션(Notion) 업무, 커뮤니티, 개인용으로 사용하기 - https://www.imaso.co.kr/archives/4057
- [Mint] 400만 명 쓰는 실리콘 밸리 업무 툴 '노션', 직원은 단 60명 - https://www.chosun.com/economy/mint/2020/10/28/B53LI7YNQZDVZDOHGMUKCAXH5E/
- Our Q4 FY21 letter to shareholders - https://www.atlassian.com/blog/announcements/shareholder-letter-q4fy21

[CHAPTER 2] 조직에 협업 도구를 활용하자

1. 협업 도구로 자료를 수집하자

- 레딧 – https://www.reddit.com/r/Notion/comments/lgys25/save_to_notion_chrome_extension_doesnt_find_any/
- "Save to Notion" can't find databases – Solution – https://imgur.com/a/Ps3nl8K

[CHAPTER 3] 협업 도구로 애자일 조직 만들기

1. 애자일이란?

- 애자일 선언문 – https://agilemanifesto.org/iso/ko/manifesto.html
- [2020 IT 업계 총결산] ④ 코로나 사태 주춤한 IT 시장, 공공이 살렸다, 아주경제 – https://www.ajunews.com/view/20201224212813521
- 스크럼 가이드 – https://scrumguides.org/index.html

찾아보기

ㄱ

가격 접근성	18
개발자	3, 132
개인 요금제	67, 189
개인 프로 요금제	67, 189
갤러리 데이터베이스	88
게스트	193
계정	26
고급 블록	73
관계형 속성	214
교열	162
구글 독스	19
구글 드라이브	2
구글 번역	120
구글 설문지	41
구글 스프레드시트	7, 32
구글 캘린더	6
구글 크롬 브라우저	121
구글 크롬 익스텐션	121
구글 프레젠테이션	38
기업 요금제	68
기획자	4, 132
긱 워커	11
긱 이코노미	11
깃랩	8
깃허브 위키	66

ㄴ

넘버스	267
네이버카페	147
노션	2, 61
노션 데이터베이스	80
노션 블록	69
노션 업무 태그	195
노션 워크스페이스	187
노션 웹 클리퍼	120
노션 페이지	74
노션 플러스 마크 매니저	144
뉴노멀	10
뉴스레터	147

ㄷ

다이널리스트	69
다중 선택	86
단락 간격	152
담당자 태그	200, 211
대시보드	186, 234
댓글	22
댓글 추가	22
데일리 스크럼	261
독서 노트	85
동시 편집	31
드롭다운	42
디자이너	4, 132

ㄹ

라벨	57
레딧	137
로버트 C. 마틴	247
롤업	86, 227
리볼빙	152
리스트	51
리팩토링	247
린 방법론	47
린 제조	47

ㅁ

마케팅	246
마틴 파울러	247
망 분리	3
맞춤법	164

매터모스트	8, 111
맥킨지	11
맨 파워	2
맨먼스	244
머티리얼 디자인	45
멘토링	7
미디어 스타트업	145, 183

ㅂ

방법론	246, 262
백로그	52
버전 기록	33
변호사	146
보드	49
보드 데이터베이스	94
본캐	183
부캐	183
블랙 메뉴	120
비동기	26
비즈니스 클래스	59

ㅅ

사내 위키	268
사스	10
사용자 경험	45
서브라임 텍스트	149
서비스 개발자	8
세이브 투 노션	128
세일즈포스	111
셀 래핑	134
속성 숨김	230
솔루션 회사	251
수정 기록	36
수정 제안	27
스누즈	49
스케치	8
스크럼	257
스크럼 마스터	259
스크럼 팀	260
스타트업	2
스프린트	56, 206, 261
스프린트 계획	261
스프린트 태그	206, 211
스프린트 회고	262
슬래시	61, 72
슬랙	2
신사업	127

ㅇ

아군	270
아마존 라이트세일	147
아사나	66
아이콘	205
아틀라시안	48
안드로이드	250
애널리스트	146
애자일	47, 246
애자일 선언문	247, 257
애자일 스크럼 방법론	257
액세스	200
액슈어	7
업무 보드	209
업무 요청	26
업무 태그	202, 211
업무 표준	286
에버노트	66
엔젤리그	63
엔지니어	146
오세용닷컴	108
오픈 소스	111
오픈 인 노션	144
온보딩	312
와레버스	109, 146
워드프레스	69, 107
워크스페이스	49, 187
워크플로위	69
원격 근무	2, 11
위잇딜리-이트	64
위키백과	267
은탄환	46, 186, 291
응답 보기	43
이메일	8

이모지	205
인라인	81
인적 자원	65

ㅈ

젠킨스	8
종이책	163
줄 간격	152
줌	7
지라	2
직군	131

ㅊ

창업자	4
체크박스	176

ㅋ

카카오뷰	147
카카오톡	147, 269
카테고리	172
칸반 보드	5
칼럼	61
커스텀 필드	49, 182
컨플루언스	66
켄트 백	247
코드에프	184
코로나	11
클럽하우스	135
클린 코드	247
키노트	7, 267

ㅌ

타임라인	103
테스트 주도 개발	247
텔레그램	8
투두리스트	61
튜토리얼	50
트렐로	5, 47, 163
트렐로 카드	57
트리거	270
트위터	110
팀 요금제	68, 189

ㅍ

파레토 법칙	114
파워 업스	49
팬데믹	10
퍼소나	3
페이스북	147
편집자	25
편집장	171
포그 크릭	48
표 데이터베이스	85
프로덕트	260
프로덕트 백로그	260
프로덕트 오너	259
프로젝트 태그	202, 211
프로필	26
플랫 디자인	45
필드	138
필터	223

ㅎ

하위 페이지	77
한컴오피스	5
협업 도구	2, 266

A

AI	11
Amazon Lightsail	147
API	8, 185
Asana	66
Atlassian	48
Axure	7

B

Backlog	52
Black Menu for Google	120
Block	69
Board	49
Business Class	59

C

Chrome	128

CODEF	184
Confluence	66

D

DNS	9
Dynalist	69

E

Evernote	66

F

Fields	138
Flat	45
FogCreek	48

G

Gig Economy	11
GitHub Wiki	66
Gitlab	8
Google Translate	120

J

Jenkins	8

K

Kent Beck	247

L

Labels	57
Lean	47
Lean Manufacturing	47

M

man/month	244
Martin Fowler	247
Material Design	45
Mattermost	8
MS	5

N

Notion	61
Notion Web Clipper	120
Numbers	267

O

onboarding	312

P

Pareto's Law	114
PDF	7
Power-Ups	49

R

reddit	137
Robert C. Martin	247

S

Saas	10
salesforce	111
Save to Notion	128
SI	249
Sketch	8
SNS	135
System Integration	249

T

TDD	247
Telegram	8
Trello	47
Trigger	270

W

Wordpress	69
Workflowy	69
Workspace	49

Z

Zoom	7

팀장님, 우리도 협업 도구 쓸까요?

성공적인 개발 조직을 위한 5가지 협업 도구

초판 1쇄 발행 | 2022년 2월 18일

지은이 | 오세용
펴낸이 | 김범준
기획·책임편집 | 김수민
교정교열 | 이혜원
편집디자인 | 한지혜
표지디자인 | 임성진

발행처 | 비제이퍼블릭
출판신고 | 2009년 05월 01일 제300-2009-38호
주소 | 서울시 중구 청계천로 100 시그니처타워 서관 10층 1060호
주문/문의 | 02-739-0739   **팩스** | 02-6442-0739
홈페이지 | http://bjpublic.co.kr   **이메일** | bjpublic@bjpublic.co.kr

가격 | 23,000원
ISBN | 979-11-6592-136-1
한국어판 © 2022 비제이퍼블릭

이 책은 저작권법에 따라 보호받는 저작물이므로 무단 전재와 무단 복제를 금지하며,
내용의 전부 또는 일부를 이용하려면 반드시 저작권자와 비제이퍼블릭의 서면 동의를 받아야 합니다.

잘못된 책은 구입하신 서점에서 교환해드립니다.